일상생활의 혁명

V 아우또노미아총서 58

# 일상생활의 혁명

Traité de savoir-vivre à l'usage des jeunes générations

지은이 라울 바네겜
옮긴이 주형일

펴낸이 조정환
책임운영 신은주
편집 김정연
디자인 조문영
홍보 김하은
프리뷰 박찬울 · 이수영 · 조수빈

펴낸곳 도서출판 갈무리 등록일 1994. 3. 3. 등록번호 제17-0161호
초판인쇄 2017년 11월 28일 초판발행 2017년 11월 30일
종이 화인페이퍼 인쇄 예원프린팅 제본 은정제책

주소 서울 마포구 동교로18길 9-13 [서교동 464-56]
전화 02-325-1485 팩스 02-325-1407
website http://galmuri.co.kr e-mail galmuri94@gmail.com

ISBN 978-89-6195-171-5 03300
도서분류 1. 철학 2. 사회과학 3. 사회학 4. 정치학 5. 미학

값 24,000원

이 도서의 국립중앙도서관 출판예정도서목록(CIP)은 서지정보유통지원시스템 홈페이지(http://seoji.
nl.go.kr)와 국가자료공동목록시스템(http://www.nl.go.kr/kolisnet)에서 이용하실 수 있습니다.(CIP제어
번호 : CIP2017029914)

일상생활의 혁명   : 젊은 세대를 위한 삶의 지침서

라울 바네겜 지음 · 주형일 옮김

Traité de savoir-vivre à l'usage des jeunes générations

Raoul Vaneigem

일러두기

1. 한국어판의 번역대본으로는 프랑스어 제2판(*Traité de savoir-vivre à l'usage des jeunes générations*, Paris : Gallimard, 1992)을 주로 이용했다. 단, 모호한 구절의 경우 정확한 내용 확인을 위해 영어판(*The Revolution of Everyday Life*, trans. Donald Nicholson-Smith, 2nd. rev. ed., London : Left Bank Books and Rebel Press, 1994)도 참조했다. <상황주의 인터내셔널> 영국 지부의 회원이었던 도널드 니콜슨–스미스의 영어판은 지은이가 '인정'한 유일한 영어번역이다.

2. 본문의 주석은 [지은이]라고 표기한 것을 제외하고 전부 옮긴이의 주석이다.

3. 인명은 본문에서 원어를 병기하지 않았으며 인명 찾아보기에 모두 병기하였다.

4. 단행본, 전집, 정기간행물, 보고서에는 겹낫표(『』)를, 논문, 논설, 기고문 등에는 홑낫표(「」)를 사용하였다. 단체(위원회), 회사, 학회, 협회, 연구소, 재단, 프로젝트, 행사, 영상, 텔레비전 프로그램 이름, 전시, 공연물, 법률, 조약 및 협약에는 가랑이표(〈 〉)를 사용하였다.

5. 라울 바네겜 저작 목록은 *Raoul Vaneigem : Self-Portraits and Caricatures of the Situationist International* (http://www.notbored.org/caricatures.pdf)에서 가져왔다.

엘라, 말도로르,

그리고 이 모험의 여정에서 도움을 준 분들께 바칩니다

# 차례

# 삶의 일상적 영원성

『일상생활의 혁명』[1]은 몰락하고 있던 세계 한복판에 완전히 새로운 시대가 등장했음을 알렸다.

얼마 전부터 존재들과 사물들을 휩쓸고 있는 빨라진 흐름 속에서 이 책이 가진 명료함은 계속 증가하고 있다.

시간과 함께 늙어 가는 사람들은 과거의 퇴적층에 여전히 들러붙어 있다. 매일 자신에 대해 눈을 뜨거나 적어도 그러려고 노력하는 사람들이 시간을 초월한 풍요로움으로 쌓아 올린 퇴적층은 이런 과거의 퇴적층과 더욱 쉽게 구분된다.

내가 보기에 바로 여기에, 하나의 동일한, 그리고 변동하는 실존의 두 순간이 있다. 그 안에서 현재는 자신의 예전 형태들을 끊임없이 벗어 던지고 있다.

한 시대를 읽고자 하는 책은 부정확한 생성의 역사만을 보여 준다. 시대를 바꾸는 책은 미래에 있을 변동의 밭에 변화의 씨를 뿌린다. 『일상생활의 혁명』이 그런 책이라면, 그것은 이 책이 급진성을 표방하며 "나"를 우선시하기 때문이다. 이 "나"는 세계의 일부가 아니면서 세계 안에 있다. 사는 법을 배우는 것은 생존하는 법을 배우는 것이 아님을 발견한 사람이라면 누구에게나 "나"의 해방은 전제 조건의 모습을 띤다.

1960년대 초반에 나는 나 자신의 주체성에 대한 분석이 고립된 과정이 되기는커녕 유사한 다른 시도들과 공명할 것이고, 시대 분위기에 맞춰 어떤 식으로든 욕망의 조정을 시대에 강제할 것이라고 예견했다.

나의 일상생활을 지배하던 지겨운 느낌을 몇몇에게 전가하는 것은, 그리고 그 지겨움의 원인들을 고발하는 우울한 책무를 몇몇에게 전가하는 것은 하찮게 주제넘은 일은 아니었다. 정의하는 것이 불가능한 이 삶의 열정에 대한 관심의 증가를 예감하는 더 많은 무모한 생각이 있었다. 삶의 열정을 부정하는 조건들을 파악하기 위해 사용된 비판적 엄밀함은 그 열정이 정의가 불가능하다는 점과 뚜렷이 구별됐다.[2]

1968년에 생존을 산 채로 해부한 이 불법 작품은 갑자기 사람들의 감수성의 벽을 뛰어넘었다. 30년 후 의식은 느리게 관점의 전복을 받아들인다. 관점이 전복됨에 따라, 세계는 더는 부정적 숙명처럼 지각되지 않고 살아 있는 것의 식별과 확장이라는 새로운 긍정성의 출발 선상에서 정돈된다.

폭력이 방향을 바꾸었다. 반란자는 착취, 지겨움, 빈곤 그리고 죽음에 맞서 싸우는 데 지친 것이 아니다. 그는 단지 착취의, 지겨움의, 빈곤의 그리고 죽음의 무기들을 갖고 더는 싸우지 않기로 했을 뿐이다. 왜냐하면, 그런 투쟁은 우선 투쟁가 자신의 삶을 무시하면서 싸움에 임한 사람을 망가뜨리기 때문이다. 분명히 자살적 행동은 땅의 본성과 인간 본성의 점진적 고갈로부터 이익을 취하는 체계의 논리를 따른다.

"착취자에게 죽음을!"이라는 낡은 소리가 더는 도시에서

울리지 않는 것은 다른 소리에 자리를 내줬기 때문이다. 그 다른 소리는 어린 시절로부터 온 것으로 더욱 차분하지만 똑같이 집요한 것이다. "무엇보다도 우선 삶을!"

1968년에 상점 유리창을 깨면서 상품을 거부한 행위는 수천 년 전부터 개인적 운명 위에 경제적으로 그어져 있던 선의 단절 지점을 너무나 공개적으로 드러냈기 때문에, 반란 운동의 진정한 급진성은 두려움과 무기력함이라는 낡아빠진 반사작용 밑에 은폐됐다. 모두가 가진 살고자 하는 의지를 바탕으로 역사상 처음으로 진정한 인간성에 접근할 수 있을 사회를 세울 기회가 마침내 제공하는 그런 급진성 말이다.

많은 사람들은 항의 시위 안에서 오히려 가게를 열 기회를 잡았다. 상품의 지배 메커니즘에 익숙해진 행동은 조금도 바꾸지 않은 채 말이다. 따라서 몇몇 독자들은 삶의 고통 — 나는 이 고통으로부터 너무나 벗어나고 싶을 뿐이다 — 에 대한 분석 안에서 생존의 상태를 자신들이 절대 개선하지 않는 것에 대한 알리바이를 발견했다. 그 생존의 상태는 **복지 국가**의 안락함이 주는 풍부하고 쓰라린 위로에 의해 전부터 은폐돼 있었다.

그들은 테러리스트의 전투적 태도가 보여 주는 언어적 공격에 대해 새로운 정신적 방벽을 만들었다. 그런 다음 시위 때 하던 선동적인 말들을 포기하지 않은 채 관료로서의 경력을 쌓았고 영광스럽게 국가와 시장의 가장 뛰어난 톱니바퀴의 일부가 됐다.

◆◇

1960년대에 뿌리 내린 경제 변동의 효과는 오늘날 명확히 드러난다. 시간이 흘러서 쉽게 갖게 된 분별력 때문에, 나는 과거의 권력이 압박을 푸는 동안 새 권력은 불완전하게만 압박을 유지하는 이 공백 기간을 이용하기만 하면, 주체성이 일반적으로 받고 있는 불신을 제거하고, **세계의 향유라고 자처하는 자기 향유**jouissance de soi를 기반으로 한 사회를 기획할 수 있었다는 것을 더 잘 알게 됐다.

당시 우리 서너 명은 "상황을 건설하고자 하는" 열정을 공유했었다. 각자는 이 열정을 자기 자신의 존재에 부여한 운명에 따라 이끌었다. 그렇지만 살아 있는 자의 억압할 수 없는 전진과 신생태자본주의가 거기에 쏟는 관심이 확인시켜 주듯이, 이 열정은 자신의 요구를 하나도 잃어버리지 않았다.

세계는 지난 30년 동안 수천 년 동안보다 더 많은 격변을 거쳤다. 『일상생활의 혁명』은 이런 사태가 갑작스럽게 가속화한 것과 완전히 무관하지는 않다. 하지만 나는 그것보다는 살아 있는 자가 마침내 갖게 된 우월한 지위에서 출발해, 진정한 인류의 가능한 창조에 이르는 길이 몇몇 개인과 사회 안에서 그려지는 것을 보는 데서 더 큰 만족을 느낀다.

1968년 5월 혁명은, 혁명가들이 자기 자신들에 맞서 착수한 혁명으로부터 삶의 주권을 위한 항구적 혁명을 확실히 걸러냈다.

혁명의 지지자들에서부터 도달점들에 이르기까지 상품의 확산 과정에 의해 결정되지 않는 혁명운동은 전혀 없다. 원초적 형태들의 굴레 속에 묶인 경제는 상업의 자유에 의해 힘을 얻은 자유들의 힘으로 그 형태들을 부순다. 그런 자유 안에서 이윤의 법칙에 내재한 제약 때문에 곧 새로운 압제가 만들어진다.

경제는 들어갈 때 투자했던 것을 나오면서 높여서 다시 받는다. "회수"라는 말은 바로 이것을 의미한다. 혁명은 자기 자신을 중심으로 돌면서 그 속도에 맞춰 자신을 부인할 뿐이다.

1968년의 혁명은 이 규칙에서 벗어나지 않는다. 생산에서보다는 일반화된 소비에서 더 많은 이익을 얻으면서 상품 체계는 권위주의에서 시장의 유혹으로, 저축에서 낭비로, 청교도주의에서 쾌락주의로, 땅과 인간을 불모로 만드는 착취에서 환경의 영리적인 재구성으로, 개인보다 소중한 자본에서 가장 소중한 자본으로서의 인간으로 넘어가는 것을 촉진했다.

소위 "자유" 시장의 추진력은 공산주의를 자칭하는 관료적 국가 자본주의의 몰락을 초래하면서 자본주의를 재통일했다. 서구 모델은 옛 억압들을 일소한다. 그것은 슈퍼마켓 민주주의, 셀프서비스 자율, 유희의 대가가 있는 쾌락주의를 심는다. 그것의 투기성향은 정치적 변화에 따라 세대를 거치며 아주 힘들게 부풀려 온 이데올로기 풍선을 오그라들게 한다.

균일 가격의 감독 아래 그것은 섹스 숍과 복합상업공간 사이에 종교들의 고물상을 두었다. 결국, 그것은 죽거나 오염에 의해 망가진 사람보다 살아 있는 사람이 더 이익이 될 수 있다는 것을 간신히 알아차렸다. 이 일이 있고 난 뒤 자애와 자비를 팔아 이윤을 얻는 시장이 인기를 끌게 됐다는 것을 보라!

비판적 스펙터클로 변장하는 스펙터클에 대한 비판은 아

"아름다움은 거리에 있다."
1968년 혁명 포스터

직 존재하지 않는다. 왜냐하면, 맛도 없고 사용되지도 않는 변질된 상품들의 포화가 한계에 도달했는데, 우둔하고 수동적이어서 더 앞으로 나갈 능력이 안 되는 소비자는 품질과 "자연"에 따라 수익성이 달라지는 경쟁 시장 안에 내던져졌기 때문이다. 이제 소비자는 강제로 분별력을 보여야 하고, 첫 번째 소비자 운동이 자신에게서 빼앗아간 지성의 조각들을 회복해야 한다.

권력·국가·종교·이데올로기·군대·도덕·좌파·우파 등 많은 비열한 것들이, 양면이 동일한 시장 제국주의에 의해 천천히 부서졌다는 것은 아마도 기분을 좋게 할지 모른다. 그 비열한 것들이 다른 색, 예를 들어 달러의 색인 초록색 아래에서 업종을 바꾸고 일한다는 의심이 증명되지 않는다면 말이다. 왜냐하면, 민주적인 만큼 빈정거리기도 하는 새로운 모습new look의 소비주의는 항상 청구서와 지불의 의무를 제시하기 때문이다. 대가를 치르면서 파멸해야 한다는 오래된 질책이 탐욕 효과에 종속된 삶에 가해질 수밖에 없다.

본질적 행위로서의 자각의 가치가 가장 잘 나타나는 장소가 있다면, 그것은 속임수가 있는지 한 번 더 확인하는 순간의, 그리고 여느 때처럼 속임을 당하는 순간의 일상적 행동 안에 있다.

상품 체계의 역사는 최초의 도시국가들이 탄생한 농업 구조에서 자유 시장의 세계적 정복에 이르기까지, 폐쇄된 경제에서 열린 경제로, 보호주의에서 재화의 자유 교역으로 쉼 없는 이행을 보여 준다. 상품이 진보할 때마다 형식적 자유들이 만들어지고 그 자유들에 기초해 개인들 안에서 구현되고 욕망의 운동에 동일시되는 엄청난 특권을 갖는 의식이 탄생한다.

전통적 혁명들 ― 11세기와 12세기3, 1789년, 1848년, 1871년, 1917년, 1936년의 지방자치주의자들의 봉기들 ― 에 의해 전파된 자유 이데올로기는 대부분 유혈 낭자하게 발산된 리비도의 활기를 피로 억압하려 애썼다.

다른 혁명들과는 달리 수천 년간의 비인간적 행위에 종지부를 찍었다고 볼 수 있는 유일한 혁명은 억압적 폭력의 회오리 속에서 완수되지 않았다. 간단히 말해서 그 혁명은 끝나지 않았다.

1968년, 경제는 자신의 전성기와 전멸기의 매듭을 지었다. 생산에 대한 권위적 청교도주의를 단념했기 때문에 그것은 개인의 만족이라는 더 영리적인 시장 안으로 옮겨 갔다. 쾌락에 대한 공식적 인정으로 이해되는 방임주의가 사회적 의식과 풍습 속에 유포됐다. 하지만 이 쾌락은 교환가치를 가진, 수익성이 있는 쾌락이며 새로운 상업 질서에 봉사하기 위해 [자본이,] 살아 있는 자가 공짜로 즐기는 것에서 **빼앗은** 것이다.

게임은 끝났다. 계산의 차가움은 열정의 뜨거움에 너무 가까이 다가갔다. 부추겨진 동시에 부정된 삶의 의지가 시장의 자유가 갖는 계략을 고발하는 것을 어떻게 피할 것인가? 은실로 꿰맨 어떤 거짓말을 하면서, 사업의 생태학적 재전환은 개인들에게 자신들의 욕망과 환경을 분리하지 않고 재창조하는 것을 금지하면서, 살아 있는 자의 불안한 보호를 위해서만 일하라고 명령할 것인가?

혁명을 선동하는 사람들을 굴복시키는 낡은 숙명은 경제가 그들을 이끄는 곳, 즉 경제의 근대성과 그들의 몰락으로 가도록 명령했다. 이 숙명이 1968년에 부정됐다면, 그것은 살아 있는 자의 주체적 의식을 위해서이다. 지적인 담론에 의해 너무 쉽게 회수된 노동, 희생, 죄의식, 분리, 교환, 생존에 대한 거부는 항의를 넘어서거나 항의에 미치지 못하는 명료한 의식을 양분으로 섭취했다. 그리고 삶을 소진하고 파괴하는 것과 싸우는 삶의 일상적 유년기에, 욕망들을 세련시키는 운동에 전념했다.

살아 있는 자와 단절된 의식은 눈먼 의식이다. 부정의 검은 안경을 쓰는 것은 우선 사람들이 뒤로 전진한다는 것을 감춘다. 유행하는 사상가들의 사회적 분석은 이런 점에서 변함없는 조롱을 잘 보여 준다. 혁명, 자율경영, 노동위원회 등 많은 단어들이, 국가권력이 공동체 사회에 의해 맹렬히 공격을 받는 바로 그 순간에 공개적으로 모욕을 받았다. [그러나] 공동체 사회의 합의적 결정에는 정치적 대리인들의 난입, 지도자나 우두머리의 존재, 위계의 형성이라는 문제가 없다.

나는 대부분의 경우 방어 작용에 한정되는 이런 행위들의 불충분함을 과소평가하지 않는다. 그러나 거기에는 과거의 대중 운동과 단절된 행동이 어떤 통제 없이 나타난다. 개인들의 집단은 더는 아무렇게나 지배 가능한 군중으로 축소되지 않는다.

일상생활은 게다가 쾌락과 고통에 따라 살아가는 사람들이 일상생활에서 보여 주는 명료한 의식lucidité의 부족을 비롯해 여전히 더 많은 불충분함을 보여 준다.

"삶"이라는 단어의 마모 아래에서 생존에 의해 마멸된 현실을 발견하려면 유대-기독교 시대가 끝나야만 하지 않았을까? 인간에 의해 생산된 상품의 주기는 삶을 생존으로 축소했고, 인간을 그것의 이미지에 따라 재생산했다.

개인적 연금술 과정에 참여하지 않는 사람은 아무도 없다. 그러나 자신들의 수동성과 체념을 "우연"이라고 부르는 사람들에게서 주의와 통찰력의 부재가 너무나 두드러지게 나타나기 때문에, 묘약은 스스로 부정되도록 유도된 욕망들의 평범한 작업인 연금술 제1단계를, 부패를, 그리고 죽음을 넘어서는 작용하지 않는다.

나는 적대적 상황의 보편적 음모에 사로잡혀 있다는 필연적으로 절망적인 감정을 개인적 자율 의지의 반대로 간주한다. 부정은 결코 자기 자신이 되지 못한다는, 자신의 고유한 삶의 풍요로움을 결코 파악하지 못한다는 체념의 알리바이이다.

나는 죽음에 맞선 살아 있는 자의 투쟁을 매 순간 밝히면서 가장 확실하게 상품이 가진 쇠퇴 논리를 폐지하는 명료한 의식을 욕망 위에 세우고자 했다. 내 삶을 구속하고 소진하는 것으로부터 내 삶을 분간하고자 하는, 일상적으로 되살아나는 열정 안에서, 결국, 단 하나의 책이 기록하는 실험적 관계는 최선의 부분도, 최소의 부분도 구성하지 못한다. 『일상생활의 혁명』, 『쾌락의 책』 그리고 『살아 있는 자에게 고함』은 연속된 세 단계를 보여 주는데, 이 연속된 과정 안에서 사회를 재창조하면서 스스로 창조되고자 하는 참을성 있는 시도를 추진하는 몇몇 확신들과 변화하는 세계가 여러 번 일치한다.

자연의 착취와 파괴에서 얻은 이윤이 감소했기 때문에, 20세기 말에 생태론적 신자본주의와 새로운 생산양식이 발전했다. 살아 있는 자의 수익성은 더는 그의 소진이 아니라 그의 재구성에 달려 있다. 창조할 삶에 대한 의식은 사물들의 의미가 그 의식에 동참하기 때문에 향상된다. 유년기로 돌아간 각각의 욕망은 자신을 뒤집고 부정하고 상품으로 소외하는 것을 파괴하는 그런 힘을 결코 자기 안에 가진 적이 없었다.

오늘날 아무도 감히 상상하지 못했던 것이 등장한다. 즉, 개인적인 연금술 과정은 비인간적 역사가 인간의 실현으로 변환되는 일 외에는 다른 어떤 것에도 연결되지 않는다.

1991년 9월

이 책은 체험된 것을 담고 있지만 나는 그것을 진심으로 다시 체험할 준비가 안 된 독자들에게 느끼게 해 주려는 것은 아니다. 나는 그런 체험이 정신의 일반적 움직임 속에서 사라지고 재발견되기를 기다린다. 현재의 상황이 사람들의 기억에서 지워지기를 기대하는 것처럼 말이다.

세계는 다시 만들어져야 한다. 세계를 재조정하는 전문가들도 그것을 막지는 못할 것이다. 그들에 대해서 나는 이해하고 싶지 않다. 그들은 이해되지 않는 편이 더 낫다.

다른 사람들에 대해서는 나는 겸허하게 그들의 호의를 간청한다. 나는 사상의 전문용어들에 의해 가장 덜 오염된 사람들이 이런 책을 보기를 바랐다. 나는 두 번째 단계에서만 실패했기를 바란다. 이 혼란으로부터 어느 날 우리의 적들을 아주 가까이에서 쏘는 처방들이 나올 것이다. 그러는 동안 다시 읽어야 할 문장은 제 갈 길을 간다. 단순함을 향한 길이 가장 복잡한 것이다. 여기에서는 특히 평범한 것들로부터 다양한 뿌리들을 뽑아내 버리지 않는 것이 유용했다. 그 뿌리들은 평범한 것들을 다른 영역으로 옮겨 심고 우리의 이익을 위한 경작을 가능하게 할 것이다.

나는 결코 문화시장에 관해 새로운 것을 폭로한다거나 처음 보는 것을 내놓는다고 주장하지 않았다. 본질적인 것에 대한 미세한 수정이 부수적인 1백 개의 혁신보다 더 큰 것을 가져온다. 진부한 것들을 휩쓸어 가는 강물의 방향만이 새로운 것이다.

사람들이 존재한 순간 이래로, 로트레아몽[1]을 읽는 사람들이 존재한 순간 이래로, 모든 것이 이야기됐지만, 거기에서 이익을 얻은 사람은 거의 없다. 우리의 지식은 그 자체로 평범한 것이기 때문에 평범하지 않은 사람들에게만 도움이 될 수 있다.

장애물들의 엄청난 결탁을 통해, 실천에 의해, 현대 사회는 자신이 이미 알고 있는 것을 배워야 하고 이미 된 것이 되어야 한다. 우리는 평범한 것을 조작하면서, 지배하면서, 꿈속에 빠뜨리면서, 주체성이 마음대로 하도록 맡기면서만 평범한 것에서 벗어난다. 나는 주체적 의지에 많은 부분을 할애했다. 하지만 그것에 대해 아무도 나를 비난하지 말라. 세계가 매일 만드는 객관적 조건들이 어떻게 주체성에 유리하게 될 수 있는지에 대해 진지하게 평가하기 전에는 말이다. 모든 것이 주체성에서 출발하고 아무것도 거기에서 멈추지 않는다. 오늘날은 어느 때보다도 더 그렇다.

주체적인 것과 그것을 부패시키는 것 사이의 투쟁은 이제 오래된 계급투쟁의 한계를 넓힌다. 그것은 계급투쟁을 갱신하고 강화한다. 삶에 대한 개입은 정치적인 개입이다. 우리는 지겨워 죽을 위험 대신에 굶어 죽지 않으리라는 보장이 맞교환되는 세계를 원하지 않는다.

생존의 인간은 위계화된 권력의 메커니즘 안에서, 조합된 간섭들 안에서, 프로그램된 사상가들의 참을성 있는 프로그래밍만을 통해 정돈될 수 있는 억압적 기술의 혼돈 안에서 잘게 부서진 인간이다.

생존의 인간은 통일된unitaire 인간이며 전체적 거부의 인간이기도 하다. 우리들 각자가 모순되게 살아가지 않는 순간은 단 한 순간도 없으며 현실의 모든 층위에서 억압과 자유의 투쟁이 존재한다. 인간이 이상하게 변형되지 않고서, 권력의 관점과 극복dépassement의 관점이라는 두 개의 적대적 관점에 의해 동시에 파악되지 않은 채 지나가는 순간은 단 한 순간도 없다. 『일상생활의 혁명』을 구성하는 두 부분은 이들 각각의 분석에 할애된 것이다. 이 두 부분은 독서가 요구하듯이, 차례대로가 아니라 동시에 접근될 가치가 있다. 부정의 묘사는 긍정적 계획을 설립하고 긍정적 계획은 부정성을 확인시키기 때문이다. 책의 가장 좋은 순서는 독자가 자신의 순서를 발견하도록 순서를 갖지 않는 것이다.

글 안에 놓친 것이 있다는 것은 독자로서, 더욱이 인간으로서 독자가 가진 결핍을 반영한다. 만약 이 글을 쓰는 데 대한 일정한 지겨움이 이 글을 읽는 것에 대한 일정한 지겨움 속에서 드러난다면, 그것은 살아가는 것에 대한 결핍을 고발하는 또 하나의 논거가 될 것이다. 나머지 부분에 대해서는 시대의 심각함이 글의 심각함에 대한 변명이 될 것이다. 가벼움은 항상 글에 미치지 못하거나 글을 넘어선다. 여기에서 아이러니는 그것을 절대 잊지 않는 데 있다.

『일상생활의 혁명』은 우리가 앞으로 계속 듣게 될 선동의 흐름에 포함된다. 이 책이 제시하는 것은 국제적 혁명 운동의 재건을 위한 여러 노력들 중의 하나이다. 이 책의 중요성을 간과하는 사람은 누구도 없을 것이다. 왜냐하면, 시간이 가면 아무도 이 책이 내린 결론에서 벗어나지 못할 것이기 때문이다.

# 1부  권력의 관점

# 1장

# 의미 있는 무의미함

평범해지면서 일상생활은 점차 우리의 주된 걱정거리가 됐다(1). — 어떤 환상도, 신성한 것이든, 통속화된 것이든(2) — 집단적인 것이든, 개인적인 것이든, 일상적 행위들의 빈곤함을 더는 숨길 수 없다(3). — 삶의 내실화는 우회로 없이 새로운 빈곤함에 대한 분석을, 그리고 거부를 위한 옛 무기들의 개선을 요구한다(4).

1

현재 역사는 만화영화의 몇몇 인물들을 상기시킨다. 그 인물들은 광란의 경주로 인해 자신들이 알아채기도 전에 갑자기 벼랑 끝 허공에 서게 된다. 상상력의 힘 때문에 그들은 그런 높은 곳에서 뜰 수 있다. 그러나 그 사실을 깨닫자마자 그들은 곧 밑으로 떨어진다.

보서스토우[1]의 주인공들처럼 현재의 생각은 더 이상 자기의 고유한 신기루 덕분에 떠 있지 않다. 생각을 솟아오르게 했던 것이 오늘날에는 생각을 다시 내려가게 한다. 빠른 속도로 생각은 현실 앞에 던져지고 일상적으로 체험되는 현실은 생각을 부순다.

◆◇

다가오는 명료한 의식은 본질적으로 새로운 것인가? 나는 그렇게 생각하지 않는다. 더 강렬한 빛의 요구는 항상 일상생활에서 나오고, 산책하는 자의 리듬과 세계의 행진을 조화롭게 하고자 하는, 각자가 느끼는 필요에서 나온다. 모든 철학 안보다 한 사람의 24시간 안에 더 많은 진리가 들어 있다. 어떤 철학자는 자기 자신을 경멸하면서도 이 사실을 무시하지 못한다. 그리고 이 경멸은 철학의 위로가 그에게 가르쳐 준 것이다. 자신의 메시지를 세계에 더 높이 날리기 위해 어깨 위로 올라가 제자리에서 빙빙 돌다 보니 철학자는 이 세계를 거꾸로 지각하게 된다. 그리고 자신이 올바로 서 있다고 설득하기 위해 그는 모든 존재와 모든 사물이 거꾸로 서 있다고 주장한다. 그러나 그는 자신의 망상 한복판에 있다. 그것에 동의하지 않는 것은 이런 망상을 더욱 참을 수 없는 것으로 만들 뿐이다.

16, 17세기의 도덕주의자들은 평범한 것들의 저장고를 지배했다. 그러나 그것을 감추기 위한 그들의 노력은 매우 커서 평범한 것들의 저장고 주위로 회반죽과 사변으로 된 궁전을 쌓아 올렸다. 이상적 궁전은 체험된 경험을 수용하고 가둔다. 이로부터 숭고한 말투와 "보편적 인간"이란 허구가 되살리는 확신과 진정성의 힘이 나온다. 하지만 영원한 두려움의 숨결이 있다. 분석자는 깊은 본질에 도달함으로써 존재의 점진적 경직화에서 벗어나려고 노력한다. 그리고 그가 자신이 사는 시대의 지배적 상상력(신과 왕권과 세계를 완전히 하나로 보는 봉건적 신기루)에 따라 표현하면서 자신을 추상화하면 할수록 그의 명료한 의식은 삶의 숨겨진 얼굴을 사진으로 찍게 되고 일상성을 "발명"하게 된다.

계몽 철학은 구체적인 것이 혁명적 부르주아지와 함께 권력에 오르게 됨에 따라 구체적인 것을 향한 하강을 가속했다.

신의 폐허로부터 인간은 자기 현실의 폐허로 떨어진다. 무슨 일이 일어났는가? 대략 다음과 같은 일이 일어났다. 고행자의 밧줄이 하늘로 올라가는 것을 봤다고 믿는 일만 명이 있다. 하지만 많은 사진기들은 밧줄이 손톱만큼도 움직이지 않았다는 것을 증명한다. 과학적 객관성은 신비화를 고발한다. 좋다. 하지만 무엇을 보여 주기 위해서인가? 둘둘 말린 밧줄에 대해서는 아무 흥미도 없다. 나는 신비화된다는 의심스러운 즐거움과 나와 관계없는 현실을 관찰한다는 지겨움 사이에서 어느 하나를 선택하고 싶지는 않다. 내가 파악하지 못한 현실은 새로 만들어진 거짓말이며 신비화의 마지막 단계가 아닌가?

이제 분석자들은 거리에 있다. 명료한 의식은 그들의 유일한 무기가 아니다. 그들의 생각은 신들의 거짓 현실 안이나 테크노크라트들의 거짓 현실 안에 더 이상 갇혀 있지 않을 것이다.

2

종교적 신앙은 인간 자신에게 인간을 숨긴다. 신앙의 바스티유 감옥은 인간을 신이 정상을 차지하고 있는 피라미드 세계 안에 가둔다. 아쉽다. 인간은 7월 14일[2], 통일된 권력의 폐허 자체가 감옥이 되는 것을 막을 만큼 충분한 자유를 얻지 못했다. 멜리에[3]가 꿈꿨던 것처럼 미신의 찢긴 장막 아래 벌거벗은 진실이 드러나지 않았다. 오히려 끈끈한 이데올로기가 나타났다. 분할된 권력에 갇힌 사람들은 압제에 대항하기 위해 오직 자유의 그늘에만 의존한다.

오늘날 통념의 그물에 걸리지 않은 행위나 생각은 하나도 없다. 폭파된 옛 신화로부터 나온 미세한 파편들의 느린 여파는 성스러운 것의 먼지를, 정신과 삶의 의지를 죽이는 먼지를 사방에 퍼뜨린다. 구속은 덜 은밀하고 더 거칠고 덜 강력하고 더 많아진다. 순종적 태도는 더는 성직자의 마법에서 비롯되지 않고 수많은 작은 최면들에서 나온다. 그것들은 정보, 문화, 도시계획, 광고 그리고 기존 질서와 다가올 질서를 위해 조건화하는 제안들이다. 이것은 모든 면에서 구속을 받는 육체이며 릴리풋의 해변에 난파된 걸리버이다. 그는 자신을 해방시킬 작정으로 주의 깊은 눈으로 주위를 둘러본다. 아주 작은 부분도, 땅의 아주 작은 흔적도, 최소한의 움직임도 모두 그를 구원해 줄 중요한 표지가 된다. 가장 안전한 자유의 기회는 가장 익숙한 것에서 나온다. 다른 식으로 된 적이 있는가? 예술, 미학, 철학이 그것을 증명한다. 단어와 개념의 외피 아래에는 항상 뛰어오를 준비를 하고 웅크리고 있는 세계에 부적응한 살아 있는 현실이 있다. 단어도, 신도 오늘날 이런 평범함을 얌전하게 덮을 수 없기 때문에 이 평범함은 역과 공터를 벌거벗고 돌아다닌다. 그것은 당신이 당신에게서 돌아설 때마다 당신에게 접근하며 당신의 어깨를 잡고 눈을 바라본다. 그리고 대화가 시작된다. 당신은 그것과 함께 자신을 잃거나 자신과 함께 그것을 구해야 한다.

3

너무 많은 시체가 개인주의와 집단주의의 길에 뿌려져 있다. 겉보기에는 상반되는 두 가지 이유로 고독한 인간에 대한 동일한 약탈과 억압이 창궐했다. 로트레아몽을 질식시키던 손이 세르게이 예세닌[4]의 목도 조른다. 한 사람은 쥘-프랑수아 뒤퓌[5] 소유의 셋방에서 죽고 다른 한 명은 국유화된 호텔에서 목을 맨다. 사방에서 다음과 같은 법칙이 확인된다. "즉시 너 자신에 맞서 사용되지 않을 너의 개인적 의지의 무기란 없다. 너의 의지는 다른 사람들에 의해 조종되기 때문이다." 만약 누군가가 개인의, 단지 개인의 권리를 기반으로 실천적 이성을 세우는 것이 바람직하다고 말하거나 글을 쓴다면, 곧바로 그는 자신의 대화상대자로 하여금 그가 방금 한 말의 증거를 스스로 제시하도록 부추기지 않는 한, 자신의 말을 부정하는 것이 된다. 그런데 그런 증거는 내적으로 체험되고 파악될 수밖에 없다. 그렇기 때문에 앞으로 전개될 글의 내용은 각자의 직접적 경험에 의해 터득되고 수정돼야 할 것이다. 되풀이되지 않아도 될 만큼 가치가 있는 것은 없다. 끊임없이 보충되지 않아도 될 만큼 풍족한 것은 없다.

◆◇

우리가 사생활에서 어떤 사람이 자신에 대해 생각하고 말하는 것과 그의 실제 모습, 실제로 행하는 것을 구분하는 것과 마찬가지로, 미사여구와 당의 메시아적 주장을 당의 실제 조직이나 실제적 관심과 구분하는 것을 배우지 않은 사람은 아무도 없다. 당이 내세우는 모습과 실제 모습을 구분하는 법을 모르는 사람은 아무도 없다. 한 사람이 자신과 남들에 대해 가진 환상은 집단이나 계급 또는 당이 그들의 주위 사람들과 내부 사람들에게 제공하는 환상과 본질적으로 다른 것이 아니다. 오히려 그것들은 지배적 생각이란 하나의 원천에서 나온다. 대립하는 형태를 갖고 있다 하더라도 지배적 생각은 지배 계급의 생각이다.

인류 전체를, 또는 개개의 특정인을 둘러싼 주의ismes의 세계는 현실이 빠져 있는 세계일 뿐이며 거짓말의 놀랍도록 실제적인 유혹의 세계일 뿐이다. 코뮌, 스파르타쿠스 운동 그리고 붉은 크론시타트(1921) 봉기에 이르는 세 번의 실패는 자유주의, 사회주의, 볼셰비즘이라는 자유의 세 가지 이데올로기가 어떤 피바다로 우리를 인도하는지를 단숨에 보여 준다. 그렇지만 그것을 이해하고 보편적으로 인정하기 위해서는 이 이데올로기들의 타락하거나 혼합된 형태들이 가진 초기의 잔인성이 집단수용소, 라코스트6의 알제리, 부다페스트와 같은 무거운 사례들을 통해 널리 드러나야만 했다. 사람들의 피를 흘리게 만든 나머지 오늘날 과다출혈로 창백해진 커다란 집단적 환상들의 뒤를 이어 수많은 분할된 이데올로기들이 소비사회와 많은 휴대용 바보상자를 통해 팔리고 있다. 둔기로 세 번 치는 것만큼이나 바늘로 10만 번 찌르는 것도 확실히 사람을 죽일 수 있음을 증명하기 위해 또 그렇게 많은 피가 필요하겠는가?

◆◇

나에게 어떤 생각들 ─ 왜냐하면 그것들이 문제의 단체에 가입하도록 나를 부추긴 생각들이기 때문에 ─ 을 치워 버리라는 것이 아니라, 결코 나로부터 분리될 수 없는 꿈과 욕망을 치워 버리라고, 그리고 진정으로 제한 없이 살고자 하는 의지를 치

크론시타트(Кронштáдт)의 수병
들(1921년). 1921년 3월 7일 러시
아의 도시 크론시타트에서 수병과
시민 들이 볼셰비키에 반대하여
자유선거의 보장, 언론·출판의 자
유, 정치범의 석방, 토지 사용의 자
유 등을 요구하며 봉기했다.

워 버리라고 나에게 요구하는 활동단체 안에서 내가 무엇을
할 수 있겠는가? 고립을 바꾸고, 단조로움을 바꾸고, 거짓말
을 바꾸는 것이 무슨 소용이 있는가! 실제적 변화라는 환상이
고발되는 곳에서는 환상의 단순한 변화도 참을 수 없는 것이
된다. 그런데 그런 것이 현재 상황이다. 경제는 끊임없이 더 많
이 소비하도록 만든다. 그리고 쉼 없이 소비하는 것은 가속화
된 속도로 환상을 바꾸는 것이며 그것은 점차 변화의 환상을
무너뜨린다. 사람들은 가제트와 폭스바겐과 포켓 책의 폭포수
에 의해 만들어진 빈 공간에서 변화되지 않고 얼어붙은 채 홀
로 발견된다.

　상상력이 없는 사람들은 편안함에, 문화에, 레저에, 상상
력을 파괴하는 것에 부여된 중요성을 지겨워한다. 이것은 사람
들이 편안함과 문화와 레저를 지겨워하는 것이 아니라 그것들
의 사용 방법을, 그것들을 즐기지 못하도록 하는 사용 방법을
지겨워한다는 것을 의미한다.

　풍요로움의 상태는 훔쳐보기의 상태이다. 각자는 자신의
만화경을 갖고 있다. 손가락을 조금만 움직여도 영상이 변한
다. 사람들은 냉장고 두 개, 자동차 한 대, 텔레비전, 세일, 시
간 죽이기 등 어떤 경우에도 건지는 것이 있다. 그리고 소비된

영상들의 단조로움이 우세해지고 그런 단조로움은 영상들을 유발하는 행위의 단조로움을, 검지와 엄지가 만화경에 전달하는 가벼운 회전을 지칭한다. 그 안에 자동차는 없다. 단지 자동차 기계와는 전혀, 또는 거의 관계가 없는 이데올로기만이 있을 뿐이다. "엘리트의 위스키, 조니 워커"에 취한 사람들은 이상한 혼합물 속에서 알코올과 계급투쟁의 효과를 겪는다. 더는 놀랄 것이 아무것도 없다. 이것이 비극이다! 이데올로기적 스펙터클의 단조로움은 이제 삶의 수동성을, 생존을 지칭한다. 미리 만들어진 스캔들 — 스캔들 거들7과 파나마 스캔들8 — 저편에 긍정적 스캔들이 나타난다. 이 긍정적 스캔들은 어떤 환상을 위해 실체를 잃어버린 행위의 스캔들이다. 그 환상의 사라진 매력은 매일 환상을 더욱 가증스러운 것으로 만든다. 이 행위는 빛나는 상상의 보상을 키우느라 무의미하고 무미건조해진 행위, 대단한 사변을 키우느라 빈곤해진 행위 — 행위는 이 사변 안에서 "진부한"과 "평범한"이라는 불명예스러운 범주하에 만능 해결사로서 투입된다 —, 오늘날 해방되고 쇠퇴해서 다시 한번 길을 잃거나 자신의 약점에 눌려 죽을 준비가 된 행위이다. 이것들은 여러분 각자 안에서 그것들의 "자발적" 환경인 즉각적이고 유동적인 현실에 완전히 새로 배달된, 친숙하고, 슬픈 것들이다. 그리고 여러분은 새로운 범속함 안에서, 가까운 것과 먼 것이 일치하는 관점 안에서 길을 잃거나 참여하고 있다.

4

구체적이고 전술적인 형태로, 계급투쟁 개념은 사람들이 개인적으로 체험하는 충돌과 문란의 첫 번째 재집결을 구성했다. 인간관계가 착취 메커니즘으로 축소되면서 산업 사회 곳곳에서 고통의 회오리가 일어났다. 계급투쟁 개념은 이 고통의 회오리로부터 태어났다. 이 개념은 세계를 변화시키고 삶을 바꾸겠다는 의지에서 나왔다.

이런 무기는 끊임없는 손질을 필요로 했다. 그런데 노예가되는 것을 거부하며 풍요로운 삶과 완전한 인간성을 찾고자 하는 모든 사람들과 관련된 계획을 맑스가 세우려 했음에도 불구하고, 제1인터내셔널은 오로지 노동자의 요구만을 기반으로 한 계획을 세우며 예술가들에게서 등을 돌리지 않았는가? 사실 라스네르9, 보렐10, 라사이이11, 뷔히너12, 보들레르13, 횔덜린14도 가난과 그 가난에 대한 단호한 거부를 보여 주지 않았는가? 어찌됐건 이 실수 — 그것이 원래는 용서될 수 있는 것인지는 알고 싶지 않다 — 는 1세기가 채 지나지 않아 소비경제가 생산경제를 흡수함에 따라, 일상적 창조성의 착취가 노동력의 착취를 포함하는 순간부터 엄청난 중요성을 갖게 된다. 작업시간이나 여가 시간에 노동자에게서 빼앗은 동일한 에너지가 권력의 엔진을 돌아가게 한다. 옛 이론의 신봉자들은 형식적인 반대를 하면서 행복하게 그 엔진에 기름칠을 하고 있다.

일상생활을 명시적으로 거론하지 않으면서, 사랑 안에는 체제전복적인 것이 있고 구속의 거부 안에는 긍정적인 것이 있다는 점을 이해하지 못하면서, 혁명과 계급투쟁에 대해 말하는 사람들은 썩어 가는 입을 갖고 있다.

**불가능한 참여,
또는 구속의 총합으로서의 권력**

---

마모와 파괴의 메커니즘

## 2장

# 모욕

모욕과 공격적 태도의 항구적 **교환**을 바탕으로 한 일상생활의 경제는 마모 기술을 숨긴다. 이 마모 기술 자체는 그것이 모순적으로 호명하는 파괴 **증여**의 대상이 된다(1). 인간이 사물이 될수록 그는 오늘날 더욱 사회적이 된다(2). 착취로부터의 해방은 아직 시작되지 않았다(3). 그것은 옛 주권의 원칙에 새로운 가치를 제공할 준비를 한다(4).

1

사람이 많은 마을을 지나던 루소¹는 한 상스러운 남자에게서 모욕을 당했다. 그 남자의 재치 있는 말은 사람들을 즐겁게 했다. 혼란에 빠지고 당황한 루소는 그 남자에게 대항할 말을 찾지 못한 채 야유를 받으며 달아났다. 제정신이 들었을 때 루소는 그 남자의 코를 납작하게 해 줄 아주 신랄한 답변들을 생각해 냈다. 하지만 그것은 그 남자를 만났던 곳에서 두 시간을 더 지나와서의 일이었다.

루소의 이런 보잘것없는 사건보다 더 일상적인 평범함을 보여 주는 것이 어디에 있겠는가? 작은 충격으로 체험되는 이런 사건은 한 걸음을 걷는 시간, 한 번 쳐다보는 시간, 잠깐 생각하는 시간 동안 일어나는 흐릿하고 불분명하고 단편적인 사건으로 거의 의식되지 않을 정도로 희미한 고통을 주고 그 원인이 무엇인지를 발견하기 어려울 정도로 느낌이 없는 불쾌감을 준다. 끝없이 교환되는 모욕과 그에 대한 응수는 인간관계에, 허리를 흔들고 다리를 절뚝거리는 외설적인 리듬을 부여한다. 도시 외곽을 오가는 기차에 의해 밀려갔다 밀려오며 거리와 사무실과 공장을 점령하는 많은 사람들의 왕래 속에서 조심스러운 후퇴, 갑작스러운 공격, 특별한 이유 없는 애교와 할퀴기만이 난무한다. 강제된 만남의 경우 포도주는 우리가 맛을 음미할 때 식초로 변한다. 군중의 순박함과 선량함을 믿으란 말인가! 그들이 얼마나 화를 잘 내며 사방에서 위협을 받고 그들로부터 멀리, 아주 멀리 있는 적의 지역에 떡하니 자리를 잡고 있는지를 보라. 바로 그곳에서 그들은 칼 대신 팔꿈치와 시선을 사용하는 법을 배운다.

공격자와 공격받는 자 사이에는 공백 시간이나 휴전은 없다. 겨우 느껴질 만한 다량의 신호들이 혼자가 아닌 보행자를 덮친다. 말, 몸짓, 시선들이 서로 엉키고 부딪치고 목표를 놓친 오발탄처럼 방향을 잃는다. 그것들은 자신들이 쉼 없이 자극하는 신경의 긴장을 통해 더 확실히 사람들을 죽인다. 우리는 우리 자신에 대한 거북스러운 여담을 끝내도록 할 뿐이다. 그래서 이 손가락들은(나는 이 글을 한 카페의 테라스에서 쓴다) 팁을 주기 위한 동전을 밀어내고 웨이터의 손가락들은 그것을 집는다. 이 두 사람의 얼굴은 서로 동의한 비열함을 감추려는 것처럼 가장 완벽한 무관심을 나타내는 모습을 띤다.

구속의 관점에서 보면, 일상생활은 경제 시스템에 의해 조정된다. 이 경제 시스템 안에서 모욕의 생산과 소비는 균형을 이루려는 경향을 보인다. 자유 교역 이론가들의 오랜 꿈은 이렇게 좌파의 생각을 특징짓는 상상력 부재에 의해 새롭게 시작된 민주주의의 길 안에서 그것의 이상형을 찾는다. 마치 그 건물의 공인된 파괴자인 자본주의자들이 그것을 국유화하고 계획화할 각오가 돼 있지 않았다는 듯이, 처음 보기에는 자유주의의 부서진 건물을 비난하는 진보주의자들의 증오심이 이상하지 않은가? 사실은 그렇게 이상한 것은 아니다. 왜냐하면, 사실 확인을 통해 이미 근거를 잃은 비판들에 주의를 집중시키면서(마치 계획경제 — 소련은 이것의 원초적인 모델이 될 것이다 — 에 의해 자본주의가 서서히 완성된다는 사실이 곳곳에서 밝혀지지 않았다는 듯이) 바로 이 유효기간이 지나고 헐값에 팔리는 경제 모델을 기반으로 인간관계를 재구성한다는 것을 사람들이 감추려 하기 때문이다. 어떤 우려되는 참을성을 갖고 "사회주의" 국가들은 부르주아적 양식에 맞춰 삶을 조직하려 하지 않는가? 곳곳에서 가족, 결혼, 희생, 노동, 허위에 대해 "받들어 총"을 한다. 반면에 단순화되고 합리화된 항시적 메커니즘들은 인간관계를 존중과 모욕의 "공평한" 교환으로 축소한다. 그리고 곧 사이버네틱스 학자들의 이상적 민주주의 안에서 각자는 별다른 애를 쓰지 않고 일정량의 무능함을 얻을 것이며, 그것을 가장 좋은 정의의 규칙에 따라 분배하는 여유를 누릴 것이다. 왜냐하면, 분배의 정의가 최고점에 다다를 것이기 때문이다. 행복한 노인네들은 이 날을 볼 것이다.

내가 보기에는, 그리고 다른 사람들이 보기에도 — 나는 감히 그렇다고 믿는다 —, 불안 안에는 균형이 없다. 계획화는 자유 교환의 반대일 뿐이다. 교환만이 계획됐다. 그리고 그것과 함께 교환이 내포하는 상호 희생이 계획됐다. 그런데 "새로움"

이라는 단어의 의미를 간직하려면, 그것을 패러디가 아닌 초월과 동일시하면서만 가능할 것이다. 새로운 현실을 세우려면 증여don 외에는 다른 원칙이 없다. 노동위원회들의 실수와 빈곤에도 불구하고 나는 노동위원회들의 역사적 경험(1917, 1921, 1934, 1956년) 안에서, 우정과 사랑의 비장한 추구 안에서처럼, 현재의 명확한 사실들에 절망하지 않을 유일한 자극적인 이유를 발견하고자 한다. 그러나 모든 것이 이런 경험들의 긍정적 속성을 비밀로 하려고 혈안이다. 그 경험들의 실제적 중요성에 대해, 나아가 그것들의 존재에 대한 의심이 교묘하게 유지된다. 어떻게 사람들이 가장 극단적인 혁명의 시간들 동안 살아갔는지를 연구하는 노력을 기울이는 역사학자들은 전혀 없다는 것이 단순한 우연은 아니다. 인간 행동의 자유 교환과 결별하고자 하는 의지는 따라서 부정적인 것을 간접적인 수단으로 삼아 자생적으로 드러난다. 문제가 제기된 불안은 더 강하고 더 단단한 불안의 공격을 받아 폭발한다.

부정적 의미에서 라바숄의 폭탄은, 또는 더 최근에 일어난 카라크마다[2]의 무훈은 교환과 타협의 관계들에 대한 ― 곳곳에서 어느 정도 입증된 ― 지구적 거부를 둘러싼 혼란을 씻어낸다. 수차례의 내 경험을 바탕으로 보건대, 구속적인 관계의 감옥 안에서 1시간을 보낸 사람이라면 누구나 피에르 프랑수아 라스네르와 그의 범죄에 깊은 호감을 느낄 것이라고 확신한다. 물론 여기에서는 테러리즘에 대한 변명을 하고자 하는 것이 아니라 그 안에 있는 가장 딱하면서도 가장 존중할 만한 행위를 식별해 내고자 하는 것이다. 그 행위는 위계화된 사회

공동체의 자율 메커니즘을 고발하면서
교란할 수 있다. 이처럼 고안된 살인은
살 수 없는 사회라는 논리 안에 기입된
것이기 때문에 증여의 텅 빈 형태로 나
타날 수밖에 없다. 그것이 바로 말라르
메[3]가 말한 강하게 욕망된 현존의 부재
이다. 말라르메는 30인의 재판procès des
Trente[4]에서 아나키스트들을 "순수의 천
사"라고 명명했다.

라바숄(Ravachol, 1859~1892). 프랑스 아나키스트. 본명은 프랑수아 쾨닝슈타인(François Koeningstein). 노동운동 탄압에 맞서 1892년 폭탄 테러를 감행, 그해 체포, 사형당했다. 이 사건으로 프랑스 노동운동의 신화적 인물이 되었다.

외로운 살인자에 대한 나의 호감은
전술이 시작되는 곳에서 멈춘다. 하지만
어쩌면 전술은 개인적 절망에 의해 떠밀려진 정찰병을 필요로
할 것이다. 어찌 됐든 새로운 혁명 전술은 개인적 실현의 너무
나 잘못 알려지고 너무나 유포된 역사적 전통과 실천 위에 확
고히 기반을 둔다. 이 전술은 라바숄이나 보노[5]의 행위를 흉
내 내고자 하는 사람들에 전혀 관심을 두지 않는다. 그것은 그
들을 필요로 하지 않는다. 하지만 그것이 고립과 집단적 거짓
말에 대한 증오 때문에 남을 죽이고 자신을 죽인다는 합리적
결정을 이미 내린 개인들을 집단적으로 유혹하지 않는다면, 이
론적 활동정지를 할 수밖에 없다. 살인자도 아니고 인본주의
자도 아니다! 전자는 죽음을 받아들이고 후자는 죽음을 강제
한다. 오랫동안 생존하며 서서히 죽어 가는 것보다는 전격적
인 폭력을 행하기로 결심한 10명의 남자들이 서로 만나자마자
절망은 끝이 나고 전술이 시작된다. 절망은 일상생활의 혁명

가들이 갖는 유치한 질병이다.

어렸을 때 무법자들에 대해 갖고 있던 동경을 나는 오늘날 다시 느낀다. 그 감정은 낡은 낭만주의라기보다는 사회 권력이 **직접적으로** 문제시되는 것을 막아주는 알리바이들을 드러내는 것이다. 위계화된 사회조직은 거대한 **강탈**에 비유될 수 있다. 아나키즘의 테러리즘에 의해 만천하에 드러난 이 강탈은 그것이 유발하는 폭력으로부터 자신을 보호하는 능란함을 갖고 있다. 그것은 많은 모호한 전투 속에서 사람들의 살아 있는 힘을 소진하면서 그렇게 한다. ("인간화된" 권력은 앞으로는 전쟁과 인종말살 같은 낡은 방법에 의존하지 않을 것이다). 검찰측 증인들은 아나키즘에 대한 호감을 갖고 있다는 의심을 별로 받지 않는다. 그래서 생물학자 한스 셀리에[6]는 다음과 같이 말한다. "특별한 질병의 인자들(세균, 영양실조…)이 사라짐에 따라 스트레스에 의해 유발되는 쇠약의 질병이나 퇴화의 질병이라고 부르는 것 때문에, 즉 투쟁, 충격, 긴장, 부조화, 탈진시키는 리듬 등으로부터 나오는 육체의 쇠약 때문에 죽는 사람들의 수가 증가한다." 이제는 누구도 자신의 생각과 꿈속까지 쫓아오는 **강탈**을 조사할 필요에서 벗어나지 못한다. 아주 작은 것도 아주 큰 중요성을 가진다. 신경질, 피로, 무례함, 모욕 등은 누구에게 이익이 되는가? 그리고 "호의를 가진 '빅 브러더'"가 지혜라는 겉모습하에 유포하는 정형화된 답변들과 알리바이들은 누구에게 이익이 되는가? 내가 지도록 모든 것이 꾸며진 곳에서 내가 언제나 이길 수 있을 때 나는 나를 죽이는 설명에 만족할 것인가?

2

악수는 만남의 매듭을 묶고 푼다. 이것은 흥미로우면서 동시에 평범한 행위이다. 악수가 **교환된다**는 것은 아주 올바른 표현이다. 실제로 악수는 사회적 계약의 가장 단순화된 형태가 아닌가? 확신이 부재한다는 분명한 사실을 대체하는 것처럼 보이는 후한 인심과 왼쪽, 오른쪽, 닥치는 대로 악수를 하는 손들은 어떤 것을 보증하려고 애쓰는 것인가? 합의가 이루어지고 사회적 협약이 존재하며 사회 안에서의 생활이 완벽하다는 것을 보증하려 하는 것인가? 그것을 납득하고자 하는 욕구, 습관적으로 그것을 믿고자 하는 욕구, 손아귀의 힘으로 그것을 확인하고자 하는 욕구가 깨지는 것을 악수는 막는다.

시선은 이런 배려를 모르고 교환을 알지 못한다. 눈은 그것을 마주 보는 동공 안에서 공허하고 영혼이 없는 그것의 그림자를 추측하는 것처럼 혼란스러워진다. 눈은 서로 스치자마자 이미 미끄러지고 서로를 교묘히 피한다. 그것들의 도주선들은 가상의 점에서 서로 만나고 불일치와 아주 깊이 느껴지는 불화를 표현하는 각을 만든다. 때때로 합의가 이루어지고 눈들은 서로 결합한다. 그것은 이집트 동상에서 볼 수 있는 왕과 왕비의 평행하는 아름다운 시선이다. 그것은 연인들의 뿌옇고 희미하고 에로티시즘에 빠진 시선이다. 눈들은 멀리에서 서로를 탐닉한다. 아주 종종 악수로 맺어진 약한 합의를 시선은 부정한다. 포옹과 열정적으로 반복되는 사회적 합의의 대유행 ─ "shake hand"라는 표현은 상당히 상업적인 쓰임새를 의미한다 ─ 은 의미 층위에서의 술수이거나 시선의 예민함을 무디게 하고 스펙터클의 공허함에 시선을 꼼짝 못 하게 적응 시키려는 하나의 방법이 아닐까? 소비 사회의 상식은 "사물을 정면으로 보라"라는 오래된 표현을 논리적 귀결점으로 이끌었다. 즉, 자기 앞에 있는 것 중에서 사물만을 보라.

벽돌처럼 무감각하고 다루기 쉬운 것이 되라는 것이 바로 사회조직이 각자에게 친절하게 요구하는 것이다. 부르주아지는 모욕을 가장 공평하게 배분할 줄 알았다. 그들은 가장 많은 수의 사람들이 합리적 규범들에 따라 구체적이고 특화된 명령(경제적, 사회적, 정치적, 법률적 요구)이라는 이름으로 그것에 복종하도록 만들었다. 이처럼 파편화된 구속들은 그것들을 피하고 파괴하는 데 공통으로 사용되는 술수와 에너지를 잘게 부수었다. 1793년의 혁명가들[7]은 위대했다. 왜냐하면, 그들은 인간들의 정부 안에서 감히 신의 영향력을 파괴하려 했기 때문이다. 프롤레타리아 혁명가들은 그들이 지키던 것에서 어떤 위대한 것을 끄집어냈다. 그것은 적이었던 부르주아가 그들에게 맡기기를 걱정하던 것이었다. 그들의 힘은 그들 자신에게서 왔다.

상업적 가치, 즐거운 실익, 노동의 명예, 절제된 욕망, 생존에 기초한 윤리, 그리고 그것들의 반대인 순수한 가치, 공짜, 기생, 본능적 폭력, 죽음에 기초한 윤리. 바로 이것이 2세기 전부터 인간의 능력들이 끓고 있던 역겨운 통이다. 분명히 개선된 이런 재료들을 갖고 사이버네틱스 학자들은 미래의 인간을 요리하려 한다. 우리는 우리가, 벌레들처럼 불확실함과 무의식 안에서 움직임을 완수하는, 완벽하게 적응된 존재들의 안전에 도달하지 않았다는 것을 확신하는가? 사람들은 상당히 오래 전부터 보이지 않는 광고를 실험했다. 그것은 24분의 1초 동안 보이는 영상을 광고 안에 삽입해 망막에서는 느낄 수 있지만 의식적으로는 지각되지 않도록 하는 광고이다. 첫 번째 구호들은 완벽하게 결과를 예견할 수 있는 것들이었다. 그 구호들은 "더 천천히 운전하라!", "교회에 가라!"는 것이었다. 그런데 거대한 세뇌 기계에 비한다면 이런 작은 조작이 무슨 의미가 있겠는가? 이 거대한 기계의 톱니바퀴 하나하나는 도시계획, 광고, 이데올로기, 문화 등으로 동일한 조작을 할 수 있는 것들이다. 다시 한번 말하자면, 사람들이 주의를 기울이지 않는다면, 사람들에게 계속해서 행해지는 저주에 대한 지식은 그런 파괴를 체험한 감정보다는 더 작은 관심을 유발한다. 헉슬리[8]의 『멋진 신세계』, 오웰[9]의 『1984년』 그리고 뚜랜[10]의 『다섯 번째 트럼펫 소리』는 현재를 잠깐 보는 것만으로도 생겨나는 전율을 미래 안에 억압한다. 그리고 의식과 거부 의지를 성숙하게 하는 것은 바로 현재이다. 현재 나의 감금 상태를 보면 미래는 나에게 전혀 흥미로운 것이 아니다.

◆◇

모욕감은 바로 물건이 되는 감정이다. 이처럼 이해된 모욕감은 삶의 조직을 비판하는 것과 다른 삶의 계획을 즉각 실행하는 것이 서로 분리되지 않는 투쟁적인 명료한 의식을 만든다. 그렇다. 개인적 절망과 그것의 극복을 기반으로 해서만 건설이 가능하다. 이 절망을 감추고 다르게 포장해 조작하기 위해 시도된 노력들을 보면 이 점은 충분히 증명될 것이다.

가치의 하락, 세계의 폐허, 비진정성, 비총체성non-totalité을 보지 못하게 할 정도로 시선을 유혹하는 이 환상은 무엇인가? 그것은 나의 행복에 대한 믿음인가? 의심스럽다! 그런 믿음은 분석에도, 두려움의 폭발에도 견디지 못한다. 나는 그 안에서 오히려 다른 사람들의 행복에 대한 믿음을, 질투와 시샘의 고갈되지 않는 원천을 발견한다. 그 원천은 부정적인 것을 통해 존재감을 느끼도록 한다. 나는 질투한다, 고로 존재한다. 타인들로부터 자신을 파악하는 것은 자신을 타자로 파악하는 것이다. 그리고 타자는 항상 대상이다. 그래서 삶은 체험된 모욕의 정도에 맞춰 평가된다. 사람들이 자신의 모욕을 선택하면 할수록 더욱 그들은 "산다." 그럴수록 더욱 그들은 사물들로 정돈된 삶을 산다. 이것이 물화의 술수이다. 이 술수는 물화를 잼 속에 든 비소砒素처럼 알아차리지 못하게 유통한다.

나는 내 일상생활의 주권이 가진 비참함이 드러날 때마다 『그림 동화』에서처럼 "왕은 벌거숭이다"라고 소리 지르고자 하지만 그렇게 하지 못하도록 하는 타락이 있다. 억압의 방법들이 갖는 예측 가능한 친절함은 그런 타락에 대해 알려준다. 분명히 경찰의 난폭함은 여전히 존재한다. 그뿐만이 아니다! 경찰의 난폭함이 발휘되는 곳마다 좌파의 의식 있는 사람들은 당연히 그것을 비열한 짓이라고 규탄한다. 그리고 그 후에는? 그들은 대중들에게 무기를 들라고 부추기는가? 그들은 정당한 반격을 조장하는가? 그들은 AVO[11]의 가장 아름다운 열매들로 부다페스트의 나무들을 장식한 것과 같은 경찰 사냥을 하도록 격려하는가?[12] 아니다. 그들은 평화적 시위를 조직한다. 그들의 조합 경찰은 자신의 명령에 저항하는 사람은 누구라도 선동자로 취급한다. 새로운 경찰이 여기 나타난 것이다. 이 새 경찰은 교대 시간을 기다린다. 사회심리학자들은 개머리판으로 가격하지도 않고 심지어는 거만하지도 않게 지배할 것이다. 억압적 폭력은 합리적으로 분배된 수많은 바늘 찌르기로 전환된다. 고상한 차원에서 경찰의 멸시를 규탄하는 사람들은 이미 문명화된police 멸시 속에서 살아갈 것을 권고한다.

인본주의humanisme는 카프카[13]가 『유형지에서』에서 묘사한 기계를 부드럽게 만든다. 이것은 소리도 더 적고 비명도 더 적다. 피가 끓는가? 신경 쓸 것 없다. 사람들은 피가 빠진 채 살아갈 것이다. 약속된 생존이 지배하는 세계는 부드러운 죽음이 지배하는 세계가 될 것이다. 인본주의자들은 바로 이 부드러운 죽음을 위해 싸운다. 더는 게르니카도 없고 아우슈비츠도 없고 히로시마도 없고 세티프[14]도 없다. 장하다! 그러나 불가능한 삶, 숨 막히는 시시함, 열정의 부재는 어떻게 할 것인가? 그리고 결코 자기 자신이 될 수 없다는 원한이 다른 사람들의 행복을 상상하도록 하는 이 샘 많은 분노는 어떻게 할 것인가? 그리고 자신의 몸과 마음이 결코 완전히 일치하지 않는다는 느낌은 어떻게 할 것인가? 아무도 여기에서 세세한 것을, 부차적인 것을 말하지 마라. 작은 분노도 없고 작은 결핍도 없다. 아주 작은 상처에도 살이 썩는다. 내 행동과 생각을 방해하고 타락시키는 적대적 힘들이 있다. 세계를 뒤흔드는 위기는 내 행동과 생각이 이 적대적 힘들과 맞붙는 싸움과 근본적으로 다르지 않다. (어떻게 내 일상생활에 가치가 있는 것이 더는 역사에 가치가 있는 것이 되지 않는가? 역사가 내 개인적 존재를 만나는 사건의 지점에서만 역사는 그 중요성을 갖는데 말이다.) 분노들을 쪼개고 그 수를 증가시킨 나머지 사람들은 결국 살 수 없는 현실의 원자를 공격하게 된다. 그럼으로써 많은 수동성과 우울한 체념 속에서 더는 존재하지 않는 줄 알았던 핵에너지가 갑자기 터져 나온다. 보편적 선善을 생산하는 것은 항상 엄청나다.

3

　　1945년부터 1960년대까지 식민주의는 좌파에게 구세주 아버지를 제공했다. 그것은 좌파에게 파시즘에 맞먹는 적을 제공하면서 별 볼 일 없는 것이었던 좌파가 그 자신으로부터 자신을 규정하지 않고 다른 것에 맞서면서 자신의 존재를 뚜렷이 드러내도록 허용했다. 그것은 좌파에게 자신을 사물들의 질서 안에 있는 하나의 사물로 받아들이도록 했다.

　　악마가 잘 잠기지 않은 상자에서 나오듯이 식민주의가 사방에서 나오는 것을 볼까 두려워 아무도 식민주의의 종말을 환영할 엄두를 내지 못했다. 붕괴하는 식민 권력이 권력의 식민주의가 인간에 대해 가해진다는 것을 고발한 순간부터 피부색과 인종의 문제는 낱말 풀기 시합과 같은 중요성을 갖게 됐다. 좌파의 어릿광대들이 흔들어댄 반인종주의와 반유대주의의 지팡이들은 무엇에 쓰였는가? 결국은 유대인과 흑인 들 자신을 비롯해 흑인도 아니고 유대인도 아닌 모든 이들이 밀어낸 고통받는 흑인들과 유대인들의 비명을 잠재우는 데 쓰였다! 나는 물론 상당히 최근까지도 반인종주의적 감정을 불러일으킬 수 있었던 관대한 자유의 부분을 문제 삼고자 하는 것이 아니다. 그러나 내가 과거를 선택하지 않는 순간부터 나는 과거에 무관심하다. 나는 지금 말을 한다. 그리고 아무도 앨라배마나 남아프리카의 이름으로, 화려한 착취의 이름으로 그런 문제의 진앙이 사실은 내 안에 있다는 것을, 그리고 경찰사회이지만 "문명화된"^police^ 사회라고 불러 주기를 원하는 사회의 모든 면에서 모욕당하고 조롱당한 모든 사람 안에 있다는 것을 잊으라고 나를 설득하지 못한다.

나는 내가 가진 폭력의 몫을 포기하지 않을 것이다.

인간관계의 영역에서 어느 정도 참을 수 있는 상태, 어느 정도 인정할 수 있는 분노는 전혀 존재하지 않는다. 양적인 것은 중요하지 않다. "원숭이"나 "깜둥이" 같은 모욕적인 용어들은 질서유지명령보다 더 깊은 상처를 주는가? 누가 감히 진심으로 그렇다는 것을 보장할 수 있는가? 경찰관, 사장, 권력자에 의해 검문당하고 훈계를 듣고 지시를 받는다면 누가 마음속 깊은 곳에서, 그리고 일시적인 현실들에 대한 명료한 판단을 하면서 자신을 "유대놈, 쥐새끼, 짱깨"라고 전혀 느끼지 않을 것인가?

옛 식민지배자들이 자신들의 존재를 원하지 않는 사람들에게 동물적 상태로 떨어질 것이며 비참함을 겪을 것이라고 예언했을 때가 아니라면 어디에서 우리가 권력의 이상적 몽타주 얼굴을 얻겠는가? 감옥의 간수는 안전이 우선이라고 말한다. 어제의 식민주의의 적들은 권력의 일반화된 식민주의를 인간화한다. 그들은 가장 능숙한 방법으로 경비견이 된다. 옛 잔인함의 모든 여파에 대해 짖으면서 말이다.

마르티니크의 대통령직을 열망하기 전에 에메 세제르[15]는 다음과 같은 유명한 말을 남겼다. "부르주아지는 자신의 존재가 만들어 낸 주요한 문제들을 해결할 능력이 없다. 그것은 식민주의 문제와 프롤레타리아 문제이다." 그는 벌써 이렇게 덧붙이는 것을 잊었다. "왜냐하면, 이것들은 동일한 문제로, 그것을 분리하는 순간 우리는 아무것도 파악하지 못하게 되기 때문이다."

4

나는 구이Gouy의 『프랑스사』에서 "왕에 대한 아주 작은 공격도 즉시 목숨을 잃게 하였다"는 구절을 읽었다. 미국 헌법에는 "인민이 주권이다"라는 구절이 있다. 푸제[16]는 『르 페르 페나르』에서 "왕들은 그들의 주권을 갖고 기름지게 살았고 우리는 우리의 주권을 갖고 굶어 죽는다"라고 했다. 코르봉[17]은 『인민의 비밀』에서 "인민은 오늘날 모든 면에서 거부당한 사람들의 집단을 의미한다"라고 했다. 이 몇 개의 글들은 주권 원칙의 실패를 보여 주는 것들이다.

왕정은 "주체"라는 이름으로 자신의 전횡의 "대상"을 지칭한다. 아마도 이를 통해 왕정은 자신의 지배가 가진 근본적인 잔인함을 목가적인 관계의 인간성으로 만들어 포장하려고 노력하는 것일 테다. 왕 자신에 대한 존경은 그 자체로는 비판받을 만한 것이 아니다. 그것이 끔찍하게 되는 것은 그것이 남을 복종시키면서 모욕할 권리를 기반으로 세워지기 때문이다. 경멸은 왕의 왕관을 부패시켰다. 그러나 시민의 왕권에 대해서는, 다시 말해 부르주아의 허영과 질투 때문에 그 수가 증가한 권리들에 대해서는, 각 개인에게 분배되는 것으로 인정되는 주권에 대해서는 무슨 말을 할 것인가?

프랑스에는 오늘날 2천4백만 명의 "작은 왕"들이 있다. 그들 중 가장 위대한 자들 — 지도자들 — 은 그들의 우스꽝스러움 속에서만 그렇게 보인다. 존경의 의미는 모욕하면서 만족할 정도로 타락했다. 공적인 기능과 역할에서 민주화된 왕정의 원칙은 죽은 물고기처럼 허공에 배를 위로 하고 떠오른다. 그것의 가장 혐오스러운 면만이 눈에 보인다. (전적으로 그리고 절대적으로) 우위에 있고자 하는 그것의 의지는 사라졌다. 주권 위에 자신의 삶을 세우지 못했기 때문에 사람들은 오늘날 다른 사람들의 삶 위에 자신의 주권을 세우고자 한다. 노예의 품행이다.

## 3장

# 고립

혼자라고 느끼지 않고자
항상 영원히[1]

함께한다는 환상만이 공동체의 것이다. 그리고 고립을 깨고자 하는 일반 의지만이 적법한 대책들의 환상에 대항해 일어선다(1). — 중립적 관계들은 고립의 임자 없는 땅이다. 고립은 현 사회조직에 의해 만들어지고 그 조직에 대항해 선포된 사형선고문이다(2).

1

그들은 문이 활짝 열려 있지만 도망칠 수 없는 감옥 안에 있는 것처럼 거기에 있었다. 그 감옥 바깥에는 더 중요한 것이 아무것도 없었다. 왜냐하면 더는 아무것도 존재하지 않았기 때문이다. 그들은 창살 너머에 있는 모든 것에 대한 욕망의 그림자조차도 없이, 감옥이 아닌 모든 것에 대해서는 무관심한 채 감옥 안에 머물렀다. 현실성도 없고 중요하지도 않은 어떤 것을 향해 달아난다는 것은 비정상적이었고 불가능하기조차 했다. 완전히 불가능했다. 왜냐하면, 그들이 태어났고 죽을 그 감옥 내부에서 받아들일 수 있는 유일한 경험적 환경은 실재였다. 한마디로 실재는 사물들이 중요성을 갖도록 하고자 하는 돌이킬 수 없는 본능이었다. 사물들이 어떤 중요성을 가져야만 사람들은 숨을 쉬고 고통받을 수 있었다. 그렇게 될 수 있도록 사물들과 조용한 죽음 사이에는 합의가 있었던 것처럼 보였다. 왜냐하면, 사물들이 중요성을 갖도록 하는 습관은 인간적인, 그리고 영원한 본능이 됐기 때문이다. 삶은 중요성을 가진 것이었다. 그리고 실재는 삶에 약간의 의미를 주는 본능에 속해 있었다. 본능은 실재 너머에 존재할 수 있는 것을 고려하지 않았다. 왜냐하면, 그 너머에는 아무것도 없었기 때문이다. 중요성을 가진 것은 아무것도 없었다. 문은 열려 있었다. 그리고 셀 수 없이 많은 이유와 방법 들로 중요해진 감옥의 현실 때문에 감옥은 더욱 고통스러운 것이 됐다.

우리는 노예 상인들의 시대에서 빠져나온 것이 결코 아니다.

사람들은 통계학자처럼 냉담하게 서로 이리저리 부딪치는 대중교통 안에서 실망, 거만함, 경멸을 드러내는 참을 수 없는 표현들을 한다. 이가 모두 빠진 입에 죽음이 자연적으로 나타나듯이 말이다. 거짓 커뮤니케이션의 분위기는 각자를 자신의 고유한 만남들에 대한 경찰관으로 만든다. 도주와 위협의 본능이 지하철과 외곽통근 열차를 이용해 애처롭게 이동하는 봉급생활자들을 따라다닌다. 사람들이 서로를 무는 전갈들로 변하는 것은 결국 아무 일도 일어나지 않았고 공허한 눈과 무기력한 뇌를 가진 인간들이 "신비스럽게" 사람들의 그림자, 사람들의 유령이 됐기 때문이며 어떤 점에서는 이름만 사람인 존재가 됐기 때문이 아닌가?

함께한다는 환상만이 공동체의 것이다. 분명히 진정한 집단생활의 시작은 환상의 한복판에서 잠재적 상태 ─ 실제적 매체 없는 환상은 존재하지 않는다 ─ 로 존재한다. 그러나 진정한 공동체는 아직 만들어야 하는 것이다. 거짓말의 힘이 사람들

의 의식에서 고립이라는 힘든 현실을 지워 버리는 일이 있다. 사람들이 소란스러운 길에서 여전히 고통과 이별을 발견한다는 것을 잊어버리는 일이 있다. 그리고 사람들은 단지 거짓말의 힘에 의해서만 잊어버리기 때문에 고통과 이별은 더 심해진다. 그리고 거짓말은 또한 날카로운 돌로 허리를 부러뜨린다. 우리의 정신적 혼란만 한 크기의 환상은 더는 없다.

나를 둘러싼 군중에 비례해서 불편함이 나를 엄습한다. 즉시, 상황의 흐름에 따라 내가 멍청한 짓을 하게 되는 타협들의 순간들이 생기고 얼굴 없는 머리들을 보는 환각이 나에게 밀려온다. 에드바르 뭉크의 유명한 그림인 〈절규〉는 내가 하루에도 열 번씩 느끼는 감정을 일깨운다. 자기에게만 보이는 군중에 의해 떠밀려진 한 남자는 주술을 깨기 위해, 자신을 기억하기 위해, 자신을 느끼기 위해 갑자기 소리 지른다. 암묵적 동의, 경직된 미소, 생기 없는 말, 그가 가는 곳마다 뿌려진 나약함과 모욕이 한꺼번에 그에게 밀어닥치며 그의 욕망과 꿈을 내쫓고 "함께 있다"는 환상을 증발시킨다. 사람들은 만나지 않으면서 함께 지낸다. 고립은 겹쳐지는 것이지 합산되는 것이 아니다. 사람 수가 증가함에 따라 공허가 사람들을 덮친다. 군중은 공허한 나의 현존 속에 수많은 작은 포기들이 자리 잡도록 내버려 두면서 나를 내 밖으로 끌어낸다.

사방에서 전광판들이 네온의 반짝거림 속에서 다음과 같은 플로티누스[2]의 말을 재생산한다. "모든 존재는 각자 떨어져 있으면서도 함께 있다." 손만 뻗치면 만질 수 있고 눈만 들면 만날 수 있다. 이 간단한 행동을 통해 모든 것이 마치 요술처럼 가깝고 멀게 된다.

◆◇

군중, 마약 그리고 사랑의 감정과 마찬가지로 술은 가장 명료한 정신을 홀리는 특권을 갖고 있다. 술 덕분에 고립의 시멘트벽은 배우들이 자신들의 환상에 따라 찢을 수 있는 종이벽처럼 보인다. 왜냐하면, 술은 모든 것을 은밀한 연극 무대에 올려놓기 때문이다. 그것은 풍부한 환상이며 그렇기에 더욱 확실히 죽인다.

사람들이 목이 빠지게 기다리는 따분한 바에서 한 취한 청년이 자신의 술잔을 깨고 술병을 벽에 던져 박살 낸다. 아무도 동요하지 않는다. 기다리다 지친 청년은 밖으로 쫓겨난다. 그렇지만 그의 행위는 잠재적으로 모든 사람이 생각하던 것이었다. 그 혼자만이 그것을 현실화했고 고립 ─ 외부 세계와 나의 내적인 분리인 내적 고립 ─ 의 첫 번째 방사선 띠를 넘었다. 아무도 그가 분명하다고 믿었던 신호에 답하지 않았다. 그는 교회를 불태우고 경찰관을 죽이는 불량배가 혼자 남는 것처럼 혼자 남았다. 그는 자기 자신과 일치하지만 다른 사람들이 자신들의 고유한 존재로부터 유배돼 사는 한 유배될 수밖에 없다. 그는 고립의 자기장에서 벗어나지 못했다. 무중력 상태에 갇힌 그를 보라. 그렇지만 그를 맞이하는 무관심의 바닥으로부터 그는 자신의 절규가 가진 뉘앙스를 더 잘 지각한다. 이 깨달음이 그를 고문한다 해도 그는 더 강한 힘을 갖고, 더 많은 **일관성**을 갖고 다른 톤으로 다시 시작해야 하리라는 것을 안다.

아무리 약하고 서툰 자유의 행위라 해도 항상 진정한 커뮤니케이션과 적절한 개인적 메시지를 담고 있음을 고립된 각각의 존재가 이해하고자 하지 않는 한, 공통의 모진 괴로움만이 존재할 것이다. 아나키스트 반역자에 대한 탄압이 모든 사람에게 가해진다. 모든 사람의 피가 살해된 두루티³의 피와 함께 흐른다. 자유가 1cm 후퇴하는 곳마다 **사물들**의 질서의 무게가 1백 배 증가한다. 진정한 참여로부터 배제된 인간의 행위들은 함께 있다는 희미한 환상 속에서, 또는 그 반대로 사회성에 대한 갑작스럽고 절대적인 거부 속에서 타락한다. 그것들은 죽음의 시계에 시간을 흐르게 만드는 추의 움직임 속에서 이쪽저쪽으로 흔들린다.

◆◇

그리고 사랑도 하나가 되는 통일ᵘⁿⁱᵗᵉ의 환상을 임신한다. 그리고 대부분의 경우 낙태와 하찮은 일만 남는다. 너무나 똑같고 너무나 알려진 길을 두 명이 또는 열 명이 다시 가는 것에 대한 두려움은, 혼자됨의 두려움은 얼어붙은 화음을 사랑하는 교향곡을 위협한다. 사람들을 절망시키는 것은 충족되지 못한 욕망의 거대함이 아니라 자신의 공허와 맞부딪친 싹트는 열정이다. 수많은 매력적인 소녀들을 열정적으로 알고자 하는 억제할 수 없는 욕망은 사랑의 두려움과 불안 안에서 태어난다. 그만큼 사람들은 **대상**과의 만남에서 결코 해방되지 못할 것을 두려워한다. 포옹이 풀리는 새벽은 혁명 없는 혁명가들이 죽는 새벽과 같다. 둘의 고립은 모든 이의 고립에 저항하지 못한다. 쾌락은 너무 일찍 깨지고 연인들은 벌거벗은 채 세상에 처하게 된다. 그들의 행위는 갑자기 우습고 힘이 없는 것이 된다. 불행한 세상에서 가능한 사랑은 없다.

사랑의 보트는 흐르는 삶에 부딪혀 부서진다.

당신은 당신의 욕망이 절대 부서지지 않도록 낡은 세상의 암초를 부서뜨릴 준비가 돼 있는가? 연인들에게는 더 많은 중요성과 더 많은 시를 갖고 자신들의 쾌락을 사랑하는 것이 부족하다. 셰쿠르Shekour 왕자는 한 도시를 점령한 후 그곳을 자신이 총애하는 여인에게 미소의 대가로 주었다고 한다. 우리들 중 몇몇은 제한 없이 상당히 열정적으로 사랑하는 쾌락에 빠져 사랑에 혁명의 호화로운 침대를 제공할 것이다.

2

세상에 적응하는 것은 동전 던져 앞뒤 결정하기 게임이다. 그 게임에서 사람들은 부정적인 것이 긍정적인 것이 된다는 것을, 산다는 것의 불가능성이 삶의 필요불가결한 조건을 만든다는 것을 선험적으로 안다. 소외가 침해할 수 없는 재화처럼 행세하게 될 정도로 소외가 이처럼 고착된 적은 없었다. 긍정성으로 바뀐 고립에 대한 의식은 사적인 의식일 뿐이고 선량한 사람들이 거추장스럽고 소중한 자신들의 재산처럼 갖고 다니는 양도할 수 없는 개인주의의 부분일 뿐이다. 그것은 공동체의 환상 속에 정착하는 것과 고립의 지하실에 갇히는 것을 동시에 막는 일종의 쾌락-공포이다.

중립적 관계들의 임자 없는 땅no man's land은 거짓된 공동체에 대한 만족스러운 승인과 사회에 대한 전반적 거부 사이에서 그 영토를 넓힌다. 그것은 "서로 도와야 한다", "정직한 사람들은 사방에 있다", "모든 것이 나쁜 것도 아니고 모든 것이 좋은 것도 아니다. 선택을 하면 된다"와 같은 식료품 상인의 도덕이다. 그것은 예절이며 오해의 기술을 위한 기술이다.

인정하자. 인간관계는 사회적 위계가 만든 것이기 때문에 중립적 관계들은 가장 덜 피곤한 경멸의 형태를 제공한다. 그것들은 일상적 접촉들의 통풍구를 통해 불필요한 마찰 없이 지나는 것을 허용한다. 그것들은 라스네르가 처형당하기 전날 한 친구에게 보여 준 예의 바름과 같은 수준 높은 예절의 형태들을 꿈꾸는 것을 막지 않는다. 라스네르는 이렇게 말했다. "부탁이네. 특히 스크리브 씨에게 감사하다는 말을 전해 주게나. 언젠가 배가 고파 그에게서 돈을 빼앗기 위해 그의 집에 들렀을 때 그는 아주 공손하게 내 요구를 들어주었다고 그에게 말하게나. 그는 그때 일을 기억할 것으로 생각하네. 그가 그렇게 한 것은 아주 잘한 일이었다고 그에게 말해 주게. 왜냐하면, 그때 나는 주머니 속에 프랑스에서 한 명의 희곡 작가를 사라지게 만들 수 있는 것을 넣고 있었기 때문이네."

그러나 중립적 관계들의 무해성은 고립에 대항하는 쉼 없는 투쟁 속에 있는 공백 시간일 뿐이다. 그것은 커뮤니케이션을 향해, 그리고 그보다는 더 빈번히 공동체의 환상을 향해 이끄는 짧은 경유지일 뿐이다. 나는 시간이나 정보, 간단한 것을 묻기 위해 미심쩍은 방식으로 낯선 사람을 붙잡는 것을 끔찍이 싫어한다는 것을 충분히 설명했을 것이다. 중립적 관계들의 상냥함은 사상누각이다. 텅 빈 시간은 결코 나에게 이익이 되지 않는다.

프랑수아 마리 샤를 푸리에 (François Marie Charles Fourier, 1772~1837). 프랑스의 공상적 사회주의자. 공동생산, 공동분배를 통한 이상적 공산주의 사회의 건설을 꿈꾸었다.

산다는 것의 불가능성은 아주 뻔뻔스럽게 사방에서 보증되기 때문에 중립적 관계들의 균형 잡힌 쾌락-공포는 사람들을 파괴하는 일반적 메커니즘에 들어 있다. 결국은 하나의 생존이 다른 하나의 생존과 교환되는 모든 문들을 상냥하게 두드리는 것보다는 전술적으로 고안된 전면적 거부 안으로 미루지 않고 들어가는 것이 더 나은 것처럼 보인다.

"나는 너무 젊은 나이에 죽는 것이 지겨울 것이다." 자크 바셰[4]는 자살하기 2년 전에 이런 글을 남겼다. 생존한다는 절망이 새로운 의식화와 결합해 앞으로 다가올 날들을 뒤엎지 않는다면, 고립된 사람에게는 두 개의 "변명"만이 남을 것이다. 정당과 별난 종교적 집단들의 여유, 아니면 유머Umour를 가진 즉각적 죽음이 그것이다. 16세의 살인자는 최근에 이렇게 선언했다. "지겨워서 살인했다." 자기 안에서 자신을 파괴하려는 힘이 일어나는 것을 이미 느꼈던 사람은 지겨움의 주최자들을 죽이는 일이 얼마나 하찮은 지루함 속에서 일어날 수 있는지를 안다. 어느 날. 우연히.

결국, 한 개인이 부적응자의 폭력과 세상의 폭력에 대한 적응을 똑같이 거부한다면, 그는 어디에서 자신의 길을 찾을 것인가? 그가 세상과의, 그리고 자신과의 통일을 완성하고자 하는 그의 의지를 일관적인 이론과 실천의 수준으로 끌어올리지 않는다면 사회 공간들의 커다란 침묵이 그를 위해 독아론적 망상의 궁전을 지어줄 것이다.

정신병 선고를 받은 사람들은 감옥 바닥에서 부정적인 것 안에 깊이 새겨진 분노의 소리들을 내지른다. 정신병 전문의인 볼내트가 묘사하는 이 환자 안에 있는 푸리에게 교묘하게 사망선고가 내려진다. "그는 자신의 자아와 외부 세계를 구분하지 않기 시작했다. 세상에서 일어나는 모든 일이 그 몸 안에서도 일어났다. 그는 병 하나를 붙박이장의 두 칸 사이에서 옮기지 못했다. 왜냐하면, 이 두 개의 칸은 서로 가까워서 병을 깨뜨릴 수 있었기 때문이다. 그리고 그것은 그의 머리를 꽉 죄었다. 마치 그의 머리가 붙박이장의 두 칸 사이에 끼인 것처럼 말이다. 그는 가방을 닫지 못했다. 왜냐하면, 가방 안의 물건들을 누르면서 그는 가방 안에서처럼 그의 머리 안에서 압박을 느꼈기 때문이다. 그는 자기 집의 창문과 문을 닫고 거리로 나서면 불편함을 느꼈다. 그는 자신의 뇌가 공기로 인해 압축되는 것처럼 느꼈다. 그래서 집으로 돌아가 문과 창문을 열어야 했다. '내가 편하게 있으려면 나에게 자유로운 넓은 공간이 필요해요. … 내가 내 **공간으로부터 자유로워야** 해요. 이것은 내 주위의 **사물들과의 투쟁**입니다.'"

영사는 멈췄다. 그는 문구를 읽었다. "사랑 없이 살 수 없다" No se puede vivir sin amor(라우리 : 『화산 아래서』5).

## 4장

# 고통

자연적 소외의 고통은 사회적 소외의 고통에 자리를 내주었다. 반면에 소외에 대한 치료법들은 소외에 대한 합리화가 됐다(1). — 합리화가 없는 곳에는 퇴마식이 자리를 대체한다(2). — 그러나 기만책도 이제는 고통의 조직이 존재함을 숨기지 않는다. 이 고통의 조직은 구속의 분배 위에 세워진 사회조직에 의존한다(3). — 구속의 의식(conscience)으로 축소된 의식은 죽음의 대기실이다. 의식의 절망은 질서의 살인자들을 만들고 절망의 의식은 무질서의 살인자들을 만든다(4).

1

절규들과 발언들의 교향악은 감동적인 차원에서 거리를 장식한다. 이어지는 베이스를 따라 무겁거나 가벼운 주제, 쉰 목소리와 노래하는 외침, 끝없는 문장들의 향수 어린 파편들이 변주된다. 소리의 구조물이 거리와 벽의 도면에 겹쳐지고 한 지역의 매력적이거나 혐오스러운 음정을 보완하거나 수정한다. 그렇지만 콩트르스카르프에서 샹젤리제까지 베이스의 화음들은 어느 곳에서나 동일하다. 그것들의 음산한 반향은 모두의 귀에 너무나 잘 새겨져서 더는 놀라게 하지 않는다. "이 것이 삶이야", "사람을 바꿀 수 없을 거야", "늘 그렇듯이 그렇지", "그냥 받아들여야지", "매일 재미있는 것은 아니야" …. 이런 슬픈 노래의 줄거리는 아주 다양한 대화들을 하나로 만든다. 이 슬픈 노래는 감성을 너무 잘 타락시키기 때문에 결국, 그것은 인간이 가진 가장 공통된 기질처럼 보인다. 그것이 받아들여지지 않은 곳에서 절망은 대부분의 경우 더는 지각되지 않는 경향이 있다. 유럽 음악 안에 2세기 전부터 즐거움이 부재한다는 사실에 대해 걱정하는 사람은 아무도 없는 것처럼 보인다. 이것은 모든 것을 말해 준다. 소비하고 탕진하는 것. 재는 불의 규범이 됐다.

고통과 퇴마의식이 찬탈한 이 위세는 어디에서 오는가? 아마도 난폭하고 신비로운 힘들이 난무하는 적대적 자연 안에서 최초의 사람들에게 강제된 생존의 힘든 조건들로부터 올 것이다. 위험에 맞선 사람들의 나약함은 사회적 집합에서, 보호뿐만 아니라 자연과 협력하고 타협하며 나아가 자연을 변화시키는 방법을 발견했다. 자연적 소외(죽음, 질병, 고통)에 대항한 투쟁 속에서 소외는 사회적인 것이 됐다. 그리고 죽음, 질병, 고통도 — 사람들이 어떻게 생각하든 — 사회적인 것이 됐다. 사람들은 기후의 혹독함, 배고픔, 불편함에서 벗어나 노예의 함정에 빠졌다. 신들에 대한, 사람들에 대한, 언어에 대한 노예 상태에 빠졌다. 그렇지만 이런 노예 상태는 나름대로 승리를 포함하고 있었다. 사람들을 천하무적으로 만든 신의 무서움 안에서 살아가는 위대함이 있었다. 인간적인 것과 비인간적인 것의 이런 혼합은 분명히 고통이 갖는 모호함의 이유를 설명하는 데 충분할 것이다. 고통은 인간의 역사를 통해 부끄러운 악처럼, 그리고 동시에 일종의 선으로 볼 수 있는 유익한 악처럼 나타났다. 그렇지만 여기에서는 종교의 역겨운 결함을, 특히 '너 자신을 절단함으로써 절단에 대비해 너 자신을 보호하라!'라는 병적이고 타락한 제안을 가장 완벽한 지점까지 올려놓는 데 최고의 능력을 발휘한 기독교의 신화를 고려해야 한다.

"그리스도가 온 이래로 우리는 고통을 주는 악이 아니라 불필요하게 고통을 주는 악에서 해방됐다." 예수회 신부인 샤를[1]은 아주 정확히 이처럼 지적했다. 권력의 문제는 결코 자신을 제거하는 것이 아니라, "불필요하게" 억압하지 않기 위해서 자신을 정당화하는 것이었다. 신의 은총이나 자연의 법칙이라는 핑계로 고통을 사람과 결합하면서 기독교는, 이 병적인 치료법은, 자신의 "결정적 한 방"을 날리는 데 성공했다. 왕에서 매니저까지, 사제에서 전문가까지, 의식conscience의 지도자에서 사회심리학자까지, 위계화된 권력의 가장 굳건한 기반을 구성하는 것은 항상 유용한 고통과 동의된 희생의 원칙이다. 더 나은 세상, 저 너머, 사회주의 사회, 또는 매혹적인 미래 등을 내세운 이유가 무엇이었든 간에, 인정된 고통은 항상 기독교적인 것이다. 오늘날 성직자 기생충을 대신하는 것은 빨갛게 물든 예수의 지지자들이다. 사방에서 공식적 요구들은 암암리에 십자가에 걸린 사람의 역겨운 초상화를 내세운다. 사방에서 동지들은 순교한 투사의 어리석은 후광을 과시할 것을 요구받는다. 대의명분을 반죽하는 자들은 쏟은 피와 함께 미래의 돼지고기 가공식품을 준비한다. 대포에는 더 적은 살을, 원칙에는 더 많은 살을!

◆◇

처음 보기에 부르주아 이데올로기는 자신이 증오하는 종교들을 추격하는 것처럼 완강하게 고통을 몰아세우려 작정한 것처럼 보였다. 진보, 편리, 이익, 편안, 이성에 심취한 부르주아 이데올로기는 고통의 악과 신앙의 악을 과학적으로 끝장내겠다는 의지를 납득시킬 만한 충분한 무기들 – 실제적인 무기들이거나 적어도 환상의 무기들 – 을 갖고 있었다. 알다시피, 부르주아 이데올로기는 새로운 마취제와 새로운 미신 들을 발명하면 됐었다.

사람들은 신을 제거했다. 그리고 고통은 "자연적인" 것, "인간의 본성"에 내재한 것이 됐다. 사람들은 고통을 극복했다. 하지만 그것은 과학의 희생자들, 진보의 피해자들, 여러 세대의 희생과 같은 다른 고통들을 통해 대가를 치러야 했다. 그런데 이런 움직임 속에서 자연적 고통의 개념이 그것의 사회적 뿌리를 드러냈다. 사람들은 인간의 본성을 제거했다. 그리고 고통은 사회적인 것, 사회-안-존재에 내재적인 것이 됐다. 그러나 물론 혁명들은 사회악이 형이상학적 원리가 아니라는 것을 증명했다. 그것들은 삶의 아픔이 제거된 사회 형태가 존재할 수 있다는 것을 증명했다. 역사는 사회적 존재론을 깨뜨렸다. 그러나 고통은 사라지기는커녕 역사의 요구들 속에서 새로운 이유들을 발견했다. 역사는 갑자기 자신의 유명한 일방향성 속에서 얼어붙었다. 중국은 아이들에게 조국에 대한 사랑, 가족에 대한 사랑, 그리고 노동에 대한 사랑을 가르치면서 계급 없는 사회에 대비하도록 했다. 역사적 존재론은 모든 즉자적 존재, 신, 자연, 인간, 사회와 같은 과거의 모든 형이상학적 체계들의 잔재를 긁어모은다. 이제 인간들은 역사 자체에 대항해 역사를 만든다. 왜냐하면, 역사는 권력의 마지막 존재론적 방어벽이 됐기 때문이다. 역사는 권력이 긴 주말을 약속하며 결코 오지 않을 토요일까지 지속된다는 의지를 숨기는 마지막 술책이 됐다. 물신화된 역사 너머에서 고통은 위계화된 사회조직에 의존하는 것임이 드러난다. 그리고 위계화된 권력과 끝장을 보겠다는 의지가 인간들의 의식을 충분히 자극했을 때 모두는 무장한 자유와 무거운 구속이 전혀 형이상학적이지 않음을 인정할 것이다.

2

행복과 자유를 생활계획표에 포함하며 기술 문명은 행복과 자유의 이데올로기를 발명했다. 따라서 그것은 무기력의 자유, 수동성 속에서의 행복만을 만들었다. 어쨌든 이 발명은 그것이 아무리 퇴폐적인 것이라도 인간 존재의 조건에 내재한 고통이 있다는 것을, 비인간적 조건이 영원히 존재할 수 있다는 것을 보편적으로 부정하기에 충분했다. 그래서 부르주아 사상은 고통을 덜어 주고자 하는 데 실패한다. 그것의 합리화들 중 어떤 것도 부르주아 사상이 과거에 기술과 편안함에 대해 제시한 최초의 내기가 유발했던 기대감에는 미치지 못한다.

질병 안에서의 절망적인 박애는 하나의 문명에 닥칠 수 있는 최악의 것이다. 20세기의 인간들을 무섭게 하는 것은 죽음이라기보다는 진정한 삶의 부재이다. 정신과 육체가 소진될 때까지, 삶의 끝이 아니라 포화에 도달한 부재에 이를 때까지 삶의 부분을 하루에 백 번, 천 번 제거하는 전문화되고 기계화되고 죽은 각각의 행위는 종말, 거대한 파괴, 완전한 소멸, 갑작스럽고 완전하고 깨끗한 죽음을 매력적으로 보이게 할 위험이 있다. 아우슈비츠와 히로시마는 "니힐리즘의 격려"이다. 고통을 이길 수 없다는 무기력함이 집단적인 감정이 되는 것으로 충분하다. 그러면 고통받고 죽고자 하는 요구가 갑자기 공동체 사회를 덮칠 수 있다. 의식적이든 아니든 대부분의 사람들은 항상 사는 것에 불만족을 느끼기보다는 죽기를 선호한다. 나는 항상 반핵 시위 행렬에서 대부분의 고행자들 — 소수의 급진주의자들을 제외한다면 — 이 인류 전체와 함께 사라지기를 원하는 자신들의 욕망을 만족시키려 하는 것을 본다. 그들은 물론 그것을 부인하지만, 그들에게서 즐거움이 거의 나타나지 않는다는 것 — 혁명적인 것만이 진정한 즐거움이다 — 은 명백히 그들의 생각을 보여 준다.

아마도 소멸되고자 하는 보편적 욕망이 사람들을 점령하는 것을 막기 위해 진정한 스펙터클이 빈곤과 개별적 고통들을 중심으로 조직되는 것 같다. 일종의 공적 효용성의 인류애가 사람들이 다른 사람들의 장애를 구경하면서 자기 자신의 장애에 대해 위안을 하도록 만든다.

천재지변 사진들, 간통한 가수의 비극, 베르트 실바[2]풍의 상투적 말들, 『프랑스-수아』[3] 신문의 하찮은 기사들에서부터 병원, 수용소, 감옥에 이르는 다양한 장치들은 거기에 들어갈까 두려워하며 거기에 속하지 않는다는 것을 기뻐하는 사람들을 위한 진정한 위안의 박물관들이다. 나는 때때로 어떤 희미한 고통의 느낌이 내 안에 흩어져 있으므로 우연한 불행이 그 고통을 구체화하고 정당화하고 합법적 배출구를 제공할 때 오히려 안도감을 느끼게 되곤 한다. 나의 이런 확신을 깰 것은 아무것도 없다. 절교, 실패, 초상을 겪을 때 내가 느끼는 슬픔은 화살처럼 외부에서 오는 것이 아니라 지진 때문에 생기는 샘물처럼 내 안에서 솟아난다. 상처를 당하는 일은 오랫동안 억제하고 있던 비명을 터뜨리게 만드는 계기가 된다. 절망은 결코 먹잇감을 놓치지 않는다. 사랑이 끝나거나 아이가 죽을 때 자신의 그림자만이 있는 바로 거기에서 절망을 보는 것은 바로 먹잇감뿐이다. 초상은 하나의 변명이며 작은 타격으로 공허함을 분출하는 편리한 방법이다. 어린 시절의 울음, 비명, 절규는 사람들의 마음속에 갇혀 있다. 영원히? 당신의 마음 안에서도 공허가 쉬지 않고 커지고 있다.

3

　권력의 알리바이에 대해 한마디만 더 하자. 한 폭군이 산 채로 껍질을 벗긴 죄수들을 좁은 감방 안에 집어넣기를 즐기고 있었다고 하자. 그들의 고통스러운 비명을 듣고 그들이 서로 스칠 때마다 싸우는 장면을 보는 것은 그를 매우 즐겁게 했다. 그는 그것을 보며 인간의 본성과 신기한 행동에 대해 성찰했다. 같은 시기에 같은 나라에서 철학자와 학자 들이 고통이란 사람들을 같이 있게 하고 다른 사람들의 존재를 피할 수 없도록 하는 것에서 기인한다고 과학계와 예술계를 설득한다고 가정하자. 그런 사회에서 그들은 폭군의 경비견들로 여겨지지 않겠는가? 이런 생각들을 유포하면서 실존주의자들의 몇몇 개념은 간접적으로 좌파 지식인들과 권력의 결탁을 보여 줬을 뿐만 아니라 비인간적 사회조직이 잔혹한 행위의 책임을 희생자들에게 돌리는 야만스러운 술책을 명백히 보여 줬다. 한 광고업자가 19세기에 다음과 같은 글을 남겼다. "우리는 요즘 문학에서 매번 개인의 고통을 사회악으로 간주하고 우리 사회의 조직을 사회 구성원들의 빈곤과 질적 저하의 책임자로 보려는 경향을 발견한다. 이것은 완전히 새로운 생각이다. 우리는 자신의 고통을 운명적인 것으로 간주하기를 멈춘 것이다." 너무나 현재적인 이런 "새로움"이 운명에 사로잡힌 사상가들을 과도하게 혼란하게 만들지는 않은 것처럼 보인다. 타인들의 지옥이라는 운명에 사로잡힌 사르트르, 죽음의 본능이라는 운명에 사로잡힌 프로이트, 역사적 필연성이라는 운명에 사로잡힌 마오쩌둥을 보라. 결국은 "사람들은 원래 이렇게 만들어졌다"라는 어리석은 말과 무슨 차이가 있는가?

위계화된 사회조직은 날카로운 칼날을 가진 통풍구 시스템과 비교될 만하다. 우리를 산 채로 껍질 벗기며 권력은 우리가 서로를 껍질 벗기고 있다고 설득하는 능란한 솜씨를 보인다. 이것을 글로 쓰는 일에 머무는 것은 사실 운명에 대한 새로운 생각을 키울 위험이 있다. 하지만 나는 이 글을 쓰면서 이 글을 읽기만 할 사람은 아무도 없기를 바란다.

◆◇

이타주의는 "타인들의 지옥" 뒷면에 위치한다. 이번에는 신비화가 긍정적인 기호 아래에서 제공된다. 이 오래된 투쟁 정신과 완전히 끝장을 보도록 하자! 다른 사람들이 내 관심을 끌려면 우선 내가 내 안에서 그런 관심의 힘을 발견해야 한다.

나를 다른 사람들과 연결하는 것이 나를 나의 살고자 하는 의지의 가장 풍부하고 가장 까다로운 부분과 연결하는 것을 통해 나타나야 한다. 그 반대는 안 된다. 다른 사람들 안에서 내가 찾는 것은 항상 나이고 나의 성숙이고 나의 실현이다. 모두가 이것에 대해 인식하고 "각자 자신을 위해서"가 그것의 최종 결과에 도달해서 "모두가 각자를 위해서"에 이르게 되도록 하라. 한 사람의 자유는 모두의 자유가 될 것이다. 개인적인 요구들과 그것들의 변증법을 기반으로 세워지지 않은 공동체는 권력의 억압적 폭력을 강화할 수 있을 뿐이다. 내가 그 안에서 나 자신을 파악할 수 없는 타자는 사물일 뿐이며 이타주의가 나에게 권유하는 것은 사물들에 대한 사랑이다. 나의 고립에 대한 사랑인 것이다.

이타주의나 연대 — 좌파의 이타주의 — 의 관점에서 보면 평등의 감정은 물구나무로 걷는다. 여기서 평등이란 고립되고 모욕당하고 붙잡히고 얻어맞고 속고 만족스러워하는 회원들에게 공통된 두려움이 아니라면 무엇인가? 이것은 현실이 아닌 신화적 통일에 합류하고자 하는 분리된 단편들의 두려움이다. "모두 형제"라는 커다란 저녁 술잔치들에서처럼 그곳에 있다고 느끼기만 한다면 국가의 통일이든, 노동 운동의 통일이든 중요하지 않다. 인간이라는 대가족 안에서의 평등은 종교적 신비화를 극찬한다. 코가 막히지 않는 한, 거기에서 나는 나쁜 냄새를 맡지 않을 수 없다.

나는 내 욕망에 따라 살고자 하는 나의 의지가 다른 사람들의 살고자 하는 의지 속에서 발견하는 평등 외에 다른 평등은 인정하지 않는다. 혁명적 평등은 확고하게 개인적이며 집단적인 것이 될 것이다.

4

　권력의 관점에서는 하나의 지평만이 있다. 죽음이 그것이다. 삶이 이런 절망을 향해 가는 한, 결국 삶은 그 안에 빠져 죽는다. 일상의 살아 있는 물이 고여 있게 되는 곳은 어디에서나 익사자의 모습이 살아 있는 사람들의 얼굴을 반영한다. 자세히 살펴보면 긍정적인 것이 부정적인 것이고 젊은이가 이미 늙은이이고 만들어지는 것은 이미 폐허다. 절망의 왕국에서 명료한 의식은 거짓말과 같은 수준으로 눈을 멀게 한다. 사람들은 뒤통수를 얻어맞은 채 알지 못하고 죽는다. 게다가 우리를 노리는 죽음에 대한 의식은 끔찍한 고통을 증가시키고 명을 재촉한다. 제어되고 구속되며 금지된 행위들의 마모는 암보다 더 확실히 생명을 좀먹는다. 그러나 그 어떤 것도 그런 마모에 대한 뚜렷한 의식만큼 "암"을 일반화하지 않는다. 나는 그 어떤 것도 인간을 절멸의 상태에서 구해낼 수 없다고 확신한다. 우리는 그 사람에게 쉬지 않고 이런 질문을 던질 것이다. "모든 면에서 당신을 죽이는 손을 식별해 냈습니까?" 각각의 가혹 행위의 영향을 측정하는 것, 신경을 짓누르는 각각의 구속의 무게를 알아보는 것은 가장 단단한 사람에게 유일하고 공격적인 감정을, 즉 끔찍한 허약함과 완전한 무능력의 감정을 갖게 하는 데 충분하다. 구속의 해충은 바로 정신의 바닥으로부터 올라온다. 어떤 인간적인 것도 그것에 저항하지 못한다.

때때로 권력은 나를 그 자신과 똑같이 만드는 것처럼 보인다. 그것은 무너지기 일보 직전의 커다란 힘, 휘몰아칠 능력이 없는 분노, 갑자기 경직된 총체성의 욕망이다. 무능력한 명령은 노예들의 무능력을 확보하면서만 유지된다. 혁명적 죄수들을 거세한 프랑코4와 바티스타5는 그것을 훌륭히 증명할 줄 알았다. "민주적"이라고 익살스럽게 명명된 체제는 거세를 인간화할 뿐이다. 즉, 때 이른 노화를 유발하는 것은 언뜻 보기에 칼과 포승의 기술보다는 덜 봉건적으로 보인다. 그러나 그것은 언뜻 보기에 그럴 뿐이다. 왜냐하면, 어떤 명료한 사람이 무능력이 이제는 정신을 통해 온다는 것을 깨닫자마자 사람들은 시합에서 졌다고 경쾌하게 선언할 수 있기 때문이다!

권력에 의해 인정되는 의식화가 존재한다. 왜냐하면, 그것은 권력의 목적을 위해 봉사하기 때문이다. 자신의 명료한 의식을 권력의 빛에서 빌려오는 것은 절망의 어둠을 밝게 하는 것이고 거짓으로 진실을 살찌우는 것이다. 미적인 단계가 규정된다. 즉, 권력에 맞선 죽음이거나 권력 안에 있는 죽음이다. 한쪽에는 아튀르 크라방6과 자크 바셰가 있고 반대쪽에는 나치 친위부대, **공수부대**, 살인청부업자가 있다. 그들에게서 죽음이란 논리적이고 자연적인 종착점이고 항구적 상태에 대한 최고의 확언이며 결국, 어떤 것도 적히지 않는 생명선의 마지막 정지 지점이다. 권력의 사실상 보편적인 매력에서 벗어나지 못하는 것은 똑같이 쓰러진다. 바보 같은 짓과 정신적 혼란의 경우가 항상 그렇다. 지적인 활동의 경우도 종종 그렇다. 정신이상은 드리외7와 자크 리고8가 모두 동일하게 가진 것이다. 하

바실리 로자노프(Vasily Rosanov, 1856~1919). 러시아 사상가, 비평가. 35세 때 종교적 각성을 체험한 후 그의 사상은 신비적 경향을 가지고 기독교를 비판하고 성(性)을 긍정적으로 보았다. 이때의 작품으로 『도스토예프스키의 대심문관(大審問官) 전설』(1891)이 있다. 10월 혁명(1917) 후 성 세르기우스 수도원에 부임하여 신자로 살았다.

지만 그것은 반대되는 방식으로 나타난다. 전자의 무능력은 복종과 노예 상태에서 만들어지고 후자의 저항은 불가능한 것에 맞서 너무 일찍 꺾인다. 의식의 절망은 질서의 살인자들을 만들고 절망의 의식은 무질서의 살인자들을 만든다. 우파의 소위 아나키스트들이 복종 속으로 추락하는 것은 동일한 중력 효과로 영벌을 받은 천사들이 고통의 철로 된 이빨 속으로 추락하는 것과 같다. 절망의 바닥에서 반혁명의 따발총 소리가 울려 퍼진다.

고통은 구속의 아픔이다. 순수한 즐거움은 그것이 아무리 작다 해도 고통을 다가오지 못하게 한다. 진정한 즐거움과 축제의 몫을 강화하는 것은 전체적인 봉기를 준비하는 것과 유사하다.

오늘날 사람들은 이제는 자신들이 속지 않는 신화와 고정관념들에 대한 거대한 사냥에 나설 것을 요구받고 있다. 사람들은 자신들이 결국 빠지고 마는 구속의 구렁텅이 속에서 무기도 없이, 또는 순전히 사변으로 이뤄진 종이 무기들을 갖고 이 사냥에 나서고 있다. 이런 이유로 탈신비화의 이데올로그들이 어떻게 문제에서 벗어나는지를 관찰하면서 그들의 행동을 이용하거나 그들의 몸을 앞서갈 수 있도록 무엇보다도 우선 그들을 밀어주는 것에서부터 아마도 즐거움이 발생할 것이다.

로자노프는 사람들은 장롱에 깔려 죽는다고 했다. 우리가 장롱을 들어 올리지 않는다면 영원하고 참을 수 없는 고통으로부터 인민 전체를 해방하는 것은 불가능하다. 단 한 명의 사람이라도 깔아뭉개는 것은 끔찍한 일이다. 그는 숨을 쉬고 싶어 하지만 더는 숨을 쉴 수 없게 된다. 장롱은 모든 사람을 덮치지만, 각각의 사람은 자기 몫의 피할 수 없는 고통을 받는다. 그리고 모든 사람이 장롱을 들어 올리려 애쓰지만 동일한 확신과 동일한 힘을 갖고 그러는 것은 아니다. 이것은 신음하는 이상한 문명이다.

사상가들은 이렇게 자문한다. "장롱에 깔린 사람들이라니! 어떻게 그 밑에 깔릴 수 있는가?" 그렇지만 그들은 장롱에 깔렸다. 그리고 누군가가 객관성의 이름으로 그런 무거운 짐에서 벗어날 수 없다는 것을 증명한다면, 그의 문장 하나하나는, 그의 말 하나하나는 장롱의 무게를, 그의 "객관적 의식"의 보편성을 통해 **재현하고자** 하는 이 물건의 무게를 증가시킬 것이다. 그리고 모든 기독교 정신이 거기에 있으며 거기에서 만날 약속을 했다. 기독교 정신은 개를 쓰다듬듯 고통을 쓰다듬는다. 그것은 깔린 채 웃고 있는 사람들의 사진을 배포한다. 매일 출판돼 장롱 안에 정돈되는 수천 권의 책들은 "장롱의 이성은 항상 최고이다"라고 말하는 것 같다. 모든 사람은 숨을 쉬고 싶어 하지만 아무도 숨을 쉴 수 없다. 그리고 많은 사람들은 "나중에 숨을 쉴 것이다"라고 말한다. 그리고 대부분은 죽지 않는다. 왜냐하면, 그들은 이미 죽었기 때문이다.

지금이 아니면 영원히 없을 것이다.

## 5장

# 노동의 실추

생산의 의무는 창조의 열정을 소외시킨다. 생산적 노동은 질서 유지 과정에 속한다. 노동시간은 조작의 영향력이 증가할수록 감소한다.

노동과 생산성을 혼동하는 산업사회에서 생산의 필요성은 항상 창조의 욕망에 대한 반대자였다. 매일 아침 6시에 잠에서 깨어나 지하철에서 흔들리며 기계의 소음에 귀가 먹먹해지고 작업속도, 의미 없는 행위들, 통계적 통제에 의해 세뇌되고 세척되며 일과가 끝나면 주중의 지옥과 주말의 미미한 천국을 향한 출발지인 지하철역에 내동댕이쳐져 피로로 녹초가 된 군중 속에 섞이는 존재에게 인간적 광채가, 다시 말해 가능한 창조력이 남아 있겠는가? 청소년기부터 퇴직할 때까지 24시간의 주기는 깨진 유리 조각들처럼 획일적으로 연속된다. 즉, 경직된 리듬의 균열, 돈이 되는 시간의 균열, 상사에 대한 복종의 균열, 지겨움의 균열, 피로의 균열이 연속된다. 갑자기 잘게 찢긴 생생한 힘에서부터 노화의 벌어진 상처에 이르기까지 삶은 강제 노동 때문에 곳곳에서 부서진다. 이제껏 어떤 문명도 이처럼 삶을 멸시한 적이 없다. 어떤 세대도 역겨움에 빠져 이처럼 미친 듯이 살고자 한 적이 없다. 노동의 기계화된 도살장에서 서서히 살해당하는 사람들은 토론하고 노래 부르고

술 마시고 춤추고 포옹하고 거리를 점령하고 무기를 잡고 새로운 시를 발명한다. 강제 노동에 대항하는 전선이 이미 구성된다. 거부의 행위들이 이미 미래의 의식을 만든다. 자본주의와 집단경제체제가 원하는 상황 속에서, 생산성에 대한 모든 요구는 노예가 되라는 요구이다.

생산의 필요성은 너무나 쉽게 정당화될 수 있으므로 초기의 푸라스티에[1]도 힘들이지 않고 열 권의 책을 쓸 정도이다. 경제주의의 새로운 사상가들에게는 불행히도 이런 정당화는 19세기의 것이다. 그때는 노동계급의 빈곤이 노동의 권리를 노예의 권리와 동등한 것으로 만들었다. 아주 오래전에도 학살될 위험에 빠진 죄수들은 노예가 될 권리를 요구했었다. 무엇보다도 육체적으로 소멸하지 않고 생존하는 것이 문제였었다. 생산성의 절대적 필요성은 생존의 절대적 필요성이다. 그런데 사람들은 이제 살아남는 것은 물론이고 살아가기를 원한다.

트리팔리움tripalium은 고문 도구다. 일labor은 "고통"을 의미한다. "노동"travail과 "일"labeur이라는 단어의 이런 기원을 쉽게 잊어버리는 일이 있다. 귀족들은 적어도 자신들의 품위와 노예를 때리는 비열함에 대해 기억하고 있었다. 노동에 대한 귀족들의 멸시는 피지배계급에 대한 주인의 멸시를 반영한다. 노동은 알 수 없는 이유로 그들을 열등하게 만든 신의 명령을 영원히 받아야 하는 사람들의 속죄였다. 노동은 가난한 자에 대한 벌과 같은 신의 징벌들 중의 하나였다. 그런 징벌은 미래의 안녕을 좌지우지했기 때문에 즐거움의 속성을 가질 수 있었다. 결국, 노동은 복종보다 덜 중요했다.

에밀 졸라(Émile Zola, 1840~
1902). 프랑스 소설가, 비평가.

부르주아지는 지배하지 않는다. 착취한
다. 그들은 거의 복종시키지 않는다. **사용하**
**는 것**을 선호한다. 생산적 노동의 원칙이 봉
건적 권위의 원칙을 단순히 대체했다는 것
을 어떻게 보지 못할 수 있는가? 왜 그것을
이해하고자 하지 않는가?

노동이 사람들의 상황을 개선하고, 비
록 헛되기는 하지만 영원한 영벌로부터 가
난한 사람들을 구하기 때문인가? 아마도 그럴 것이다. 하지만
오늘날 더 나은 내일에 대한 협박이 저승에서의 구원에 대한
협박의 뒤를 순조롭게 잇고 있다는 것은 명백하다. 두 경우에
서 현재는 항상 억압의 폭력 아래에 있다.

그것이 자연을 변형하기 때문인가? 그렇다. 하지만 기술적
인플레이션이 삶의 양식에 대한 디플레이션을 뒤덮는 사물들
의 질서 안에서, 이윤의 이름으로 정돈된 자연에 대해 나는 무
엇을 할 수 있을 것인가? 게다가 성적 행위가 생식을 위한 것
이 아니라 매우 우발적으로 자식을 낳기 위한 것이라는 점과
마찬가지로, 조직된 노동은 동기유발이 아닌 연장을 통해 대
륙의 표면을 변형한다. 세상을 변형하기 위해 노동을 한다고?
한번 해 보시라! 세상은 강제 노동이 존재하는 방향으로 변형
된다. 그리고 그런 이유로 세상은 너무나 나쁘게 변형된다.

인간은 강제 노동 안에서 자기를 실현하는가? 19세기에는
노동의 개념 안에 창조성의 미세한 흔적이 존재했었다. 졸라
는 노동자들이 자신들의 아주 작은 걸작을 완벽하게 만들기

위해 숙련됨을 경쟁하는 뭇 제작자 경진대회를 묘사한다. 직업에 대한 사랑과 그렇지만 쉽지는 않은 창조성의 추구 덕분에 그들은 10시간에서 15시간의 작업을 불평 없이 견딘다. 그것은 사실 작업에 몇몇 즐거움이라도 집어넣지 않으면 견딜 수 없는 시간이다. 아직 수공업적인 원칙에 따라 생각을 하므로 각자는 공장의 지옥 안에서 일시적인 편안함을 구할 수 있다. 테일러주의[2]는 고전적 자본주의가 소중하게 유지해 온 정신에 마지막 일격을 가했다. 희화화된 창조성이라면 모를까, 체인벨트 작업에서 창조성을 기대하는 것은 부질없는 것이다. 잘 된 노동에 대한 사랑과 노동에서의 성취감은 오늘날 나약함과 가장 어리석은 복종의 가장 지워지지 않는 흔적이다. 그런 이유로 복종이 요구되는 곳에서는 어디서나 강제수용소의 '노동은 자유롭게 만든다'Arbeit macht frei에서부터 헨리 포드[3]와 마오쩌둥의 연설에 이르는 낡은 이데올로기의 방귀 소리가 울려 퍼진다.

그렇다면 강제 노동의 기능은 무엇인가? 지도자와 신이 함께 행사하는 권력의 신화는 봉건 체제의 통일 안에서 그것의 강제력을 발견했다. 통일된 신화를 깨뜨리면서 부르주아지의 분할된 권력은 위기의 징후 아래에서 이데올로기들이 지배하는 시대를 연다. 이데올로기들은 홀로든 함께든 결코 신화의 조그만 효율성에도 도달하지 못할 것이다. 생산적 노동의 독재가 때맞춰 그 뒤를 잇는다. 생산적 노동은 대다수의 사람들을 생물적으로 약하게 만들고 그들을 집단으로 거세하고 바보로 만드는 것을 사명으로 가진다. 그렇게 함으로써 사람들은 거짓의 역사에서 가장 호소력이 적고 가장 생기가 적으며 가장 노쇠한 이데올로기들을 쉽게 받아들이게 된다.

19세기 초의 프롤레타리아는 대부분 작업장의 고문에 의해 체계적으로 망가져 육체적으로 약해진 사람들이었다. 저항은 소규모 수공업자들, 혜택받은 부류들, 또는 실업자들로부터 시작하지 15시간의 노동 때문에 지친 노동자들로부터 시작하지 않는다. 소비사회가 만든 이데올로기의 버라이어티쇼가 젊은 부르주아지가 파괴한 봉건적 신화를 효과적으로 대체하는 속성을 가진 것처럼 보이는 순간에 노동시간 단축의 등장을 확인하는 것은 놀랍지 않은가? (사람들은 냉장고를 위해, 자동차를 위해, 텔레비전 수상기를 위해 정말 열심히 일했다. 많은 사람들이 여전히 그렇게 일하고 있고 생산의 "필요성"이 그들에게 "제공하는" 수동성과 빈 시간을 소비하도록 "부추겨진다.")

1938년에 발표된 통계는 현대 생산기술들의 사용이 필요 노동 시간을 하루 3시간으로 줄일 것이라 했다. 현재 하루 7시간의 노동시간은 여기에서 동떨어진 것일 뿐만 아니라 수 세대의 노동자들에게 편안한 삶―오늘날 이것은 신용으로 팔린다―을 약속하며 그들을 이용한 후에 부르주아지는(그리고 그것의 소련식 버전은) 노동 밖에서 사람들을 파괴하는 일을 계속한다. 내일 부르주아지는 창조성의 시간으로 일상적 마모의 5시간을 꾸밀 것이다. 창조성의 시간은 창조의 불가능성으로 그 시간을 채울 수 있다는 점에서 증가할 것이다(여가의 조직이 그것이다).

다음과 같은 글이 있다. "중국은 거대한 경제 문제에 봉착한다. 중국에서 생산성은 생사의 문제이다." 아무도 그것을 부정하려 하지 않는다. 내가 보기에 심각한 것은 경제적 강제력이 아니라 그것에 응답하는 방식이다. 1917년의 붉은 군대는 새로운 조직 형식을 구성했다. 1960년의 붉은 군대는 자본주의 국가들에서 볼 수 있는 그런 군대이다. 그것의 효율성은 혁명적 민병대들이 할 수 있는 것보다 더 못했다는 점이 증명됐다. 마찬가지로, 계획화된 중국 경제는 연합 집단들이 그들의 노동을 자율적으로 조직하는 것을 허용하기를 거부하면서 사회주의라 불리는 완벽한 자본주의의 형태에 합류할 수밖에 없게 된다. 원시 종족들의 노동 양식을, 놀이와 창조성의 중요성을, 현대 기술의 도움을 받으면 100배나 더 효율적이 될 수 있는 방법으로 얻어진 놀라운 생산량을 연구하려는 노력을 했는가? 그렇지 않은 것처럼 보인다. 생산성에 대한 모든 요구는 위에서 온다. 그런데 창조성만이 자발적으로 풍부한 것이다. 풍요로운 삶은 생산성으로부터 기대할 수 있는 것이 아니다. 경제적 요구에 대한 집단적이고 열렬한 답변은 생산성으로부터 기대할 수 있는 것이 아니다. 쿠바에서나 중국에서나 노동에 대해 어떤 숭배를 바치는지를 아는데, 기조[4]의 고결한 연설이 얼마나 쉽게 5월 1일의 연설이 되는지를 아는데 더는 무슨 말을 하겠는가?

자동화와 인공지능 때문에 노동자들이 기계 노예에 의해 대량으로 대체될 것이 예상됨에 따라, 강제 노동도 순전히 질서 유지의 야만적 방법에 속한다는 것이 드러난다. 권력은 텔레비전을 통한 자신의 지배에 수동적으로 동조하는 데 필요한 피로의 양을 만들어 낸다. 이제는 무엇을 미끼로 일할 것인가? 속임수는 동이 났다. 더는 잃을 것이 없다. 환상조차도 말이다. 노동의 조직과 여가의 조직은 순종적인 개의 종을 개선하는 임무를 맡은 거세용 가위를 다시 접는다. 언젠가 우리는 자동화와 일주일에 10시간의 노동을 요구하는 파업노동자들이 파업하는 대신 공장, 사무실, 문화교실에서 사랑을 나누는 것을 선택하는 것을 보게 될 것인가? 그것에 놀라고 그것을 걱정하는 사람들은 프로그램 기획자, 경영인, 노조지도자 그리고 사회학자들밖에는 없을 것이다. 아마도 그럴 이유가 있을 것이다. 어쨌든 그들의 목숨이 걸린 일이니까.

## 6장

# 감압과 제3의 힘

현재까지 폭정의 지배자들이 바뀌었을 뿐이다. 지배 기능에 대한 공통의 존중 속에서 적대적 세력들은 그들의 미래 공존을 위한 씨앗을 계속해서 유지해 왔다. (게임을 이끄는 사람이 대장의 권력을 가질 때 혁명은 혁명가들과 함께 죽는다.) 해결되지 않은 적대적 관계는 진정한 모순들을 숨기면서 썩는다. 감압은 지배적인 특권계급이 적대자들을 항상 통제하는 수단이다. 제3의 세력은 모순들을 격화시키고 개인적 자유의 이름으로 모든 구속의 형태들에 대항하며 모순들을 극복한다. 권력은 제3의 세력을 말살하거나 그것의 존재를 인정하지 않으면서 흡수하는 것 외에는 다른 방법을 갖지 못한다.

문제를 명확히 하자. 수백만 명의 사람들이 문도 없고 창도 없는 거대한 건물에서 살았다. 수많은 호롱불이 약한 빛을 발하며 항구적인 암흑을 밝히고 있었다. 아주 오랜 옛날부터 그래왔듯이 호롱불을 관리하는 것은 가난한 사람들의 몫이었다. 기름의 시세는 봉기와 소강상태가 반복되듯이 오르락내리락했다. 어느 날 사람들이 경험한 것 중에서는 가장 강력한 전체적인 봉기가 발발했다. 지도자들은 조명비가 정당하게 분배될 것을 요구했다. 대부분의 혁명가들은 그들이 공공 서비스라고 부르는 것의 무료화를 주장했다. 몇몇 극단주의자들은 비위생적이고 공동생활에 적합하지 않은 주거지를 파괴할 것을 주장하기에 이르렀다. 관습에 따라, 가장 합리적인 사람들이 전투의 폭력성 앞에서 무장 해제되었다. 공권력과의 아주 격렬한 싸움 중에 잘못 발사된 포탄이 건물의 벽에 부딪혀 균열을 내었다. 균열이 만든 틈새로 한낮의 빛이 들어왔다. 처음에는 무척 놀랐던 사람들은 곧 승리의 환호성으로 이 빛의 물결을 환영했다. 해결책은 거기에 있었다. 이제는 다른 틈새를 만드는 것으로 충분했다. 등잔은 쓰레기장에 버려지거나 박물관에 진열됐다. 권력은 창문을 뚫는 사람들에게 돌아갔다. 사람들은 극단적인 파괴의 지지자들을 잊었다. 그 지지자들이 조용히 제거된 것도 눈치채지 못했다. (사람들은 창문의 수와 위치에 대해 싸움을 벌였다.) 그리고 1세기나 2세기 후에 그들의 이름이 머리에 떠올랐다. 유리창이 달린 커다란 틈을 보는 것에 익숙해진 사람들은, 이 영원한 불만자들은, 황당한 질문들을 하기 시작했다. "온도 조절이 되는 온실 안에서 시간을 보내는 것, 이것이 삶인가?"

◆◇

현대의 의식은 때로는 유폐된 사람의 의식이고 때로는 수감자의 의식이다. 그는 왔다 갔다 하면서 자유의 공간을 확보한다. 그는 사형수처럼 독방의 흰 벽에서 창살이 있는 탈출의 창으로 간다. 지하 독방에 구멍을 뚫게 하라. 그러면 빛과 함께 희망이 들어온다. 수감자의 순응 정도는 감옥이 유지하는 탈출의 희망에 달려 있다. 탈출구가 없는 벽 쪽에 몰아붙여진 사람은 반대로 그 벽을 부수거나 벽에 머리를 부서뜨리려는 격렬한 감정만을 가지는데, 이것은 좋은 사회조직의 관점에서 볼 때 (자살자가 동양의 왕들처럼 자신의 모든 노예들 – 판사, 주교, 장군, 경찰관, 정신의학자, 철학자, 경영자, 전문가 그리고 사이버네틱스 학자 – 을 화장하면서 죽음에 이른다는 행복한 마음을 갖지 않는다고 해도) 유감스러운 일일 뿐이다.

생기 있는 유폐된 사람은 모든 것을 얻을 수 있지만, 수감자는 여전히 희망을 잃을 수 있다. 희망은 복종의 끈이다. 권력은 폭발할 위기가 발생하자마자 안전판을 조작하고 내부 압력을 줄인다. 사람들은 권력이 변한다고 말한다. 하지만 사실은 그것은 자신의 어려움들을 해결하면서 적응할 뿐이다.

자신에 대항해 자신과 유사하지만 반대되는 권력이 세워지는 것을 용인하는 권력은 없다. 그런데 위계화된 지배의 원칙의 관점에서 볼 때 상대방을 완전히 섬멸하겠다는 분노를 갖고 두 적대 세력이 가차 없이 충돌하는 것보다 더 위험한 것은 없다. 그런 투쟁에서 광신적 물결은 가장 안정적인 가치들을 휩쓸어 버린다. 임자 없는 땅은 곳곳에 확장되고 "진실한 것은 아무것도 없다. 모든 것이 허용된다"가 지배하는 권력의 부재 기간이 생긴다. 역사를 보면 거대한 전투가 변변치 않은 분쟁으로 분해되고 변형되지 않았던 사례가 없다. 감압은 어디에서 오는가? 그것은 현존하는 세력들 사이에 암묵적으로 체결된 원칙의 동의에서 온다.

위계적 원칙은 실제로 두 진영의 광신자들에게 공통된 것이다. 사람들은 결코 손해 없이 싸우거나 순결하게 싸우지 않는다. 로이드 조지[1]와 크룹[2]의 자본주의에 맞서 레닌과 트로츠키의 반자본주의가 일어선다. 현재 주인들의 거울 안에는 이미 미래의 주인들이 비친다. 하이네[3]는 이렇게 쓴다.

폭군은 미소를 띠며 떠난다.

왜냐하면, 알기 때문이다. 그가 죽은 후
폭정은 단지 손이 바뀔 뿐이며
노예제는 끝이 없다는 것을.[4]

우두머리들은 그들의 지배 양식이 다르듯이 서로 다르다. 하지만 그들은 여전히 우두머리이며 사적인 용도로 행사되는 권력의 소유자이다. (레닌의 위대함은 의심할 나위 없이 볼셰비키 집단의 대단히 위계화된 조직이 내포하고 있던 절대적 지도자의 역할을 맡는 것에 대한 그의 낭만적 거부에서 유래한다. 바로 이 위대함에 노동운동은 1921년의 크론시타트, 1956년의 부다페스트, 바티우슈카[5] 스탈린을 빚지고 있다.)

그때부터 공통점은 감압점이 된다. 적을 악으로 규정하고 자신을 선의 후광으로 장식하는 것은 전사들의 에너지를 한 군데로 모으면서 행동 단위를 확실히 하는 전략적 이점을 분명히 제공한다. 그러나 이런 일은 동시에 적의 섬멸을 요구한다. 온건파들은 일이 이처럼 진행되는 것을 주저한다. 적을 완전히 파괴하는 것은 우호적인 진영 안에 있는 모두에게 공통적인 부분마저도 파괴하도록 하기 때문이다. 볼셰비키의 논리는 사회민주주의 진영 지도자들의 머리를 얻는 것이었다. 이 지도자들은 서둘러 배신을 했다. 그들은 지도자로서 그렇게 행동했다. 아나키스트의 논리는 볼셰비키 권력의 제거를 얻는 것이었다. 이 권력은 그들을 말살했다. 그것은 위계화된 권력으로서 그렇게 행동했다. 예측 가능한 동일한 배신의 사슬이 공화주의자, 사회주의자 그리고 스탈린주의자 동맹의 총칼 앞에 두루티의 아나키스트들을 내던졌다.

파시오나리아(La Pasionaria, '정열의 꽃'이라는 뜻)로 불린 돌로레스 이바루리(Dolores Ibarruri, 1895~1989)는 1930년대 스페인 내전 당시 공화파 지도자, 대중연설가로 활동했다.

지도자가 지휘하면서 움직이자마자 위계적 원칙은 구원을 받고 혁명은 혁명가들의 학살을 주재하기 위해 자리에 앉는다. 봉기의 계획은 대중에게만 속하며 지도자는 그 계획을 강화하고 우두머리는 그것을 배신한다는 것을 확실히 알려야 한다. 바로 지도자와 우두머리 사이에서 진정한 투쟁이 우선 일어난다.

전문적인 혁명가는 세력 관계를 양적으로 측정한다. 마치 군인들이 보기에는 장교의 계급이 그가 거느린 병사들의 수에 의해 측정되는 것처럼 말이다. 반란자들의, 또는 반란자라고 여겨지는 집단의 우두머리들은 양적인 통찰력을 위해 질적인 면을 버린다. 50만 명의 추가병력과 현대적 무기들을 얻었다 하더라도 "붉은 군대"는 스페인 혁명을 성공적으로 이끌지는 못했을 것이다. 그 혁명은 인민 위원들의 군홧발 아래에서 죽었다. 파시오나리아의 연설은 이미 추도사처럼 울려 퍼졌다. 비장한 함성들이 사실의 언어와 아라곤Aragon 지방 공동체 사회들의 정신을 짓눌렀다. 자신의 파시스트 머리뿐만 아니라 히드라의 모든 머리를 한 번에 자르려고 결심한 급진 소수파의 정신을 말이다.

결코, 그리고 당연히 어떤 절대적 충돌도 결말에 이르지 못했다. 최후의 투쟁은 현재까지 잘못된 출발만을 해 왔다. 모든 것을 처음부터 다시 시작해야 한다. 역사의 유일한 정당성은 우리가 그것을 하도록 돕는 데 있다.

◆◇

첫눈에는 매우 완강해 보이고 함께 늙어 가는 것으로 보이는 적대관계들은 감압의 과정에 놓이기 때문에 형식적인 대립 속에서 굳어지며 그것들의 실체를 잃고 중화되고 그것들의 곰팡이들을 섞는다. 망령 든 모스크바의 가가린[6]주의 안에서 누가 입에 칼을 문 볼셰비키를 발견할 수 있을까? 세계 주교 공의회의 기적이 내리는 은총에 의해 "세계의 노동자여 단결하라!"는 오늘날 모든 사장들을 단결시킨다. 감동적인 그림이다. 적대관계들에 공통된 부분은, 즉 급진적 투쟁이 뿌리 뽑은 권력의 배아는 적이 된 형제들을 화해시킨다.

그렇게 단순한가? 그렇지 않다. 장난은 재미가 없을 것이다. 국제 무대에서 노화 증세를 보이는 자본주의와 반자본주의는 그들의 어색한 멋 부리기를 스펙터클로 보여 준다. 구경꾼들은 불화에 대한 생각에 얼마나 전율하는가, 그리고 그들은 서로 포옹하는 사람들에게 평화가 오는 것을 보고 얼마나 기뻐 날뛰는가! 관심은 약해지는가? 베를린 장벽에 돌이 하나 더해진다. 소름 끼치는 마오쩌둥은 이를 갈지만 어린 중국 아이들은 조국과 가족, 노동을 찬양한다. 이처럼 대강 수선된 낡은 선악 이원론은 제 갈 길을 간다. 이데올로기 공연은 자신을 갱신하기 위해 뇌관이 제거된 적대관계 양식을 만들어 낸다. 당신은 브리지트 바르도[7], 조니 홀리데이[8], 시트로엥 3CV 자동차, 청년, 국유화, 스파게티, 노인, 유엔, 미니스커트, 팝 아트, 핵전쟁, 히치하이크에 대해 찬성하는가, 반대하는가? 하루 중 어느 순간 광고, 뉴스, 전형적 이미지 안에서 나타나는 가식적인 사소한 것들에 대해 판단하도록 강요받지 않는 사람은 아무도 없다. 그런 사소한 것들은 일상적 창조성의 모든 재료들을 참을성 있게 막아 버린다. 권력의 손안에서 이 얼어붙은 페티시는, 적대관계의 부스러기들은, 개인의 나침반들에 고장을 일으키는 임무를 맡은 자석 반지를 형성한다. 그것들은 개인들을 자기 자신에게서 벗어나게 만들고 세력선을 일탈시킨다.

감압은 결국, 권력에 의한 적대관계의 조작일 뿐이다. 두 단어 사이의 투쟁은 제3의 단어의 개입 속에서 그 의미를 얻는다. 두 개의 극단만이 존재한다면 그것들은 서로를 상쇄시킨다. 왜냐하면, 하나는 다른 하나로부터 자신의 가치를 가져오기 때문이다. 판단하기 불가능하기 때문에 사람들은 부르주아지에게 소중한 관용과 상대성의 영역에 들어가게 된다. 이것은 이원론과 삼원론 사이의 싸움에 대해 로마 교황청의 위계가 보여 준 관심을 이해하는 것과 같다! 신과 악마 사이의 인정사정없는 충돌 속에서 교회의 권위에 무엇이 남았는가? 천년왕국설[9]의 위기들이 그것을 증명했듯이, 아무것도 남지 않았다. 이런 이유로 교회 재판소가 종교재판을 한 것이고 이런 이유로 신이나 악마의 신비론자들이, "삼위일체"의 원칙에 의문을 제기하는 경솔한 신학자들이, 화형대에서 불에 탄 것이다. 기독교의 세속적 지도자들은 자신만이 선의 주인과 악의 주인 사이의 다툼을 다룰 능력을 갖기 바란다. 바로 그들을 통해서만 어느 한 진영을 의무적으로 선택하는 것이 가능해지고 그들은 구원의 길과 영벌의 길을 통제한다. 이런 통제

능력은 그들에게 구원과 영벌 자체보다 더 중요한 것이다. 지상에서 그들은 절대적 심판자가 된다. 왜냐하면, 그들은 이미 저세상에서 심판받을 것을 선택했고, 저세상의 법은 그들이 만든 것이기 때문이다.

기독교의 신화는 신자들에게 개인적 구원의 가능성을 제공하면서 선악 이원론의 끔찍한 갈등을 진정시켰다. 그것은 나사렛의 가난한 자에 의해 열린 틈새였다. 그렇게 인간은 가치의 파괴, 즉 허무주의를 필연적으로 만들어 내는 충돌의 혹독함에서 벗어났다. 하지만 동시에 총체적인 전복을 위해 자기 자신을 되찾을 기회를 잃어버렸다. 신들과 그들의 징벌을 몰아내면서 우주에서 자신의 자리를 차지할 기회를 말이다. 결국, 감압 운동은 인간의 가장 근원적인 의지를, 바로 전적으로 자기 자신이 되겠다는 의지를 억제하는 아주 중요한 기능을 갖는 것처럼 보인다.

한 진영과 다른 진영이 서로 맞서는 모든 충돌 안에서는 개인적 주장의 억제할 수 없는 부분이 개입하며 종종 그것의 위협적인 요구들을 강제한다. 그것은 너무나 강력해서 제3의 힘에 대해 말할 수 있을 정도이다. 감압의 힘이 권력의 관점에서 본 것이라면 제3의 힘은 개인적 관점에서 본 것이다. 모든 싸움들의 자생적인 부가물로서 이 제3의 힘은 봉기를 급진적으로 만들고 거짓 문제들을 고발하며 권력을 그 구조까지 위협한다. 그것의 뿌리는 일상생활 곳곳에 있다. 브레히트[10]가 코어너 씨의 이야기들 중 하나에서 암시했던 것이 바로 그것이다. "법정에 소환된 한 프롤레타리아에게 기독교 신자처럼 선서할 것인지 일반인처럼 선서할 것인지에 대해 물어봤을 때 그는 '나는 실업자입니다'라고 대답했다." 제3의 힘은 대립한 것들의 몰락이 아니라 그것들의 극복을 시작한다. 그것은 너무 일찍 뭉개지거나 회수되기 때문에 반대 운동에 의해 감압의 힘이 된다. 그렇게 영혼의 구원은 신화에 의해 재활용되고 미디어로 전파되는, 실제 내용이 없는 삶의 의지에 불과하다. 반대로 풍요로운 삶에 대한 단호한 주장은 몇몇 비밀스러운 교파들이나 '자유정신의 형제들'[11]이 왜 증오의 대상이 됐는지를 알려준다. 기독교가 쇠퇴할 때 파스칼과 예수회 수도사들 사이에서 벌어진 전투는 세상의 허무주의적인 전복 속에서 신을 실현할 필요성을 하늘과의 화해와 구원을 주장한 개혁파의 교리와 대립시켰다. 마침내 신학적 외피에서 벗어난 이 제3의 힘은 **부유한 백만 명**million doré [12]에 맞선 바뵈프[13]주의자들의 투쟁, 총체적 인간에 대한 맑스주의적 계획, 푸리에의 몽상, 코뮌[14]의 폭발, 아나키즘의 폭력을 이끌었다.

◆◇

　개인주의, 알코올중독, 집단주의, 행동주의 등 다양한 이데올로기가 권력의 편에 서는 수많은 방법이 있다는 것을 증명한다. 급진적이 되는 방법은 오직 하나밖에 없다. 부숴야 할 벽은 거대하다. 그러나 많은 균열들이 그것을 흔들어 놓았기 때문에 곧 커다란 외침만으로도 그것이 무너지는 것을 볼 수 있을 것이다. 제3의 힘의 놀라운 현실이 마침내 역사적 안개들로부터 꺼낸 것은 바로 봉기들 안에는 개인적 열정들이 있었다는 것이다! 일상생활은 산을 옮기고 거리를 없애는 에너지를 담고 있다는 것을 보게 될 것이다. 긴 혁명은 익명이거나 알려지지 않은 작가들의 행위를 받아 적을 준비를 한다. 그 작가들은 사드[15], 푸리에, 바뵈프, 맑스, 라스네르, 슈티르너[16], 로트레아몽, 레오티에[17], 바이앙[18], 앙리[19], 비야[20], 사빠따[21], 마흐노[22], 코뮌의 국민군, 함부르크, 킬[23], 크론시타트, 아스투리스[24]의 국민군, 그리고 이제 막 시작한 우리와 함께 자유에 대한 커다란 게임을 아직 끝내지 않은 사람들에 합류할 것이다.

**불가능한 커뮤니케이션,**
**또는 보편적 매개로서의 권력**

---

권력의 질서 안에서 매개는 위조된 필연성이다.
매개 안에서 인간은 합리적으로 잃는 것을 배운다.
매개의 소외시키는 힘은 오늘날 증가했고
소비재의 독재(7장)에 의해,
증여보다 앞서는 교환의 우월성(8장)에 의해,
사이버네틱스의 적용(9장)에 의해,
양적인 것의 지배(10장)에 의해 위협받는다.

# 행복의 시대

현대 **복지국가**는 과거 생산 사회의 소외자들에 의해 요구된 생존 보장과 시대착오적으로 일치한다(1). — 생존의 풍요로움은 삶의 빈곤화를 내포한다(2). — 구매력은 권력의 구매 허가증이며 사물들의 질서 안에서 물건이 되는 허가증이다. 피억압자들과 억압자들은 소비재의 동일한 독재하에서 다른 속도로 떨어지는 경향이 있다(3).

1

행복의 얼굴이 벽과 울타리를 따라 끝이 보이지 않을 정도로 많이 만들어진 이후로 행복의 얼굴은 미술작품과 문학작품 안에 더는 암암리에 나타나지 않았다. 행복의 얼굴은 보편적 영상이 되어 각각의 개별적 보행자에게 그 안에서 자신의 모습을 발견하도록 초대한다.

폭스바겐과 함께라면 이제 문제가 없다!

발라뮈르와 함께 걱정 없이 사세요!

이 고상한 남성은 현명하기도 하다. 그는 메르세데스 벤츠를 선택한다.

행복은 신화가 아니다. 애덤 스미스[1]와 제러미 벤담[2]이여, 기뻐하라! 인문학자인 푸라스티에는 이렇게 썼다. "우리가 생산하면 할수록 우리는 더 잘 산다." 반면에 또 다른 천재인 아이젠하워[3] 장군은 마치 메아리처럼 이렇게 대답한다. "경제를 구하기 위해서는 무엇이든 사야만 한다." 생산과 소비는 현대사회의 젖줄이다. 이처럼 젖을 먹은 인류는 힘과 미모가 증가한다. 생활 수준은 향상되고 수많은 편리한 기구들과 다양한 오락들, 모든 이를 위한 문화 활동, 꿈같은 안락함이 제공된다. 흐루쇼프[4]의 보고서에 따르면, 세금 폐지와 교통비 무료라는 두 개의 혁명적 법령에 의해 새 시대를 열면서 찬란한 공산주의의 새벽이 마침내 시작된다. 그렇다. 황금시대가 눈에 보인다. 바로 엎어지면 코 닿을 거리에 있다.

이런 급변 속에서 중요한 것이 하나 사라진다. 바로 프롤레타리아이다. 증발해 버렸나? 몸을 숨겼나? 박물관에 처박아 두었나? **사회학은 논쟁 중이다.**Sociologi disputant 고도로 산업화한 국가에서 프롤레타리아는 더는 존재하지 않는다고 어떤 사람들은 말한다. 냉장고, 텔레비전, 자동차, 임대주택, 민중극장은 그것을 증명한다. 반대로 다른 사람들은 분노하며 마법 쇼를 고발한다. 그들은 19세기 수준의 임금과 생활환경을 가진 소수의 노동자들을 가리킨다. 다른 사람들은 이렇게 반박한다. "그것은 발달이 늦은 분야이며 해소되는 과정에 있다. 경제 발전의 방향이 스웨덴, 체코슬로바키아, 복지국가를 향하고 있지 인도를 향하고 있지 않음을 부정할 것인가?"

검은 장막이 열린다. 굶주린 자와 프롤레타리아에 대한 사냥이 시작된다. 그에게 자동차와 믹서, 바와 서재를 팔 것이다. 그는 편안함을 주는 광고 포스터의 미소 짓는 인물과 자신을 동일시할 것이다. "럭키 스트라이크 담배를 피우는 사람은 행복하다."

그리고 19세기의 반란자들이 잘 알려진 투쟁을 통해 탈취한 소포들을 가까운 미래에 받을 행복한 인류가 있다. 리옹과 푸르미5의 봉기들은 사후에 운이 좋았다. 총살당하고 고문당하고 투옥되고 굶주림을 겪고 우둔해지고 교묘하게 조롱당한 수백만 명의 사람들은 적어도 에어컨 시설이 된 아파트에서 고립돼 사는 그들의 후손들이 매일 방송되는 텔레비전 프로그램을 믿으며 자신들이 행복하고 자유롭다고 되새기는 것을 배울 수 있도록, 시체안치소와 지하 감옥의 평화 속에서 죽는 것이 역사적으로 보장됐다. "코뮌 가담자들은 당신이 필립스 하이파이 스테레오를 살 수 있게 하려고 마지막 한 명까지 죽임을 당했다." 그런 아름다운 미래가 과거를 기쁘게 했었으리라는 것을 우리는 의심하지 않는다.

현재만이 거기에서 이익을 얻지 않는다. 배은망덕하고 교양이 없는 젊은 세대는 모든 소비자에게 덤으로 트로츠키 개혁주의의 이데올로기를 제공하는 이 영광스러운 과거를 모두 무시하려고 한다. 그들은 권리를 요구한다는 것은 바로 지금을 위해 요구하는 것이라고 주장한다. 그들은 과거 투쟁들의 이유는 투쟁들을 이끈 사람들의 현재에 뿌리내리고 있고 그 현재는 다른 역사적 조건들에도 불구하고 자신들의 것이기도 하다고 주장한다. 간단히 말해 급진적 혁명의 사조들을 이끄는 지속적인 계획이 있으리라는 것이다. 맑스가 처음으로 과학적으로 구현할 수 있는 전술을 제공했던 총체적 인간의 계획, **총체적으로 살아가려는 의지**가 그것이다. 그러나 그것은 기독교와 스탈린의 교회가 끈기 있게 말라죽도록 만든 끔찍한 이론들이기도 하다. 더 많은 임금, 더 많은 냉장고, 더 많은 성체, 더 많은 국립 민중극장은 현재 혁명을 바라는 주린 배를 포만감으로 채워 주는 것들이다.

루이 아라공(Louis Aragon, 1897~1982). 프랑스의 시인. 초현실주의의 창시자들 중 한 명.

우리는 편안함의 상태를 강요당하고 있는가? 균형 잡힌 사람들은 흐루쇼프에서 슈바이처 박사, 교황에서 피델 카스트로, 아라공에서 케네디에 이르기까지 모두 동의하는 프로그램에 대해 이의가 제기돼 온 형태에 유감을 표시할 것이다.

1956년 12월 천여 명의 청년들이 스톡홀름의 거리에서 날뛰면서 자동차를 불태우고 네온사인을 부수고 광고 포스터를 찢고 가게들을 습격했다. 메를르바흐Merlebach에서는 터널 붕괴로 죽은 7명의 광부들의 시신 발굴을 사장단에게 요구하기 위해 발생한 파업에서 노동자들이 건물 앞 주차장에 있던 자동차들을 공격했다. 1961년 1월 리에주의 파업노동자들은 기멩 역을 약탈하고 『라 뫼즈』 신문사 사무실을 파괴했다. 벨기에와 영국의 해안가에서는 1964년 3월 잘 조직된 수백 명의 불량배들이 해수욕장 건물들을 폐허로 만들었다. 암스테르담(1966년)에서는 노동자들이 며칠 동안 거리를 점령했다. 단 한 달도 노동자들이 사장과 노조지도부에 맞서는 우발적 파업이 발생하지 않고 지난 적이 없다. 복지국가라고? 그것에 대해 와츠6 지역의 사람들은 답변했다.

에스페랑스–롱도즈Espérance-Longdoz사의 한 노동자는 푸라스티에, 버거7, 아르망8, 몰9 그리고 미래의 다른 경비견들의 의견에 동의하지 않는다는 것을 이렇게 표현한다. "1936년 이래로 나는 임금 인상을 위해 싸워 왔다. 내 앞에서는 나의 아버지가 임금 인상을 위해 싸웠다. 나는 텔레비전, 냉장고, 폭스바겐 자동차를 가지고 있다. 전체적으로 볼 때 나는 항상 개같은 삶을 살아왔다."

새로운 시는 말과 행동에서 복지국가와 잘 어울리지 않는다.


2

가장 아름다운 라디오 모델을 모든 이의 손에(1).

당신도 다피스트DAFistes의 대가족에 속하는 겁니다(2).

카르벤Carven은 양질의 제품을 제공합니다. 우리 제품들 중에서 **자유롭게 고르세요**(3).


소비의 왕국에서 시민은 왕이다. 그것은 민주적 왕정이다. 소비 앞에서의 평등(1), 소비 안에서의 박애(2), 소비에 따른 자유(3)가 있다. 소비재의 독재는 혈연, 가문, 인종의 장벽들을 완벽하게 없애 버렸다. 이 독재가 가치와 사람들 사이에서 양의 차이만을 인정하기 위해 **사물의 논리로** 모든 질적인 차이를 금지하지 않았다면 그런 일은 크게 기뻐할 만한 것일 테다.

많이 소유한 사람들과 항상 더 많은 거의 소유하지 못한 사람들 사이의 간격은 변하지 않았다. 그러나 중간단계들은 증가했다. 그것은 지배자와 피지배자의 양극단을 모두 중간에 있는 동일한 초라함의 영역에 근접하도록 만들었다. 즉, 부자가 된다는 것은 오늘날 수많은 하찮은 물건들을 소유하는 것으로 축소된다.

소비재들은 더는 사용가치를 갖지 않는 경향이 있다. 그것들의 본성은 어떻게 해서든 소비되는 것이다. (최근에 미국에서 유행하고 있는 아무것도 없는 상자nothing box는 어디에도 사용될 수 없는 그런 것이다.) 그리고 드와이트 아이젠하워 장군이 진지하게 설명한 것처럼 현재 경제는 인간을 소비자로 변화시키고 그를 가능한 가장 많은 소비가치에, 즉 무가치나 텅비고 허구적이고 추상적인 가치에 동일시하면서만 살아남을 수 있다. 스탈린의 듣기 좋은 표현에 따르면 "가장 값진 자본"이 된 후에 인간은 가장 높이 평가받는 소비재가 돼야 한다. 스타, 거지, 공산주의자, 치정 살인자, 정직한 시민, 폭도, 부르주아의 이미지와 스테레오타입stereotype은 인간을 로봇화의 막을 수 없는 논리에 따라 정보 처리돼 정리된 카테고리 체계로 대체한다. 이미 틴에이저teen-ager라는 개념은 구매자를 구매된 상품에 일치시키고 그것의 다양성을 다양하지만 한정된 판매용 제품군(디스크, 기타, 청바지 등)으로 축소하는 경향이 있다. 사람들은 더는 마음의 나이 또는 피부의 나이를 갖는 것이 아니라 자신이 구매하는 것의 나이를 가진다. 한때 생산 시간은 돈이었다. 이제 생산 시간은 구매되고 사용되고 버려진 상품들의 변환 주기에 맞춰 소비와 소모의 시간이 되고 있다. 그것은 조숙의 시간이며 나무와 돌의 영원한 젊음의 시간이다.

빈곤화 개념은 오늘날 맑스가 생각했던 대로 생존에 필요한 재화의 틀 안에서가 아니라 진정한 삶과는 항상 반대되는 생존 그 자체 안에서 눈부시게 증명된다. 왜냐하면, 생존에 필요한 재화는 희소해지는 것이 아니라 계속해서 증가하고 있기 때문이다. 봉건 귀족들에 의해 이미 풍부하게 체험된 삶의 풍요로움을 사람들은 편안함에서 찾았다. 그런데 편안함은 자본주의적 생산성의 아이였을 뿐이다. 그것은 유통 경로가 그것을 수동적 소비의 단순한 대상으로 변신시키자마자 늙도록 성급하게 운명지어진 아이였을 뿐이다. 생존하기 위해 노동하는 것, 소비하면서 그리고 소비하기 위해 생존하는 것이라는 악순환이 완성된다. 생존하는 것은 경제주의의 지배 아래에서는 필요한 것이며 동시에 충분한 것이다. 그것은 부르주아 시대를 연 첫 번째 진실이다. 그리고 이와 같은 반인간적 진실에 기초한 역사적 단계는 과도기를 형성할 수밖에 없는 것이 사실이다. 그것은 봉건영주들의 어렴풋이 체험된 삶과, 노예가 없는 주인들의 합리적이고 열정적으로 건설된 삶 사이의 중간지대이다. 주인 없는 노예들의 과도기가 2세기 동안 지속하는 것을 막을 시간은 이제 30여 년 남았다.[10]

3

부르주아 혁명은 일상생활의 관점에서 보면 반혁명의 모습을 띤다. 인간 가치의 시장에서, 존재에 대한 생각 안에서, 그런 가치하락이 이 정도로 느껴진 적은 거의 없었다. 자유와 편안한 삶이 지배하는 사회를 만들겠다는 약속 — 이것은 우주에 대한 도전처럼 제시됐다 — 은 귀족들이 열정과 모험을 갖고 풍요롭게 만들 줄 알았던 삶의 초라함을 더욱 크게 느끼게 해주었다. 마침내 모든 이가 접근할 수 있게 된 삶은 하녀들의 방으로만 분양된 궁궐이었을 뿐이다.

사람들은 이제 증오보다는 경멸로, 사랑보다는 애착으로, 우스꽝스러움보다는 아둔함으로, 열정보다는 감정으로, 욕망보다는 선망으로, 이성보다는 계산으로, 사는 맛보다는 생존하는 열의로 살아갈 것이었다. 완벽히 경멸할 만한 이윤의 도덕은 완벽하게 증오할 만한 명예의 도덕을 대체했다. 완벽하게 우스꽝스러운 신비한 혈통의 권력을 완벽하게 기괴한 돈의 권력이 계승했다. 8월 4일 밤[11]의 상속자들은 은행계좌와 총매출액을 가문의 위엄으로 높이 들어 올리며 신비로움을 회계장부로 계산했다.

돈의 신비로움이 머무는 곳은 어디인가? 당연히 그곳은 소유할 수 있는 존재와 사물들의 총합을 돈이 재현하는 곳이다. 귀족 가문은 신의 선택과 선택된 자에 의해 행사되는 실제적 권력을 표현한다. 돈은 단지 소유할 수 있는 것의 기호일 뿐이다. 그것은 권력에 대한 계약이고 가능한 선택이다. 봉건체제의 신은 사회 질서의 가시적 기반이고 그것의 진정한 핑계이며 호화로운 정점이다. 돈은 부르주아의 냄새 없는 신으로 그것 또한 매개자이며 사회 계약이다. 그것은 기도나 맹세에 의해서가 아니라 과학과 전문화된 기술에 의해 조작할 수 있는 신이다. 그것의 신비로움은 더는 어둡고 침투할 수 없는 총체성 안에 있는 것이 아니라 무한한 수의 부분적인 확실성들의 총합 안에 있으며 더는 주인의 자질 안에 있는 것이 아니라 매매

되는 존재와 사물들(예를 들어 1억 원을 가진 사람이 손에 넣을 수 있는 것)의 질 안에 있다.

생산이 내리는 명령들이 지배하는 자유 교역 자본주의 경제 안에서, 부는 그 자체로 힘과 명예를 부여한다. 생산 수단과 노동력을 소유하면서 부는, 생산력과 소비재의 발달을 통해 무한한 진보의 선상에서 잠재적 선택을 하는 풍요로움을 동시에 확보한다. 그렇지만 이 자본주의가 그것의 반대 형태인 국가계획 경제로 변함에 따라 자기가 가진 부의 무게를 시장에 투여하는 자본가의 위세는 사라지는 경향이 있으며 그와 함께 입에 시가를 물고 불룩한 배를 가진 인신매매 상인의 캐리커처도 사라진다. 지배인은 오늘날 조직가로서의 그의 능력을 기반으로 권력을 얻는다. 그리고 그가 결코 도달할 수 없는 모델을 그에게 제공하기 위해 정보전산 기기들이 이미 현존하고 있다. 그러나 소유한 돈을 갖고 그는 무엇을 할 수 있는가? 그것을 펼쳐 놓을 것인가? 그 돈으로 할 수 있는 잠재적 선택의 풍요로움을 보여 주며 쾌락을 얻을 것인가? 제너두[12]를 짓고 처첩들을 거느리고 미소녀들을 키울 것인가? 부가 소비의 명령에 의해 요구받고 압박받는 곳에서 사람들은 어떻게 그것의 재현가치를 보존할 것인가? 소비재의 독재 치하에서 돈은 태양 아래 눈처럼 녹아 버린다. 돈의 중요성은 더 재현력이 있고 더 구체적이고 복지국가의 스펙터클에 더 잘 적응하는 물건들에 가려 줄어든다. 돈의 사용은 이미 소비상품의 시장에 의해 할당되지 않았나? 소비상품은 이데올로기에 싸여 진정한 권력의 기호가 된다. 오래지 않아 돈의 마지막 정당화는 돈이 빠른 속도로 획득하고 사용하게 해 주는 물건들의 양 안에서 찾게 될 것이다. 대량 유통과 표준화는 자동으로 그 물건들에서 희소성이나 질적인 장점을 제거할 것이기 때문에 오로지 그 물건들의 양과 계속되는 교체 안에서만 돈을 정당화하는 것이 가능하다. 자동차, 술, 집, 라디오, 여자 등 많이 그리고 아주 빨리 물건을 바꾸면서 소비하는 능력은 앞으로 권력의 위계질서 안에서 각자가 차지하고자 하는 위치를 가리키게 된다. 혈통의 우수성에서 돈의 권력으로, 돈의 우수성에서 물건의 권력으로 기독교와 사회주의 문명은 마지막 단계에 도달한다. 단조로움과 흔해 빠진 세세함의 문명이 그것이다. 그것은 니체가 말했던 소인들을 위한 둥지이다.

구매력은 권력을 사는 허가증이다. 옛날 프롤레타리아는 존속하기 위해 그의 노동력을 팔았다. 얼마 되지 않는 여가 시간에 그는 논쟁, 말다툼, 카드놀이, 사랑, 방랑, 축제, 폭동을 하며 보냈다. 새로운 프롤레타리아는 소비하기 위해 그의 노동력을 판다. 그가 강제 노동 안에서 승진하기 위해 노력하지 않을 때는 자신의 사회적 신분을 표시해 줄 물건들(자동차, 넥타이, 문화상품 등)을 사게 된다. 이것이 바로 소비의 이데올로기가 이데올로기의 소비가 되는 시간이다. 동과 서의 교역을 과소평가하지 말아야 한다. 한편에서는 소비자 인간homo consumator이 1리터의 위스키를 사고 덤으로 그것에 따라붙는 작은 거짓말을 받는다. 다른 한편에서는 공산주의 인간이 이데올로기를 사고 덤으로 1리터의 보드카를 받는다. 역설적으로 소비에트화된 체제와 자본주의 체제는 공동의 길을 택한

알렉세이 스타하노프
(Aleksei Grigorievich Stakhanov, 1906~1977)
소비에트사회주의공화국연방의 광부이자 공산주의 노동 영웅.
스스로 고안한 채탄 공정 혁신을 이용해서
당시 작업 기준량의 14배가 넘는 양의 석탄을 채굴하여 신기록을 세웠다.
1935년 9월『프라우다』는 노동 생산성을 높이고
계획경제 시스템의 우수성을 홍보하고자 추진된 운동인
이른바 '스타하노프 운동'의 시작을 알리는 특집 기사를 게재했고
그는 '새로운 인민'의 표상이 되었다.

다. 전자는 그것의 생산경제 덕분에, 후자는 그것의 소비경제 덕분에 말이다.

소련에서 노동자들의 초과노동은 협동기업의 지도자 동무를 직접 부유하게 하지 않는다. 그것은 단지 조직자와 관료로서의 그의 권력을 강화해 줄 뿐이다. 그의 잉여가치는 권력의 잉여가치이다. (그러나 이 새로운 형태의 잉여가치도 여전히 이윤율의 감소 경향에 따른다. 경제생활에 대한 맑스의 법칙들은 오늘날 삶의 경제 안에서 그것의 진실됨을 증명한다.) 그는 이 잉여가치를 돈-자본으로부터가 아니라 신뢰-자본의 원초적 축적을 기반으로 얻는다. 이 신뢰-자본의 축적은 그가 이데올로기적 재료를 온순하게 흡수함으로써 생긴 것이다. 조국과 프롤레타리아, 효율성, 대의에 기여한 공로에 대한 보답으로 덤으로 주어진 자동차와 '별장'은 돈이 사라지는 사회조직을 예견하게 해 준다. 돈 대신 명예로운 칭호의 부여, 지위상승, 건강한 육체와 전문화된 생각을 가진 특권적 관료집단이 자리를 차지한다. (스타하노프의 경쟁자들, "우주의 영웅들", 음악가들과 화가들에게 부여된 권리들을 생각해 보라.)

자본주의 국가의 생산이나 소비에서 사장의 물질적 이익은 이데올로기적 이익과 아직은 구분된다. 이데올로기적 이익은

사장만이 소비 조직에서 얻어 내는 것이 아니다. 바로 이 점이, 지배인과 노동자 사이에서, 매년 새로워지는 지배인의 포드 자동차와 5년 동안 사랑스럽게 유지되는 노동자의 도핀[13] 자동차 사이의 차이만을 보는 것을 막는다. 그러나 오늘날 경제계획을 향해 모든 것이 난잡하게 몰리고 있는데 이 경제계획은 소비하느냐, 소비하게 하느냐는 가능성들에 따라 사회적 차이들을 양화하는 경향이 있다. 등급들은 더 많아지고 더 작아진다. 부자와 빈자 사이의 격차는 사실상 줄어들고 인류는 빈곤의 편차만을 가질 뿐이다. 이 과정의 최고점은 위계화된 전문가들로 구성된 사이버네틱스 사회일 것이다. 전문가들은 프로그램이자 결과물인 거대한 사회 기계의 작동에 필요한 권력의 양을 소비하고 소비하게 하는 능력에 따라 위계화된다. 이것은 불평등한 노예 상태 속에 있는 착취자-피착취자의 사회이다.

"제3세계"가 남아 있다. 옛날 억압 형태들이 남아 있다. 라티푼디움[14]의 농노가 새로운 프롤레타리아와 동시대인이 되는 것은 총체적 혁명이 일어날 폭발적 혼합물을 완벽하게 만드는 일인 것처럼 보인다. 안데스산맥의 원주민이 농업 혁명과 잘 설비된 부엌을 얻은 후에 무기를 손에서 놓은 반면에, 유럽의 가장 임금을 많이 받는 노동자들은 자신들의 생활방식에 대한 급진적인 변화를 요구할 것이라고 누가 감히 예상했겠는가? 그렇다. 잘사는 국가에서의 봉기는 이제 세계의 모든 혁명에 최소한의 요구 정도를 정해 준다. 그것을 잊어버리는 사람에게는 생-쥐스트[15]의 말을 전해 줄 뿐이다. "혁명을 절반만하는 사람들은 자신의 무덤을 팠을 뿐이다."

## 8장

# 교환과 증여

귀족과 프롤레타리아는 **증여**의 모델 위에서 인간관계를 생각한다. 그러나 프롤레타리아에 따르면 증여는 봉건적 증여의 극복이다. 부르주아지는, 또는 **교환**의 계급은 오랜 혁명 안에서 봉건적 계획의 전복과 그것의 극복을 가능하게 하는 지렛대이다(1). — 역사는 자연적 소외를 사회적 소외로 항상 바꾸는 것이며 역설적으로 소외를 극복하면서 해소할 항의의 강화이다. 자연적 소외에 대항한 역사적 투쟁은 자연적 소외를 사회적 소외로 바꾼다. 그러나 역사적으로 소외를 극복하는 움직임은 다시 사회적 소외에 도달하게 되고 그것의 근본적 마법을 고발한다. 이 마법은 사적 소유에서 기인한다. 그것은 희생에 의해 표현된다. 희생은 교환의 원초적 형태이다. 교환의 극단적 수량화는 인간을 순수한 물건으로 축소한다. 이 영점에서 교환도 없고 희생도 없는 새로운 형태의 인간관계가 태어날 수 있다(2).

1

　　부르주아지는 봉건시대의 성스러운 위계질서와 계급 없는 미래 사회의 무정부적 질서 사이에서 일시적이고 별로 영광스럽지 않은 지배를 하고 있다. 부르주아지와 함께 교환의 임자 없는 땅은 아무도 살 수 없는 장소가 된다. 그것은 귀족들이 추구했던 자기 증여의 오래된 불건전한 쾌락과 새로운 프롤레타리아 세대들이 조금씩 추구하기 시작한 자기애를 통한 증여의 쾌락을 분리한다.

　　주고받는 관계는 자본주의와 자본주의의 연장선에 있는 적들이 좋아하는 것이다. 슈퍼마켓에서 깜짝 선물을 "제공"하듯이, 미국이 투자와 보호를 "제공"하는 것처럼, 소련은 병원과 기술을 "제공"한다.

그렇다고 해도 역시 증여의 의미는 정신과 감정, 행위에서 적출됐다. 여기에서 우리는 [파리의] 푸아소니에르 거리에서 지나가는 예쁜 여자들에게 각각 장미 한 송이씩을 제공함으로써 곧 사람들의 의심과 반감을 불러일으켰던 브르통과 그의 친구들을 떠올리게 된다.

교환과 반대급부에 의한 인간관계의 악화는 물론 부르주아지의 존재에 연결돼 있다. 계급 없는 사회가 실현될 어떤 지역에서 교환이 존속한다는 것은 적어도 부르주아지의 그림자가 붉은 깃발의 발아래에서 계속 지배하고 있다는 것을 증명한다. 산업노동자들이 사는 곳에서는 어디에서나 증여의 쾌락이, 계산의 세계와 충만함과 축제의 세계 사이의 경계를 매우 명확히 확정 짓기 때문이다. 프롤레타리아의 증여 방식은 희생 개념에 돌이킬 수 없이 사로잡힌 귀족이 사용하는 과시용 증여와는 아무런 관계가 없다. 진정으로 프롤레타리아는 인간의 충만함, 총체적 삶의 계획을 갖고 있다. 귀족은 이 계획을 실현하는 데 실패했다. 비록 그 실패가 아주 훌륭한 것이긴 했지만. 그렇지만 프롤레타리아가 그런 미래에 접근하기 위해서는 부르주아지의 역사적 현존과 중개가 필요하다는 것을 인정하자. 기술적 진보와 자본주의에 의해 발전된 생산력 덕분에 프롤레타리아는 새로운 사회에 대해 과학적으로 개발된 계획 안에서 평등의 꿈, 절대 권력의 유토피아, 죽은 시간 없이 살려는 의지를 실현할 수 있게 되지 않는가? 오늘날 모든 것이 프롤레타리아의 임무를, 또는 역사적 기회를 확인해 준다. 봉건제를 극복하면서 파괴하는 것은 프롤레타리아에게 속한 일이다. 그리고 그는 인간 발전의 역사에서 단지 과도기적 단계를 담당하게 돼 있는 부르주아지를 짓밟으면서 그것을 행할 것이다. 하지만 부르주아지의 과도기적 단계는, 봉건적 계획을 극복하는 데 필요한 핵심적인 단계로 통일된 권력을 내던지는 데 있어서 그리고 그것이 총체적 인간의 방향에서 결코 역전되거나 수정되지 않도록 하는 데 있어서 꼭 필요한 지렛대를 만든다. 통일된 권력은, 이미 신의 발명이 보여 줬듯이, 총체적 인간을 위한, 물구나무서서 걷는 총체적 인간을 위한 세계였다. 그것을 역전시키기만 하면 됐다.

경제적인 것의 안쪽에서 가능한 해방이란 없다. 경제적인 것이 지배하는 사회에서는 생존의 가설적인 경제만이 존재한다. 이 두 진실의 날카로운 침으로 부르주아지는 사람들을 경제적인 것의 극복을 향해, 역사 저편을 향해 밀어낸다. 기술을 새로운 시를 위해 사용한 것은 그의 가장 작은 공로가 아니었다. 부르주아지는 사라져야만 가장 위대해질 것이다.

2

교환은 사적 소유와 동일한 지위로 원시 부족들의 생존에 연결돼 있다. 이 둘은 모두 인간의 역사를 오늘날까지 만들어 온 전제를 구성한다.

최초의 인간들에게 적대적 자연에 맞서 안전의 증가를 보장했던 사냥 지역의 형성은 우리를 지금까지 옭아매는 사회조직의 기반이 됐다. (라울과 로라 마카리우스의 책 『토템과 족외혼의 기원』을 보라.) 원시 인간과 자연의 통일은 본질적으로 마법적이다. 인간은 기술을 통해 자연을 변형하면서만 자연과 진정으로 분리된다. 그리고 자연을 변형하면서 인간은 자연을 세속적인 것으로 만든다. 그런데 기술의 사용은 사회조직에 종속된다. 사회는 도구와 함께 태어난다. 게다가 조직은 자연에 맞선 최초의 일관적 투쟁 기술이다. 사회조직 ─ 사적 소유에 기반을 두었으므로 위계적이다 ─ 은 인간과 자연 사이에 존재하는 마법적 연결을 점차 파괴한다. 그러나 스스로 다시 마법을 부여받으며 자신과 인간 사이의 신비로운 통일을 만들어 낸다. 그것은 인간이 자연의 신비로움에 참가하는 것을 그대로 본

프랑스 인류학자 부부 라울(Raoul Makarius, 1917~1996)과 로라 마카리우스(Laura Makarius, 1908~1993)의 책 『토템과 족외혼의 기원』(1961). 마카리우스 부부는 1973년 『구조주의냐 인류학이냐』를 발표하여 당시 프랑스 지성계를 휩쓸던 구조주의에 반기를 들었다.

뜬 것이다. 선사시대 인간의 "자연적" 관계에 둘러싸인 사회조직은 자신을 규정하고 가둔 이 틀을 서서히 무너뜨릴 것이다. 역사는 이런 관점에서 자연적 소외의 사회적 소외로의 변형일 뿐이다. 즉, 소외의 극복은 사회적 소외가 된다. 자유를 향한 운동에 제동이 걸린다. 이 제동은 인간 해방의 의지가 마비의 메커니즘을, 즉 사적 소유에 기초한 사회적 소외를 직접 공격할 때 풀린다. 바로 소외를 극복하는 운동이 역사를 분해할 것이며 새로운 생활양식 안에서 역사를 실현할 것이다.

실제로 부르주아지의 권력 획득은 자연의 힘에 대한 인간의 승리를 의미한다. 동시에 굶주림, 병, 불편함 등에 맞선 투

쟁의 필요성에서 탄생한 위계화된 사회조직은 그것의 정당화를 잃고 산업 문명사회의 문제들에 대한 책임을 떠맡을 수밖에 없다. 사람들은 오늘날 그들의 빈곤을 자연의 적대성이 아니라 완전히 부적절하고 완전히 시대착오적인 사회 형태의 횡포 탓으로 돌린다. 봉건제의 마법적 권력을 파괴하면서 부르주아지는 위계화된 권력의 마법에 사형선고를 내렸다. 프롤레타리아는 그 선고를 실행할 것이다. 부르주아지가 역사를 통해 시작한 것이 이제는 역사에 대한 부르주아지의 좁은 생각에 맞서 완수된다. 그리고 그것은 여전히 역사적 투쟁일 것이다. 그것은 역사를 **실현할** 계급투쟁이 될 것이다.

위계 원칙은 인간의 해방과 자유를 위한 인간의 투쟁에 저항한 마법적 원칙이다. 이제는 어떤 혁명도 위계질서의 완전한 제거를 내포하지 않는다면 혁명이라는 이름을 가질 자격이 없다.

◆◇

부족의 구성원들이 사냥 지역을 한정하는 순간부터, 따라서 그들이 사적 소유를 보장한 순간부터 그들은 야생동물이나 기후, 자연의 황폐함, 병이 갖는 적대성이 아닌 다른 종류의 적대성과 맞닥뜨리게 된다. 그것은 사냥 지역이 주는 달콤함으로부터 배제된 인간 집단의 적대성이다. 인간의 천재성 덕분에 인간은 동물의 지배가 갖는 양자택일, 즉 상대편을 몰살하느냐 상대편에 의해 몰살되느냐는 것에서 벗어날 수 있다. 협정, 계약, 교환은 원시 공동체가 존재할 기회를 마련한다. 농업사회 이전 부존들의 생존은, 그리고 "채집" 시대 이후 부족들의 생존은 반드시 여성의 교환, 음식의 교환, 피의 교환이라는 세 가지 교환을 통해 이루어진다. 이런 것은 마법적 정신 상태에 속하기 때문에 최고의 조정자, 교환의 주인, 계약당사자들의 저 너머에 있는 어떤 힘을 가정한다. 신들의 탄생은 신성한 신화와 위계화된 권력의 탄생과 일치한다.

교환은 두 부족에 평등한 이득을 허용하지는 않는다. 배제된 자들이 사냥 지역에 들어오지는 못하게 하면서도 그들에게서 위협 요소를 제거하는 것이 우선적인 교환의 목적이 아닌가? 농업단계에서는 전술이 더 세련된다. 노예가 되기 전에 소작인이었던 배제된 자들은 소유자로서가 아니라 그들의 강등된 그림자로서(유명한 원죄의 신화), 땅과 주인들 사이의 매개로서 가진 자들의 집단에 들어간다. 어떻게 배제된 자들의 복종이 일어나도록 할 것인가? 교환의 간계, 이쪽, 저쪽에서 감수한 희생의 불균형을 은폐하는 ─ 이것은 주인들의 명백한 의지에 의해서가 아니다. 왜냐하면, 주인들에게는 아직 합리성이 없기 때문이다 ─ 신화의 일관적인 영향력을 통해 그렇게 할 수 있다. 배제된 자들은 소유자를 위해 자기 삶의 중요한 부분을 **실제로** 희생한다. 즉, 그들은 그의 권위를 받아들이고 그를 위해 일한다. 피지배자들을 위해 주인은 **신화적으로** 그의 권위와 소유권을 희생한다. 즉, 그는 자기 사람들의 공동의 안녕을 위해 대가를 치를 준비가 돼 있다. 신은 교환의 보증인이며 신화의 수호자이다. 그는 계약 위반을 벌하고 권력을 부여함으로써 상을 준다. 실제로 자신을 희생하는 자들을 위해서는 신화적 권력을, 신화적으로 자신을 희생하는 자들을 위해서는 실제적 권력을 부여한다. (역사적이고 신화적인 사실들은 주인이 신화적 원칙을 위해 희생하는 것이 죽음에까지 이를 수 있었다는 것을 보여 준다. 그가 다른 사람들에게 강제하는 소외의 값을 치르는 것은 주인의 신적 속성을 강화했다. 그러나 아주 일찍 연극적인 죽음이나 대체 죽음을 통해 주인은 이 무서운 반대급부에서 벗어난 것처럼 보인다. 기독교의 신은 자기 아들을 땅에 내려보내 지배자들에게 적절한 사본을 제공했다. 지배자들은 자신들의 희생을 검증하고자 할 때 이 사본을 언급하기만 하면 됐다.)

희생은 교환의 원초적 형태이다. 그것은 수량화되지도 않고 합리적이지도 않은 마법적 교환이다. 그것은 상업자본주의와 황금만능주의가 노예사회, 봉건사회, 그리고 부르주아 사회에 확대될 때까지 상업관계를 포함한 인간관계를 지배한다. 그 후 경제는 삶과는 분리된 특별한 영역처럼 나타난다. 봉건적 증여 안에서 교환이었던 것이 돈이 출현하자마자 가장 중요해진다. 희생-증여인 포틀래치potlatch — 희생이 클수록 위세가 증가하는 것으로, 많이 잃는 사람이 이기는 교환 경기이다 — 는 합리화된 물물교환 경제에서는 전혀 존재할 수가 없다. 경제 명령에 의해 지배되는 분야에서 배척된 포틀래치는 환대, 우정, 사랑과 같은 가치들 안에서 재발견된다. 이런 가치들은 수량화된 교환의 독재(상품 가치)가 일상생활을 식민화하고 시장으로 변화시킴에 따라 공식적으로 사라질 수밖에 없는 것들이다.

상업자본주의와 산업자본주의는 교환의 수량화를 가속

한다. 봉건적 증여는 상업적 교환의 엄격한 모델에 따라 합리화된다. 교환에 대한 놀이는 놀이가 되기를 멈추고 계산이 된다. 여행이 잘 되기를 빌며 신에게 수탉 한 마리를 제물로 바치겠다는 로마인의 약속에는 유희적인 것이 지배하고 있었다. 교환된 물건들의 다양성은 상업적 차원을 벗어난 것이었다. 푸케[1]가 주변 사람들의 눈에, 그리고 그들 중 가장 뛰어났던 루이 왕의 눈에 자신을 더 많이 빛나 보이게 하려고 돈을 쓰다 결국 파산했던 시대에는 우리 시대가 이제는 잃어버린 시적 감성이 존재한다는 것을 이해한다. 우리 시대는 삼겹살 한 근을 9천 원에 교환하는 식으로 인간관계의 모델을 만드는 데 익숙해져 있다.

결과적으로 사람들은 희생을 수량화하고 합리화하고 무게를 재고 증시에 상장하게 된다. 그러나 상품 가치가 지배하는 곳에서 희생의 마법은 어떻게 되는가? 그리고 모범사원이 자기 상사에게 정중하게 인사하도록 만드는 신성한 공포, 권력의 마법은 어떻게 되는가?

물건과 이데올로기의 양이 권력이 소비되고 수용되고 소모되는 양을 의미하는 사회에서 마법적 관계는 위계화된 권력을 비판의 한복판에 내버려 두고 사라진다. 최후의 성스러운 보루의 함락은 한 세상의 끝이거나 온 세상의 끝이 될 것이다. 그것이 인류를 몰락으로 이끌기 전에 그것을 쓰러뜨리는 것이 관건이다.

(돈에 의해, 그 후에는 권력의 양에 의해 그리고 "권력의 사회측정학적 단위들"이라고 부를 수 있을 것에 의해) 엄밀하게

수량화된 교환은 모든 인간관계, 모든 감정, 모든 생각을 더럽힌다. 교환이 지배하는 곳에서는 어디에서나 사물들만이 남는다. 그것은 현재 지배하고 있는 사이버네틱스 권력의 기구편성표 안에 고정된 사물로서의 인간의 세계, 물화의 세계이다. 그러나 그것은 또한 역설적으로 우리 삶과 생각의 도식을 급진적으로 재구성할 기회이기도 하다. **모든 것이 진정으로 시작할 수 있는 영점이다.**

◆◇

봉건적 정신은 증여를 교환에 대한 일종의 고상한 거부처럼, 교환 가능한 것을 부정하려는 의지처럼 이해하는 것 같다. 이 거부는 돈과 공통 척도를 멸시하는 것과 맥을 같이 한다. 분명히 희생은 순수한 증여를 배제한다. 전쟁, 사랑, 우정, 환대 같은 걱정거리들 안에서 비인간성, 종교, 진지함이 부수적인 것으로 여길 수 있었던 놀이, 무료, 인간성의 제국도 대부분의 경우 그러했다.

자기 증여를 통해 귀족은 자신의 권력을 우주의 총체적인 힘에 연결했고 동시에 자신들이 신화에 의해 신성화된 총체성을 통제한다고 주장했다. 존재를 소유와 교환하면서 부르주아 권력은 존재와 세계의 신화적 통일을 잃는다. 총체성은 잘게 부서진다. 생산의 반半합리적semi-rational 교환은 노동력으로 축소된 창조성과 시간당 임금률을 암묵적으로 같게 만든다. 소비의 반합리적 교환은 소비가능한 체험(소비활동으로 축소된 삶)과, 소비자를 위계화된 기구편성표에 기입할 가능성이 있는 권력의 양을 암묵적으로 같게 만든다. 희생의 최종 단계인 전문가의 희생이 주인의 희생을 계승한다. 소비하기 위해 전문가는 사이버네틱스 프로그램 — 이 안에서 교환의 초합리성hyperrationalité이 희생을 제거하게 될 것이다 — 에 따라 소비하게 할 것이다. 그리고 동시에 인간도 함께 제거될 것이다! 순수한 교환이 어느 날 사이버네틱스 민주주의의 로봇-시민의 존재 양식들을 조절한다면 희생은 더는 존재하지 않을 것이다. 물건들은 복종하기 위해 정당화가 필요하지 않다. 희생은 기계들의 프로그램에서 배제된다. 총체적 인간의 계획이 그것의 반대 계획에서 배제되는 것처럼.

◆◇

교환 메커니즘의 영향을 받아 인간 가치들이 쇠퇴하는 것은 교환 자체의 쇠퇴를 가져온다. 귀족적 증여의 불충분함은 순수한 증여 위에 새로운 인간관계를 세우려 한다. 증여하는 즐거움을 되찾아야 한다. 부가 넘치기 때문에, 너무 많이 갖고 있기 때문에 증여하는 것이다. 젊은 세대의 풍부함이 순수한 증여를 발견할 때, 잘사는 사회가 좋든 싫든 유발하게 되는 반대급부 없는 포틀래치는 얼마나 아름다운가!(청년들 사이에서 단지 갖는 즐거움을 위해 책, 외투, 핸드백, 무기, 보석을 훔치는 열정이 점점 더 퍼져 가는 것은 소비사회에서 삶의 의지가 사용되는 것을 행복하게 예고한다.)

거짓 욕구에 대해 새로운 생활방식의 통일된 욕구가 응답한다. 체험된 순간들의 경제인 예술은 비즈니스 시장에 의해 흡수됐다. 욕망과 꿈은 마케팅을 위해 사용된다. 일상생활은 교환 가능한 순간들의 연속으로 잘게 부서진다. 다양한 물건들(믹서, 하이파이, 안정제, 수면제)이 각각의 순간에 일치한다. 곳곳에서 서로 동등한 파편들이 골고루 퍼진 권력의 빛 안에서 서로 작용한다. 평등, 정의, 무의 교환, 한계의 교환, 금지의 교환이다. 죽은 시간들만이 연속된다.

봉건적 불완전을 완벽하게 만들기 위해서가 아니라 초월하기 위해서 봉건적 불완전을 부활시켜야 한다. 하나 된 사회의 조화로움을 신의 유령과 신성화된 위계질서로부터 해방하기 위해 하나 된 사회의 조화로움을 부활시켜야 한다. 새로운 순수함은 신의 재판으로부터 그다지 멀리 있지 않다. 부르주아의 평등보다 피의 불평등이 자유롭고 서로 독립된 개인들의 평등에 더 가깝다. 귀족의 구속적 양식은 노예 없는 주인이 경험하게 될 커다란 양식의 거친 스케치일 뿐이다. 하지만 현재의 수많은 존재들을 유린하는 삶의 양식과 생존의 방식 사이의 세계를 보라!

## 9장

# 기술, 그리고 기술의 매개된 사용

기술은 기술의 사용을 통제하는 사람들의 이해관계와는 반대로 신성을 박탈한다. — 소비의 민주적 지배는 물건들에서 모든 마법적 가치를 제거한다. 마찬가지로 조직(새로운 기술들 중의 기술)의 지배는 새로운 생산력에서 전복과 유혹의 권력을 박탈한다. — 조직은 이렇게 해서 권위의 순수한 조직으로 알려진다(1). — 소외된 매개는 자신을 필수불가결한 것으로 만들면서 인간을 약화한다. — 사회적 가면이 존재와 물건들을 가린다. 사적 소유의 현 상태에서 이 가면은 자신이 가리는 것을 죽은 사물로, 상품으로 변형한다. 더는 자연은 없다. — 자연을 되찾는다는 것은 새로운 사회관계들을 구성하면서 자연을 가치 있는 적으로 재발명하는 것이다. — 물질적 장비의 돌출 부분은 위계화된 낡은 사회의 피부를 터뜨린다(2).

1

사람들이 아직도 굶어 죽는 비산업화된 문명과 사람들이 벌써 지겨움 때문에 죽는 자동화된 문명 사이에는 동등한 결핍이 존재한다. 모든 천국은 인공적이다. 트로브리안드 섬사람의 삶은 터부와 의례들에도 불구하고 풍요롭지만 천연두의 위협에 고스란히 노출돼 있다. 평균적 스웨덴 사람의 삶은 편안하지만 빈약하며 자살과 생존의 병에 노출돼 있다.

루소주의와 목가적 삶은 공업 기계의 최초의 윙윙거리는 소리들을 동반한다. 그것은 애덤 스미스나 콩도르세[1]에게서 발견되는 것이다. 진보의 이데올로기는 오래된 네 시대[2]의 신화에 속한다. 철의 시대가 금의 시대를 앞서기 때문에 진보가 회귀처럼 이루어지는 것이 "자연스러워" 보인다. 즉, 원죄 이전의 순수한 상태로 돌아가야 한다.

기술의 마법적 권력에 대한 믿음은 그것의 반대인 신성 박탈의 움직임과 같이 움직인다. 기계는 이해할 수 있는 것의 모델이다. 벨트, 트랜스미션, 회로망 등 알 수 없거나 신비한 것은 아무것도 없다. 모든 것이 완벽하게 설명된다. 하지만 기계는 또한 인류가 행복과 자유가 지배하는 단계에 도달하도록 만드는 기적이기도 하다. 게다가 모호함은 그것의 주인들을 위해 봉사한다. 내일을 노래하는 신비주의는 다양한 수준에서 오늘날 인간의 합리적 착취를 정당화한다. 따라서 진보에 대한 믿음을 흔들리게 하는 것은 신성 박탈의 논리라기보다는 잠재적 기술의 비인간적 사용이며 이런 사용에 대한 거슬리는 신비주의이다. 노동계급들과 저개발된 인민들이 서서히 감소하는 자신들의 물질적 빈곤을 스펙터클로 제공하는 한, 진보에 대한 찬양은 자유 이데올로기와 그것의 연장인 사회주의의 구유 통에서 넉넉히 배를 채운다. 그러나 리옹의 노동자들이 방직기를 부수며 자생적으로 신성 박탈을 한 지 1세기가 지난 후에 이번에는 대규모 산업의 위기에서 나온 총체적인 위기가 발생한다. 그것은 파시스트적 퇴행이고 수공업과 조합주의로 회귀한다는 어리석은 꿈이다. 아리아족의 기괴한 "좋은 야만인"이다.

낡은 생산사회의 약속은 오늘날 소비재들의 눈사태 속에서 무너진다. 그런 소비재들을 영혼의 양식이라 할 사람은 아무도 없다. 생산력의 마법을 찬양했듯이 물건들의 마법을 찬양하는 것은 실패할 수밖에 없는 시도이다. 증기기관의 동력 해머를 찬양하는 글들이 존재한다. 믹서에 대해서는 그런 글들이 있으리라 생각하는 사람이 없다. 편리한 – 광고를 믿는다면 혁명적이기도 한 – 기구들의 증가로 인해 가장 상스러운 사람도 예쁜 아가씨의 엉덩이에 손을 댈 때 하는 것과 같은 허물없는 칭찬의 말을 기술적 발명의 경이로움에 대해서도 할 수 있게 된다. 인간이 최초로 화성의 지면을 밟는 사건도 마을의 축제를 중단시키지는 못할 것이다.

거의 우발적으로 생겨나는 수레와 멍에, 증기기관, 전기, 핵에너지는 사회의 하부구조를 교란했고 변형했다. 오늘날 새로운 생산력이 생산양식을 전복시킬 것을 기대하는 것은 헛된 일일 것이다. 기술의 발전으로 인해 아마도 인류 역사의 초기에 만들어진 최초의 기술적 종합물인 사회적 공동체만큼이나 중요한 종합의 슈퍼 기술이 탄생했다. 그 주인에게서 뺏어낸 사이버네틱스가 인간 집단을 노동과 사회적 소외로부터 해방하는 것이 가능하므로 그런 기술은 더욱더 중요하다. 유토피아가 가능한 시대에 나왔던 샤를 푸리에의 계획이 바로 이것이다.

그러나 푸리에와 기술을 조작하는 조직을 통제하는 사이버네틱스 학자들 사이에는 자유와 노예제 사이만큼의 거리가 있다. 아마도 사이버네틱스의 계획은 이미 새로운 기술의 출현에 의해 제기된 문제들을 해결할 정도로 충분히 완벽해졌다고 하는 것 같다. 하지만 확실한 것은 아무것도 없다.

a. 끊임없이 진화하고 있는 생산력에서 기대할 것은 더는 아무것도 없으며 계속 증가하는 소비재들로부터 기대할 것도 아무것도 없다. 에어컨에서는 더는 디오니소스 찬가가 나오지

않으며 새로운 태양열 오븐에서도 더는 칸타타가 나오지 않는다! 이것이 앞으로 다가올 지겨움이며 이미 너무나 뚜렷이 나타나고 있어서 언젠가는 조직 자체에 대한 비판으로 바뀌게 될 지겨움이다.

b. 사이버네틱스의 종합이 갖는 모든 유연함은 그러한 종합이 사람들에게 행사된 여러 통치들을 초월한 종합일 뿐이며 그 통치들의 마지막 단계라는 것을 숨기는 데는 결코 성공하지 못할 것이다. 어떤 권력도 비판의 무기로부터 그리고 무기의 비판으로부터 방어해 낼 수 없었던 소외 기능을 어떻게 그것이 숨길 수 있겠는가? 노 젓는 사람은 악어를 좀 더 영리하게 만들 뿐이다. 완벽한 권력을 세우면서 사이버네틱스 학자들은 경쟁심리와 거부의 완벽함을 조장하게 된다. 새로운 기술들에 대한 그들의 프로그래밍은 다른 조직에 의해 변경된 그 동일한 기술들 위에서 부서질 것이다. 그것은 혁명적 조직이다.

2

기술 관료 조직은 기술적 매개의 일관성을 가장 높은 지점까지 끌어올린다. 주인이 노예의 도움을 받아 객관적 세계를 소유한다는 것은 오래전부터 알려진 사실이다. 도구가 노동자를 소외시키는 것은 주인이 그것을 소유한 순간뿐이다. 마찬가지로 소비에서 재화는 그 자체로는 전혀 소외시키는 것이 아니다. 그러나 조건화된 선택과 재화를 에워싼 이데올로기가 재화 구매자들의 소외를 결정한다. 생산에서의 도구와 소비에서의 조건화된 선택은 거짓말의 매체가 된다. 이런 매개는 생산자이자 소비자인 인간을 실제적 **수동성** 안에서 헛되이 **행동하도록** 부추기면서 근본적으로 의존적인 존재로 변형한다. 부당하게 사용된 매개는 개인을 그 자신, 자신의 욕망, 꿈, 삶의 의지와 분리한다. 그렇게 해서 누구도 매개와 매개를 지배하는 것 없이는 살 수 없다는 전설이 신빙성을 얻어간다. 자신이 구속을 통해 마비시키는 데 실패한 곳에서 권력은 암시를 통해 마비시킨다. 즉, 권력이 통제하고 소유하는 손잡이들을 각자가 사용하도록 강제하는 것이다. 소외시키는 매개의 총합인 권력은 사이버네틱스의 세례가 자신을 총체성의 상태에 도달하도록 해 주기를 기대한다. 그러나 총체적 권력은 없다. 전체주의의 권력들만이 있을 뿐이다. 조롱거리가 되는 사제들이 있는 조직은 신성화되지 않는다.

소외된 매개(도구, 사상, 조작된 욕구)를 통해 파악되기 때문에 객관적 세계(또는 자연)는 일종의 화면에 둘러싸이게 됐다. 이 화면은 인간이 세계를 변형하고 인간 스스로 변형됨에 따라 역설적으로 세계를 인간에게 낯선 것으로 만든다. 사회적 관계들의 장막은 복잡하게 자연의 영역을 감싼다. 사람들이 오늘날 "자연적"이라고 부르는 것은 향수제조업자의 "자연스러운" 파운데이션만큼이나 인공적이다. **실천**praxis의 도구들은 **실천**의 소유자들, 즉 노동자들에게 속하지 않는다. 그리고 바로 그런 이유로 인간을 그 자신과 자연으로부터 분리하는 어둠의 지역이 인간과 자연에 속한다. 재발견해야 하는 자연이 아니라 다시 만들고 재건설해야 하는 자연이 존재한다.

빌헬름 라이히(Wilhelm Reich, 1897~1957). 오스트리아의 정신분석학자. '프로이트-맑스주의'의 창시자. 저서로 『파시즘의 대중심리』(1933), 『성혁명』(1936) 등이 있다.

사회적 이데올로기의 거짓말과 거칠게 맞서는 진짜 자연과 자연적 삶을 찾는 일은 혁명적 프롤레타리아와 아나키스트 그리고 젊은 빌헬름 라이히 같은 뛰어난 사람들의 상당수가 가진 가장 감동적인 순진함들 중의 하나이다.

인간에 의한 인간의 착취가 지배하는 가운데 자연의 실제적 변형은 사회적 거짓말의 실제적 변형을 통해 일어난다. 자연과 인간의 투쟁에서 그 둘은 결코 실제로 대면한 적이 없다. 위계화된 사회 권력의 매개와 그것의 외면적 조직은 그들을 결합하고 분리한다. 자연을 변형하는 것은 그것을 사회화하는 것이었다. 그러나 사람들은 자연을 잘못 사회화했다. 역사적으로 권력 없는 사회가 전혀 존재하지 않았기 때문에 사회적 자연만이 존재한다.

지진은 자연 현상인가? 사람들에게 도달하는 지진은 소외된 사회성의 영역 안에서만 사람들에게 도달한다. 지진 그 자체는 무엇인가? 만약 내가 글을 쓰는 순간에, 영원히 알려지지 않았을 지진의 진동이 시리우스Sirius 별을 흔들리게 한다면 나는 그것을 대학교와 순수한 사상의 중심지의 형이상학적 잔류물들에 내맡기는 것 외에 다른 무엇을 할 수 있는가?

그리고 죽음 또한 인간에게 사회적으로 충격을 준다. 이것은 군사적 낭비와 자본주의적이거나 관료주의적인 무질서에 의해 흡수된 에너지와 부가 죽음에 맞선 과학적 투쟁에 특히 필요한 도움을 제공할 것이기 때문이기도 하지만, 특히 죽음의 씨앗이 자라나는 세균배양액이 사회의 거대한 실험실에서 과학의 축복과 함께 유지되고 있기 때문이기도 하다(스트레스, 신경쇠약, 조건화, 주술, 병을 만드는 치료). 동물들만이 여전히 자연적 죽음을 맞이할 권리를 갖고 있다.

역사를 통해 우월한 동물성에서 벗어난 인간은 자연과의 동물적 접촉을 그리워하게 됐는가? 자연적인 것을 추구하는 행위에 그런 유치한 의미를 부여해야 할 것이다. 그러나 이런 욕망이 보강되고 뒤집힌다면 그 욕망은 3만 년 역사의 초월을 의미한다.

현재의 임무는 새로운 자연을 가치 있는 적으로 파악하는 것이다. 다시 말해 기술적 장치를 소외의 영역에서 해방하면서, 그리고 지배자와 전문가들의 손에서 제거하면서 새로운 자연을 재사회화하는 것이다. 자연은 "1천 배 우월한" 문명사회 안에서 사회적 소외극복 과정에서만 가치 있는 적의 의미를 가질 것이다. 그 문명사회는 인간의 창조성이 확장되는 데 있어서 인간 자신을 첫 번째 장애물로 만나지 않는 사회이다.

◆◇

기술 조직은 외부 힘의 압력 아래에서 죽지 않는다. 그것의 실패는 내적인 부패의 결과이다. 그것은 프로메테우스의 의지가 초래한 벌을 받기는커녕 반대로 주인과 노예의 변증법에서 결코 해방되지 않았기 때문에 죽는다. 사이버네틱스 학자들은 언젠가 지배하게 된다 하더라도 항상 너무 끝자리에서 지배할 것이다. 그들의 가장 반짝이는 미래들은 이미 백인 주인에게 흑인 노동자가 한 말을 생각나게 한다(『아프리카의 현존』[3], 1956년). "우리가 당신들의 트럭, 비행기들을 봤을 때 우리는 당신들이 신이라고 믿었다. 그리고 여러 해가 지난 후에 우리는 당신들의 트럭을 운전하는 법을 배웠고 머지않아 당신들의 비행기를 운전하는 것을 배울 것이다. 그리고 우리는 당신들이 가장 흥미를 느낀 것은 트럭과 비행기를 만들고 돈을 버는 것임을 깨달았다. 우리가 흥미를 느낀 것은 그것들을 사용하는 것이다. 이제 당신들은 우리의 대장장이들이다."

## 10장

# 양적인 것의 지배

경제 명령들은 인간 행동 전체에 대해 상품의 표준화된 측정 방법을 강제하려고 시도한다. 아주 많은 수량은 질적인 것을 대신할 수 있다. 그러나 그 수량조차도 제한되고 절약된 것이다. 신화는 질을 기반으로 만들어지고 이데올로기는 양을 기반으로 만들어진다. 이데올로기적 포화상태는 모순된 작은 양들로 분할된 것이다. 그런 분할된 작은 양들은 스스로 파괴되지 않을 수 없거나 대중적 거부의 질적인 부정성에 의해 파괴되지 않을 수 없는 것들이다 (1). — 양적인 것과 선적인 것은 분리 불가능하다. 시간의 선과 측정, 삶의 선과 측정은 생존을 규정한다. 그것은 서로 교환 가능한 순간들의 연속이다. 이 선들은 권력의 혼란스러운 기하학에 속한다(2).

1

상업적 교환 체계는 결국, 인간이 자신의 동료들과 맺는 일상적 관계들을 지배하게 됐다. 공적이고 사적인 삶 전체를 양적인 것이 지배한다.

"나는 인간이 무엇인지 모르겠다. 나는 인간의 가격만을 안다."『예외와 관습』1의 상인은 이렇게 말한다. 개인들이 권력을 인정하고 존재하게 한다는 점에서 권력도 개인들을 자신의 측정치로 축소하고 눈금을 매긴다. 권위적 체계에서 개인은 무엇인가? 그것의 시야에 제대로 위치한 하나의 점이다. 확실히 그것은 그 지점을 인지하지만 수학과 다이어그램을 통해서 인지한다. 다이어그램 안에서 가로, 세로 좌표에 있는 모든 요소가 그 지점의 정확한 자리를 알려준다.

생산하고 생산하게 하는, 소비하고 소비하게 하는 수치화된 능력은 인간의 척도라는 철학자들에게 아주 소중한 (그리고 그들의 임무를 아주 잘 드러내 주는) 표현을 매우 훌륭히 구체화한다. 자동차 여행의 소박한 즐거움도 일반적으로 자동차로 달린 킬로미터의 수, 도달한 속도, 소비된 연료의 양에 따라 평가된다. 경제 명령이 감정·열정·욕구의 조작을 현금으로 지급하고 소유하는 속도를 보면, 조만간 인간에게는 존재했었다는 추억을 제외하고는 아무것도 남지 않을 것이다. 사람들이 뒤돌아보며 경험하게 되는 역사는 생존을 위로할 것이다. 측정 가능하고 측정되는 시공간 속에서 어떻게 진정한 즐거움이 있을 수 있겠는가? 솔직한 웃음조차도 없을 것이다. 기껏해야 자기 돈만큼의 가치를 가진 사람의 둔한 만족이 있을 뿐이다. 물건들만이 측정될 수 있다. 바로 그래서 모든 교환은 모든 것을 물화한다.

쾌락과 쾌락을 힘들게 찾는 것 사이에 열정적 긴장으로 존속했던 것은 기계적으로 재생산된 행위들이 숨 가쁘게 연속되는 과정에서 분해된다. 사람들은 이 숨 가쁜 속도로 단지 허울뿐인 오르가슴에라도 오르기를 헛되이 기다린다. 속도의, 빠른 변화의, 시간에 쫓기는 사랑의 양적인 에로스는 곳곳에서 쾌락의 진정한 얼굴을 왜곡시킨다.

질적인 것은 천천히 양적인 무한함의 모습을 취한다. 끝없는 연속, 그리고 그것의 일시적인 끝은 병적인 호색 증상에서처럼 항상 쾌락의 부정이며 근본적인 불만족이다. 여전히 현재 사회가 이런 종류의 불만족을 부추기고 있다면, 그리고 충족될 수 없는 갈증에 광란의 파괴적인 힘을 행사할 절대적 허가를 내준다면 말이다! 어느 정도 환멸을 느끼면서도 수동성을 달콤한 것으로 만드는 모든 것 ─ 예쁜 여자들과 아름다운 사람들, 정제된 마약, 고급 음식, 강한 술, 감미로운 향수 ─ 을 한껏 즐기는 게으른 사람, 삶을 바꾸기보다는 삶이 제공하는 더 편안한 것 안에서 피난처를 찾으려 하는 사람, 좋은 취향을 가진 향락가의 삶에 약간의 매력을 부여하는 것을 누가 거부하겠는가(돼지들은 쾌락을 느끼는 하나의 방식만을 갖고 있다)? 그래서 뭐! 오늘날 그런 선택권을 가진 사람은 아무도 없다. 양조차도 동과 서의 사회들에 의해 할당된다. 생명이 한 달밖에 남지 않은 금융계의 거물도 그의 모든 재산을 거대한 환락의 축제 속에서 탕진하기를 거부할 것이다. 이윤과 교환의 도덕은 자신의 먹잇감을 놓지 않는다. 가족들이 사용하는 자본주의 경제는 절약이라는 이름으로 불린다.

그렇지만 양적인 것을 질적인 것의 껍질 안에 가둬 두는 것은, 다시 말해 다차원을 가진 세상을 만든다는 멋진 환상을 다양한 가능성들에 맡긴다는 것은 속임수를 위한 아주 큰 행운이다. 교환을 증여 안에 병합하고 땅과 하늘 사이에 모든 모험들(질 드 레[2]의 모험, 단테[3]의 모험)이 만개하도록 내버려 두는 것은 바로 부르주아 계급에게 금지된 것이었다. 그리고 부르주아 계급이 상업과 산업이라는 명목으로 파괴한 것도 바로 그것이었다. 그리고 부르주아 계급은 그것에 대한 추억만을 간직하게 되었다!(모든 것이면서 동시에 아무것도 아닌) 이 빈약하고 소중한 촉매제 덕분에 계급 없고 권위적 권력 없는 사회는 자신의 귀족적인 유년기의 꿈을 실현할 것이다.

봉건적이고 부족적인 통일된 사회들은 아주 중요한 신화적이고 기만적인 질적 요소를 믿음의 대상으로 갖고 있었다. 부르주아지는 권력과 신의 통일을 깨뜨리자마자 더는 자기 손 안에 있지 않은 권력의 파편들을 통일된 정신으로 포장하려고 노력한다. 하지만 통일이 없다면 질적인 것도 없다! 민주주의는 사회적 원자화와 함께 승리한다. 민주주의는 가장 많은 사람들의 제한된 권력이고 제한된 가장 많은 사람들의 권력이다. 아주 일찍부터 거대 이데올로기들은 숫자를 위해 믿음을 포기한다. 조국이란 무엇인가? 오늘날 그것은 수만 명의 참전용사들이다. 그리고 맑스와 엥겔스가 "우리 당"이라고 불렀던 것은 무엇인가? 오늘날 그것은 수만 명의 유권자이고 수만 명의 선거운동원이다. 대중 정당인 것이다.

사실 이데올로기의 본질은 양에서 나온다. 이데올로기는 시간(파블로프[4]의 조건화)과 공간(소비자가 책임지는 영역)에서 수없이 많이 재생산된 사상에 불과하다. 이데올로기, 정보, 문화는 순수한 양적인 것이 되기 위해 점점 더 그것들의 내용을 잃어 가는 경향이 있다. 정보는 중요성이 덜 할수록 더 자주 반복되며 사람들을 그들의 진정한 문제와 멀어지게 한다. 그러나 우리는 괴벨스[5]가 다른 모든 것보다 더 잘 통한다고 말한 큰 거짓말에서는 멀리 떨어져 있다. 이데올로기의 격화는 동일한 확신의 힘을 갖고 1백 권의 책, 1백 개의 세제, 1백 개의 정치적 개념들을 늘어놓으며 차례대로 그것들의 부정할 수 없는 우월성을 인정하도록 만든다. 이데올로기 안에서도 양은 양에 의해 파괴된다. 조건화는 서로 충돌하다 마모된다. 산을 들어 올리는 질적인 것의 덕목을 어떻게 다시 찾을 수 있을 것인가?

반대로, 모순적인 조건화는 정신적 상처에, 심리적 억제에, 그리고 바보 만들기의 급진적 거부에 도달할 위험이 있다. 분명 대응책은 존재한다. 그것은 조건화된 사람에게 두 거짓말 중 어떤 것이 더 진짜인지를 판단하고 거짓 질문을 제기하며 잘못된 딜레마를 일으키도록 하는 것이다. 그렇다 해도 여전히 그런 교란작전의 공허함은 소비사회가 구성원들에게 강요하는 생존의 고통에 비하면 그리 대단한 것이 아니다.

지겨움으로부터 언제든지 획일성에 대한 피할 수 없는 거부가 태어날 수 있다. 와츠, 스톡홀름, 암스테르담의 사건들은 얼마나 작은 핑곗거리에도 유익한 혼란이 발생할 수 있는지를 보여 준다. 단 한 번의 혁명적 시詩의 행위가 절멸시킬 수 있는 반복된 거짓말의 양은 얼마나 되겠는가? 비야에서 루뭄바[6]까지, 스톡홀름에서 와츠까지, 질적인 봉기는 대중들의 급진주의에서 나왔기 때문에 대중들을 급진적으로 만들고 복종과 우민화 사이의 경계선을 수정한다.


2

통일된 체제들에서는 성스러운 것이 사회의 피라미드를 결속시켰다. 그곳에서는 왕에서 종까지 모든 개별 존재가 신의 의향과 세계의 질서 그리고 왕의 뜻에 따라 자기 자리를 지켰다. 젊은 부르주아지의 파괴적인 비판에 의해 침식된 체계의 응집력은 신적인 위계질서의 그림자가 지워지지 않은 상태에서 사라지게 된다. 피라미드의 분해는 비인간적인 것을 제거하기는커녕 잘게 부순다. 사회적 원자화로 등장한 작은 개별 존재들, 작은 "시민"들이 절대화되는 현상이 나타난다. 자기중심주의의 부풀려진 상상력은 하나의 점 안에 들어 있는 것을 우주로 승격시킨다. 그 점은 동등한 형제 같은 모래알들처럼 서로 같고, 파헤쳐진 개미굴 안의 개미들처럼 분주히 움직이는 수천 개의 다른 점들과 똑같다. 그것들은 신이 한곳으로 모일 수 있는 점을 제공하지 않은 후부터 미치기 시작한 선들이다. 이 선들은 무질서한 외관 속에서 서로 뒤얽히고 부러진다. 왜냐하면, 속는 사람이 아무도 없기 때문이다. 경쟁적인 무정부 상태와 개인주의적 고립에도 불구하고 계급과 카스트의 이해관계들은 서로 연결되고, 신의 기하학의, 일관성을 재획득하려 노력하는 기하학의 라이벌 기하학을 만든다.

그런데 통일된 권력의 일관성은 비록 신의 원리에 기반을 두고 있지만 모든 사람에 의해 내면 깊숙이 체험된 감각적 일관성이다. 분할된 권력의 물질적 원리는 역설적으로 추상적 일관성만을 허용한다. 사방에 존재하며 가장 무의미한 행위(빵 자르기, 재채기 등)까지 간여하는 이 내재적 신을 어떻게 경제적 생존의 조직이 아무 충돌 없이 대체할 수 있을 것인가? 인간들의 세속화된 정부가 사이버네틱스의 도움을 받아 봉건적 지배 양식의 전지전능함(완전히 상대적인 것이다)과 대등할 수 있다고 가정해 보자. 누가 그리고 어떻게 사회적으로 연대적인 공동체들의 삶을 감싸는, 그리고 그 삶에 어떻게 보면 세 번째 차원을 보장하는 신화적이고 시적인 분위기를 대신할 것 인가? 부르주아지는 자신의 절반뿐인 혁명의 덫에 완전히 걸 린 것이다.

◆◇

양적인 것과 선적인 것은 서로 뒤섞인다. 질적인 것은 여러 개의 가치를 갖지만, 양적인 것은 하나의 가치를 가진다. 부서 진 삶은 바로 삶의 선이다.

하늘을 향한 영혼의 눈부신 상승은 미래에 대한 우스꽝 스러운 탐사로 대체된다. 순간은 낡은 사회들의 순환적 시간 안에서 가장 빛을 발한다. 시간은 선이다. 탄생에서 죽음까지, 과거에 대한 기억에서 기다리는 미래까지, 영원한 생존은 가 는 시간과 오는 시간에 갉아 먹히는 혼합된 현재들과 순간들 의 연속된 줄을 늘인다. 우주의 힘들과 공생하며 산다는 감정 은 ─ 이 동시성의 느낌은 ─ 고대인들에게 우리의 **세상 안에서의 흐름**이 우리에게 허용하기 어려운 기쁨을 제공했다. 이런 기쁨 으로부터 무엇이 남았는가? 시간과 동일한 걸음으로 걸어가 고 지나간다는 현기증과 서두름이다. 그것은 시간으로 장사하 는 사람들이 말하는 것처럼 자신의 시간에 맞게 사는 것이다.

순환적 시간을, 신비적 표현의 시간을 그리워하는 것이 아 니라 그것을 고치고 신적인 동물이 아니라 인간에 집중하도 록 유도하는 것이 관건이다. 인간은 현재 시간의 중심이 아니 다. 단지 한 점이다. 시간은 점의 연속으로 구성돼 있다. 각각의 점은 다른 점들과 독립해 하나의 절대체처럼 여겨진다. 그러나 그것은 반복된, 되풀이된 절대체이다. 모든 행위와 모든 순간은 단 하나의 선 위에 위치하기 때문에 모두 동일한 중요성이 있다. 바로 이것이 단조로운 평범함이다. 양적인 것의 지배는 오십보백보의 지배이다. 절대화된 파편들은 서로 교환 가능하지 않은가? 생존의 순간들은 서로 분리돼 ─ 따라서 인간 자신과 분리돼 ─ 서로 뒤를 이어 연결되고 닮는다. 그것들에 대답하는 전문화된 태도들이, 즉 역할들이 서로 이어지고 닮는 것처럼 말이다. 사람들은 오토바이를 타는 것처럼 사랑을 한다. 각각의 순간은 그것의 스테레오타입을 갖고 있다. 그리고 시간의 파편들은 인간의 파편들을 수정 불가능한 과거를 향해 가져간다.

기념 목걸이를 만들겠다는 희망 속에서 진주들을 실에 꿰는 것이 무슨 필요가 있는가! 진주가 너무 많아 목걸이가 파괴되기라도 한다면 어쩔 것인가! 매 순간 시간은 자신의 우물을 만든다. 모든 것이 상실되고 아무것도 창조되지 않는다.

나는 일련의 순간들을 원하는 것이 아니라 거대한 순간을 원한다. 그것은 체험된 총체성이고 지속을 모른다. 내가 지속하는 시간은 내가 늙는 시간이 아니다. 그렇지만 살기 위해서 생존하기도 해야 하므로 그 시간 안에는 필연적으로 가상적 순간들이, 가능성들이 뿌리내리고 있다. 순간들을 연합하고 그 순간들에서 쾌락을 덜어 주고 그 순간들로부터 삶의 약속을 끄집어내는 것은 이미 "상황"을 건설하는 것을 배우는 것이다.

◆◇

개인적 생존의 선은 서로 교차하고 충돌하고 잘린다. 각각의 선은 다른 것의 자유에 자신의 한계를 할당한다. 계획들은 각자의 자율을 위해 상쇄된다. 그렇게 해서 분할된 권력의 기하학이 수립된다.

사람들은 세상에서 산다고 믿는다. 그러나 사실 사람들은 원근법 안에 놓여 있다. 그것은 원시 화가들의 자생적 원근법이 아니라 르네상스 합리주의자들의 원근법이다. 시선, 생각, 몸짓 들은 그것들을 정돈하고 수정하며 공간에 배치하는 멀리 있는 소실점의 매력으로부터 잘 벗어나지 못한다. 권력은 가장 위대한 도시계획자이다. 그것은 생존을 사적이고 공적인 부분들로 분할하고 개간된 땅을 싼값에 사며 자신의 규범에 따르지 않고서는 아무것도 짓지 못하게 한다. 그것은 성스러운 위계질서의 오래된 주술서를 지도층의 지역, 간부들의 구역, 노동자들의 단지로 번역하면서(무랑스7에서처럼) 흉내쟁이 도시 건설자들이 부러워하는 육중함을 갖고 건설을 한다.

삶을 재건설하는 것은 세상을 다시 세우는 것이다. 동일한 의지인 것이다.

## 11장

# 매개된 추상화와 추상적 매개

옛날에 현실이 신학적 관점 안에 갇혀 있었다면 오늘날 현실은 형이상학 안에 갇혀 있다. 권력에 의해 강제된 보는 방식은 매개를 그것의 최초 기능으로부터 "추상한다." 매개의 최초 기능은 실재 안에서 체험의 요구들을 연장하는 것이었다. 그러나 매개는 체험과의 접촉을 결코 완전히 잃지는 않는다. 그것은 권위적 영역의 흡입에 저항한다. 저항 지점은 주체성의 관측소이다. 현재까지 형이상학자들은 세상을 조직하게만 만들었다. 이제는 그들에 맞서 세상을 변형하는 것이 관건이다(1). ― 보장된 생존의 지배는 필연적 권력에 대한 믿음을 서서히 약해지게 만든다(2). ― 이렇게 해서 우리를 지배하는 형태들에 대한 거부가 커진다. 그것들의 조직자로서의 원리를 거부하는 것이다(3). ― 일관된 거부에 대한 유일한 보장인 급진 이론은 대중을 파고든다. 그것이 대중의 자발적 창조성을 연장하기 때문이다. "혁명" 이데올로기는 지배자들에 의해 회수된 이론이다. ― 살고자 하는 의지와 그것을 억압하는 의지 사이의 경계선에 말들이 존재한다. 그 말들의 사용이 말의 의미를 결정한다. 역사는 사용의 양식들을 통제한다. 언어의 역사적 위기는 행위의 시를 향한, 기호에 대한 커다란 놀이를 향한 초월이 가능함을 알려준다(4).

1

　내가 나의 뒤를 따라가면서 결국, 나를 잃게 되는 이 우회로는 무엇인가? 나를 보호한다는 명목으로 나로부터 나를 분리하는 이 화면은 무엇인가? 그리고 나를 구성하는 이 부스러기 속에서 어떻게 나를 되찾을 것인가? 나는 나를 결코 잡지 못할 나도 모르는 불확실성을 향해 나아간다. 마치 내 발걸음이 나를 앞서는 것처럼, 마치 생각과 감정이 자신들이 창조한다고 상상하지만 실제로는 자신들을 만들어 내는 정신적 풍경의 윤곽선을 따르는 것처럼 모든 것이 진행된다. 어떤 부조리한 힘―그 힘은 세계의 합리성 안에 들어 있고 이의를 제기할 수 없어 보이는 것이기 때문에 더욱더 부조리하다―이 내 발이 결코 떠난 적이 없는 땅에 닿도록 쉼 없이 나를 뛰어오르도록 만든다. 그리고 나는 이렇게 나를 향해 불필요하게 뛰어오르는 동안 나의 현재를 도둑맞는다. 나는 대부분의 경우 죽은 시간의 리듬에 맞춰 실재의 나의 존재와는 차이가 나게 살아간다.

내가 보기에 사람들은 세상이 몇몇 시대에 지배적인 형이상학의 형태들을 취한다는 것을 알면서도 별로 놀라지 않는다. 악마와 신에 대한 믿음―이 믿음이 아무리 우스꽝스럽다 하더라도―은 공동체가 그 둘이 법전에 영감을 줄 정도로 충분히 현존한다고 판단하자마자 모두 유령인 그 둘을 다 살아 있는 현실로 만든다. 마찬가지로 인간의 행동들과 일반적인 현상들이 원인과 결과라는 관점에서 분석되던 사회 안에서 원인과 결과를 구분하는 어리석은 일이 지배할 수 있었다. 그리고 오늘날에도 여전히 생각과 행동, 이론과 실천, 실재와 상상 등등의 잘못된 이분법을 과소평가하는 사람은 아무도 없다. 이런 생각들은 조직의 힘이다. 거짓말의 세계는 실제 세계이다. 사람들은 그 안에서 죽고 죽인다. 그것을 잊지 않는 것이 좋을 것이다. 사람들은 철학의 부패에 대해 조롱하려 했다. 현대 철학자들은 그들의 별 볼 일 없는 사상들 뒤에서 들리는 웃음과 함께 물러간다. 그들은 적어도 세상이 여전히 철학적 구성물이고 이데올로기의 커다란 다락방이라는 것을 안다. 우리는 형이상학적 풍경 안에서 생존한다. 나를 나에게서 멀어지게 만드는 추상적이고 소외시키는 매개는 너무나 구체적이다.

인간에게 허용된 신의 부분인 은총은 신보다 더 오래 살아남았다. 그것은 세속화됐다. 형이상학을 위해 신학을 버리면서 은총은 개인적 인간 안에 안내자로서, 내재화된 통치 양식으로서 각인돼 남았다. 프로이트의 상상이 나의 문 위에 초자아의 괴물을 걸었을 때 은총은 지나친 단순화의 유혹 때문이라기보다는 구속의 사회적 기원에 대한 더 진전된 연구를 거부하는 것 때문에 죽는다(라이히는 이것을 잘 이해했다). 인간들이 그들 사이에서뿐만 아니라 그들 안에서도 나누어지기 때문에 억압이 지배한다. 개인을 그 자신과 분리하고 약화하는 것은 거짓된 연결에 의해 보호자로서, **아버지**로서 강화되고 선택된 권력과 합쳐진다.

헤겔은 이렇게 말했다. "매개는 스스로-움직이는-자기-자신과의 동등함이다." 그러나 스스로 움직이는 것은 또한 자신을 잃어버리는 것일 수도 있다. 그리고 그가 "그것은 **죽음과 생성의 순간이다**"라고 덧붙였을 때 전체적 권력의 관점이냐, 총체적 인간의 관점이냐에 따라 이 동일한 말의 의미가 완전히 달라진다.

매개는 내 통제를 벗어나자마자 곧 내가 내 것이라고 믿는 절차가 나를 끌고 가는 낯선 것과 비인간적인 것을 향한다. 엥겔스가 적절히 언급한 것처럼 인간에게는 낯선 자연의 조각인 돌멩이 하나가 도구로 사용되면서 손에 연결되자마자 곧 인간적인 것이 된다(그리고 돌멩이는 다시 영장류의 손을 인간화한다). 그러나 주인, 사장, 계획 위원회, 지휘조직에 의해 소유된 도구는 의미가 바뀐다. 그 도구는 자신을 사용하는 사람의 행위들을 굴절시켜 다른 쪽으로 연장한다. 도구에 해당하는 것은 모든 매개들에도 해당한다.

신이 은총의 조언자로 지배할 때와 마찬가지로, 지배 원리의 매력은 가능한 가장 많은 매개들을 사로잡는다. 권력은 소외되고 소외시키는 매개들의 합이다. 과학(신학의 시녀로서의 과학 scientia theologiae ancilla)은 신의 거짓말을, 조작 가능한 정보로, 조직된 추상으로 변환하는 작업을 시행했다. 이렇게 함으로써 추상은 그것의 어원적 의미인 밖으로 끄집어내다 abtrahere라는 뜻을 갖게 된다.

자신을 실현하기 위해, 자신의 욕망과 꿈에 따라 세계 안에서 영속하기 위해 개인이 사용하는 에너지는 갑자기 멈춰지고 중지되며 다른 길들을 향해 유도되고 회수된다. 실현의 정상적 단계는 계획을 바꾸고 체험에서 벗어나 초월성 속에 처박힌다.

그런데 추상의 메커니즘은 권위주의적 원리에 그냥 그대로 복종하지 않는다. 자신의 매개를 도둑맞아 완전히 약해진 인간은 테세우스[1]의 공격적인 의지의 무기들을 갖고 권력의 미로 속으로 들어간다. 만약 그가 그 안에서 길을 잃는다면 그 이유는 그가 자신을 삶과 연결해 주는 아리아드네를 잃었기 때문이다. 즉, 자기 자신이 되고자 하는 의지를 잃었기 때문이다. 왜냐하면, 이론과 체험된 **실천** 사이의 끊임없는 관계만이 모든 대립의 끝을, 총체성의 지배를, 인간에 대한 인간의 권력의 끝을 기대할 수 있도록 하기 때문이다.

인간적인 것의 의미는 저항이나 싸움 없이는 비인간적인 것을 향해 탈선되지 않는다. 충돌의 영역은 어디에 있는가? 항상 체험의 즉각적 연장선 안에, 자발성 안에 있는가? 그것은 내가 여기에서 추상적 매개에 맞서 일종의 순수한, 또는 본능적인 자발성을 대립시키기 때문이 아니다. 그것은 순수한 사변과 협소한 행동주의 사이의 어리석은 선택, 이론과 실천 사이의 어긋남을 더 높은 수준에서 재생산하는 것일 테다. 적절한 전술은 자발적 행위가 곡해와 오해에 의해 흡입된 바로 그 순간에, 체험의 노상강도들이 매복하고 있는 정확한 장소에, 그리고 시작된 행위와 그것의 왜곡된 연장의 경계선에 공격을 가하는 것이다. 사람들은 살고자 하는 요구들과 사회조직이 그 요구들을 갖고 하려 하는 것을 동시에 아우르는 파노라마를 여기에서 아주 짧은 시간 동안 동일한 의식 상태에서 갖게 된다. 그것은 체험과 권위적 기계장치들에 의한 체험의 회수이다. 저항 지점은 주체성의 관측소이다. 동일한 이유로 세상에 대한 나의 지식은 내가 그것을 변형하는 순간에만 가치 있는 것으로 존재한다.

2

권력의 매개는 무매개성에 대한 항시적 협박을 행사한다. 확실히 행위가 자신의 결과들의 총체성 안에서 완수될 수 없다는 생각은 불충분한 세계의 현실, 비총체성의 세계의 현실을 정확히 반영한다. 그러나 그 생각은 동시에 사실들의 형이상학적 특성을, 그것들의 공식적 조작을 강화한다. 상식은 "우두머리는 항상 필요하다", "권위를 없애는 것은 인류를 야만과 혼돈으로 이끄는 것이다"와 같은 진술들을 자기 것으로 만들었다. 관습은 인간을 너무 잘 훼손했기 때문에 인간은 자신을 훼손하면서 자연의 법에 따른다고 믿었다. 아마도 인간을 복종의 게시판 위에 가장 잘 매달아 놓는 것 또한 자기 자신의 상실에 대한 망각일 것이다. 어찌 됐건 그는 권력을 유일하게 가능한 삶의 형태인 생존과 연결하는 노예의 정신 상태 속으로 들어간다. 그리고 그는 그런 감정을 조장하고자 하는 주인의 목적에 잘 부응한다.

생존을 위한 인간 종족의 투쟁 속에서 위계화된 사회조직이 결정적 단계를 차지한다는 것은 부정할 수 없다. 우두머리를 중심으로 한 공동체의 응집력은 역사의 한순간에 가장 확실한, 또는 유일한 구원의 기회를 대표했다. 그러나 생존은 새로운 소외를 대가로 보장됐다. 인류를 보호했던 것이 인류를 감금했다. 인류의 삶을 유지했던 것은 인류가 성장하는 것을 금지했다. 봉건체제는 노골적으로 모순을 드러냈다. 반은 인간이고 반은 짐승인 종은 소수의 특혜받은 사람들과 같이 있었다. 특혜받은 사람들 중 몇몇은 개별적으로 산다는 것의 풍요로움과 힘에 접근하려고 노력했다.

봉건적 개념은 엄밀한 의미의 생존에는 별로 신경 쓰지 않는다. 즉, 기아·전염병·학살은 수백만 명의 사람들을 세계 중 가장 훌륭한 곳에서 제거했지만, 지식인이나 교양 있는 사람들은 그것에 크게 충격 받지 않았다. 반대로 부르주아지는 생존 안에서 그들의 경제적 이익의 원재료를 발견했다. 먹고 물질적으로 존속하려는 욕구는 분명히 상업과 산업을 부추겼다. 그래서 경제를 최우선시하는 사고방식 안에서 부르주아 정신의 교리와 부르주아의 유명한 인본주의의 원천을 발견하는 것은 잘못된 것이 아니다. 부르주아가 신보다 인간을 선호하는 것은 인간이 생산하고 소비하며 구매하고 제공하기 때문이다. 경제가 미치지 않는 신의 세계는 역시 경제를 넘어선 총체적 인간의 세계와 마찬가지로 부르주아가 싫어하는 것이다.

생존에 포만감을 주고 인위적으로 부풀리는 소비사회는 새로운 삶의 욕구를 부추긴다. 생존이 노동만큼이나 보장되는 곳에서는 어디에서나 과거의 보호 장비가 장애물로 변형된다. 생존을 위한 투쟁은 삶을 방해할 뿐만 아니라, 실제적 요구가 없는 투쟁이 됐다. 이 투쟁은 생존까지 좀먹는다. 그것은 별 볼 일 없었던 것을 찰나적인 것으로 만든다. 생존이 허물을 벗지 않으면 그것은 자신의 너무 좁은 피부 안에서 우리 모두를 질식시키고 터질 것이다.

물건들의 기계적 배려가 노예의 필요성에 이론적으로 종지부를 찍은 이래로 주인의 보호는 자신의 존재 이유를 잃어버렸다. 이제는 핵무기의 신격화로 아주 잘 유지된 공포가 지배자들의 최후의 수단ultima ratio이다. 공존의 평화주의는 그들의 존재를 보장한다. 그러나 지배자들의 존재는 인간들의 존재를 더는 보장하지 않는다. 권력은 더는 보호하지 않는다. 그것은 모두에 맞서 자신을 보호한다. 인간적인 것에 의한 비인간적인 것의 자발적 창조로서의 권력은 오늘날 창조에 대한 비인간적 금지일 뿐이다.

3

한 행위의 총체적이고 즉각적 완수가 연기될 때마다 권력은 자신의 위대한 매개자의 기능 속에서 강화된다. 반대로 자발적 시는 대표적인 반[反]매개이다.

도식적으로 보면, 부르주아식이나 소련식의 분할된 권력들을 특징짓는 "구속의 총합"은 소외시키는 매개 위에 좀 더 기반을 둔 조직 안으로 점점 흡수된다. 이데올로기의 매혹이 곤봉을 대체한다. 이런 완벽해진 통치 방식은 사이버네틱스의 컴퓨터를 연상시킨다. 기술 관료적이고 전문화된 좌파의 신중한 강령들에 따라 작은 중개인들(정신적 지도자, 쿠데타 장군들, 스탈린-프랑코주의자 그리고 위뷔[2]의 자식들)을 계획하고 제거한 아르고스[3]는 자신의 절대 독재와 편안한 삶의 상태를 건설한다. 그러나 그것이 매개를 소외시킬수록 무매개성에 대한 갈망은 점점 더 해소할 수 없는 것이 되고 혁명의 야생적 시는 점점 더 경계선을 무너뜨린다.

궁극적 단계에 이른 권위는 추상과 구체의 합일 속에서 절정에 달한다. 사람들이 아직도 단두대에서 목을 자를 때 권력은 이미 추상한다. 권력에 의해 밝혀진 세상의 얼굴은 실재의 형이상학에 따라 정돈된다. 그리고 충실한 철학자들이 기술 관료, 사회학자, 철학자의 명찰을 달고 자기 임무를 수행하는 것을 보는 것은 아주 다행한 일이다.

사회적 공간을 배회하는 순수한 형태는 인간들의 죽음의 식별될 수 있는 얼굴이다. 그것은 몸이 썩기 전에 나타나는 신경쇠약이고 영상, 형태, 물건들이 체험을 대체함에 따라 퍼지는 생존의 고통이다. 소외된 매개가 체험을 돌덩어리 같은 사물로 변화시킨다. 로트레아몽이 예언하듯이, 그것은 사람이거나 나무이거나 돌멩이이다.

곰브로비치는 오늘날 통치 기관의 열에 오른 권력의 오래된 중개인인 형태Forme에 합당한 경의를 표한다.

당신은 당신의 삶에서 형태가 얼마나 중요한 역할을 하는지에 대해 합당한 평가를 할 줄도 모르고 다른 사람들에게 그것을 이해시킬 줄도 모른다. 심리적으로도 당신은 형태에 그것에 걸맞은 자리를 보장해 줄 줄 몰랐다. 지금까지 우리는 우리의 행동을 통제하는 것이 감정, 본능, 생각들이라고 판단해 왔다. 반면에 우리는 형태를 해롭지 않은 부수적 장식으로 간주한다. 그리고 미망인이 자기 남편의 영구차를 따라가며 다정하게 울 때 우리는 그녀가 남편을 잃은 아픔을 고통스럽게 느끼기 때문에 운다고 생각한다. 몇몇 기술자나 의사, 변호사가 자기 아내나 자식들, 친구를 살해할 때 우리는 그가 피비린내 나고 폭력적인 본능에 의해 살인에 이르게 됐다고 평가한다. 몇몇 정치인이 대중 연설에서 멍청하거나 거짓되게 또는 비열하게 말할 때 우리는 그가 바보스럽게 말하기 때문에 그는 바보라고 말한다. 그러나 현실에서는 그런 식으로 일이 일어나지 않는다. 인간 존재는 무매개적이고 자신의 본성에 일치하는 방식으로 자신을 드러내지 않는다. 그는 규정된 형태를 통해 항상 자신을 드러낸다. 이 형태, 이 존재 방식, 이 말하고 반응하는 방식은 그 자신에게서만 나오는 것이 아니라 외부에서 그에게 강제된 것이기도 하다. 그리고 동일한 인간이 그에게 제시된 형태에 따라, 그리고 조건화의 압력에 따라 때로는 현명하게, 때로는 바보스럽거나 폭력적이거나 천사같이 자신을 표현할 수 있다. 언제 당신은 형태에 의식적으로 맞설 것인가? 언제 당신은 당신을 규정하는 것과 당신을 동일시하는 것을 멈출 것인가?

비톨트 곰브로비치(Witold Gombrovicz, 1904~1969). 폴란드 작가. 첫 장편소설『페르디두르케』(1937)가 나치 치하에서 금서로 지정되자 아르헨티나로 망명(1937~1963)했다. 1968년 노벨문학상 후보에 올랐다.

4

『헤겔 법철학 비판』에서 맑스는 이렇게 말한다. "이론은 대중에게 파고들 때 물질적 힘이 된다. 이론은 인간에 대해ad hominem 증명을 하는 순간 대중에게 파고들 수 있다. 그리고 이론은 급진적이 되는 순간 인간에 대해 증명을 한다. 급진적이 되는 것은 사물을 근본부터 보는 것이다. 그리고 인간의 근본은 인간 자신이다."

결국, 급진 이론은 대중에게서 나오기 때문에 대중에게 파고든다. 급진 이론은 자생적 창조성의 보관인으로서 그것의 공격력을 보장하는 임무를 가진다. 그것은 시를 위해 봉사하는 혁명기술이다. 과거와 현재의 봉기들에 대한 분석은 더 많은 일관성과 효율성을 갖고 다시 투쟁하려는 의지 밖에서 표출되며 결국은 적을 이롭게 한다. 그것은 지배적 문화 안에 포함된다. 혁명적 순간들을 단기간에 살아보게 하지 않고서는 그 순간들에 대해 적절하게 말할 수 없다. 그것은 지구의 왼쪽에서 땡땡 소리를 울리며 방황하는 사상가들을 표시하는 간단한 기준이다.

혁명을 끝낼 줄 아는 사람들은 혁명을 한 사람들에게 혁명에 대해 설명하기 위해 항상 맨 첫 줄에 선다. 그들은 혁명을 설명하는 데 사용하는 것만큼이나 훌륭한 이유들을 끝내는 데에도 사용한다. 이론이 혁명의 장인들에게서 벗어나면 결국, 그들에 맞서 사용된다. 이론은 그들에게 더는 파고들지 않고 그들을 지배하며 조종한다. 인민이 자신들의 무기의 힘으로 더는 증가시키지 못하는 이론은 인민을 무장 해제하는 사람들의 힘을 증가시킨다. 레닌주의는 크론시타트의 선원들에게 그리고 마흐노의 빨치산들에게 총알로 설명한 혁명이기도 하다. 그것은 이데올로기이다.

지도자들이 이론을 점령하면 이론은 그들의 손에서 이데올로기로, 인간 자신에 맞서는 '인간에 대한' 공격논리로 바뀐다. 급진 이론은 개인에게서, 주체로서의 존재에게서 나온다. 그것은 각자의 안에 있는 더 창조적인 것을 통해, 주체성을 통해, 구현의 의지를 통해 대중에게 파고든다. 반대로 이데올로기적 조건화는 비인간적인 것의, 사물의 무게의 기술적 조작이다. 그것은 사람들을 물건으로 바꾸는데, 물건은 그것이 정돈된 질서 외에는 다른 의미를 갖지 않는다. 그것은 사람들을 고립시키기 위해 사람들을 모은다. 그리고 군중을 수많은 은둔자들로 만든다.

이데올로기는 언어의 거짓말이다. 급진 이론은 언어의 진실이다. 이데올로기와 급진 이론 사이의 분쟁은 인간과 그가 내보내는 비인간적인 부분의 분쟁이다. 그 분쟁은 세상을 인간적 현실로 변형하는 일뿐만 아니라 형이상학적 현실로 변형하는 일을 주재한다. 사람들이 만들고 분해하는 모든 것은 언어의 매개를 통한다. 의미의 영역은 삶의 의지와 복종의 정신이 서로 충돌하는 주요 전쟁터 중의 하나이다.

◆◇

분쟁은 불평등하다. 말은 인간이 그것을 사용하는 것보다 더 잘 권력을 위해 봉사한다. 그것은 대부분의 인간보다 권력을 위해 더 충실히, 그리고 다른 매개들(공간, 시간, 기술 등)보다 더 세밀하게 봉사한다. 모든 초월성의 원천은 언어 안에 있고 모든 초월성은 기호와 상징의 체계(말, 춤, 의식, 음악, 조각, 건물 등) 안에서 발전한다. 갑자기 정지되고 완수되지 못한 행위가 언젠가 자신을 완수하고 실현해 줄 형태 안에서 영속되고자 하는 — 발전기가 기계 에너지를 전기 에너지로 바꿔서 수 킬로미터 떨어진 곳에 있는 다른 모터에 보내 다시 기계 에너지로 바꾸는 것과 마찬가지로 — 순간에 언어는 체험을 점령하고 구금하고 그것의 실체를 끄집어내고 **추상한다**. 그리고 카테고리들은 자신들의 도식 안에 들어가지 않는 것을 몰이해와 비-의미로 규정한다. 그리고 무無 안에 있는 것을, 질서 안에 아직 자신의 자리가 없는 것을 권력-안의-존재로 호출한다. 식별된 기호들의 반복은 이데올로기의 기반이 된다.

그렇지만 인간들은 그들의 중단된 행위들을 완성하기 위해 말과 기호 들을 사용하기도 한다. 그래서 시적인 언어가 존재한다. 시적인 언어는 체험의 언어로, 내가 보기에는 급진 이론, 즉 물질적 힘이 되면서 대중에게 파고드는 이론과 뒤섞인다. 시는 자신의 원래 목적과 반대로 회수되고 유도되더라도 언젠가는 스스로 완수된다. 스탈린 국가를 만들었던 "모든 국가의 프롤레타리아여…"는 언젠가 계급 없는 사회를 실현할 것이다. 어떤 시적 기호도 이데올로기에 의해 결코 완전히 독점되지는 않는다.

급진적 행위, 창조적 행위, 인간적 행위들이 실현되지 못하도록 하는 언어는 시에 반대하는 것이며 권력의 언어적 기능과 정보과학을 규정한다. 이 정보는 잘못된 커뮤니케이션 모델, 날조되고 체험되지 않은 것의 커뮤니케이션 모델이다. 내가 보기에는 한 가지 원리가 수립된다. 그것은 언어는 실현의 의지에 복종하기를 멈추는 순간부터 커뮤니케이션을 조작한다는 것이다. 언어가 전달하는 것은 진실에 대한 약속의 남용, 즉 거짓말이다. 그러나 이 거짓말은 나를 파괴하고 부패시키고 복종시키는 것의 진실이다. 기호들은 소실점이다. 이 소실점들로부터 세상을 나누고 건설하는 상반되는 관점들이 분리돼 나간다. 그것은 권력의 관점과 삶의 의지의 관점이다. 각각의 단어, 각각의 생각, 각각의 상징은 이중의 대리자를 가진다. "조국"이라는 단어나 경찰의 제복 같은 것들은 대부분 권위에 봉사한다. 그러나 그것에 속지는 말자. 경쟁하는 이데올로기들의 충돌이나 그것들의 단순한 훼손은 좋은 아나키스트를 최악의 용병으로 만들 수 있다. (나는 여기에서 벨가리그[4]가 선택한 『아나키 : 질서의 신문』이란 멋진 신문 제호를 떠올린다)

지배적인 기호학적 체계 ― 지배 카스트들의 체계이기도 하다 — 안에는 돈으로 사는 기호들만이 있다. 그리고 험티 덤티[5]가 말하듯이 왕은 그가 많이 사용하는 기호들에 두 배의 시간을 쓴다. 그러나 근본적으로 언젠가 왕을 죽이는 기쁨을 누리지 않는 용병은 없다. 우리는 거짓말을 사용할 수밖에 없으므로 신랄한 진실의 일부를 그 안에 집어넣는 법을 배워야 한다. 선동가는 달리 행동하는 것이 아니다. 그는 자신의 말과 기호 들에 체험된 현실의 무게를 부여함으로써 모든 다른 것들이 뒤따라오게 한다. 결국, 그는 **왜곡한다**.

일반적으로 언어를 위한 전투는 삶의 자유를 위한 전투이며 관점의 전복을 위한 것이다. 그 안에서 형이상학적 사실들과 사실들의 현실이 맞붙는다. 다시 말하면 세계의 해석 체계 안에서 정체 상태로 파악된 사실들과 사실들을 변형하는 실천 안에서 변화의 상태로 파악된 사실들 사이의 전투이다.

사람들은 정부를 전복하는 것처럼 권력을 전복할 수 없다. 권위에 대항한 통일전선은 일상생활 전체에 걸쳐 있으며 엄청난 수의 사람을 참여시킨다. 삶을 아는 것은 포기에 대항하는 투쟁에서 한 치도 물러서지 않는 것을 아는 것이다. 자신의 노예들을 말로 구슬려서 그들을 자신의 말의 노예들로 만드는 권력의 능숙함을 과소평가해서는 안 된다.

각자는 자신의 자유를 확보하기 위해 어떤 무기들을 갖고 있는가? 그중 세 가지를 열거할 수 있다.

a. 시의 의미로 수정된 정보 : 공식적 용어의 새로운 번역과 해독("사회"는 권력에 반대하는 관점에서 "강탈"이나 "위계화된 권력의 장소"가 된다)으로 경우에 따라서는 어휘사전이나

백과사전을 만들 수 있다(디드로[6]는 이것의 중요성을 완벽히 알고 있었고 상황주의자들도 그렇다).

b. 열린 대화, 변증법의 언어, 집회 그리고 화려하지 않은 모든 형태의 토론.

c. 야콥 뵈메[7]가 "우리 감각의 투명한 거울이기 때문에" "감각적 언어"sensualische Sprache라고 부른 것. 그리고 『신을 향한 길』의 저자는 이렇게 말한다. "감각적 언어에서 모든 정신들은 그들 사이에서 일치한다. 그들은 어떤 언어도 필요하지 않다. 그것은 자연의 언어이기 때문이다." 내가 자연의 재창조라고 이름 붙였던 것을 참조한다면, 뵈메가 말하는 언어는 분명히 자생성의 언어, "행함"faire의 언어, 개인적이고 집단적인 시의 언어처럼 나타난다. 그것은 체험을 "역사의 동굴" 밖으로 인도하는 언어로, 실현 계획의 축 위에 위치한다. 그것은 또한 폴 브루스[8]와 라바숄이 "사실에 의한 프로파간다"라는 말로 표현하려 한 것이다.

◆◇

조용한 커뮤니케이션이 존재한다. 연인들은 그것을 잘 알고 있다. 이 단계에서 언어는 본질적 매개로서의 중요성을 잃어버리는 것처럼 보인다. 생각은 더는 (자기 자신에게서 멀어진다는 의미에서) 산만해지지 않고 단어와 기호 들은 하나의 사치처럼 과다하고 풍부하게 주어진다. 연인들의 애교와 이상한 소리, 애무 등은 연인이 아닌 사람들이 보기에는 놀랄 정도로 우습다. 그러나 파리에서 알고 지낸 동료 아나키스트들이 누구냐는 판사의 질문에 대한 레오티에의 답변도 직접적 커뮤니케이션에 관한 것이다. "아나키스트들은 동일한 것을 생각하기 위해 서로 알 필요가 없습니다." 가장 높은 이론적이고 체험적인 일관성에 도달할 줄 아는 급진 집단들에서 말은 **때때로** 놀고 사랑을 하는 특권에 다다르게 된다. 에로틱과 커뮤니케이션이 동일해진다.

여담을 좀 하자. 사람들은 역사는 역으로 이뤄진다고 종종 말해 왔다. 언어의 문제가 쓸데없는 것이 됐고 언어-유희가 됐다는 사실이 그것을 증명한다. 기괴한 경향이 기호학적 질서와 일반적 질서를 교란하려는 파괴적인 의도를 갖고 말과 기호 들을 이용하면서 사상의 역사를 타고 흐른다. 그런데 중세 풍자시에서 도상파괴론자 무리들을 지나 장-피에르 브리세[9]에 이르는 언어에 맞선 일련의 공격들이 다다이스트의 폭발에서 진정한 빛을 발산한다. 기호, 생각, 단어들과 싸우려는 의지는 1916년[10]에 처음으로 커뮤니케이션의 진정한 위기에 부응한다. 너무나 자주 사변적으로 사용되는 언어를 제거하는 일이 마침내 역사적으로 실현되게 된다.

한 시대가 언어의 초월성과 신에 대한 믿음을 간직하는 한, 기호에 대한 의심은 테러리스트의 활동에 속했다. 인간관계의 위기가 신화적 커뮤니케이션의 통일된 망을 깼을 때 언어에 대한 공격은 혁명의 모습을 띠었다. 그 결과로 헤겔식으로 말하자면, 언어의 해체décomposition가 사람들의 의식에 자신을 드러내기 위해 다다 운동을 선택했다고 주장하는 것이 거의 가능할 것이다. 통일된 체제에서는 기호를 갖고 놀고자 하는 동일한 의지가 반응을 얻지 못하고 어떤 면에서는 역사에 의해 배신을 당하게 된다. 조작된 커뮤니케이션을 고발하면서 다다는 언어를 초월하는 단계를, 시에 대한 추구를 시작했다. 신화의 언어와 스펙터클의 언어는 오늘날 그것들의 기반이 되는 현실, 즉 사실들의 언어에 굴복한다. 모든 표현양식들에 대한 비판을 담고 있는 이 언어는 그 안에 스스로에 대한 비판을 담고 있다. 불쌍한 하위 다다이스트들! 다다가 내포하는 필연적인 초월에 대해 전혀 이해하지 못하고 그들은 우리의 대화가 청각 장애인들의 대화라고 계속해서 중얼거린다. 그들은 또한 문화적 해체의 스펙터클 안에 잘 차려진 그들의 사료통을 가진다.

총체적 인간의 언어는 총체적 언어일 것이다. 그것은 아마도 단어들의 낡은 언어의 끝이 될 것이다. 이 언어를 발명하는 것은 인간을 그의 무의식 안에서까지 재구성하는 것이다. 생각, 말, 행위의 깨진 결혼 안에서 총체성은 비총체성을 통해 구해진다. 사실들이 그만 입을 다물어도 된다고 하는 순간까지 말해야 한다.

**불가능한 실현,
또는 유혹의 총합으로서의 권력**

---

구속은 사람들을 부러뜨리고
매개는 그들을 유린하고
권력의 유혹은 그들의 비참함을 사랑스러운 것으로 만든다.
사람들은 다음과 같은 것을 위해
자신들이 가진 가장 부유한 것을 포기한다.

12장

# 희생

희생의 개량주의가 존재한다. 그것은 개량주의를 위한 희생이다. 인본주의의 자기 절단과 파시즘의 자기 파괴는 죽음의 선택까지도 우리에게서 빼앗아간다. — 모든 명분들은 모두 비인간적이다. — 삶의 의지는 봉기의 계기가 나타나는 곳에서는 어디에서나 마조히즘의 전염병에 대항해 싸운다. 삶의 의지는 겉으로는 분할된 주장들 속에서 이름 없는 혁명을, 일상생활의 혁명을 준비한다(1). — 희생의 거부는 반대급부의 거부이다. 개인은 교환되지 않는다. — 예술, 큰 인간적 감정들, 현재라는 세 가지 전략적 후퇴가 이미 자발적 희생을 위해 준비돼 있다(2).

1

　힘과 거짓말이 인간을 부수고 길들이는 데 실패하는 곳에서는 유혹이 사용된다. 권력에 의해 사용되는 유혹은 무엇인가? 그것은 거짓말의 떳떳함 안에 내재한 구속이고 정직한 사람의 마조히즘이다. 거세에 불과한 것을 헌신이라고 부르고 여러 가지 예속 상태를 선택하는 것을 자유의 선택이라고 호도해야 했다. "의무를 다했다는 감정"이 각자를 자기 자신에 대한 사형집행인으로 만든다.

　나는 「기초적인 평범함들」(『상황주의 인터내셔널』[1], 7호, 8호)이란 글에서 어떻게 주인과 노예의 변증법이 노예의 실제 희생을 주인의 신화적 희생으로 덮는지에 대해 보여 주었다. 한쪽은 일반의 이익을 위해 자신의 실제적 권력을 정신적으로 희생하고 다른 한쪽은 그가 겉으로만 공유하는 권력을 위해 자신의 실제적 삶을 물질적으로 희생한다. 일반화된 겉모습의 망은, 또는 사적 소유(존재의 소유를 통한 사물의 소유) 운동에 의해 처음부터 요구된 본질적 거짓말은, 확고히 희생의 변증법에 속하고 그 유명한 분리의 기반이 된다. 철학자들의 실수는 사회적 사고나 우발적 필요성에 불과했던 것을 기반으로 영원한 인간에 대한 생각과 존재론을 구성한 것이다. 역사는 사적 소유를 탄생시켰던 조건들에 더는 화답하지 않게 된 이래로 사적 소유를 제거하기 위해 노력한다. 그러나 형이상학적으로 유지된 실수는 지배적인 "영원한" 소수자인 주인들에게 계속해서 이익이 된다.

◆◇

희생의 추락은 신화의 추락과 겹쳐진다. 부르주아 사상은 그것의 물질성을 폭로하고 탈신성화하고 산산이 조각낸다. 그렇지만 그것을 제거하지는 않는다. 왜냐하면, 부르주아지에게 그것은 착취를 멈추는 것이며 따라서 존재하는 것을 멈추는 것이기 때문이다. 분할된 스펙터클은 신화 해체의 한 단계일 뿐이다. 오늘날 소비재의 독재가 이 해체를 가속한다. 마찬가지로 우주의 힘에 연결된 오래된 증여-희생은 사회보장제와 민주주의적 법의 운임표에 따라 가격이 매겨진 교환-희생 안에서 결국 자신을 잃는다. 이데올로기의 한심한 쇼가 점점 덜 사람들을 유혹하는 것처럼 희생은 점점 덜 사람들을 열광시킨다. 작은 사적인 자위로 영원한 구원의 발정을 탈 없이 대체할 수는 없다. 승진에 대한 계산으로 저세상에 대한 터무니없는 희망을 보상할 수는 없다. 조국의 영웅, 노동의 영웅, 냉장고와 분할된 생각의 영웅… 명예직의 영광은 금이 갔다.

그렇지만 하나의 악이 곧 종말을 맞이하리라는 것은 지금 당장 그 악으로 고통받는 나에게 결코 위안이 되지 않는다. 희생의 덕은 곳곳에서 격찬을 받는다. 보편적 기술 관료들이 붉은 사제들과 연합한다. 보드카와 사향 포도주가 뒤섞인다. 입에는 더는 칼이 아니라 그리스도의 침이 물려 있다! 형제들이여, 기쁨 속에서 희생하라! 명분을 위해, 질서를 위해, 혁명을 위해, 조국을 위해, 연맹을 위해, 쇠고기 스튜를 위해!

옛날 사회주의자들은 이런 유명한 말을 남겼다. "사람들은 조국을 위해 죽는다고 믿지만 사실은 자본을 위해 죽는다." 그들의 후계자들은 비슷한 말로 욕을 먹는다. "사람들은 프롤레타리아를 위해 투쟁한다고 믿지만 사실은 자신들의 지도자들을 위해 투쟁한다." "사람들은 미래를 위해 건설한다고 믿지만 사실은 강철과 함께 5개년 계획에 들어간다." 이런 구호들을 내지른 후에 봉기를 일으킨 터키의 좌파 젊은이들은 무엇을 하는가? 그들은 명분을 위해, 명분 중에 가장 좋은 것을 위해 봉사한다. 그들은 자신들의 창조성을 위한 시간을 유인물을 배포하고 벽보를 붙이고 시위하고 지역 의회 의장을 비난하며 보낸다. 그들은 투쟁한다. 다른 사람들이 그들을 위해 생각하기 때문에 그들은 행동해야 한다. 희생의 서랍에는 바닥이 없다.

명분들 중 가장 좋은 것은 사람들이 몸과 영혼을 가장 잘 잃어버리도록 만드는 것이다. 죽음의 법칙들은 삶의 의지를 부정한 법칙들일 뿐이다. 죽음의 편이 이기거나 삶의 편이 이긴다. 의식의 차원에서는 균형도 없고 타협도 가능하지 않다. 둘 중의 하나만을 지지해야 한다. 절대적 질서의 광신자들 — 반혁명 왕당파, 나치 — 은 자신들이 죽음의 편에 서 있다는 것을 아주 잘 보여 주었다. 적어도 '죽음 만세!'Viva la muerte의 노선은 분명하고 나무랄 데가 없다. 저농도 죽음의 개량주의자들 — 지겨움의 사회주의자들 — 은 총체적 파괴의 미학이 갖는 터무니없는 명예조차도 갖고 있지 않다. 그들은 단지 삶의 열정을 자제하고 메마르게 할 줄 알 뿐이다. 그래서 그 열정은 그 자신에게서 등을 돌리고 파괴의 열정이 된다. 그래서 그들은 절제의 이름으로, 즉 절제된 권력의 이름으로, 절제된 죽음의 이름으로 집단학살수용소에 반대한다.

국가, 명분, 지도자를 위한 절대적 희생의 지지자들은 삶을 경멸하는 사람들이다. 그들은 도덕과 포기의 기술에 맞서 삶에 대한 맹렬한 열정을 내세우는 사람들과 공통으로 축제에 대한 상반되지만 비슷하게 날카로운 생각을 갖고 있다. 삶은 너무나 자생적인 축제이기 때문에 무서운 금욕주의에 의해 고문을 받는 삶은 자신이 빼앗긴 광채를 단번에 끝나도록 하는 것처럼 보인다. 죽는 순간에 금욕적 무리들, 용병들, 광신자들, 결사항전의 경찰들이 알게 되는 축제는 사진 플래시의 영원함 앞에서처럼 얼어붙고 미화된 죽음의 축제이다. 비자르[2]가 말한 **공수부대원들**은 자신들의 궁극적인 히스테리에 대해 아마도 알고 있는 상태로 돌로 된 딱딱한 조각상이 돼 미학에 의해 죽음으로 들어간다. 미학은 지바로[3]의 축제처럼 움직임이 없고 삶에서 분리된 딱딱하게 굳은 축제이다. 즉, 죽음의 축

루이-페르디낭 셀린(Louis-Ferdinand Céline, 1894~1961). 프랑스의 소설가·의사. 본명은 루이 페르디낭 데투슈(Louis Ferdinand Destouches). 1932년 민족주의와 식민주의를 맹렬히 비판하는 소설 『밤 끝으로의 여행』을 발표, 르노도상을 수상하며 세계적인 반향을 일으킨다. 1936년 자본주의를 공격한 두 번째 소설 『외상 죽음』을, 공산주의 체제를 낱낱이 비판한 『내 탓이오』(*Mea Culpa*)를 발표한다. 자신이 마주한 모든 주의에 대해 비판을 이어나가던 셀린은 마지막 작품 『리고동』을 탈고하고 1961년 7월 1일 사망한다.

제이다. 미학의 부분, **포즈**의 부분은 일상생활이 퍼뜨리는 죽음의 부분이다. 모든 묵시록은 아름답다. 죽은 아름다움이다. 루이 페르디낭 셀린이 우리에게 알려준 스위스 용병의 노래를 떠올려 보라.

코뮌의 끝은 세상의 종말이 아니다. 세상을 자신들의 몰락에 끌어들이고자 하는 나치들과 파리를 불태우고자 하는 코뮌 참가자들 사이에는, 갑작스럽게 확언된 총체적 죽음과 갑작스럽게 부정된 총체적 삶 사이에는 거리가 존재한다. 전자는 복종과 포기를 가르치는 인본주의자들에 의해 정착된 논리적 말살 과정을 촉발하는 데 한정된다. 후자는 열정적으로 건설된 삶은 더는 분해될 수 없다는 것을 안다. 삶이 훼손되는 것을 보는 것보다는 삶 전체를 파괴하는 것에 더 많은 즐거움이 있다는 것을 안다. 한 치를 양보하면서 모든 전선에서 양보하는 것보다는 생생한 기쁨의 불길 속에서 사라지는 것이 더 낫다는 것을 안다. "무릎을 꿇고 살 바에는 서서 죽겠다"라는 스탈린주의자 이바루리(파시오나리아)의 과장된 외침은 내가 보기에 특정한 자살 양식에 대해, 행복한 작별 방식에 대해 찬성을 표명하는 것 같다. 코뮌에 가치가 있었던 것은 개인에게도 가치가 있다.

싫증으로 인한 자살에 맞서, 다른 사람들에게 상을 주는 포기에 맞서 크라방 식의 마지막 웃음, 라바숄 식의 마지막 노래를 추구한다.

◆◇

혁명을 위해 희생을 해야 하는 순간부터 혁명은 멈춘다. 혁명은 길을 잃고 물신화된다. 혁명적 순간들은 다시 태어난 사회와 개인적 삶의 결합을 축하하는 축제들이다. 그 순간에 희생에 대한 요구는 종말의 종소리처럼 울린다. "체념한 사람들의 삶이 반란자들의 삶보다 더 오래 지속하지 않는다면, 사상을 위해 반란자로 사는 것이 낫다"고 한 발레스4는 자기가 한 말을 제대로 파악하지 못했다. 투쟁하는 사람은 자신이 받들기로 한 사상들에 대항할 때만 혁명적이 된다. 코뮌을 위해 싸운 발레스는 처음에는 아이였고 다음에는 어느 긴 일요일에 과거의 영원한 날들을 만회하는 학생이다. 이데올로기는 반란자의 묘지에 놓인 돌이다. 그것은 그가 부활하는 것을 막는다.

반란자가 더 나은 재화를 위해 싸우고 있다고 믿기 시작할 때 권위적 원칙은 동요하기를 멈춘다. 인류에게는 인간적인 것을 포기하도록 만드는 이유들이 부족해 본 적이 없다. 어떤 사람들은 진정한 반사적 복종, 자유에 대한 알 수 없는 두려움, 일상생활 곳곳에 존재하는 마조히즘을 갖고 있을 정도이다. 사람들은 너무나 쉽게 욕망, 열정, 자신의 본질적 부분을 내버린다. 사람들은 너무나 수동적으로, 너무나 무기력하게 다른 것을 위해 살아가고 행동하는 것을 받아들인다. "사물"이라는 단어는 어디에서나 자기 죽음의 무게로 승리한다. 자기 자신이 되기가 쉽지 않기 때문에 사람들은 즐겁게 단념한다. 첫 번째 변명은 아이들을, 독서를, 아티초크5 등등을 좋아하기 때문이라는 것이다. 치료제에 대한 욕망은 고통의 추상적인 일반화 속에서 사라진다.

그렇지만 반사적 자유도 변명들을 통해 길을 개척할 줄 안다. 임금인상을 위한 파업에서, 봉기에서 바로 축제의 정신이 잠을 깨고 구체화되지 않는가? 내가 글을 쓰고 있는 지금 이 순간에 수천 명의 노동자들이 파업을 하거나 무기를 들고 지침이나 원칙에 따른다. 그리고 결국에 그들이 열정적으로 임하는 것은 자기 삶을 사용하는 방식을 바꾸는 것이다. 세계를 바꾸고 삶을 재발명하는 것은 반란을 일으킨 진영의 실제적인 지상명령이다. 어떤 이론가도 요구사항을 창조할 수 없다. 왜냐하면, 그것만이 시적 창조의 기반이 되기 때문이다. 혁명은 전문화된 혁명가들에 맞서 매일 일어난다. 행위와 꿈들의 일상적 불법성 안에서 폭발적인 응집력을 준비하는 체험에 속하는 모든 것들처럼 그것은 '이름 없는 혁명'이다.

내가 보기엔 밤에 내 정신이 하는 것처럼 낮 동안 열정을 발명하고 욕망을 충족시키고 꿈을 만드는 것은 어렵지만 그런 어려움이 제기하는 문제보다 더 가치가 있는 문제는 없다. 나를 떠나지 않고 괴롭히는 것은 인류의 미래, 2000년대 세계의 상황, 조건적 미래가 아니라 완수되지 않은 내 행위이다. 나는 "다른 사람들을 위해", 그들의 유령을 내게서 쫓아내기 위해 글을 쓰지 않는다! 나는 고립의 우물 안에서 나오기 위해 단어들을 잇는다. 다른 사람들이 그 우물에서 나를 꺼내야 할 것이다. 나는 참을성 없이 초조하게 글을 쓴다. 죽은 시간 없이 살기 위해서이다. 나는 다른 사람들 중 나와 우선 관계가 있지 않은 사람에 대해서는 전혀 알고 싶지 않다. 내가 그들로부터 나를 구하듯이 그들도 나로부터 자신들을 구해야 한다. 우리의 계획은 공통된 것이다. 총체적 인간 계획이 개인의 축소에 기반을 둔다는 것은 배제한다. 어느 정도 가치가 있는 거세란 없다. 젊은 세대의 비정치적 폭력은, 획일적인 가격표가 붙은 문화, 예술, 이데올로기의 진열장에 대한 그들의 경멸은 그것이 사실임을 확인시킨다. 개인의 실현은 집단으로 이해된 "각자 자기 자신을 위해"의 작품이다. 그리고 그것은 **급진적** 방식으로 그러하다.

과거에 사람들은 이 글쓰기 단계에서 설명을 찾았지만 나는 앞으로 사람들이 이 단계에서 결판을 내기 바란다.


2

희생의 거부는 반대급부의 거부이다. 화폐화될 수 있거나 될 수 없는 사물들의 세계에서 인간 존재와 동등한 구실을 할 수 있는 것은 아무것도 없다. 개인은 축소 불가능하다. 그는 변한다. 하지만 교환되지는 않는다. 그런데 사회 개혁 운동들에 대해 한번 살짝 알아보는 것만으로도 그것을 충분히 입증할 수 있다. 그 운동들은 비인간적인 것을 인간화하고 매력적인 것으로 만드는 데 명예를 걸면서 교환과 희생의 쇄신만을 요구했다. 노예는 자신의 노예 상태를 참을 만한 것으로 만들 때마다 주인을 구하러 달려간다.

사회주의를 향한 길에서는 물화의 더러운 관계들이 사람

들을 얽어매면 맬수록 **평등하게** 절단하려는 인도주의적 유혹이 더욱더 심해진다. 자기희생과 헌신의 덕목이 끊임없이 변질되는 것은 급진적 거부를 불러일으키지만, 오늘날 근대사회의 경찰관들인 몇몇 사회학자들은 예술이라는 희생의 더 미묘한 형태에 대한 열광 안에서 대응책을 찾는다.

◆◇

큰 종교들은 지상의 불쌍한 삶을 관능적인 기대로 바꿀 줄 알았다. 눈물의 계곡은 신 안에서의 영원한 삶으로 흘러들어갔다. 부르주아적 생각에 따르면 예술은 영원한 영광을 부여하는 특권을 신보다 더 잘 수행한다. 통일된 체제들이 가진 삶과-신-안에서의-예술(이집트 동상, 아프리카 미술)을 삶의 보완적 예술이 계승한다. 그것은 신의 부재를 대체하는 예술이다(4세기 그리스, 호라티우스[6], 롱사르[7], 말레르브[8], 낭만주의자들 등). 대성당의 건축자들은 후대까지 지속되는 것에 대해 사드만큼이나 별로 신경 쓰지 않았다. 사드가 자기 자신 안에서 자신의 구원을 찾았듯이 그들은 신 안에서 자신들의 구원을 확보했다. 그들은 자신들이 역사의 박물관에 보존되기를 바라지 않았다. 그들은 몇 년이나 몇 세기 동안 감탄을 받기 위해서가 아니라 존재의 최고 상태에 이르기 위해 일했다.

역사는 부르주아 정신의 지상 낙원이다. 사람들은 상품에 의해서가 아니라 허울뿐인 무료에 의해, 예술 작품의 희생에 의해, 자본을 증가시킬 즉각적 필요성에서 벗어난 것에 의해 그곳에 다다를 수 있다. 박애주의자를 위한 자선사업, 애국자를 위한 영웅적 행위, 군인을 위한 승리의 작품, 시인이나 학자를 위한 문학작품이나 과학적 결과물이 그것이다. 그러나 "예술 작품을 만들다"라는 표현은 그 자체로 이중적 의미가 있다. 그것은 예술가의 체험된 경험과 창조적 실체의 추상을 위한, 즉 미적인 형태를 위한, 체험된 경험의 포기를 포함한다. 그래서 예술가는 자신이 창조하는 것을 지속시키려고, 자신의 이름을 영원히 기억하게 하려고, 미술관이라는 영광된 무덤 안으로 입장하려고 창조의 순간인 체험된 강렬함을 희생한다. 그렇지만 삶의 불멸의 순간을 창조하는 것을 막는 것은 바로 이 오래 지속하는 작품을 만들겠다는 의지가 아닌가?

사실 아카데미즘을 제외한다면 예술가는 미적인 회수에 전적으로 굴복하지는 않는다. 아름다운 겉모습을 위해 자신의 무매개적 체험을 희생하기에, 예술가 — 살고자 하는 사람은 누구나 예술가이다 — 는 다른 사람들의 객관적 세계 안에서 자신의 꿈이 차지하는 부분을 증가시키려는 욕망에 복종한다. 이런 의미에서 그는 집단성 안에서 자신의 개인적 실현을 완수하는 임무를 창조된 사물에 부여한다. 창조성은 본질적으로 혁명적이다.

이데올로기적, 예술적, 문화적 스펙터클의 기능은 자생성의 늑대들을 지식과 아름다움의 목동들로 바꾸는 것이다. 문집들은 선동의 글들로 가득 차 있고 박물관은 봉기를 호소하는 작품들로 가득 차 있다. 역사가 그것들을 너무나 잘 보존해서 사람들은 그것들을 보거나 듣는 것을 잊어버린다. 그리고 바로 여기에서 소비사회는 갑자기 유익한 용해액처럼 작용한다. 예술은 오늘날 플라스틱으로 된 대성당만을 세운다. 소비재의 독재 치하에서 걸작을 만든 후에 사라지는 미학은 더는 없다. 미숙함은 소비재의 법칙이다. 자동차의 불완전함은 자동차를 빨리 갱신하도록 만든다. 갑작스러운 미적인 폭발의 유일한 조건은 하나의 작품이 예술적 해체의 스펙터클 안에 끌어들이는 일시적인 경쟁에서 기인한다. 베르나르 뷔페[9], 조르주 마티유[10], 알랭 로브-그리예[11], 팝아트 그리고 예-예[12]는 프렝탕 백화점에서 무조건 팔린다. 어떤 작품의 영원성을 기대하는 것은 스탠더드 오일의 영원한 가치를 기대하는 것만큼이나 생각할 수 없는 일이다.

가장 진화된 사회학자들이 어떻게 예술 작품이 상품 가치가 됐는지를, 어떤 핑계로 흔히 말하는 예술가의 창조성이 영리성의 규범에 따르게 됐는지를 이해했을 때 그들은 예술의 원천으로, 일상생활로 돌아와야 한다고 생각했다. 그것은 삶을 바꾸기 위해서가 아니다. 왜냐하면, 그런 일은 그들의 몫이 아니기 때문이다. 그보다는 삶을 새로운 미학의 재료 자체로 만들기 위해서이다. 그런 재료는 포장에 저항하기 때문에 결국은 구매와 판매의 메커니즘에서 벗어난다. 마치 그 자리에서 소비하는 방법이 없는 것처럼 말이다! 그 결과는 이렇다. 사회드라마와 해프닝은 관객들의 즉각적 참여를 만들어 낸다고 주장하면서 사실은 무의 미학에만 속한다. 스펙터클의 양식에 따라 오직 일상생활의 공허만이 표현 가능하다. 소비재의 사실 안에서 공허의 미학보다 더 나은 것이 무엇이겠는가? 가치의 해체가 가속화됨에 따라 가치의 해체는 유일하게 가능한 오락 형태가 되지 않는가? 개그는 문화적, 이데올로기적 빈 공간의 관객들을 그것의 조직자로 바꾸는 것이다. 그것은 스펙터클의 공허를 대표적인 수동적 존재인 관객의 의무적 참여를 통해 메우는 것이다. 해프닝과 그것의 부산물들은 사이버네틱스 학자들이 우리에게 마련해 주는 주인 없는 노예사회에 그 사회가 필요로 하는 관객 없는 스펙터클을 제공할 기회를 가진다. 엄밀한 의미의 예술가들에게 절대적 회수의 길은 다 그려졌다. 그들은 라파사드[13]와 그 일당들과 함께 전문가들의 큰 조합에 들어갈 것이다. 권력은 그들이 사람들을 수동적으로 만드는 옛 조작법에 새롭고 매력적인 색을 바르기 위해 자신들의 재능을 펼치는 것에 대해 보상할 것이다.

권력의 관점에서 볼 때 일상생활은 포기와 시시함으로 짜인 것일 뿐이다. 그것은 진정으로 빈 공간이다. 일상생활의 미학은 모든 사람을 이 빈 공간을 조직하는 예술가로 만들 것이다. 공식적 예술의 마지막 공격은 프로이트가 의심스러운 단순화를 통해 "죽음의 본능"이라고 불렀던 것을, 다시 말해 권력에 대한 즐거운 복종을 치료적 형태로 만들려고 노력할 것이다. 삶의 의지가 개인적 시로부터 자생적으로 나오지 않는 곳에서는 어디에서나 나사렛의 십자가에 박힌 두꺼비의 그림자가 드리운다. 희생의 정신에 의해 지배되는 예술적 형태들을 향해 퇴보하면서는 각각의 인간 존재 안에 살아 있는 예술가를 구할 수 없을 것이다. 모든 것을 기본부터 다시 시작해야 한다.

◆◇

초현실주의자들은, 적어도 그들 중 몇몇은 예술의 가치 있는 유일한 초월은 체험 안에 있다는 것을 이해했었다. 그것은 어떤 이데올로기도 자신이 하는 거짓말의 일관성 안에서 회수할 수 없는 작품이다. 문화적 스펙터클에 대한 그들의 호의 때문에 그들은 순순히 포기에 이르게 됐다. 사상과 예술 영역에서의 현대적 해체는 미적 회수의 위험을 1930년대보다 더 적게 만든다. 현재의 정세는 상황주의자의 활동에 힘을 실어줄 수밖에 없다.

초현실주의자들 이후로 사람들은 우정, 사랑, 환대와 같은 몇몇 서정적 관계들이 사라졌다고 비판해 왔다. 그러나 혼동해서는 안 된다. 과거의 더 인간적인 덕목에 대한 향수는 우리를, 너무나 비판받아 온 희생 개념에 활기를 불어넣어야 한다는 미래의 필요성에 따르도록 할 뿐이다. 이제 자기희생이 필요한 우정, 사랑, 환대는 더는 있을 수 없다. 그런 것들은 비인간적인 것의 유혹을 강화할 뿐이다. 브레히트는 다음과 같은 일화에서 이것을 완벽하게 표현한다. 친구들의 부탁을 들어주는 좋은 방법에 대한 사례로서 K 씨는 자신의 이야기를 듣는 것을 좋아하는 청중에게 다음과 같은 이야기를 들려준다. 세 청년이 한 아랍 노인의 집에 도착해 그에게 말한다. "우리 아버지가 돌아가셨습니다. 아버지는 우리에게 열일곱 마리의 낙타를 남기셨어요. 유서에서 아버지는 장남이 절반을 갖고 둘째가 3분의 1을 갖고 막내가 9분의 1을 가지라고 하셨어요. 우리는 분배에 합의하지 못했습니다. 당신이 결정을 내려주세요." 아랍인은 생각하다가 이렇게 말했다. "분배하기 위해서는 낙타 한 마리가 부족하구먼. 나는 낙타 한 마리를 갖고 있는데 그게 내가 가진 낙타 전부라네. 그 낙타를 자네들이 쓰게나. 그 낙타를 갖고 분배를 한 후에 남은 것을 나에게 돌려주면 되네." 그들은 친구의 성의에 고마움을 표한 후 낙타를 가져가서 열여덟 마리의 낙타로 분배했다. 첫째는 절반인 아홉 마리를 갖고 둘째는 3분의 1인 여섯 마리를 갖고 막내는 9분의 1인 두 마리를 가졌다. 놀랍게도 분배가 끝난 후 한 마리의 낙타가 남았다. 그들은 다시 한번 고마움을 표하며 이 낙타를 노인에게 돌려주었다. K 씨는 이처럼 친구의 부탁을 들어주는 방법은 좋은 것이라고 말했다. 왜냐하면, 그것은 누구에게도 희생을 강요하지 않기 때문이다. 이 사례는 명백한 원칙으로서 일상생활 전체에도 적용될 가치가 있다.

예술의 희생에 맞서 희생의 예술을 선택하는 것이 관건이 아니라 예술로서의 희생의 끝을 선택하는 것이 관건이다. 삶의 지식과 체험을 만드는 것에 대한 장려가 곳곳에서 나타나지만, 곳곳에서 인간적인 것의 조작에 의해 변질된다.

◆◇

현재의 희생은 아마도 인간을 태초부터 절단해 온 의례의 마지막 단계일 것이다. 매시간이 과거와 미래의 작은 조각들로 부스러진다. 쾌락을 느낄 때를 제외하고는 우리는 결코 우리가 하는 것에 전념하지 않는다. 우리가 할 것과 우리가 한 것은 영원한 불쾌의 기반 위에서 현재를 세운다. 집단적 역사에서나 개인적 역사에서나 과거의 숭배와 미래의 숭배는 모두 반동적이다. 건설돼야 하는 모든 것은 현재 안에서 건설된다. 민간 신앙에 따르면 물에 빠진 사람은 죽는 순간에 그의 삶을 모두

영화처럼 본다고 한다. 나는 삶이 응축되고 다시 시작되는 강렬한 빛이 존재한다고 확신하고 싶다. 미래, 과거와 같은 역사의 온순한 졸병들은 현재의 희생만을 감싼다. 어떤 것도 사물, 과거, 미래와 맞바꾸지 마라. 자기에게 **급진적으로** 가치가 있는 것은 모두에게도 가치가 있다는 생각을 갖고 끝없는 즐거움 안에서 자신을 위해 집중적으로 살아라. 그리고 무엇보다도 다음과 같은 법칙을 기억하라. "미래가 절대 존재하지 않는 것처럼 행동하라."

# 13장

# 분리

사회조직의 기반이 되는 사적 소유는 사람들을 그들 자신과 다른 사람들로부터 떨어뜨려 놓는다. 인위적인 통일된 천국들은 너무 빨리 부서진 통일의 몽상을 어느 정도 행복하게 회수하면서 분리를 은폐하려 노력한다. 하지만 헛된 일이다. ― 창조하는 즐거움과 파괴하는 즐거움 사이를 오가는 것은 권력을 파괴할 뿐이다.

사람들은 서로 떨어져 산다. 다른 사람들이 바라보는 자신의 모습과 떨어져 살고 자기 자신과도 떨어져 산다. 인간의 역사는 다른 모든 것을 유발하고 조건 짓는 근본적인 분리의 역사이다. 즉, 주인과 노예로 구분된 사회적 구별의 역사이다. 역사를 통해 사람들은 서로 모이고 통일에 도달하려 노력한다. 계급투쟁은 하나의 단계일 뿐이지만 총체적 인간을 위한 투쟁의 결정적 단계이다.

지배계급이 계급투쟁을 부정해야 하는 아주 좋은 이유들을 가진 것과 마찬가지로 분리의 역사는 그것을 은폐하는 역사와 일치할 수밖에 없다. 그러나 이런 어둠 속의 은폐는 확고한 의지에서 나온다기보다는 통일을 향한 욕망이 대부분의 경우 반대의 결과에 이르게 되는 오랜 모호한 투쟁에서 나온다. 분리를 완전히 제거하지 않는 것은 분리를 강화한다. 권력을 잡게 된 부르주아지는 사람들을 그처럼 본질적으로 분리하는 것이 무엇인지에 대해 더 명확히 규명하고 분리의 사회적 속성과 물질성에 대해 깨닫도록 한다.

◆◇

신은 무엇인가? 인간에 의한 인간의 지배가 정당화되는 신화의 보증인이자 본질이다. 이 혐오스러운 발명품을 위한 다른 변명은 없다. 신화가 해체되면서 스펙터클의 단계로 옮겨감에 따라 로트레아몽이 말한 **외부의 거대한 물건**Grand Objet Extérieur은 사회적 원자화의 바람에 의해 산산이 조각난다. 그것은 수치스러운 병을 숨기기 위한 일종의 분장인, 사적으로 이용되는 신으로 퇴화한다.

철학과 고대 세계가 끝남으로써 시작된 위기의 절정기에 기독교는 새로운 신화 시스템의 개정을 삼위일체라는 근본적 원칙에 종속시키는 천재성을 발휘한다. 수많은 논란과 피를 부른, 신 안에 있는 삼위의 교리는 무엇을 의미하는가?

인간의 영혼은 신에게 속하고 육체는 한시적 우두머리에게 속하고 정신은 자기 자신에게 속한다. 인간의 구원은 영혼 안에 있고 자유는 정신 안에 있고 지상의 삶은 육체 안에 있다. 영혼은 육체와 정신을 포함한다. 영혼이 없는 육체와 정신은 아무것도 아니다. 더욱 자세히 살펴보면 주인과 노예의 결합은 신의 창조물로 이해된 인간의 원리 안에 들어 있는 것 아닌가? 노예는 주인이 소유하는 육체이자 노동력이다. 주인은 육체를 지배하면서 자신의 더 높은 본질의 일부를 육체에 부여하는 정신이다. 노예는 따라서 육체를 통해 주인의 힘을 위해 자신을 희생한다. 반면에 주인은 정신을 통해 노예들의 공동체를 위해 자신을 희생한다(왕은 백성을 위해 봉사하고 드골[1]은 프랑스를 위해 봉사하고 교황은 가난한 사람들의 발을 씻겨 주는 세족례를 한다). 노예는 지상에서의 삶을 제공하며 반대급부로 자유롭다는 의식을 받는다. 다시 말해 주인의 정신이 그 안으로 내려온 것이다. 기만된 의식은 신화의 의식이다. 주인은 자기가 가진 주인으로서의 권력을 자신이 이끄는 사람들 전체에 관념적으로 제공한다. 육체의 소외를 정신의 더 미묘한 소외 안에 수장시키면서 그는 노예제의 유지에 필요한 폭력의 양을 절약한다. 그의 정신을 통해 노예는 자신이 생명력을 제공하는 주인과 자신을 동일시한다. 또는 적어도 동일시할 수 있다. 그러나 주인은 누구와 자신을 동일시할 것인가? 소유한 물건이나 육체로서의 노예들과는 아니다. 그보다는 즉자적 주인의, 최고 주인의 정신을 발현하는 존재로서의 노예들과 자신을 동일시한다. 개개의 주인은 정신적 차원에서 자신을 희생하기 때문에 그는 신화의 일관성 안에서 자신의 희생에 대한 대응물을 찾아야 한다. 그것은 그가 참여하고 복종하는 지배의 생각 자체이다. 그래서 주인들의 우발적 계급은 신을 창조하고 그 앞에서 정신적으로 신과 자신을 동일시하기 위해 무릎을 꿇는다. 신은 주인이 공익을 위해 신화적으로 희생하는 것과 노예가 주인의 사적 권력을 위해 실제로 희생하는 것을 공증한다. 신은 모든 복종의 원리이고 모든 범죄를 합법화하는 밤이다. 유일하게 불법적인 범죄는 주인을 받아들이기를 거부하는 것이다. 신은 거짓말의 화합이다. 그것은 노예의 자발적 희생(성자), 주인의 동의된 희생(성부 : 노예는 주인의 아들이다) 그리고 그들의 파기할 수 없는 관계(성신)가 합치된 이상적 형태이다. 인류가 지향하는 이상적 인간, 신의 창조물, 통일된 신화적 존재는 동일한 삼위일체 모델을 실현한다. 즉, **영혼**의 가장 큰 영광을 위해 **육체**를 이끄는 정신에 복종하는 **육체**가 포괄적으로 종합된다.

따라서 이 관계의 유형 안에서는 두 개의 용어가 절대적 원리에서 자신들의 의미를 끌어내고 어둠, 접근 불가능한 규범, 논란의 여지가 없는 초월성(신, 피, 성스러움, 은총…)과 맞선다. 수 세기 동안 수많은 이원성이 신화적 통일이라는 불에 의해 국이 덥혀지듯 덥혀져 왔다. 부르주아지는 불에서 국을 **빼**내면서 통일된 열에 대한 향수와 맛이 없는 일련의 차가운 추상들만을 간직했다. 육체와 정신, 존재와 의식, 개인과 집단, 공과 사, 일반과 특수 등이 그것이다. 역설적으로 부르주아지는 자신의 계급적 이해에 따라 움직이므로 자신에게 불리하게 통일된 것과 그것의 삼차원적 구조를 파괴한다. 통일된 체제들의 신화적 생각에 의해 너무나 능숙하게 충족된 통일에 대한 열망은 부르주아지와 함께 사라지기는커녕 분리의 물질성이 의식을 점령함에 따라 오히려 더 심해진다. 분리의 경제-사회적 기반들을 폭로하는 부르주아지는 그것의 끝을 보장함에 틀림없는 무기들을 제공한다. 그러나 분리의 끝은 부르주아지의 끝과 모든 위계화된 권력의 끝을 내포한다. 그래서 모든 지배계급은 봉건적 통일을 실제적 통일로, 진정한 사회적 참여로 다시 바꿀 능력이 없다. 새로운 프롤레타리아만이 신들에게서 제3의 힘, 자발적 창조, 시를 **빼**앗아 모든 사람의 일상생활 안에 산 채로 간직할 임무를 가진다. 분할된 권력의 과도기는 잠들기 전의 뒤척임일 뿐이고 관점의 전복에 필수적인 영점이며 초월의 도약이 있기 전에 필요한 발돋움이다.

◆◇

역사는 통일된 원리에 맞서 진행된 투쟁을 증명한다. 그리고 이원적 현실이 어떻게 나타나는지를 증명한다. 신화의 공식 언어인 신학적 언어를 갖고 처음 시작된 충돌은 곧이어 스펙터클의 언어인 이데올로기적 언어로 표현된다. 마니교[2], 카타리파[3], 후스파[4], 칼뱅주의[5] 등은 그들의 관심사에서 장 드 묑[6], 라 보에티[7], 바니노 바니니[8]와 많은 공통점을 가진다. 데카르트[9]가 영혼을 갖고 어찌할 바 모르다 마지막 순간에 송파선에 걸어두는 것을 보지 않았는가? 완벽하게 이해 가능한 세상의 꼭대기에서 줄타기 곡예를 하는 데카르트의 신이 완벽하게 이해할 수 없는 균형을 유지하는 반면에 파스칼[10]의 신은 자신을 숨김으로써 인간과 세상이 중요한 매체를 갖지 못하도록 한다. 그 매체가 없으면 인간과 세상은 서로 이의를 제기하고 서로 의지해서만 평가될 수 있으며 아무런 무게도 나가지 않게 되는 존재로 축소된다.

18세기 말부터 분리는 곳곳에서 나타나고 파편화는 가속된다. 경쟁하는 작은 사람들의 시대가 열린 것이다. 물질, 정신, 의식, 행동, 보편, 특수 등과 같은 인간 존재의 부분들이 절대화된다. 어떤 신이 이런 깨지기 쉬운 것을 끌어안겠는가?

지배 정신은 초월성 안에서 정당화되려 한다. 신이 자본주의자인 것은 상상하기 어렵다. 지배는 삼위일체 시스템을 전제한다. 그런데 착취 관계는 이원적이다. 게다가 그것은 경제 관계

"자유"를 쓴 깃발을 들고 있는 독일 농민 전쟁(1524~25)의 농민군

의 물질성과 분리될 수 없다. 경제적인 것은 신비함이 없다. 경제적인 것에서 기적이란 시장의 우연 또는 **계획**을 하는 컴퓨터의 완벽한 프로그래밍만을 의미할 뿐이다. 칼뱅의 합리적 신보다는 신이 아무 문제없이 허용하는 대출이자가 더 매력적이다. 뮌스터의 재침례파 교도들[11]과 1525년 혁명 농부들[12]의 신은 고풍스런 형태이긴 하지만 이미 총체적 인간을 향한 대중의 억누를 수 없는 도약이다.

신비적 우두머리는 노동의 우두머리만 되지는 않는다. 주인은 사장으로 변하지 않는다. 혈통과 가계의 신비로운 우월성을 제거하면 착취 메커니즘만 남는다. 자신을 정당화하는 이윤을 위한 경쟁만이 남는다. 인종의 질적인 장벽이 아니라 돈이나 권력의 양적인 차이가 노동자와 사장을 분리한다. 착취가 혐오스러운 것은 그것이 "평등한 사람들" 사이에서 이뤄지기 때문이다. 부르주아지는 그들의 의도와는 달리 모든 혁명들을 정당화한다. 사람들은 더는 유린당하지 않을 때 복종하기를 멈춘다.

◆◇

분할된 권력은 자신이 지배하는 존재들이 취약해질 때까지 파편화시킨다. 그리고 동시에 통일된 거짓말이 파편화된다. 신의 죽음은 분리의 의식을 통속화한다. 낭만적 절망은 고통스럽게 느껴지는 파열의 비명을 내지르지 않았는가? 균열은 곳곳에 있다. 사랑 안에, 시선 안에, 자연 안에, 꿈 안에, 현실 안에 있다. 헤겔이 말하는 의식의 비극은 비극의 의식이다. 맑스에게 그런 의식은 혁명적이다. 페터 슐레밀[13]이 자신이 사실은 자신의 육체를 찾는 그림자라는 것을 잊기 위해 자신의 그림자를 찾아 떠났을 때 그런 일은 권력에 분명히 더 적은 위험을 제공한다. 자기방어를 위해 부르주아지는 너무 일찍 부서진 통일의 꿈과 환멸을 어느 정도의 행복감과 함께 회수하면서 인위적인 통일된 천국들을 "발명한다."

이데올로기, 함께 한다는 환상, 집단의 윤리, 인민의 아편과 같은 집단적 자위행위들의 옆에는 합법과 불법의 경계선에 있는 모든 종류의 부차적인 생산품들이 있다. 개인적 이데올로기, 집착, 편집증, 하나뿐이기 때문에 소외시키는 열정, 마약과 그것의 대체물들(술, 속도와 빠른 변화의 환상, 희귀한 느낌 등)이 그것이다. 이것은 어딘가에 도달한다는 느낌 속에서 완전히 자신을 잃어버리는 것을 가능하게 해 준다. 그러나 풍기를 어지럽히는 활동은 특히 그것들의 분할된 사용에서 나온다. 게임의 열정은 거기에 빠진 사람이 사랑할 때, 생각할 때, 상황을 만들 때 등 전체 삶 속에서 게임을 즐기면 더는 소외시키는 열정이 아니다. 마찬가지로 살인의 욕망은 그것이 혁명적 의식과 합쳐진다면 더는 편집증이 아니다.

권력에서, 통일된 임시방편들의 위험은 따라서 두 배이다. 한편으로 그것들은 사람들을 불만족스런 상태로 놔둔다. 다른 한편으로 그것들은 실제적 사회적 통일을 건설하고자 하는 의지로 사람들을 이끈다. 통일을 향한 신비로운 고양은 신

외에 다른 목적이 없다. 역사 안에서 문제가 있는 스펙터클한 통일을 향한 수평적 진행은 무한한 유한이다. 그것은 절대적인 것에 대한 충족시킬 수 없는 갈증을 유발한다. 또는 양적인 것은 그 자체로 한정이다. 그래서 미친 듯한 경주는 부정적 길을 통해서 또는 의식이 든다면 긍정성으로의 부정성의 변형을 통해서 질적인 것 안으로만 돌진할 수 있다. 확실히 부정적 길을 통해서 사람들은 자기 자신에 도달하지는 않는다. 그들은 자신의 고유한 분해 속에 빠진다. 부추겨진 광기, 범죄와 잔혹의 충만함, 퇴폐의 발작적 광채는 망설임 없이 자신을 잃는 것에 어울리는 길이다. 여기에서 사람들은 붕괴시키고 파괴하는 권력의 중력에 놀라운 열의를 갖고 복종하기만 한다. 그러나 권력은 자신의 해체력에 제동을 걸지 않는다면 결코 **지속되지** 않을 것이다. 장군은 일정한 지점까지만 자신의 병사들을 죽인다. 죽음이 한 방울씩 나누어질 것인지는 두고 볼 일이다. 자신을 파괴하는 제한된 쾌락은 결국, 자신을 제한하는 권력을 파괴할 위험이 크다. 스톡홀름과 와츠의 폭동들에서 그런 현상을 볼 수 있었다. 손가락으로 슬쩍 미는 것만으로도 충분히 쾌락이 총체적인 것이 되고 부정적 폭력이 **자신의 긍정성을** 해방할 수 있다. 나는 모든 영역에서 통일된 방식으로 완전히 충족되고자 하지 않는 쾌락은 없다고 생각한다. 내가 보기에 위스망스[14]은 발기 중인 남자에 대해 그가 "봉기한다"고 심각하게 표현할 때 그것을 생각할 유머를 갖고 있지 않았다.

제한이 없는 쾌락의 폭주는 일상생활의 혁명을 향한, 총체적 인간의 건설을 향한 가장 확실한 길이다.

## 14장

# 겉모습의 조직

겉모습의 조직은 사실들을 보호하는 시스템이다. 갈취이다. 무매개적 현실이 사실들을 제시하지 않게 하려고 겉모습의 조직은 매개된 현실 안에서 사실들을 재현한다. 신화는 통일된 권력의 겉모습을 조직하는 것이다. 스펙터클은 분할된 권력의 겉모습을 조직하는 것이다. 신화의 일관성은 비판을 받기 때문에 일관성의 신화가 된다. 스펙터클의 비일관성은 역사적으로 증가해 왔기 때문에 비일관성의 스펙터클이 된다 (팝아트는 현재의 소비 가능한 부패이며 현재 소비재의 부패이다)(1). ─ 문학 장르로서의 "드라마"의 빈곤함은 연극적 태도들에 의한 사회적 공간의 재점령과 어깨를 나란히 한다. 연극은 무대에서는 빈약해지고 일상생활에서는 풍부해진다. 그것은 일상생활의 행동들을 드라마화하려 노력한다. ─ 역할들은 체험의 이데올로기적 주형틀이다. 그것들을 완벽하게 만드는 임무는 전문가들에게 귀속된다(2).

1

　　니체는 이렇게 말했다. "사람들은 거짓말을 통해 이상적 세계를 상상했다. 사람들은 현실로부터 그것의 가치, 의미, 진실성을 제거했다. 이상향의 거짓말은 지금까지 현실에 매달린 저주였다. 인류 자신도 이 거짓말에 젖어든 나머지 그가 가진 가장 깊은 본능까지 왜곡되고 조작됐으며, 발전을, 생성 중인 현재를 보증하는 가치들과 상반된 가치들을 아주 좋아하기에 이르렀다." 그렇다면 이상향의 거짓말이 주인들의 진실이 아니라면 무엇이겠는가? 절도 행위에 법적 토대가 필요할 때, 공권력이 공익을 핑계로 스스럼없이 사적인 목적을 위해 행사될 때, 어떻게 거짓말이 사람들을 매혹하지 않기를 바랄 수 있겠는가? 어떻게 거짓말이 사람들을 자신의 법칙에 굴복시키고 그런 굴복을 인간의 거의 자연적 성향으로 만들지 않기를 바랄 수 있겠는가? 인간은 거짓말이 지배하는 세상에서 달리 행동할 방법이 없으므로 거짓말을 한다. 인간 자신이 자기 자신의 거짓말에 의해 연결된 거짓말이다. 상식은 모두의 이름으로 진실에 반대해 선포된 규정에만 서명을 한다. 그것은 거짓말의 통속화된 법전이다.

그렇지만 비진정성 때문에 하루 24시간 얼굴을 찌푸리고 있는 사람은 아무도 없다. 가장 급진적인 사상가들이 하는 거짓말 안에 그 거짓을 드러나게 하는 빛이 들어 있는 것과 마찬가지로 일상적 소외들은 대부분 주관적으로 부인되면서 일초, 한 시간, 하룻밤 안에 깨진다. 어떤 말도 권력에 완전히 복종하지는 않는 것과 같이 아무도 자신을 파괴하는 것에 완전히 속아 넘어가지는 않는다. 거짓말의 타이타닉 호를 침몰시킬 주관적 빙산들을, 진실의 순간들을 넓히는 것만이 관건이다.

물질성의 파도는 자신이 부서뜨린 신화의 잔재들을 넓은 바다로 갖고 간다. 한때 파도의 움직임이었지만 이제는 단지 거품에 불과한 부르주아지는 그 잔재들과 함께 사라진다. 왕이 암살자에게 내린 명령이 내일이면 자기 자신을 죽이게 되리라는 것을 보여 주면서 셰익스피어는 신을 죽인 계급에 약속된 운명을 예견하고 있는 것처럼 보인다. 질서의 암살자들이 신화에 대한 믿음에 더는 복종하지 않는 순간부터, 자신들의 범죄를 합법화시켜 주는 신에게 더는 복종하지 않는 순간부터 살인 기계는 자신의 주인을 알아보지 못한다. 그래서 혁명은 부르주아지의 가장 아름다운 발명품이며 그들이 허공에서 타게 될 외줄이다. 부르주아지가 짠 급진적 줄에 완전히 매달린 부르주아 사상은 절망의 힘으로 모든 개량주의적 해결책에, 자신을 더 오래 지속시킬 수 있는 것에 매달린다. 비록 그것의 무게가 부르주아지를 마지막 폭발로 어쩔 수 없이 이끌게 된다고 하더라도 말이다. 파시즘은 어쩔 수 없는 추락의 일종의 대변인이고, 우주를 나락으로 빠지게 하고자 하는 탐미주의자이며, 한 계급의 죽음에 대한 논리학자이고, 보편적 죽음에 대한 소피스트이다. 선택되고 거부된 죽음을 이렇게 연출하는 것은 오늘날 비일관성의 스펙터클 한복판에 있다.

겉모습의 조직은 날아가는 새의 그림자처럼 움직이지 않기를 원한다. 그러나 자신의 권력을 확고하게 만들기 위한 지배계급의 노력과 연결된 그 부동성은 자신을 끌어들이는 역사로부터 벗어나고자 하는 헛된 희망일 뿐이다. 그렇지만 신화와 그것의 분할되고 세속화된 상태인 스펙터클 사이에는 사실들의 비판에 저항하는 힘에서 주목할 만한 차이가 있다. 수공업자, 상인, 은행가 들의 중요성이 통일된 문명들 안에서 다양하게 이해됐다는 것은 신화의 일관성과 일관성의 신화 사이를 끊임없이 오가야 하는 이유를 설명한다. 반면에 부르주아지의 승리는 겉모습의 창고 안에 역사를 도입하면서 역사에 겉모습을 제공하고 스펙터클의 비일관성에서 비일관성의 스펙터클로 가는 막을 수 없는 진화의 방향을 제시한다.

전통을 별로 존중하지 않는 상인계급이 가치를 세속화하

려 위협할 때마다 일관성의 신화는 신화의 일관성을 계승한다. 이것은 무엇을 의미하는가? 그때까지 당연시 여겨졌던 것이 갑자기 강력히 재확인될 필요가 생긴 것이다. 자생적 믿음은 믿음의 직업에 자리를 양보하고 이 세상의 위대한 사람들에 대한 존경은 권위적 왕정의 원리 안에서 약해진다. 나는 사람들이 이런 신화의 부재 기간의 역설에 대해 좀 더 자세히 연구하기를 바란다. 신화의 부재 기간 중 부르주아적 요소들은 새로운 종교를 통해, 작위 부여를 통해 자신들의 중요성을 성스러운 것으로 만든다. 동일한 기간 중 귀족들은 반대로 불가능한 초월이라는 커다란 도박에 몰두한다(프롱드의 난[1], 또한 헤라클레이토스[2]의 변증법 그리고 질 드 레). 귀족은 특정한 목적을 가진 말을 유머로 바꿀 줄 알았다. 부르주아지는 자신의 사상이 가진 심각함 때문에 사라진다. 초월의 혁명적 힘들의 경우에는 생존의 무게보다 죽음의 가벼움에서 얻을 것이 더 많지 않겠는가?

사실들의 공격에 의해 약해진 일관성의 신화는 새로운 신화적 일관성을 세울 수 없었다. 모든 사람들이 자신의 고유한 결정들을 자기 자신에게 숨기는 겉모습이라는 거울은 산산이 부서져 개인적 수요와 공급의 공적인 영역에 떨어진다. 겉모습의 소멸은 위계화된 권력의 소멸이 될 것이다. "그 뒤에는 아무것도 없는" 외벽의 소멸이다. 진보는 의심의 여지를 남기지 않는다. 대혁명 다음날 신의 대체물들은 반품된 물건의 시장에서 인기가 있었다. 최고 존재[3], 교황과 나폴레옹 사이의 정교 협약concordat이 시리즈의 문을 연다. 국가주의, 개인주의, 사회주의, 국가-사회주의, 네오주의들이 그 뒤를 잇는다. 바겐세일 중인 모든 종류의 세계관Weltanschauung과 오늘날 텔레비전, 문화상품, 세제를 사는 모든 사람들에게 덤으로 제공되는 수천 개의 휴대용 이데올로기들은 말할 것도 없다. 스펙터클의 해체는 이제 해체의 스펙터클을 통해 이루어진다. 마지막 코미디언이 자기 자신의 죽음을 촬영하는 것은 바로 '사물들'의 논리 안에서다. 이 경우에 사물들의 논리는 소비재의 논리이며 소비되며 팔리는 것의 논리이다. 파타피지크[4], 하위 다다이즘, 일상적 빈곤의 연출은 머뭇거리며 마지막 공동묘지로 인도하는 길을 따라간다.

2

문학 장르로서의 연극의 진화는 겉모습의 조직에 대해 잘 알려준다. 결국, 연극은 겉모습을 조직하는 가장 단순한 형태이며 설명서가 아닌가? 연극은 사람들에게 초월성의 신비에 대해 알려주는 종교적 재현물들 안에서 겉모습의 조직과 본래부터 혼동된다. 그래서 연극은 자신을 세속화하면서 스펙터클식의 미래 구조물들의 모델을 만들어 낸다. 전쟁 기계들을 제외하면, 옛날 기계들은 연극에서 유래한다. 생산관계를 전복시킨 크레인, 도르래, 유압 장치들은 원래 소도구 창고에 들어 있던 것이다. 이런 사실은 알릴 만한 가치가 있다. 우리가 아무리 멀리 시간을 거슬러 올라가도 땅과 인간들을 지배하는 것은 노동과 환상을 위해 꾸준히 봉사하는 기술들의 소관이다.

비극의 탄생은 원시인들과 신들이 우주적 대화 안에서 서

존 개이(John Gay, 1685~1732). 영국의 극작가. 1728년 만든 정치풍자 코믹 오페라 『거지 오페라』가 대성공을 거두며 당시 정통 오페라를 작곡하던 헨델(Georg Friedrich Händel, 1685~1759)에게 큰 타격을 줬다.

로 맞서던 영역을 이미 축소한다. 마법적 참가는 멀어지고 중지된다. 그것은 최초 의례들의 변형된 규칙들에 따라 조직되지, 더는 그 의례들 자체에 의해 조직되지는 않는다. 그것은 보이는 사물, 즉 스펙타쿨룸spectaculum이 된다. 반면에 점점 불필요한 장식들 중 하나가 된 신들은 모든 사회 무대에서 자신들이 점차 제거되리라는 것을 예견한 것처럼 보인다. 신성 세속화가 신화적 관계들을 와해시켰을 때 드라마는 비극을 계승하게 된다. 희극은 과도기를 잘 보여 준다. 그것이 보여 주는 신랄한 유머는 새로운 힘의 에너지를 갖고 이제는 낡은 장르를 공격한다. 몰리에르5의 『동 주앙』, 존 개이의 『거지 오페라』 안에 들어 있는 헨델에 대한 패러디는 이런 점을 잘 보여 준다.

드라마와 함께 인간들의 사회는 신들의 자리를 차지한다. 그런데 연극은 19세기에 여러 오락물 중 하나였을 뿐이지만 사실 전통적인 연극무대를 떠나서 '사회적 공간 전체를 재정복했다.' 삶을 희극적 드라마에 동일시하는 평범함은 분석할 필요도 없는 것처럼 보이는 유형의 증거에 속한다. 연극과 삶 사이의 혼동을 교묘히 유지한 것에 대해서는 논쟁하지 않는 것이 좋을 것 같다. 하루에도 백 번씩 나 자신을 버리고 연극 속 인물이 되고자 하지만 그 인물의 걱정이나 의미는 떠안고 싶지 않은 것이 자연스러워 보이는 것처럼 말이다. 확실히 나는 배우로서 자유롭게 행동하고 놀이나 재미로 역할을 맡을 수도 있을 것이다. 내가 말하는 역할은 여기에 없다. 사실적인 연극에서 사형수를 연기하는 배우는 완전히 자유롭게 자기 자신으로 남을 수 있다. 이것은 좋은 배우의 역설이 아닌가? 그러나 그가 그런 자유를 즐긴다면 그것은 분명히 그를 학대하는 사람들의 뻔뻔함이 그의 살을 직접 건드리지 않고 그가 기술의 힘과 드라마적 의미를 통해 연기하는 정형화된 이미지만을 건드리기 때문이다. 일상생활에서 역할들은 개인에게 배어 있다. 그것들은 개인을 그 자신으로부터, 그가 진정으로 되고 싶은 것으로부터 멀리 떨어뜨려 놓는다. 그것들은 체험 안에 삽입된 소외이다. 여기에서 놀이는 끝난다. 그래서 그것은 더는 놀이가 아니다. 정형화된 역할들은 이데올로기가 집단적으로 강요하는 것을 각 개인에게 거의 "사적으로 친밀하게"라고 할 수 있을 정도의 방식으로 강요한다.

◆◇

분할된 조건화는 신적 조건화의 편재성을 대체했다. 권력은 수많은 작은 조건화들을 통해 과거 공권력의 상태에 도달하려 노력한다. 그것은 구속과 거짓말이 개별화된다는 것을 의미한다. 구속과 거짓말이 각각의 개별 존재를 추상적 형태 안에 더 잘 옮겨 놓기 위해 더 가까이에서 파악한다는 것이다. 그것은 또한 한마디로 인간들에 대한 통치의 발전이, 인간 지식의 발전이 소외를 완벽하게 한다는 것을 의미한다. 인간은 공식적 통로로 자신을 더 많이 알수록 더 많이 소외된다. 과학은 경찰의 알리바이다. 그것은 어느 정도까지 죽이지 않고 고문할 수 있는지를 알려준다. 그것은 특히 어느 정도까지 사람들이 **자기살해자**l'héautontimorouménos가 될 수 있는지를 알려준다. 어떻게 인간의 겉모습을 유지하면서, 그리고 일정한 인간의 겉모습이란 이름으로 사물이 되는가?

영화나 영화의 개인화된 형태인 텔레비전은 사상의 영역에서 가장 뛰어난 승리들을 거두지는 않는다. 그것은 의견을 별로 선도하지 않는다. 그것의 영향력은 다르게 작용한다. 연극 무대에서 한 인물은 그의 태도 전체를 통해, 그가 늘어놓는 확신의 힘을 통해 관객에게 충격을 준다. 영화나 텔레비전에서 동일한 인물은 관객의 눈에 작용하는 일련의 정확한 세부사항들로, 수많은 미묘한 인상들로 분해된다. 그것은 수많은 관객이 보기에 얼굴의 경련이나 손의 움직임이 어떤 감정이나 욕망 등을 표현하기에 적합한 방식이라고 가르치는 시선의 학교, 드라마 예술 수업이다. 아직은 기초적인 영상 기술을 통해 개인은 심리 사회학이 자신에 대해 그리는 몽타주들을 바탕으로 자신의 본질적 태도들을 만드는 것을 배운다. 그는 자신의 버릇 덕분에 권력의 도식 안에 들어간다. 일상생활의 비참함은 무대에 나타나면서 절정에 달한다. 소비자의 수동성이 능동적 수동성인 것과 마찬가지로, 관객의 수동성은 역할들을 동화시키고 공식적 규범들에 따라 그것들을 유지하는 기능을 한다. 반복된 영상과 스테레오타입은 각 개인이 하나의 역할을 갖게 되는 일련의 모델들을 제공한다. 스펙터클은 영상들의 박물관이고 그림자 연극의 창고이다. 그것은 또한 실험 연극이다. 소비자-인간은 스테레오타입에 의해 조건화된다(수동적 측면). 스테레오타입에 따라 그는 자신의 여러 행동들을 만들어 낸다(능동적 측면). 스펙터클한 참여의 형태들과 스테레오타입의 다양성을 갱신하면서 수동성을 은폐하는 것은 해프닝, 팝아트 그리고 사회극(집단심리요법)의 제작자들이 오늘날 사용하는 방법이다. 생산사회의 기계들은 스펙터클 사회의 기계들이 되려 한다. 즉, 사람들은 전자두뇌를 전시할 수 있다. 사람들은 신적인 것의 신비로움에 전적으로 참여한다는 연극의 원래 개념으로 돌아온다. 게다가 그들은 더 높은 단계에서 기술의 도움을 받아서 그리고 동시에 가장 오래된 과거에는 존재할 수 없었던 초월의 가능성을 갖고서 참여하게 된다.

스테레오타입은 과거의 윤리적 카테고리들(기사, 성자, 사도, 영웅, 반역자, 충신, 정직한 사람 등)이 퇴화한 형태일 뿐이다. 질적인 것의 힘에 의해 신화적 겉모습 속에서 작용했던 이미지들은 빠르고 조건화하는 재생산(슬로건, 사진, 스타, 단어 등)을 통해서만 스펙터클한 겉모습 속에서 전파된다. 나는 앞에서 믿음이나 동일시와 같은 마법적 관계들의 기술적 생산이 결국 마법을 분해한다는 것을 보여 줬다. 이것은 거대 이데올로기의 종말에 덧붙여져 스테레오타입과 역할들의 혼돈을 부추겼다. 그 때문에 새로운 조건들이 스펙터클에 강제된다.

사건들에 대해 우리는 공허한 시나리오만을 갖고 있다. 우리에게 도달하는 것은 그것들의 형태이지 실체가 아니다. 사건들의 형태는 반복적 속성에 따라, 겉모습의 구조 안에서 차지하는 위치에 따라 어느 정도의 힘을 갖고 우리에게 도달한다. 왜냐하면, 조직된 시스템으로서 겉모습은 거대한 분류자로서 사건들을 나누고 분리하고 명명하고 배열한다(연애 사건, 정치 영역, 식생활 부문 등). 생제르맹 거리에서 한 젊은 불량배가 행인을 살해한다. 언론에서 배포한 뉴스는 대체 무엇이란 말인가? 그것은 동정, 분노, 역겨움, 부러움을 유발하도록 미리 설정된 도식이다. 하나의 사실은 그것의 추상적 부분들로 해체되고 적절한 지면에 따라 분배된다(청소년, 범죄, 폭력, 불안정 등). 구성 기술들에 따라 조합되고 정돈된 이미지, 사진, 스타일은 이미 만들어진 설명과 통제된 감정을 자동으로 배포하는 기계가 된다. 역할들로 축소된 실제 개인들은 미끼가 된다. 교살자, 영국 황태자, 루이종 보베[6], 브리지트 바르도, 모리악[7]은 수많은 사람들을 위해 이혼하고 사랑하고 생각하고 코를 청소한다. 스펙터클하게 의미가 부여된 평범한 세부 사항을 부각하는 것은 깊이 없는 역할들을 증가시키게 된다. 질투심이 많은 살인자 남편은 죽어 가는 교황 옆에 자리를 잡고 인기 가수 조니 할리데이는 흐루쇼프의 구두[8]와 자리를 같이한다. 뒷면은 앞면의 가치가 있다. 비일관성의 스펙터클은 항구적이다. 구조의 위기가 존재하기 때문이다. 주제들은 너무 넘치고 스펙터클은 희석된 채 깊이 없이 사방에 있다. 너무 자주 사용된 낡은 관계인 흑백논리는 사라지려 한다. 스펙터클은 선과 악을 파악하지 못한다. 1930년에 한 노출증 환자의 행위를 칭찬한 초현실주의자들은 자신들의 칭찬이 갖는 파급 효과에 대해 환상을 가졌다. 그들은 도덕 스펙터클의 갱생을 위해 필요한 양념을 제공했다. 선정적 언론도 그처럼 행동한다. 스캔들은 블랙 유머나 뻔뻔함과 같이 뉴스에 꼭 필요한 것이다. 진정한 스캔들은 스펙터클에 대한 거부와 사보타주에 있다. 권력은 겉모습의 구조들을 갱신하고 젊게 만들면서만 진정한 스캔들을 피할 수 있을 것이다. 결국, 이것은 구조주의자들의 주요 기능이 될 수 있을 것이다. 그러나 빈곤을 증가시키면서 빈곤을 살찌울 수는 없다. 스펙터클은 어쩔 수 없이 타락한다. 그와 함께 수동성으로 이끄는 무게도 쇠퇴한다. 체험의 저항력에 의해 역할들도 쇠퇴한다. 자발성은 비진정성과 거짓 활동의 종기를 터뜨린다.

## 15장

# 역할

스테레오타입은 한 시대의 지배적 이미지들이며 지배적 스펙터클의 이미지들이다. 스테레오타입은 역할의 모델이다. 역할은 모델이 되는 행동이다. 한 태도의 반복은 역할을 만든다. 한 역할의 반복은 스테레오타입을 만든다. 스테레오타입은 객관적 형태이다. 역할은 이 형태 안으로 사람들을 끌어들이는 일을 맡는다. 역할들을 유지하고 다루는 능숙함에 따라 위계적 스펙터클 안에서 차지하는 위치가 결정된다. 스펙터클한 해체는 스테레오타입과 역할들을 증가시킨다. 그러나 그것들은 하찮은 것이 되며 그것들을 부정하는 자발적 행위에 너무 근접하게 된다(1, 2). ― 동일시는 역할에 들어가는 방식이다. 동일시되어야 하는 필요성은 동일시 모델들의 선택을 위해서라기보다는 권력의 평온함을 위해 더 중요하다. ― 동일시는 병적인 상태이다. 그러나 예측 불가능한 동일시들만이 "정신병"이라 불리는 공식적 카테고리 안에 속한다. ― 역할은 삶의 의지를 시들게 하는 기능을 한다(3). ― 역할은 체험을 사물로 변형하면서 재현한다. 그것은 자신이 척박하게 만드는 삶을 위로한다. 그렇게 해서 그것은 대체적이고 신경증적인 쾌락이 된다. ― 역할들에서 떨어져서 그것들을 유희로 만드는 것이 중요하다(4). ― 역할의 성공은 한 카테고리에서 더 높은 카테고리로의 스펙터클한 상승을 보장한다. 이런 입문은 특히 이름과 사진에 대한 숭배에 의해 구체화된다. 전문가들은 입문의 대가들이다. 그들의 모순된 행위들의 총합은 권력의 영향력을 규정한다. 권력은 자신을 파괴하면서 우리를 파괴한다(5). ― 스펙터클의 해체는 역할들을 상호 교환 가능한 것으로 만든다. 거짓 변화들의 증가는 유일하고 실제적인 변화의 조건을, 급진적 변화의 조건을 만든다. 비진정성의 무게는 삶의 의지의 격렬하고 거의 생물학적인 반응을 불러일으킨다.

1

우리의 노력, 우리의 지겨움, 우리의 실패, 우리 행동의 부조리함은 대부분의 경우 우리가 우리의 진정한 욕망들을 만족시키는 것처럼 보이지만 그 욕망들에 적대적인 잡종의 인물들을 연기해야 한다는 절대적 필요성에서부터 나온다. 파스칼은 이렇게 말했다. "우리는 다른 사람들의 생각 안에서, 상상적 삶 속에서 살고 싶다. 우리는 그것을 위해 겉모습을 보이려 노력한다. 우리는 이 상상의 존재를 미화하고 보존하려 노력한다. 그리고 우리는 진짜를 등한시한다." 이것은 17세기에는 독창적인 생각이었다. 당시에는 겉모습이 잘 나가고 있었다. 조직된 겉모습의 위기는 가장 명료한 사람들 중 단 한 명의 눈에만 보였다. 파스칼의 지적은 가치들이 해체되는 오늘날에는 모든 사람들에게 평범하고 당연한 것처럼 보인다. 도대체 어떤 마법 때문에 우리는 인간 열정의 생동감을 삶이 없는 형태들에 부여하는가? 어떻게 우리는 빌려 온 태도들의 유혹에 굴복하는가? 역할이란 무엇인가?

인간이 권력을 추구하게 하는 것은 인간의 허약함이 아니겠는가? 권력은 인간을 허약한 상태로 축소한다. 폭군은 백성들이 복종하는 대가로 자신이 수행해야 하는 의무들을 갖고 있는데, 그 의무들에 대해 화를 낸다. 사람들에게 행사하는 그의 권위에 대한 신의 승인의 대가를 그는 항구적인 신화적 희생, 신 앞에서의 항구적인 굴종으로 치른다. 그는 신에 대한 봉사를 그만두면서 동시에 국민에 대한 봉사를 그만둔다. 그에 따라 국민들도 그에 대한 봉사를 그만둔다. **인민의 소리가 신의 소리**Vox populi, vox Dei라는 말은 "신이 원하는 것은 인민이 원하는 것이다"라고 해석돼야 한다. 노예는 복종을 했는데도, 약간의 권위가 그것을 보상해 주지 않으면 곧 화를 낼 것이다. 사실 모든 복종은 어떤 권력을 가질 권리를 만든다. 그리고 복종의 대가로만 권력이 존재한다. 그래서 어떤 사람들은 통치받는 것을 너무 쉽게 받아들인다. 권력은 사방에서 부분적으로 위계의 모든 층위에서 행사된다. 이것이 바로 권력의 이론의 여지가 있는 편재성이다.

역할은 권력의 소비이다. 그것은 위계적 **재현** 안에, 따라서 스펙터클 안에 위치한다. 위, 아래, 중간에 위치하지만, 결코 저 밑이나 저 너머에는 위치하지 않는다. 그런 모습으로 역할은 문화적 메커니즘 안에 도입된다. 즉 역할은 **입문**이다. 역할은 또한 개인적 희생의 교환 화폐이다. 그렇기에 그것은 **보상적** 기능을 수행한다. 분리의 잔류물로서 역할은 마침내 행동의 통일을 만들기 위해 노력한다. 그렇기에 그것은 **동일시**에 호소한다.

2

"사회에서 어떤 역할을 하다"라는 표현은 처음 사용된 좁은 의미에서 보면 역할이 특정한 수의 선택받은 사람들에게 한정된 특전이었다는 것을 잘 보여 준다. 로마의 노예, 중세의 종, 날품팔이 농민, 매일 13시간의 노동에 의해 멍해진 프롤레타리아는 역할을 맡지 못한다. 또는 너무나 기초적인 수준의 역할들을 맡기 때문에 문명화된 사람들은 이 존재들을 인간이라기보다는 동물로 본다. 실제로 스펙터클의 비참함 밑에는 존재의 비참함이 존재한다. 주인-노예의 개념이 그리스도와 함께 신화 속에서 널리 퍼진 것처럼 19세기부터 좋은 노동자, 나쁜 노동자 개념이 통속화된다. 그것은 맑스가 무시해도 좋다고 생각했을 정도로 별로 큰 중요성을 갖지 않고 통속화된다. 이렇듯 역할은 신화적 희생처럼 민주화된다. 그것은 모든 사람의 손에 닿는 비진정성 또는 사회주의의 승리이다.

35세의 남자가 있다. 매일 아침 그는 자동차를 타고 회사로 가서 서류를 정리하고 시내에서 점심을 먹는다. 포커를 치고 서류를 다시 정리하고 회사를 나와 술 두 잔을 마시고 집으로 들어간다. 집에서 아내를 보고 아이들을 안아 주고 텔레비전을 보며 스테이크를 먹은 후 잠자리에 들어 사랑을 나누고 잠이 든다. 누가 한 남자의 삶을 이런 불쌍한 단조로움의 연속으로 축소하는가? 기자, 경찰관, 탐정, 대중소설가? 전혀 아니다. 바로 그 자신이다. 내가 말한 바로 그 남자가 지배적인 정형화된 역할들 중에서 어느 정도 무의식적으로 선택한 것들을 연기하면서 자신의 하루를 구성해 가려 노력한다. 연속적인 이미지들의 유혹 속에서 몸과 의식을 잃은 그는 열정적으로 정당화할 수 없는 고행을 통해 불순한 기쁨을 얻기 위해 진정한 즐거움을 멀리한다. 그가 차례로 맡은 역할들은 그가 스테레오타입에 따라 그것들을 충실히 만드는 데 성공할 때 만족감을 제공한다. 그는 자기 자신에게서 멀어지고 자신을 부정하고 희생하는 정도의 격렬함에 비례해서 잘 완수된 역할의 만족감을 얻는다.

마조히즘의 절대권력! 다른 사람들이 상도미르 백작, 스미르노프 궁중백작, 토른 총독, 쿠를랑드 공작이었던 것처럼 그는 운전기사, 종업원, 작업반장, 부하, 동료, 손님, 바람둥이, 친구, 우표수집가, 남편, 가장, 시청자, 시민… 이라는 자신의 모습에 아주 개인적인 위세를 덧붙인다. 그렇지만 그는 멍청한 기술자나 무기력한 꼭두각시는 아니다. 짧은 순간에 그의 일상생활은 만약 역할들 안에서 회수되고 흩어지고 낭비되지 않았다면 생존의 세계를 전복하는 데 충분했을 에너지를 발산한다. 누가 정열적인 몽상, 사랑하는 즐거움, 태동하는 욕망, 호감의 도약이 갖는 타격력에 대해 말할 것인가? 이 진정한 삶의 순간들이 일상성의 전부를 차지하게 하려고 각자는 자발적으로 그것들을 증가시키려 한다. 그러나 조건화 때문에 대부분의 사람들은 비인간적인 것을 핑계로 삼아 그것들을 반대로 추구하게 된다. 그것들에 도달하는 순간에 그것들을 영원히 잃어버리게 된다.

◆◇

스테레오타입의 삶과 죽음이 존재한다. 어떤 이미지는 사람들을 유혹하고 수많은 개인적 역할들에게 모델로 기능한 후 소비, 갱신, 소멸의 속성의 법칙에 따라 쇠퇴하고 사라진다. 스펙터클의 사회는 어디에서 자신의 새로운 스테레오타입을 퍼오는가? 몇몇 역할들이 낡아 가는 스테레오타입에 순응하지 못하도록 하는 창조성의 부분에서(언어가 대중적 형태들과의 접촉을 통해 갱신되는 것과 마찬가지로), 역할들을 변형하는 놀이의 부분에서 퍼온다.

역할이 스테레오타입에 순응한다는 점에서 그것은 경직되는 경향이 있으며 자신의 모델이 가진 정태적 특성을 취하는 경향이 있다. 역할은 과거도, 현재도, 미래도 없다. 그것은 **멈춤**의 시간이고 시간의 멈춤이기 때문이다. 그것은 (실제로 분리하고 거짓으로 결합하는 힘이 합쳐진 것이 권력의 힘이라는 논리에 따라) 권력의 시공간인 분리된 시공간 속에 압축된 시간이다. 그것은 영화 영상에, 또는 영화 영상의 요소들 중의 하나에 비교될 수 있다. 영화에서는 빠르게 그리고 작은 변화를 주며 수없이 많이 재생산된 미리 결정된 태도들 중의 하나가 장면scene이 된다. 재생산은 여기에서 광고와 뉴스의 리듬에 의해, 역할에 대해 말하게 만드는 능력에 의해 보장된다. 그리고 결과적으로 언젠가 스테레오타입이 될 가능성을 가진다(바르도, 사강1, 뷔페2, 제임스 딘 등의 경우를 보라). 그러나 지배적인 여론으로부터 어떤 평가를 받더라도 역할의 임무는 사람들을 사회조직의 규범들에 적응시키고 사물들의 평온한 세계에 통합시키는 것이다. 그래서 사방에 숨겨져 있는 몰래카메라가 평범한 존재들을 점령해 애정문제를 상담란의 소재로 만들고 불필요한 털을 아름다움의 문제로 만드는 것을 볼 수 있다. 일상생활과 연결돼, 버림받은 연인에게 헐값의 명품 옷을 입히고 쇠약한 노인을 과거의 상징으로 만들고 가정주부를 가정의 요정으로 만드는 스펙터클은 팝아트보다 훨씬 더 앞섰다. 그 누구도 부부 사이의 미소, 다리를 저는 아이, 손재주 좋은 사람들의 조합 — 어떤 경우에도 돈이 되는 — 을 모델로 삼지 않으리라는 것은 예측 가능했었다. 그런데도 스펙터클은 거기에서 일상성의 실제적 현존이 있기 전의 마지막 단계인 결정적 단계에 도달한다. 역할들은 거의 자신들을 부정할 뻔 한다. 실패자는 자신의 역할을 형편없이 유지하고 부적응자는 역할을 거부한다. 스펙터클한 조직이 부스러짐에 따라 그 조직은 낙후된 영역들을 포함하고 자신의 고유한 잔재들을 먹고 자란다. 목소리가 안 나오는 가수, 한심한 예술가, 불행한 수상자, 따분한 스타들이 정기적으로 뉴스의 하늘을 가로질러 간다. 그들이 나타나는 빈도가 위계 안에서의 그들의 위치를 말해 준다.

역할을 거부하는 회수불가능한 사람들이 남는다. 그들은 거부에 대한 이론과 실천 방법을 발전시킨다. 체험의 새로운 시학, 삶의 재발명은 분명히 스펙터클의 사회에 대한 부적응에서 나온다. 역할들에서 거품을 빼는 것은 체험된 시공간을 위해 스펙터클한 시간을 압축하도록 만든다. 집중적으로 산다는 것은 겉모습 안에서 잃어버린 시간의 흐름을 되돌린다는 것이 아니고 무엇이겠는가? 그리고 권력의 가속화된 시간을, 텅 빈 세월의 시냇물 안에서 흘러가는 시간을, 노화의 시간을 거부하는 확장된 현재가 삶의 가장 행복한 순간들이 아니겠는가?

3

**동일시.** 쏜디[3] 테스트의 원리는 잘 알려져 있다. 정신 발작의 최고조에 있는 병자들의 사진 48장 중에서 호감과 혐오를 불러일으키는 얼굴들을 선택하는 것이 이 테스트의 원리이다. 테스트에 참여한 환자는 누구나 자신이 인정하는 충동을 가진 병자들의 얼굴을 선호하고 자신이 억압하는 충동을 가진 병자들의 얼굴을 배척한다. 그는 긍정적 동일시와 부정적 동일시에 의해 규정된다. 환자의 선택이 끝나면 그것을 바탕으로 정신의학자는 환자의 충동적 성향을 알아낸다. 그는 그 결과를 환자를 퇴원시키거나 정신병동에 감금하는 데 사용한다.

이제 소비사회의 강제적 명령들에 대해 알아보자. 소비사회에서 인간의 존재는 소비하는 것이다. 코카콜라, 문학, 생각, 감정, 건축물, 텔레비전, 권력을 소비하는 것이다. 소비 상품들, 이데올로기들, 스테레오타입들은 놀라운 쏜디 테스트의 사진들이다. 우리들 각자는 단순한 선택이 아니라 참여를 통해, 실천적 활동을 통해 이 테스트에 임해 줄 것을 간곡히 요청받는다. 물건, 생각, 모델이 되는 행동들을 유통할 필요성은 암호해독센터를 요구한다. 이 센터에서 소비자들의 일종의 충동적 프로필이 선택을 바로잡고 소비재에 더 잘 적응하는 새로운 수요를 창조하기 위해 이용될 것이다. 시장조사, 동기부여의 기술, 의견조사, 사회학적 조사, 구조주의가 무질서하게 약간의 약점들을 갖고 이 계획에 포함된다고 생각할 수 있다. 조정과 합리화가 부족한가? 사이버네틱스 학자들은 우리가 그들에게 삶을 빌려준다면 이 문제를 해결할 것이다.

첫눈에 보기에 "소비 가능한 이미지"의 선택이 가장 중요한 것으로 보인다. 슈퍼타이 세제를 갖고 세탁물을 빠는 주부는 비트 세제를 갖고 세탁물을 빠는 주부와 다르다. 이것은 판매량의 문제이다. 마찬가지로 민주당 유권자는 공화당 유권자와 다르고 공산주의자는 기독교인과 다르다. 그러나 경계선은 점점 더 알아보기 힘들어진다. 비일관성의 스펙터클이 가치의 영점에 가치를 부여하게 된다. 자동차, 우상, 또는 정치인을 선택하는 데 있어서 일관적인 존재가 중요한 것보다는 아무것이나 소비할 필요가 있는 것처럼 아무것에나 동일시하는 것이 점점 우세해진다. 결국, 중요한 것은 인간을 자신의 고유한 욕망에 대해 낯설게 만들고 스펙터클 안에서, 통제된 지역에서 살도록 하는 것이 아니겠는가? 사람들이 그 안에서 자신을 잃기만 한다면 좋든 나쁘든, 정직하든 사악하든, 좌파이든 우파이든, 그형태는 중요하지 않다. 흐루쇼프에 동일시하든, 예프투센코[4]에 동일시하든 중요하지 않다. 훌리건들은 동일시되지 않을 것이다. 제3의 힘만이 어떤 것에도 동일시하지 않는다. 반대자에게도, 소위 혁명적이라는 지도자에게도 동일시하지 않는다. 제3의 힘은 정체성의 힘이다. 각자가 자신을 식별하고 발견하도록 하는 것이다. 그것은 누구도 나를 대신해, 내 이름으로 결정하지 못하도록 한다. 거기에서 나의 자유는 모두의 자유다.

◆◇

정신병은 존재하지 않는다. 그것은 예측 불가능한 동일시들을 격리해 보관하기 위한 편리한 카테고리이다. 권력은 지배할 수도 죽일 수도 없는 사람들에게 광기라는 딱지를 붙인다. 그 안에는 극단주의자들과 역할의 편집광들이 있다. 또한, 역할을 비웃거나 거부하는 사람들도 있다. 그들의 고립은 그들을 단죄하는 기준이다. 한 장군이 수많은 유권자들의 지지를 받으며 자신을 프랑스에 동일시한다. 그리고 그는 자신에게 심각하게 이의를 제기하는 반대자들을 만난다. 이와 동일하게 성공적으로 회르비거[5]는 나치의 외형을 만들어 냈다. 워커 장군[6]과 배리 골드워터[7]는 백인이며 신적이고 자본주의자인 우수한 인간과 흑인이며 악마적이고 공산주의자인 열등한 인간을 구분했다. 프랑코[8]는 스페인을 억압할 지혜를 달라고 신에게 묵상하고 요청했다. 그리고 세계 곳곳에서 차가운 광란을 통해 지도자들은 인간이 통치하는 기계라는 것을 증명한다. 동일시는 광기를 만들지 결코 고립을 만들지 않는다.

역할은 사람들이 모든 장소에서 만드는 자신의 캐리커처이다. 그것은 모든 장소에서 자신을 부재한 상태로 만든다. 그러나 부재는 정돈되고 장식되고 치장된 것이다. 과대망상증 환자, 조현병 환자, 가학적 살인자들의 역할은 공적인 유용성을 인정받지 못하지만(그리고 경찰관, 대장, 군인의 역할처럼 권력의 표지가 붙어 배포되지도 않는다), 수용소, 감옥과 같은 특별한 장소에서 유용성을 발견한다. 정부는 그런 일종의 박물관들에서 위험한 경쟁자들을 제거하고 부정적 스테레오타입의 스펙터클을 풍부하게 만들면서 그 장소들로부터 이중의 이익을 얻는다. 나쁜 사례들과 그것들의 모범적인 처벌은 스펙터클에 재미를 더하고 스펙터클을 보호한다. 정신적 소외와 사회적 소외 사이의 잘못된 구분을 파괴하기 위해서는 고립을 강조하면서 동일시를 부추기는 것으로 충분하다.

절대적 동일시의 다른 극단에는 역할과 원래의 자신 사이에 거리를 만드는 방법이 존재한다. 그곳은 유희적 공간으로 스펙터클의 질서에 반항하는 태도들이 모인 곳이다. 사람들은 역할 속에서 완전히 자신을 잃어버리는 것은 아니다. 비록 전복됐다 하더라도 삶의 의지는 자신에게 주어진 길들을 거의 우회시키는 폭력의 잠재성을 갖고 있다. 주인에게 자신을 동일시하는 충직한 하인도 기회가 되면 주인의 멱을 딸 수 있다. 개처럼 물 수 있는 그의 특권이 인간처럼 때리고자 하는 욕망을 자극하는 순간이 올 수 있다. 디드로는 『라모의 조카』[9]에서 그것을 아주 잘 보여 줬으며 파팽 자매[10]는 그것을 더욱더 잘 보여 줬다. 그것은 모든 비인간적인 것이 그러하듯이 동일시도 인간적인 것 안에 그 원천이 있기 때문이다. 진정하지 않은 삶은 진정하게 느껴진 욕망들을 먹고 자란다. 그리고 역할에 의한 동일시는 두 배의 효과를 거둔다. 동일시는 변신 놀이를 통해 자신을 숨기는 즐거움, 세상의 모든 모습으로 사방에 있을 수 있다는 즐거움을 가진다. 그것은 또한 표류와 변신 놀이를 통해 자신을 더 잘 발견하기 위해 자신을 잃어버리는 미로의 오래된 열정을 자신의 것으로 만든다. 동일시는 또한 정체성의 반사 작용, 즉 다른 사람들 안에서 자신의 가장 풍요롭고 가장 진정한 부분을 발견하고자 하는 의지를 회수한다. 놀이는 이제 놀이이기를 멈추고 딱딱하게 굳어서 자신의 고유한 규칙들에 대한 선택권을 잃어버린다. 정체성을 찾는 일은 동일시가 된다.

그러나 관점을 바꿔 보자. 한 정신의학자는 이렇게 말할 수 있었다. "사회에 의해 인정받는 것은 개인으로 하여금 자신의 성 충동들을 문화적 목적을 위해 사용하도록 이끈다. 그것은 성 충동들에 맞서 자신을 보호하는 가장 좋은 수단이다." 정확히 말하자면 이것은 생명 에너지를 흡수하고 에로틱한 힘을 항구적인 승화를 통해 써 버리면서 축소하는 임무를 역할에 부여한다는 것을 의미한다. 에로틱한 현실이 적을수록 스펙터클 안에는 성적으로 표현된 형태들이 많아진다. 역할 — 빌헬름 라이히는 "갑옷"이라 했을 것이다 — 은 쾌락을 느낄 수 없는 무능력을 보장한다. 역설적으로 즐거움, 삶의 기쁨, 억제되지 않은 쾌락은 껍질을 깨뜨리고 역할을 깨뜨린다. 개인이 세상을 더는 권력의 관점이 아니라 자신을 출발점으로 하는 관점에서 보고자 한다면 자신을 진정으로 해방하는 행위들을 밝혀냈을 것이며 역할들의 잿빛 단조로움 속에 나타난 빛줄기와 같은 가장 진정으로 체험된 순간들을 밝혀냈을 것이다. 진정한 체험의 빛으로 역할들을 관찰하고 X-선 촬영하는 것은 그 안에 투자된 에너지를 우회시키고 거짓에서 진실을 빠져나오게 할 것이다. 이것은 개인적인 동시에 집단적인 일이다. 역할들은 동등하게 소외시키는 일을 하지만 그렇다고 해서 동일한 저항을 나타내지는 않는다. 경찰관, 지도자, 사제의 역할보다는 바람둥이의 역할에서 더 쉽게 빠져나올 수 있다. 이 점은 각자가 더 자세히 연구할 가치가 있는 것이다.

4

**보상.** 왜 사람들은 때때로 자신들의 삶보다 역할에 더 비싼 값을 매기는 것일까? 사실은 그들의 삶에는 값이 없기 때문이다. 삶은 모든 공적인 평가를, 모든 표준을 넘어서는 것이다. 그리고 그런 부유함은 스펙터클과 그것의 기준에서 보면 참을 수 없는 가난함이다. 소비사회가 보기에 빈곤은 소비재에서 벗어나는 것이다. 인간을 소비자로 축소하는 것은 스펙터클의 관점에서 보면 부유하게 되는 것이다. 우리가 사물과 역할을 많이 가질수록 더욱더 우리는 존재하게 된다. 겉모습의 조직이 그렇게 결정한다. 그러나 체험된 현실의 관점에서 보면 권력의 측면에서 얻어지는 것은 진정한 실현 의지의 측면에서는 잃어버리는 것이다. 겉모습에서 얻어지는 것은 존재와 당위적 존재 안에서는 잃어버리는 것이다.

체험은 항상 사회 계약의 원재료이다. 그것은 입장료를 지불하는 것이다. 사람들은 바로 그것을 위해 제물을 바친다. 반면에 보상은 겉모습의 빛나는 배열 안에 있는 것이다. 일상생활이 빈곤할수록 날조된 것의 유혹이 더욱 심해진다. 환상이 우세해질수록 일상생활은 빈곤해진다. 금지, 구속 그리고 거짓말의 힘으로 본질적인 것에서 쫓겨난 체험된 현실은 너무나 가치가 없는 것처럼 보이기 때문에 겉모습의 길들이 모든 관심을 독차지한다. 사람들은 자신의 삶보다는 자신의 역할을 더 잘 수행한다. 보상은 **사물들의 상태** 안에서 더 큰 중요성을 가질 수 있는 특권을 제공한다. 역할은 부족함을 대체한다. 때로는 삶의 불충분함을, 때로는 다른 역할의 불충분함을 대체한다. 어떤 노동자는 자신의 극심한 피로를 작업반장이라는 칭호 아래에 숨긴다. 그리고 그 역할의 빈곤함 자체를 중형차 소유주의 비교할 수 없이 우월한 겉모습 아래에 숨긴다. 그러나 각각의 역할은 자기희생(초과노동, 안락함의 포기, 생존)이라는 대가를 치른다. 각각의 역할은 나와 진정한 삶을 추방하고 만들어진 공간을 톱밥 부스러기처럼 채운다. 갑자기 톱밥을 제거하면 벌어진 틈이 남는다. 역할은 위협이자 동시에 보호였다. 그러나 위협은 부정적인 것 안에서 느껴졌을 뿐이다. 그것은 공식적으로 존재하지 않는다. 공식적으로 위협이 존재하는 것은 역할이 실종되거나 평가절하될 위험이 있을 때, 사람들이 명예나 위엄을 잃을 때, 아주 멋지게 정확한 표현을 빌려

자면 **얼굴(체면)**을 잃을 때이다. 그리고 역할의 이런 모호함은 내가 보기에는 왜 사람들이 그것에 매달리는지, 왜 그것이 살에 딱 달라붙는지, 왜 사람들이 그것에 삶을 투자하는지를 설명한다. 체험된 경험을 빈약하게 만들면서 역할은 그 경험의 견딜 수 없는 비참함이 폭로되는 것으로부터 그 경험을 보호한다. 고립된 개인은 그처럼 갑작스러운 폭로로부터 살아남지 못한다. 그리고 역할은 조직된 고립, 분리, 거짓된 결합에 속한다. 술처럼 보상은 비진정적 존재-권력을 실현하는 데 필요한 **도핑**을 제공한다. 동일시의 만취 상태가 존재한다.

생존과 그것의 보호자적 환상들은 나눌 수 없는 전체를 구성한다. 역할들은 물론 생존이 사라질 때 약해진다. 비록 몇몇 주검들이 자신들의 이름을 스테레오타입에 연결할 수 있다 하더라도 말이다. 역할들이 없는 생존은 공식적인 죽음이다. 우리가 생존할 수밖에 없는 것과 마찬가지로 우리는 비진정성 안에서 "좋은 얼굴"을 하고 있어야 한다. 갑옷은 몸짓의 자유를 방해하고 충격을 완화한다. 껍질 밑에서는 모든 것이 약하다. 따라서 "마치 그런 것처럼 하라"는 유희적 해결책이 남는다. 역할들과 함께 계략을 사용하는 것이다.

로자노프의 다음과 같은 제안을 채택할 필요가 있다. "외부적으로 나는 여러 형태로 변할 수 있다. 주체적으로는 나는 절대 변하지 않는다. 나는 자신에게 허락하지 않는다. [나는] 일종의 부사adverb이다." 결국은 세상이 주체성에 따라 만들어져야 한다. 내가 그것과 일치하기 위해서 그것은 나와 일치해야 한다. 한 무더기의 더러운 옷들을 버리듯이 역할들을 내던지는 것은 분리를 부정하고 신비주의와 독아론에 빠지는 일이 될 것이다. 나는 적 안에 있고 적은 내 안에 있다. 그가 나를 죽여서는 안 된다. 그래서 나는 역할들의 껍질 아래에 몸을 숨긴다. 나는 일하고 소비하고 예의 바르게 행동할 줄 안다. 나는 풍습을 위반하는 일을 하지 않는다. 그렇지만 이처럼 부자연스럽게 만들어진 세상을 파괴해야 한다. 그래서 현명한 사람들은 그들 사이에서 역할들이 연기되도록 놔둔다. 무책임한 사람으로 보이는 것은 바로 자기 자신에게 책임을 지는 가장 좋은 방법이다. 모든 직업들은 더럽다. 그것들을 더럽게 하자. 모든 역할들은 거짓이다. 그것들이 자신을 부인하도록 하자! 나는 자크 바셰의 다음과 같은 말을 좋아한다. "나는 크리스털로 된 외눈 안경과 불안하게 만드는 미술 이론을 폐허에서 마을로 들고 간다. 나는 처음에는 상을 받은 문학가였고 다음에는 잘 알려진 포르노 만화가였으며 그 후에는 파렴치한 큐비즘 화가였다. 지금 나는 집에 머물면서 앞에 열거한 직업들을 바탕으로 다른 사람들이 내 성격에 대해 설명하고 논쟁하도록 내버려 둔다." 나는 내 편에 있는 사람들에 대해, 진정한 삶의 보호자들에 대해 전적으로 진실한 모습을 보이는 것으로 충분하다.

역할과 떨어질수록 적에 맞서 그 역할을 더 잘 조작하게 된다. 사물들의 영향력에 대해 조심할수록 움직임의 가벼움을 더 많이 획득하게 된다. 친구들은 전혀 격식을 따지지 않는다. 그들은 서로에게 상처를 줄 수 없다는 것을 알기 때문에 공개적으로 논쟁을 벌인다. 커뮤니케이션이 진짜이길 원하는 곳에서 오해는 범죄가 아니다. 그러나 당신이 머리에서 발끝까지 무장하고 나에게 다가와 승리의 형태로 동의를 구하고자 전투를 강요한다면 당신은 나에게서 부정확한 **모습만을**, 대화의 끝을 의미하는 침묵만을 발견할 것이다. 역할들의 언쟁은 최우선적으로 논쟁에서 모든 흥미를 제거한다. 적만이 역할들의 영역에서, 스펙터클의 경기장에서 만남을 추구한다. 게다가 소위 우정이란 것이 그것을 강요하지 않고서, 온종일 자신의 유령들과 거리를 두는 것으로 충분하지 않은가? 물고 짖는 것이 역할들의 파렴치한 짓에 대해 의식하게 하고 자신의 중요함에 대해 갑자기 눈뜨게 만들 수 있기라도 하다면 말이다.

아주 행복하게도 비일관성의 스펙터클은 역할들 안에 분명히 놀이를 도입한다. "뒷면은 앞면의 가치가 있다"는 말의 정신은 진지함의 정신을 와해시킨다. 유희적 태도는 무관심 속에서 역할들이 떠다니도록 놔둔다. 그래서 겉모습의 재조직은 마지못해 놀이 부분(텔레비전의 오락게임 프로그램)을 증가시키려 노력하고 소비재를 위한 봉사에 경박함을 도입하려 노력한다. 거리 두기는 겉모습의 해체와 함께 확실해진다. 어떤 역할들은 의심스럽고 모호하다. 그것들은 자신들에 대한 비판을 포함한다. 이제는 어떤 것도 스펙터클을 집단적 놀이로 변환시키는 것을 막을 수 없다. 일상생활은 현재 가진 수단들을 갖고 집단적 놀이의 항구적인 확장 조건들을 만들어 낸다.

5

**입문.** 생존의 비참함을 보호하면서 그리고 그것에 맞서 항

다니엘 카사노바(Danielle Casa-nova, 1909~1943). 프랑스 공산주의자. 2차 세계대전 당시 독일에 저항해 레지스탕스 활동을 하였다.

의하면서 보상 운동은 각각의 존재에게 스펙터클에 참여하는 상당수의 형식적 가능성들을 나눠준다. 그것들은 공적이거나 사적인 하나 또는 여러 개의 삶의 조각을 무대에서 재현하는 것을 허용하는 일종의 통행증이다. 신이 각자에게 구원이나 영벌을 받을 자유를 남겨 두면서 모든 인간들에게 은총을 부여한 것과 마찬가지로 사회조직은 각자에게 세상 안으로의 입장에 성공하거나 실패할 권리를 준다. 그러나 신이 주체성을 전체적으로 소외시킨 반면에 부르주아지는 주체성을 잘게 쪼개 부분적 소외들의 집합으로 나눈다. 어떤 의미에서 주체성은 그전에는 아무것도 아니었지만, 이제는 어떤 것이 된다. 그것은 자신의 진실, 자신의 신비, 자신의 열정, 자신의 이유, 자신의 권리들을 가진다. 주체성의 공식적 인정은 주체성을 권력의 규범에 따라 표준화되고 공인된 요소들로 나누는 것을 통해 이뤄진다. 주체적인 것은 동일시의 수단을 통해 스테레오타입인 객관적인 형태들 안으로 들어간다. 그것은 부스러기 상태로, 절대화된 파편 상태로, 우스운 방식(낭만주의자들이 나를 다루는 괴상한 방식, 그리고 그것의 해독제인 유머)으로 껍질이 벗겨진 채 그 안에 들어간다.

존재한다는 것은 권력의 재현물들을 소유하는 것이다. 어떤 사람이 되기 위해서 개인은 모든 것을 고려해야 하고 자신의 역할들을 유지하고 닦고 실행해야 하며 스펙터클한 승진을 얻을 때까지 점진적으로 입문해야 한다. 학교라는 공장, 광고, 모든 질서의 조건화는 아이, 청소년, 성인이 거대한 소비자 가족 안에서 자신의 자리를 갖도록 돕는다.

입문의 단계들이 존재한다. 사회적으로 인정된 모든 집단들이 동일한 양의 권력을 갖지는 않는다. 그리고 그 양을 자기 집단의 구성원들에게 동등하게 나눠주지도 않는다. 대통령과 지지자들, 가수와 팬들, 의원과 유권자들 사이에는 긴 승진의 길이 놓여 있다. 어떤 집단들은 견고히 구조화돼 있고 다른 집단들은 매우 헐렁한 틀을 갖고 있다. 그렇지만 모두가 구성원들이 공유하는 참여감이라는 환상 덕분에 구성된다. 참여감은 모임, 배지, 작업리스트, 책임소재 등에 의해 유지된다. 그것은 거짓되며 종종 부서지기 쉬운 일관성이다. 모든 층위에서 일어나는 이 무시무시한 보이스카우트 활동 안에는 순교자, 영웅, 모델, 천재, 사상가, 봉사 일꾼, 성공한 위인과 같은 스테레오타입들이 있다. 예를 들어, 다니엘 카사노바, 씨엔푸에고스11, 브리지트 바르도, 마티유12, 악셀로스13, 페탕크14 전문가가 있다. 독자들은 각자 자신과 관계된 집단을 만들어 낼 수 있을 것이다.

역할들의 집단화는 거대 이데올로기들의 실추된 낡은 권력을 대체할 것인가? 권력은 겉모습의 조직과 연결돼 있다는 것을 잊어서는 안 된다. 신화의 낙하물은 이데올로기 파편들이 됐다가 오늘날은 역할의 먼지들이 되어 퍼진다. 그것은 또한 권력의 비참함을 은폐하기 위한 수단이, 부스러진 권력의 거짓말이 가진 비참함뿐이라는 것을 의미한다. 스타, 가장, 또는 국가원수의 위세는 경멸의 방귀만도 못한 것이 됐다. 그것의 초월을 제외하고는 아무것도 허무주의적 해체에서 벗어나지 못한다. 이 초월을 금지하는 기술 관료의 승리조차도 인간들을 공허한 활동으로, 대상 없는 입문적 의례로, 순수한 희생으로, 역할 없는 가입으로, 원칙적 전문화로 인도한다.

사실 전문가는 이 유령 같은 존재를 미리 보여 준다. 그는 톱니바퀴처럼 좀비들의 완벽한 질서 속에서 사회조직의 합리성 안에 거주하는 기계적 사물이다. 우리는 그를 정치계에서 은행 강도질에 이르기까지 사방에서 만날 수 있다. 어떤 의미에서 전문화는 역할의 과학이다. 그것은 과거에 귀족, 정신, 사치품, 은행예금이 제공하던 광채를 겉모습에 제공한다. 그러나 전문가는 더 많은 것을 제공한다. 그는 다른 사람들이 역할을 맡게 하려고 자신의 역할을 맡는다. 그는 생산, 소비기술과 스펙터클한 재현 사이의 연결고리이다. 그러나 그는 고립된 연결고리로 일종의 단자monad이다. 그는 작은 부분의 전체를 알기 때문에 이 작은 부분의 테두리 안에서 다른 사람들이 생산하고 소비하도록 만듦으로써 권력의 잉여가치를 획득하고 위계질서 안에서 자신의 재현부분을 증가시킨다. 그는 필요하다면 다양한 역할들을 포기하고 하나만을 남길 줄 안다. 권력을 분산하는 대신에 압축할 줄 안다. 자신의 삶을 단선적으로 축소할 줄 안다. 그래서 그는 매니저가 된다. 불운하게도 그의 권위가 작용하는 영역은 항상 너무 좁고 너무 단편적이다. 그는 위장병 전문의사가 자신이 아는 병은 고치고 몸의 나머지 부분은 병들게 하는 것과 같은 상황에 놓여 있다. 분명히 그가 장악한 집단의 중요성은 그에게 그의 권력에 대한 환상을 줄 수 있다. 그러나 아나키가 존재하고 분할된 이익들이 너무 모순적이고 너무 경쟁적이어서 그는 결국, 자신의 무능력을 깨닫게 된다. 핵무기를 가진 국가원수들이 서로를 마비시키는 것과 마찬가지로 전문가들은 자신들 모두를 지배하고 톱니바퀴의 위치를 적당히 조정하며 자신들을 깔아뭉개는 거대한 기계 – 권력, 사회조직 – 를 상호 간섭을 통해 최종적으로 만들고 작동시킨다. 그들은 그것이 자신들의 상호 간섭의 총체이기 때문에 맹목적으로 그것을 만들고 작동시킨다. 따라서 대부분의 전문가들이 자신들이 너무나 물불 가리지 않고 몰두하는 그와 같이 파괴적인 수동성을 불현듯 깨닫고 진정으로 살고자 하는 의지를 향해 격렬히 나아가기를 기다려야 한다. 권위적 수동성의 영향에 더 오래, 더 크게 노출된 상당수의 전문가들이 카프카의 『유형지』의 관리처럼 기계의 마지막 요동 때문에 고통을 당하며 기계와 함께 죽을 수밖에 없는 것은 예상할 수 있는 일이다. 권력을 가진 사람들, 전문가들의 상호 간섭은 권력의 위태로운 위엄을 매일 만들고 분해한다. 그 결과는 알려져 있다. 상호 간섭들을 제거하거나 적어도 통제하는 데 성공한 사이버네틱스 학자들의 합리적 조직이 우리에게 강요할 얼어붙은 악몽이 어떤 것인지를 상상해 보라. 그들과 노벨상을 다툴 사람들은 핵무기 동반자살을 지지하는 사람들뿐일 것이다.

◆◇

　재미있게도 "ID identity카드"라 불리는 신분증들에서 볼 수 있는 것처럼 이름과 사진의 가장 공공적인 사용은 현대사회의 경찰조직과 신분증의 결탁을 보여 준다. 신분증은 심문, 미행, 폭행, 체계적인 살인과 같은 일을 하는 경찰 하부조직뿐만 아니라 가장 비밀스러운 공권력들과도 결탁한다. 글이나 말로 된 정보망 안에서 이름과 사진이 반복해 나타나는 것을 보면 어떤 위계적 층위와 카테고리에 개인이 있는지를 알 수 있다. 한 지역이나 도시, 국가, 세계에서 가장 자주 불리는 이름이 매혹의 권력을 행사하고 있다는 것은 자명하다. 특정한 시공간 안에서 이 부분에 대해 통계조사를 해 보면 권력에 대한 일종의 조감도를 만들 수 있을 것이다.

그렇지만 역할의 손상은 역사적으로 이름의 무의미함과 함께 발생한다. 귀족에게 이름은 출생과 인종의 신비를 요약해서 간직한 것이다. 소비사회에서는 베르나르 뷔페라는 이름이 광고에 나오면서 그는 그저 그런 그림쟁이에서 유명한 화가로 탈바꿈한다. 이름의 조작은 마치 로션 판매에 이용되듯이 지도자들을 만드는 데 기여한다. 이것은 유명한 이름이 더는 그 이름을 가진 사람에게 속하지 않는다는 것을 의미한다. 뷔페라는 명찰하에는 실크 스타킹으로 된 **사물**만이 존재한다. 그것은 권력의 한 부분이다.

인본주의자들이 사람이 숫자와 등록번호로 축소됐다고 항의하는 소리를 듣는 것은 우스운 일이 아닌가? 이름의 부패한 독창성 아래에서 인간이 파괴되는 것이 일련의 숫자가 갖는 비인간성만 못한 것처럼 말이다. 나는 이미 소위 진보적 인사들과 반동적 인사들 사이의 혼란스러운 싸움이 다음과 같

은 질문을 중심으로 돌아가고 있다고 말한 바 있다. 그 질문이
란 이것이다. 인간을 곤봉으로 망가뜨릴 것인가, 보상으로 망
가뜨릴 것인가? 이름이 알려진다는 것은 좋은 보상이다.

　　그러나 이름이 사물이 돼 가는 만큼 존재는 이름을 잃는
다. 관점을 뒤바꾸면서 나는 어떤 이름도 나란 존재를 소진하
거나 뒤덮지 않는다는 것을 자각하고자 한다. 나의 즐거움은
이름을 갖지 않는다. 내가 나를 건설하는 아주 드문 순간들은
외부에서 그것들을 조작할 어떤 빌미도 제공하지 않는다. 자
기 상실만이 우리를 뭉개는 사물들의 이름 안에 말려들어 허
우적거린다. 나는 알베르 리베르타[15]가 자신의 신분증들을 불
태우고 하나의 이름을 버리고 수천 개의 이름을 취한 행위에
대해 사람들이 경찰의 통제에 대한 단순한 거부라고만 이해
할 것이 아니라 이런 의미에서 이해하기를 바란다. 1959년 요
하네스버그의 흑인 노동자들이 이 행위를 따라했다. 이것은
관점의 변화에 대한 경탄할 만한 변증법이다. 현 상황에서는
봉건시대 사람들과는 달리 나의 힘을 발산하는 이름을 갖는
것이 금지돼 있기 때문에 나는 명명할 수 없는 것 안에서 체
험의 풍요로움, 설명할 수 없는 시, 초월의 조건을 재발견한다.
나는 이름 없이 숲에 들어간다. 그 숲에서는 루이스 캐롤[16]의
암사슴이 앨리스에게 이렇게 말한다. "학교 여선생님이 너를
부르려 한다고 생각해 봐. 너는 이름이 없으므로 그녀는 '어
이!'라고 소리칠 것이다. 하지만 결과적으로 아무도 부르지 않
은 것이 되고 따라서 아무도 대답하지 않는다." 급진적 주체성
의 행복한 숲이다.

조르조 데 키리코[17]는 좋은 결과를 보이며 앨리스의 숲에 이르는 길에 합류한 것처럼 보인다. 이름에 진실인 것은 얼굴의 재현에서도 유효하다. 사진은 본질적으로 역할, 포즈를 표현한다. 영혼은 그 안에 갇혀 해석에 따른다. 그래서 사진은 항상 슬픈 분위기를 가진다. 사람들은 물건을 조사하듯 사진을 조사한다. 게다가 아무리 다양하다 하더라도 일련의 표현들에 자신을 동일시하는 것은 자신을 물건으로 만드는 것이 아닌가? 신비론자들의 신은 적어도 이런 암초를 피할 줄 알았다. 그러나 키리코에게로 돌아와 보자. 리베르타와 거의 동시대 사람으로서(권력이 만약 사람이었다면 그가 막을 수 있었던 만남들에 대해 그 이상 기뻐할 수는 없었을 것이다), 머리가 없는 그의 그림 속 인물들은 비인간성을 종합적으로 잘 고발한다. 텅 빈 장소, 화석이 된 장식들은 그가 창조한 사물들을 통해 비인간화된 인간을 보여 준다. 이데올로기들의 억압적 힘이 압축된 도시 안에 경직돼 있는 그 사물들은 인간에게서 실체를 제거하고 인간을 흡혈귀로 만든다. 그림에 대해 흡혈귀의 풍경이라고 말한 사람이 누구인지는 잘 모르겠다. 아마도 브르통이 아닐까 한다. 게다가 선의 부재는 새로운 얼굴의 현존을 공허하게 부른다. 그 현존은 돌 자체를 인간으로 만든다. 이 얼굴은 내가 보기에 집단적 창조의 얼굴이다. 그것이 누구의 얼굴도 아니므로 키리코의 인물은 모두의 얼굴을 갖고 있다.

현대문화가 자신의 무에 의미를 부여하고 자신의 무가치함에 대한 기호학을 만들기 위해 많은 애를 쓰고 있지만, 명백한 방식으로 사실들의 시를 향해 열리는, 예술·철학·인간의 실현을 향해 열리는 부재가 있는 그림이 있다. 그림 안의 본질적 장소에 도입된 흰 공간은 물화된 세계의 흔적으로서 얼굴이 재현과 이미지의 장소를 떠나서 지금은 일상적 **실천** 안에 통합됐다는 것을 알려준다.

1910~1920년에는 비교할 수 없는 풍요로움이 있었다는 것이 언젠가 밝혀질 것이다. 처음으로 많은 비일관성과 천재성을 갖고 하나의 다리가 예술과 삶 사이에 투사됐다. 이 초월의 아방가르드에서부터 현재의 상황주의자 운동에 이르는 기간 동안 초현실주의 운동을 제외하고는 아무것도 없었다고 감히 말할 수 있다. 예술의 영역이든, 혁명의 영역이든 40년 전부터 제자리걸음을 하는 늙은 세대에 대한 환멸은 이 사실을 잘 말해준다. 다다 운동, 말레비치[18]의 흰 사각형,『율리시스』[19], 키리코의 그림들은 총체적 인간의 현존을 통해 사물의 상태로 축소된 인간의 부재를 비옥하게 한다. 그리고 총체적 인간은 오늘날 가장 많은 수의 사람들이 금지된 창조성의 이름으로 고안하는 계획에 다름 아니다.

6

통일된 세계에서, 신들의 움직이지 않는 시선 아래에서 모험과 순례는 불변의 것 내부의 변화를 규정한다. 발견할 것은 아무것도 없다. 왜냐하면, 세상은 영원히 주어져 있지만, 폭로는 교차로에서 순례자, 기사, 방랑자를 기다리기 때문이다. 사실 폭로는 각자 안에 있다. 세상을 편력하며 사람들은 자기 안에서 그것을 찾는다. 먼 곳에서 그것을 찾는다. 그리고 그것은 갑자기 솟아오른다. 그것은 박복한 찾는 이가 결코 예상할 수 없는 장소에서 행위의 순수함이 솟아오르도록 하는 기적의 샘이다. 샘과 성은 중세의 창조적 상상력을 지배한다. 그것들의 상징은 명백하다. 움직임 안에 있는 불변의 것을 찾고 불변의 것 안에 있는 움직임을 찾는 것이다.

엘라가발루스[20], 티무르[21], 질 드 레, 트리스탄[22], 퍼시벌[23]의 위대함을 만드는 것은 무엇인가? 그들은 살아 있는 신 안에서 정복당한 채 물러난다. 그들은 조물주에 자신을 동일시하고 무서운 신의 가면 아래에서 지배하고 죽기 위해 자신들의 인간성을 충족되지 않은 상태로 내버려 둔다. 불변의 것의 신인 이 인간들의 죽음은 거짓된 것의 그림자 안에서 삶이 꽃 피도록 한다. 죽은 신은 살아 있는 옛 신보다 더 무게가 나간다. 사실 부르주아지는 우리를 신으로부터 해방하지 않았다. 단지 신의 시체에 냉난방 장치를 설치했을 뿐이다. 낭만주의는 썩어 가는 신의 냄새이다. 생존의 조건들 앞에서 역겨운 냄새에 코를 킁킁거리는 것이다.

모순들에 의해 찢긴 계급인 부르주아지는 세상의 변형을 기반으로 자신의 지배를 세우지만 자기 자신의 변형은 거부한다. 부르주아지는 움직임에서 벗어나고자 하는 움직임이다. 통일된 체제에서 불변의 것의 이미지는 움직임을 포함한다. 분할된 체제에서 움직임은 불변의 것을 재생산하려 노력한다(항상 전쟁, 가난한 자, 노예들이 있을 것이다). 권력의 부르주아지는 공허하고 추상적이고 총체성에서 단절된 변화만을 용인한다.

그것은 단편적 변화이고 단편의 변화이다. 그러나 변화의 습관은 전복을 책임진 변화의 원리 안에 있다. 그런데 변화는 소비사회를 지배하는 강제적 명령이다. 사람들이 자동차, 패션, 생각을 바꿔야 한다. 작동하기 위해서는 소비에 자신을 제공하고 각자를 소비하면서 자신을 소비하는 것 외에는 다른 탈출구가 없는 권위의 형태에, 급진적 변화가 종지부를 찍지 않도록 하려면 그런 변화가 필요하다. 불행하게도 죽음을 향한 앞선 도주에서는, 끝내려고 하지 않는 경주에서는 실제적 미래가 없다. 급하게 새것을 입히고 미래에 내던진 과거만이 있다. 거의 4반세기 동안 물건과 사상의 시장에서는 겨우 낡은 것을 가린 동일한 새것들이 줄지어 등장했다. 역할들의 시장에서도 마찬가지이다. 어떻게 역할의 옛날 질을, 봉건적 개념에 따른 역할을 보상할 수 있는 역할의 다양성을 확보할 것인가?

a. 양적인 것은 그 자체로 하나의 제한이며 질적인 것으로의 전환을 요청한다.

b. 갱신의 거짓말은 스펙터클의 빈약함 속에서 잘 나타난다. 연속적인 역할 부여는 변장한 사람들을 이용한다. 세부요소들의 변화의 증가는 변화하고자 하는 욕구를 자극하지만, 결코 충족시키는 못한다. 환상의 변화를 성급히 추진하면서 권력은 급진적 변화의 현실에서 벗어날 수 없다.

역할들의 증가는 역할들을 동등하게 만드는 경향이 있을 뿐만 아니라 역할들을 조각내고 하찮은 것으로 만들기도 한다. 주체성의 양화는 미소 짓는 방식, 가슴을 내미는 방식, 이발한 방식 등, 가장 평범한 행위들이나 가장 공통적인 조치들을 위해 스펙터클한 카테고리들을 만들었다. 큰 역할들은 점점 더 적어지고 단역들은 점점 더 많아진다. 위뷔-스탈린, 히틀러, 무솔리니조차도 희미한 후계자들을 가질 뿐이다. 대부분의 사람들은 한 집단에 들어가 사람들을 접촉하는 일이 갖는 불편함에 대해 잘 안다. 그것이 배우의 공포이다. 바로 자신의 역할을 잘못 하는 것에 대한 공포이다. 이 공포가 자신의 원천을 재발견하려면 공식적으로 통제할 수 있는 태도들과 자세들의 부스러기를 기다려야 한다. 역할의 서투름이 문제가 아니라 스펙터클 안에서, 사물들의 질서 안에서 자신을 잃는 것이 문제이다. 『의학과 총체적 인간』에서 솔리에 박사[24]는 신경병의 놀랄 만한 확산에 관해 확인한다. "병 그 자체는 없다. 마찬가지로 환자 그 자체는 없다. 진정한 혹은 비진정적 세계-안의-존재만이 있을 뿐이다." 겉모습이 훔친 에너지를 진정으로 살고자 하는 의지로 전환하는 것은 겉모습의 변증법에 속한다. 거의 생물학적 방어 작용을 유발하면서 비진정성에 대한 거부는 소외의 스펙터클을 계속 조직해 온 사람들을 폭력적으로 파괴할 가능성을 많이 갖고 있다. 오늘날 우상이 되는 영광을 누리는 사람들, 예술가, 사회학자, 사상가, 모든 연출의 전문가들은 이 점에 대해 심사숙고해야 할 것이다. 대중의 분노가 폭발하는 것은 크라카토아[25] 화산의 폭발처럼 우발적인 사건이 아니다.

◆◇

한 중국 철학자는 이렇게 말했다. "합류는 무의 접근이다. 총체적 합류 안에서 현존이 동요한다." 소외는 인간의 모든 활동들에 퍼져 그것들을 극단적으로 분리한다. 그러나 동시에 자신을 분리하면서 곳곳에서 더 취약하게 된다. 스펙터클의 붕괴 안에서는 맑스가 말했듯이 "새로운 삶이 자의식을 갖게 되고 파괴됐던 것을 파괴하고 배척됐던 것을 배척한다." 분리 안에는 통일이 있다. 마모 안에는 에너지의 응축이 있다. 자기의 파편화 안에는 급진적 주체성이 있다. 그것은 질적인 것이다. 그러나 우리가 사랑하는 여자와 사랑을 나누는 것처럼 세상을 다시 만들려 하는 것으로는 충분하지 않다.

일상생활을 고갈시키는 기능을 하는 것이 소진될수록 점점 더 삶의 힘이 역할의 권력을 이기게 된다. 이렇게 관점의 전복이 시작된다. 바로 이 지점에서 초월의 돌파구를 열기 위해 새로운 혁명 이론이 응집돼야 한다. 자본주의와 스탈린주의에 의해 열린 계산의 시대와 의심의 시대에 맞서서 전술적 암약 단계의 놀이의 시대가 구성된다.

스펙터클의 파손 상태, 개인적 경험들, 거부의 집단적 표현들은 사실 속에서 역할의 전술적 운영을 명확히 지정한다. 집단으로 역할들을 제거하는 것이 가능하다. 혁명적 순간들에 자유롭게 나타나는 자생적 창조성과 축제의 감각은 수많은 사례들을 제공한다. 기쁨이 인민의 마음을 사로잡을 때는 어떤 지도자나 연출도 그들을 점령할 수 없다. 그들의 기쁨을 굶주리게 하면서만 혁명적 대중들의 주인이 될 수 있다. 그것은 그들이 더 멀리 가지 못하도록 막고 그들의 정복지를 넓히는 것을 막으면서 가능하다. 당장 상황주의자들이 만든 것과 같은 이론적이고 실천적인 행동단체는 정치-문화적 스펙터클

파트리스 루뭄바(Patrice Émery
Lumumba, 1925~1961). 콩고
민주 공화국의 독립운동가이자
초대 총리.

안에 전복으로서 들어갈 능력을 이미 갖
추고 있다.

개인적으로, 따라서 일시적 방식으로,
자신을 희생해서 역할들을 살찌우지 않
고서 역할들에 양분을 공급할 줄 알아
야 한다. 역할들에 맞서 자신을 보호하면
서 역할들을 통해 자신을 보호할 줄 알
아야 한다. 역할들이 흡수하는 에너지와
그것들이 환상으로 제공하는 권력을 회
수할 줄 알아야 한다. 자크 바셰의 놀이를 할 줄 알아야 한다.

당신의 역할이 다른 사람들에게 그것을 강요한다면, 당신
이 아닌 권력이 돼라. 그 후에 그것의 유령이 방황하도록 놔두
라. 사람들은 항상 특권을 둘러싼 싸움에서 죽는다. 그러니
괜히 애쓸 필요 없다. 헛된 말다툼, 공연한 논쟁, 맑스 사상을
위한 포럼, 집담회 등은 필요 없다! 진정으로 당신을 해방하기
위해 때릴 필요가 있다면 죽일 작정으로 때려라! 말로는 죽일
수 없다.

사람들이 당신을 둘러싸고 논쟁을 하고자 한다. 그들이
당신을 찬미하는가? 그들의 얼굴에 침을 뱉어라. 그들이 당신
을 조롱하는가? 그들의 조롱 속에서 그들 자신의 모습을 발
견하도록 도와주라. 역할은 그 안에 웃음거리를 담고 있다. 당
신 주변에는 역할들밖에 없는가? 당신의 거침없음, 당신의 유
머, 당신의 거리 두기를 보여 주라. 고양이가 생쥐를 갖고 놀듯
이 그들을 갖고 놀라. 이렇게 하다 보면 당신의 측근들 중 한

두 명은 스스로 깨어나서 대화의 조건들을 발견하게 된다. 모든 역할들은 동등하게 소외시키는 것이지만 동등하게 경멸할 만할 것은 아니다. 형식화된 행동들의 표본 안에서 몇몇은 체험과 소외된 요구들을 간신히 숨긴다. 일시적 연합들은 그것들이 전제하는 이데올로기를 통해 급진성의 약속이 있는 한, 몇몇 태도들과 몇몇 혁명적 이미지들과 함께 허용된 것처럼 보인다. 나는 특히 젊은 콩고 혁명가들이 루뭄바를 숭배하는 것에 대해 생각한다. 다른 사람들과 자신을 위해 유효한 유일한 방법은 급진성의 양을 증가시키는 것임을 마음속에 간직한 사람은 속을 수도, 자신을 잃어버릴 수도 없다.

## 16장

# 시간의 유혹

거대한 주술을 통해, 흐름의 시간에 대한 믿음은 시간의 흐름이란 현실을 만들어 낸다. 시간은 인간이 세상을 변화시키는 데 실패할 때마다 귀착하게 되는 적응의 마모이다. 나이는 역할이다. 겉모습의 차원에서 "체험된" 시간의 가속화이고 '사물'에 대한 집착이다.

문명 안에서 나타나는 거북함의 증가는 오늘날 새로운 귀신학의 길에서 치료법들을 굴절시킨다. 기원, 주술, 마귀 들림, 퇴마의식, 안식의 대향연, 변신, 부적이 낫거나 아프게 하는 모호한 특권을 가졌던 것과 마찬가지로 오늘날 더욱 확실히 억압된 인간에 대한 위로(의학, 이데올로기, 역할의 보상, 편리한 물건, 세상을 변형하는 방법들)가 억압 자체에 양분을 준다. 병적인 **사물들의 질서**가 존재한다. 바로 이것을 지도자들은 어떻게 해서든 숨기려 한다. 빌헬름 라이히는 『오르가슴의 기능』이라는 멋진 책에서 어떻게 그가 몇 달에 걸친 오랜 정신분석 치료 후에 빈의 젊은 여성 노동자를 낫게 했는지에 대해 설명한다. 그녀는 생활환경과 노동조건에서 오는 우울증에 시달리고 있었다. 그녀가 완쾌된 후 라이히는 그녀를 다시 그녀가 살던 곳으로 돌려보냈다. 15일 후 그녀는 자살했다. 잘 알려졌다시피 라이히는 그의 명료한 의식과 정직함 때문에 정신분석학 분야에서 배척되고 고립된 후 정신착란에 빠져 죽었다. 귀신학자들의 이중성을 폭로하면 벌을 받는 것이다.

세상을 조직하는 사람들은 고통과 그것의 마취법을 조직한다. 그것은 잘 알려진 일이다. 대부분의 사람들은 깨어나는 데 대한 두려움과 욕망 사이에서 방황하며 자신들의 신경증적 상태와 체험으로의 회귀가 주는 충격 사이에 갇힌 채 몽유병 상태로 살아간다. 그렇지만 지금은 마취하의 생존이 유기체를 포화시키면서 "회귀 충격"이라고 명명된 것을 유발할 양의 마취를 요구하는 시대이다. 바로 이 대격동의 임박함과 속성이 거대한 주술에 대해서처럼 사람들의 조건화에 대해서 말하는 것을 허용한다.

주술은 형태적 유사성, 유기조직의 공존, 기능적 대칭, 상징의 연합과 같은 특별한 법칙들에 의해 이끌어진 호감의 도움을 받아 가장 멀리 떨어진 물건들을 다시 연결하는 공간-망의 존재를 전제한다. 하나의 행동을 어떤 신호의 출현과 수없이 연결하면서 상응 관계가 확립된다. 그것은 결국, 일반화된 조건화이다. 그런데 오늘날 특정한 조건화, 선전, 광고, 대중매체를 고발하는 매우 확산된 방식이 더 광범위하고 더 본질적인 주술을 제자리에 유지하고 의심받지 않도록 만드는 부분적인 퇴마의식처럼 작용하지는 않는지 자문할 수 있다.『프랑스-수아』의 극단적인 말을 조롱하면서『르 몽드』[1]의 격조 있는 거짓말에 빠지기 쉽다. 정보, 언어, 시간은 권력이 인류를 조작하고 자신의 관점 아래에 놓는 데 사용하는 거대한 집게가 아닌가? 그것이 서투른 지배력이라는 것은 맞다. 하지만 그것의 힘은 사람들이 그것에 저항할 생각을 하지 못하고 자신들이 어떤 점에서 이미 자생적으로 그것에 저항하고 있는지를 모른다는 점에서 더욱 함축적이다.

스탈린의 큰 재판들은 약간의 인내와 집요함만 있으면 한 사람에게 모든 범죄를 뒤집어씌우고 그를 죽여 달라고 공개적으로 간청하도록 만들 수 있다는 것을 보여 줬다. 오늘날 그런 기술에 대해 알고서 그것을 경계하는 사람들이 어떻게 우리를 이끄는 한 무리의 메커니즘이 동일하게 음흉한 설득력을 갖고 더 많은 수단들을 동원해 더 끈덕지게 "너는 약하다, 너는 늙을 것이다, 너는 죽을 것이다."라고 선언하는 것을 모를 수가 있는가? 의식이 복종하고 그 후에는 몸이 복종한다. 나는 앙토냉 아르토[2]의 다음과 같은 말을 유물론자로서 이해하고자 한다. "사람들은 죽어야 하므로 죽는 것이 아니다. 사람들이 죽는 것은 그리 오래지 않은 어느 날 사람들의 의식이 그것을 필수적이라고 받아들였기 때문이다."

좋지 않은 땅에서 식물은 죽는다. 동물은 환경에 적응하고 인간은 환경을 변형한다. 그렇기에 식물이냐, 동물이냐, 인간이냐에 따라서 죽음은 동일한 현상이 아니다. 호의적인 땅에서 식물은 동물의 조건을 가진다. 식물은 적응할 수 있게 된다. 인간이 자신의 주변 환경을 변형하는 데 실패하게 되면 그도 동물의 조건을 가진다. 적응은 동물 세계의 법칙이다.

일반 적응 증후군은 경보 단계, 저항 단계, 소진 단계라는 세 가지 단계를 거친다고 **스트레스** 이론가 한스 셀리에는 말한다. 겉모습의 차원에서 인간은 영원을 위해 투쟁할 줄 알았다. 하지만 진정한 삶의 차원에서 그는 동물적 적응의 단계에 머문다. 유년기의 자생적 반응, 청년기의 공고화, 노년기의 소진이 그것이다. 그리고 오늘날 그가 겉모습에 신경 쓰면 쓸수록 스펙터클의 일시적이고 비일관적인 속성은 더욱더 그가 개처럼 살고 건초더미처럼 죽는다는 것을 다시 보여 준다. 왜냐하면, 결국, 인간이 자신이 바라는 대로 세상을 변형하기 위해 만든 사회조직이 이제는 더는 자신을 돕지 않는다는 것을 곧 인정하게 될 것이기 때문이다. 사적 소유의 역사, 인간에 의한 인간 착취의 역사, 위계화된 권력의 역사를 통해 인간이 만든 개인적 해방과 실현의 기술들을 아직은 만들어지지 않은 더 높은 조직의 규칙들에 따라 사용하는 것이 금지된다.

우리는 이제 폐쇄된 답답한 시스템 안에서 살아간다. 한편에서 얻는 것을 다른 한편에서 다시 잃는다. 보건 분야에서의 발전들로 인해 양적으로 정복당한 죽음은 생존 속에 질적으로 도입된다. 적응은 민주화되고 모두에게 더 쉬운 것이 된다. 그리고 그 대가로 사람들은 세상을 인간에게 적응시킨다는 요점을 잃어버린다.

분명히 죽음에 대항한 투쟁이 존재한다. 그러나 그 투쟁은 적응 증후군의 내부에 위치한다. 이것은 죽음을 치료약과 뒤섞는 결과를 가져온다. 치료방법에 대한 연구들이 특히 소진 단계에 집중돼 있다는 것은 의미심장한 것이다. 그것은 마치 늙을 때까지 저항 단계를 연장하고자 하는 것처럼 보인다. 허약함과 무기력이 이미 효과를 발휘하고 있을 때 사람들은 충격 요법을 사용한다. 라이히가 잘 이해했던 것처럼, 적응의 마모를 방지하기 위한 충격 요법은 사람들이 사회조직을 직접 공격한다는 것을, 적응 단계에 대한 초월을 막는 것을 직접 공격한다는 것을 너무나 확실히 내포한다. 사람들은 부분적인 치유를 선호한다. 적어도 전체가 다 아프지는 않기를 바라는 것이다. 그러나 만약 부분적 치유 때문에 일상생활 '전체'가 비진정성의 거북함에 의해 침범을 당하면 어떻게 할 것인가? 언제 퇴마의식과 주술이 사회의 불안을 증가시키는 데 공동으로 기여하고 있다는 사실이 밝혀질 것인가?

◆◇

"당신은 몇 살입니까?"라는 질문을 하게 되면 곧바로 권력과 연관되게 된다. 표시점이 되는 날짜는 이미 우리를 구속한다. 신, 메시아, 지도자, 정복하는 도시와 같이 권위를 나타내는 것의 자격을 이야기할 때 우리는 그것이 시작된 시간을 측정하지 않는가? 귀족들이 보기에 축적된 시간은 권위의 표시이다. 즉, 나이 드는 것뿐만 아니라 선조들의 목록은 귀족의 절대 권력을 증가시킨다. 죽으면서 귀족은 자신의 후손들에게 과거에 의해 힘을 얻는 생명력을 물려준다. 반대로 부르주아지는 과거를 갖지 않는다. 그는 적어도 과거를 인정하지 않는다. 그의 파편화된 권력은 더는 상속에 복종하지 않는다. 부르주아지는 귀족의 길을 패러디하며 다시 만든다. 가문의 계보에 대한 동일시는 가족 앨범 사진들에 대한 동일시 안에서 회고적으로 발견된다. 순환적 시간에 대한, 영원한 회귀의 시간에 대한 동일시는 연속적이고 빠른 흐름을 가진 선적인 시간의 단편들에 대한 맹목적 동일시 안에서 충족된다.

측정할 수 있는 시간의 출발 표시와 나이 사이의 관계는 권력에 대한 조심성 없는 유일한 암시가 아니다. 내가 보기에 측정된 나이는 역할일 뿐이다. 그것은 비체험의 양식 위에서, 따라서 겉모습의 차원과 적응의 법칙에 따라 체험된 시간의 가속화일 뿐이다. 권력을 취하면서 사람들은 나이를 먹는다. 옛날에는 나이 든 사람들만이, 다시 말해 귀족 출신이거나 오랜 경험을 한 사람들만이 권력을 행사했다. 오늘날은 젊은이들도 늙는 것에 대한 의심스러운 특권을 누린다. 소비사회는 우리를 너무 이른 노화로 인도한다. 소비사회는 틴에이저라는 명찰하에 소비자로 전환해야 할 새로운 집단을 발견하지 않았는가? 소비하는 사람은 자신을 날조해 소비한다. 그는 스펙터클을 위해서 그리고 진정한 삶을 희생하며 겉모습을 가꾼다. 그는 상품, 역할들과 같은 죽은 사물들에 매달리기 때문에 그가 매달리는 곳에서 죽는다.

당신이 소유한 모든 것은 거꾸로 당신을 소유한다. 당신을 소유자로 만드는 모든 것은 사물들의 본성에 당신을 적응시킨다. 즉, 당신을 늙게 한다. **흐르는 시간은 나의 부재에 의해 남겨진 공간을 채우는 것이다.** 만약 당신이 시간의 뒤를 쫓는다면 시간은 더욱더 빨리 뛸 것이다. 그것이 소비재의 법칙이다. 그것을 잡고 싶은가? 그것은 당신이 헐떡이도록 하고 그만큼 당신은 늙어 간다. 그것을 사실 위에서, 현재 안에서 취해야 한다. 그러나 현재는 건설해야 하는 것이다.

우리는 절대 늙지 않도록, 절대 죽지 않도록 태어났다. 우리는 너무 일찍 나왔다는 의식만을 가진다. 그리고 미래에 대한 일정한 경멸이 우리에게 이미 삶의 아름다운 단면을 보장한다.

## 생존, 그리고 생존에 대한 거짓된 항의

생존은 경제 명령으로 축소된 삶이다.
따라서 생존은 오늘날 소비재로 축소된 삶이다(17장).
— 현재의 소위 혁명가들이 질문할 생각을 하기도 전에
사실들이 초월에 대한 질문에 답변한다.
초월되지 않은 것은 썩는다. 썩는 것은 초월을 유발한다.
이 두 움직임을 모른 채 불안정한 거부는
해체를 가속하고 우리가 종종 피살자가 살해자의 일을
도왔다고 말하는 것처럼 초월을 도우면서 그 안에 통합된다.
— 생존은 살 수 없게 된 비초월(non-dépassement)이다.
생존에 대한 단순한 거부는 우리를 무능력하게 만든다.
원래는 혁명적이었던 움직임들이 내버린
급진적 요구들의 핵심을 이제 되찾아야 한다(18장).

자본주의는 생존을 탈신비화했다. 그것은 기술적 가능성들의 풍부함에 직면한 일상생활의 빈곤함을 참을 수 없는 것으로 만들었다. 생존은 삶의 경제가 됐다. 집단적 생존의 문명은 개인적 삶의 죽은 시간들을 증가시킨다. 그 결과로 죽음의 부분이 집단적 생존 자체를 이길 위험이 있다. 파괴하고자 하는 격정이 살고자 하는 격정으로 전환되지 않는다면 말이다.

현재까지 사람들은 세상의 변형 **시스템**에 적응하기만 했다. 이제는 세상의 변형에 시스템을 적응시켜야 할 때이다.

인간 사회들의 조직은 세상을 바꿨다. 그리고 세상은 바뀌면서 인간 사회들의 조직을 뒤엎었다. 그러나 위계화된 조직이 자연을 점령하고 투쟁 속에서 변하는 반면, 개인에게 할당된 자유와 창조성의 부분은 사회적 규범들에 적응해야 할 필요성에 의해 흡수된다. 적어도 일반화된 혁명적 순간들의 부재기에는 그렇다.

역사 안에서 개인의 시간은 대부분의 경우 죽은 시간이다. 그것이 우리에게 참을 수 없게 된 것은 상당히 최근에 그것을 인식하게 되면서부터이다. 한편으로 부르주아지는 혁명을 통해 인간들이 세상의 변형을 가속할 수 있으며 개인적으로 자신의 삶을 개선할 수 있다는 것을 증명한다. 개선은 여기에서 지배계급, 부, 자본주의적 성공으로의 접근을 의미한다. 다른 한편으로 부르주아지는 간섭을 통해 개인의 자유를 없애고,

일상생활 속에서 죽은 시간들을 증가시키며(생산하고 소비하고 계산할 필요성), 시장의 우연적 법칙들 앞에서, 전쟁과 비참함을 수반하는 피할 수 없는 순환적 경제위기들 앞에서, 상식의 장벽(사람은 바뀌지 않는다, 언제나 가난한 사람들은 있다 등) 앞에서 굴복한다. 부르주아지의 정치와 그것의 사회주의적 후유증의 정치는 경기 도중 가속기가 고장 난 자동차 안에서 제동을 거는 정치이다. 가속이 증가할수록 제동은 갑작스럽고 위험하고 효과 없는 것이 된다. 소비재의 속도는 권력의 붕괴 속도이다. 그리고 동시에 낡은 세상의 붕괴 속에서 태어난 평행 우주, 새로운 세상, 새로운 차원의 촉박한 생성이다.

귀족적 적응 시스템이 "민주적" 적응 시스템으로 전환되는 것은 개인적 복종의 수동성과 자연을 변형하는 사회적 능동성 사이에, 인간들의 무능력과 신기술의 능력 사이에 존재하는 간격을 갑자기 벌린다. 관조적 태도는 봉건적 신화와, 그리고 그 신화의 영원한 신들이 끼워 넣은 거의 움직이지 않는 세계와 완벽하게 어울린다. 그러나 복종 정신이 상인, 제조자, 은행가, 부의 발견자들의 능동적 시각을 어떻게 그대로 받아들이겠는가? 불변의 것의 폭로가 아니라 경제적 운동의 폭로, 이윤에 대한 가시지 않는 갈증, 항구적인 갱신의 필요를 아는 사람들의 능동적 시각을 어떻게 그대로 받아들이겠는가? 그렇지만 부르주아지가 일시적인 것, 과도기적 상태, 희망을 대중화시키고 높이 평가하는 곳이라면 어디에서나 권력으로서의 부르주아지는 실제 인간들을 그곳에 가두려 애쓴다. 부르주아지는 신학적 불변성을 움직임의 형이상학으로 대체한다. 이 두 개의 재현들은 모두 움직이는 현실을 방해한다. 그러나 전자는 후자보다 더 많은 행복과 조화 속에서, 더 많은 일관성과 통일 속에서 그렇게 한다. 진보와 변화의 이데올로기는 불변의 것을 위해 봉사한다. 이것은 앞으로 우리의 의식이 결코 모를 수도 없고 우리의 의식 앞에서 합리화될 수도 없는 역설이다. 기술과 편리함이 확장되고 있는 이 세계에서 존재들은 몸을 도사리게 되고 메마르게 되며 작게 살고 사소한 것을 위해 죽는다. 완전한 자유의 약속이 이웃에 의해 엄격하게 통제되는 1평방미터의 개인적 자율이 되는 것은 악몽이다. 그것은 쩨쩨함과 비열한 생각의 시공간이다.

살아 있는 신 안에서의 죽음은 앙시앵 레짐Ancien régime의 일상생활에 다양한 현실의 풍부함에 도달하는 환상적 차원을 제공했다. 사람들이 이보다 더 잘 비진정성 안에서 자신을 실현한 적이 없었다고 해 두자. 그러나 분할된 권력이라는 죽은 신, 썩어 가는 신 아래에서의 삶에 대해서는 무슨 말을 할 수 있는가? 부르주아지는 인간들의 삶으로 저축하면서 신을 절약했다. 부르주아지는 또한 경제적인 것을 신성한 명령으로 만들고 삶을 경제 시스템으로 만들었다. 미래의 프로그래머들이 합리화하고 계획화하며 인간화하려고 준비하는 것이 바로 이 도식이다. 그리고 안심하라. 사이버네틱스의 프로그램화는 신의 시체만큼이나 무책임할 것이다.

키르케고르는 생존의 고통에 대해 이렇게 표현한다. "다른 사람들이 자신들의 시대가 갖는 악의에 대해 괴로워하도록 내버려 두어라. 나는 그것이 갖는 쩨쩨함에 대해 불평한다.

쇠렌 오뷔에 키르케고르(Søren Aabye Kierkegaard, 1813~1855). 덴마크의 철학자. 자아의 비판적 성찰을 강조하면서 실존주의 철학에 큰 영향을 미쳤다.

왜냐하면, 그것은 열정이 없기 때문이다.…내 삶은 단 하나의 색으로 귀착된다." 생존은 본질적인 것으로, 추상적 형태로, 필요한 효소로 축소된 삶이다. 그것은 인간이 생산과 소비에 참여하도록 한다. 로마의 노예에게 그것은 휴식과 음식이었다. 인권의 수혜자들에게 그것은 먹을 것과 교양을 쌓을 수 있는 것이며 역할을 유지하기 위한 충분한 의식이고 권력을 얻기 위한 주도권이며 기호를 과시하기 위한 수동성이다. **우월하게 동물적인** 방식으로 적응하는 자유이다.

생존은 느려진 삶이다. 겉모습은 그런 지출을 내포한다! 생존은 생활정보가 충분히 대중화시킨 사적인 건강법을 갖고 있다. 격한 감정을 피하라, 긴장하지 마라, 적게 먹어라, 적당히 마셔라 등이 그것이다. 결국, 자신의 역할을 더 잘 수행하기 위해 건강하게 생존하는 것이 문제이다. "과로는 지도자들의 병이다."라고 『르 몽드』의 한 기사 제목은 밝히고 있다. 생존을 조절해야 한다. 왜냐하면, 생존은 마모이기 때문이다. 생존은 거의 경험하지 않는 것이 좋다. 왜냐하면, 생존은 죽음으로 가는 길이기 때문이다. 과거에 사람들은 삶이 되는 죽음 안에서, 신 안에서 죽었다. 오늘날 삶에 대한 존중은 삶을 만지고 깨우고 혼수상태에서 빼내는 것을 금지한다. 사람들이 자신 안에 담고 있는 죽음의 양이 포화상태에 이를 때 사람들은 무기력 때문에 죽는다. 어떤 과학 아카데미가 우리의 일상적 행위들을 죽이는 치명적 방사능의 비율을 폭로할 것인가? 자기가 아닌 것에 자기를 동일시하고 한 역할에서 다른 역할로, 한 권력에서 다른 권력으로, 한 연령대에서 다른 연령대로 옮겨 다니다 보면, 어떻게 해체라는 이 영원한 과도기적 이행에서 마침내 벗어날 수 있겠는가?

삶 한복판에 있는 신비하고 구체적인 죽음의 현존은 프로이트로 하여금 소위 죽음의 본능이라는 존재론적 저주를 발견하게 할 정도였다. 라이히가 이미 지적했던 프로이트의 실수는 오늘날 소비현상에 의해 명확히 드러난다. 죽음의 본능의 세 요소인 해탈·반복 성향·마조히즘은 바로 권력의 영향력이 갖는 세 가지 양식, 즉 수동적으로 받아들인 구속, 관습적 유혹, 피할 수 없는 법칙처럼 지각되는 매개일 뿐이다.

알다시피 재화의 소비 ─ 이것은 현재 상태에서는 항상 권력의 소비이다 ─ 는 그 안에 자신의 파괴와 초월의 조건들을 담고 있다. 소비자의 만족은 결코 도달될 수도 없고 도달돼서도 안 된다. 소비재의 논리는 새로운 욕구가 만들어질 것을 요구한다. 하지만 이 조작된 욕구들의 축적이 인간을 소비자라는 유일한 상태 속에서 점점 더 불편하게 유지하면서 인간의 불편함을 강화하는 것도 사실이다. 게다가 소비재 안에서의 부유함은 진정한 체험을 빈곤하게 만든다. 이런 체험의 빈곤화는 이중으로 일어난다. 우선 체험에 대해 **사물**로서의 반대급부를 제공하면서 일어난다. 그다음에는 이 사물들을 소비해야 하므로, 다시 말해 파괴해야 하므로 이 사물들에 집착하고 싶어도 그럴 수 없다는 점에서 빈곤화가 일어난다. 그 때문에 끊임없이 더 많은 것을 요구하는 살고자 하는 욕구와 그 자신을 먹어치우는 불만족이 나온다. 그런데 이 삶의 욕구는 양면적이다. 그 욕구는 관점의 전복지점이다.

소비자의 편향된 시각에서는, 조건화된 시각에서는 살고자 하는 욕구는 권력을 소비하고자 하는 욕구, 권력을 위해 소비되고자 하는 욕구처럼 보인다. 진정한 삶의 부재에 대해 할부로 된 죽음이 임시방편으로 제공된다. 과다출혈로 죽을 수밖에 없는 세상은 피의 맛을 퍼뜨릴 수밖에 없다. 생존의 고통이 지배하는 곳에서는 삶의 욕망이 자발적으로 동기 없는 살인, 사디즘 등과 같은 죽음의 무기들을 잡는다. 열정을 파괴한다면, 열정은 파괴의 열정으로 재탄생한다. 이런 상황에서는 아무도 생존의 시기에 생존하지 못할 것이다. 그리고 현재의 절망은 이미 많은 사람들로 하여금 앙토냉 아르토의 다음과 같은 말을 자신의 것으로 취하도록 만들 만큼 심각한 상태이다. "나는 진짜 죽음이 전혀 무섭지 않을 정도로 절박한 죽음에 의해 낙인찍혀 있다."

생존의 인간은 쾌락-불안의 인간이며, 미완성된 것의, 그리고 절단의 인간이다. 모든 것이 그를 끌어들이는 이 영원한 자기 상실 속에서 그는 어디에서 자신을 되찾을 것인가? 그의 방황은 중심이 없는 미로이며 미로로 가득 찬 미로이다. 그는 등가의 세계 안에서 방황한다. 자신을 죽일 것인가? 자신을 죽이기 위해서는 저항을 느껴야 하며 자기 안에 파괴할 가치를 가져야 한다. 아무것도 없다면 파괴의 행위들 자체가 부스러지고 산산이 조각난다. 공허 안에 공허를 던질 수는 없다. 키르케고르는 이렇게 말했다. "돌이 떨어져서 나를 죽인다면 그것은 미봉책일 것이다." 오늘날 이런 생각에 대해 심한 공포를 느끼지 않는 사람은 아무도 없을 것이라고 나는 생각한다. 바로 무기력이 가장 확실히 죽이는 것이다. 그것은 18세에 노망을 선택하고 하루에 8시간을 진력나는 노동에 내던지며 이데올로기를 먹고사는 사람들의 무기력이다. 그들이 무서워하는 것을 결코 더는 원하지 않기 위해, 그들이 원하는 것을 결코 더는 무서워하지 않기 위해 키르케고르의 미봉책을 원하면서 무서워하는 바싹 야윈 존재들만이 스펙터클의 불쌍한 싸구려 장식 아래에 있다.

동시에, 살고자 하는 격한 감정은 생물학적 요구처럼 나타난다. 그것은 파괴하고자 하는, 그리고 자신이 파괴되도록 내버려 두고자 하는 격한 감정의 이면이다. "우리가 인간적 절망의 원인들 중 어떤 것도 제거하지 못하는 한, 우리는 인간이 절망에서 벗어나려 하는 데 사용할 수단들을 제거하려 시도할 권리를 갖지 못할 것이다." 인간이 절망의 원인들을 제거할 수단들과 그것에서 벗어나기 위해 사용할 힘을 동시에 갖고 있다는 것은 사실이다. 조건화의 영향력 때문에 인간이 자신의 가능한 삶의 100분의 1 정도로만 생존하는 데 익숙해졌다는 것을 그 누구도 몰라서는 안 된다. 생존의 고통은 너무 많이 퍼져 있다. 그렇기에 더 치밀해진 체험이 다시 가장 많은 수의 사람들을 삶의 의지 안에 통합하고, 절망의 거부가 새로운 삶의 건설이 되며, 삶의 경제가 경제의 죽음을 향해, 생존을 넘어 열린다.

## 18장

# 불안정한 거부

초월의 순간이 존재한다. 그것은 권력과 힘과 약함에 의해, 주체적 원자 단계까지 쪼개진 개인에 의해, 일상생활을 파괴하는 것과 일상생활의 친밀함에 의해 역사적으로 규정된 순간이다. 초월은 전반적이고 단일하고 주체 구성적인 것이 될 것이다(1). — 원래 혁명적이었던 요소들은 자신들의 급진성을 버리면서 개량적이 될 수밖에 없다. 오늘날 혁명 정신의 거의 전반적인 포기는 생존의 개량을 규정한다. — 새로운 혁명조직은 과거의 거대한 운동들 안에 있는 초월의 핵들을 따로 떼어 놓아야 한다. 그것은 특히 자유주의에 의해 타락한 개인적 자유를 위한 계획, 사회주의에 의해 타락한 집단적 자유를 위한 계획, 파시즘에 의해 타락한 자연을 되찾는 계획, 맑스주의 이데올로기에 의해 타락한 총체적 인간을 위한 계획, 시간의 신학적 언어 아래에서 중세의 커다란 이단들에 힘을 불어넣는 계획, 성직자들을 "전문가"라고 부르는 우리 시대에 너무나 때맞춰 되살려진 그 이단들의 반 교권적인 격노에 힘을 불어넣는 계획을 다시 찾아서 실현해야 한다(2). — 원한의 인간은 완벽한 생존자이다. 그는 가능한 초월에 대한 의식을 잃어버린 인간이며 해체의 인간이다(3). — 원한의 인간이 스펙터클한 해체에 대해 의식하게 되면 그는 허무주의자가 된다. 능동적 허무주의는 혁명의 앞에 오는 것이다. 해체에 대한 의식 없이는 필수적 초월에 대한 의식도 없다. — 불량배는 다다의 적법한 후계자이다(4).

1

**초월의 문제.** 거부는 다양하고 초월은 하나이다. 현대의 불만족에 직면해 증언하도록 불려 나온 인간 역사는 급진적 거부의 역사와 뒤섞인다. 급진적 거부의 역사는 항상 초월을 담고 있으며 항상 자기 자신의 부정을 향해 간다. 다양한 면을 가진 거부는 신, 왕, 우두머리, 계급, 조직의 독재에서 공통으로 발견되는 본질적인 것을 절대 숨기지 않는다. 어떤 바보가 봉기의 존재론에 대해 말했는가? 자연적 소외를 사회적 소외로 변형하면서 역사적 운동은 인간들에게 노예 상태의 자유를 가르친다. 그것은 봉기와 복종을 동시에 가르친다. 봉기는 봉기의 형이상학자들보다 형이상학을 덜 필요로 한다. 수천 년 전부터 증명된 위계화된 권력의 존재는 항의와 그것을 깨는 억압이 항상 있는 이유를 완벽하게 설명한다.

봉건제의 전복과 노예 없는 주인의 실현은 하나의 동일한 계획을 형성한다. 프랑스 대혁명 당시 이 계획의 부분적 실패는 실패한 다른 혁명들 – 코뮌과 볼셰비키 혁명 등 여러 가지 이유로 실패한 혁명들 – 이 그 계획을 명확히 밝히고 계획의 완수를 연기함에 따라 계획을 더욱 친숙하고 탐나는 것으로 만들었다.

역사 철학들은 모두 이 실패와 일정 부분 연결돼 있다. 그래서 오늘날 역사의식은 필수적 초월의 의식과 불가분의 관계이다.

초월 지점은 사회적 측면에서 점점 더 잘 식별된다. 왜? 초월의 문제는 전술의 문제이다. 전체적으로 보면 그것은 다음과 같이 제시된다.

a. – 권력을 죽이지 않는 것은 권력을 더 강하게 한다. 그러나 권력이 죽이지 않는 것은 권력을 약하게 만든다.

– 소비의 명령들이 생산의 명령들을 포함하면 할수록 구속에 의한 통치는 유혹에 의한 통치에 자리를 내주게 된다.

– 민주적으로 분배된 소비의 특권은 가장 많은 수의 사람들에게 권위의 특권(정도의 차는 다양하다)을 확장한다.

– 인간들이 오늘날 권위의 유혹에 굴복하자마자 그들은

약해지고 그들의 거부는 힘을 잃는다. 권력은 강화되지만 소비재의 상태로 축소돼 소비되고 마모되며 **필연적으로** 취약해진다.

초월지점은 힘과 약함의 이런 변증법 안에 있는 하나의 순간이다. 그 지점을 파악하고 전술적으로 강화하는 것이 급진적 비판의 일이라면, 급진적 비판을 유발하는 사실들이 곳곳에 있다. 현재의 세상에 들러붙어서 일상적 정보를 제공하고 대부분의 행동을 특징짓는 모순 위에 초월이 올라탄다.

1) 나약한 거부, 즉 개량주의

2) 과도한 거부, 즉 허무주의(허무주의의 수동적 형태와 능동적 형태는 구별돼야 한다.)

b. 위계화된 권력은 파편화되면서 편재되는 반면 매력을 잃어버린다. 사회의 변두리에서 떠돌이로 사는 사람이 더 적어지고, 사장·왕·지도자·역할 등에 존경을 표하는 사람이 더 적어진다. 사회에서 생존하는 사람이 더 많아지고 사회조직을 저주하는 사람이 더 많아진다. 각자는 **자신의 일상생활**에서 갈등의 한복판에 있다. 그로부터 두 가지 결과가 발생한다.

1) 사회적 원자화의 희생자인 개인은 분할된 권력의 희생자이기도 하다. 주체성은 명백해졌고 위협받고 있기 때문에 본질적인 요구 사항이 된다. 이제는 조화로운 집단을 만들기 위해 혁명적 이론이 공동체를 기반으로 하는 것이 아니라 주체성을, 특수한 사례를, 개개의 체험을 기반으로 해야 할 것이다.

2) 극단적으로 분할된 거부는 모순되게도 전반적 거부의 조건들을 재창조한다. 새로운 혁명적 집단은 어떻게 창조될 것

인가? 그것은 한 주체성에서 다른 주체성으로 이어지는 연쇄 폭발로 창조된다. 총체적인 개인들의 공동체를 건설하는 것은 관점의 전복을 일으킬 것이다. 관점의 전복이 없으면 초월은 가능하지 않다.

c. 마지막으로, 관점의 전복이라는 개념 자체가 대중화된다. 각자는 자기 자신에 대한 부정에 너무 가까이 접근한다. 살아 있는 사람은 봉기한다. 먼 곳의 매력은 눈이 너무 가까이 접근할 때 사라진다. 관점도 그렇다. 사람들을 사물들의 장식 안에 가둬 두면서, 그 안에 서투르게 들어가면서 권력은 혼란과 불안을 퍼뜨린다. 우리가 그림에 얼굴을 바싹 댔을 때처럼 시선과 생각은 얽히고 가치들은 희미해지며 형태들은 모호해지고 형태의 왜곡은 사람을 불안하게 만든다. 그림 원근법의 변화 — 우첼로[1], 칸딘스키[2] — 는 사회적 관점의 변화와 동시대적이다. 소비의 리듬은 가까운 곳과 먼 곳이 일치하는 이 공백 기간 안으로 정신을 밀어 넣는다. 대부분의 사람들은 1270년에 수아브[3]의 이교도들이, 실현할 수단도 없이 갈망하기만 했던 자유의 상태를 곧 경험하게 될 것이다. "그들은 신보다 높이 올라갔고 신적인 완벽함의 가장 높은 단계에 이르렀기 때문에 신을 버렸다. 남신도나 여신도가 더는 신이 전혀 필요하지 않다고 단언하는 일이 드물지 않았다."고 콘[4]은 말했다(『묵시록의 광신자들[5]』).

## 2

**비참의 포기와 포기의 비참.** 총체적 변화의 의지를 담고 있지 않은 혁명 운동은 전혀 없다. 오늘날까지 세부의 변화를 승리라고 생각하는 혁명 운동은 전혀 없다. 무기를 든 인민이 조언자들의 의지를 따르기 위해 자기 자신의 의지를 포기하는 순간부터 인민은 자신의 자유를 행사하는 법을 잊어버리고 혁명적 지도자라는 모호한 명칭 아래에서 내일 자신을 억압할 자들을 권좌에 올려놓는다. 이것은 어떤 면에서는 분할된 권력의 "간계"다. 즉, 분할된 권력은 관점의 전복과는 분리되고 총체성과는 단절된, 분할된 혁명들을 낳는다. 그 혁명들은 역설적으로 그 혁명들을 일으킨 프롤레타리아와도 분리된다. 요구된 자유들 전체가 단지 몇 가지 단편적 자유들의 획득으로 대체될 때 그 대가로 전체주의 체제가 도래한다는 것을 어떻게 모를 수 있는가? 자신의 자식들을 먹어 삼키는 혁명이라니. 사람들은 이것이 하나의 저주라고 믿었다. 마치 최초 볼셰비키의 핵심 구조가, 또는 심지어 제1인터내셔널[6] 안에서의 맑스의 권위주의적 태도들이 이미 마흐노의 패배, 크론시타트의 절멸, 두루티의 암살을 내포하고 있지 않았던 것처럼 말이다. 역사적 필연성과 국가 이성은 지도자들이, 자신들의 혁명적 계획의 포기와 급진성의 포기를 보증하도록 호출한 필연성과 이성일 뿐이다.

포기는 비초월이다. 그리고 단편적 항의, 부분적 거부, 파편적 요구는 바로 초월을 금지하는 것이다. 타협에 굴복하고 연속된 포기 속에서 화석화되는 해방 의지는 가장 나쁜 비인간성일 뿐이다. 자유주의, 사회주의, 볼셰비즘은 자유의 깃발 아래 새로운 감옥을 건설한다. 좌파는 소외 속에서 증가하는 편안함을 위해 투쟁한다. 그러나 좌파는 바리케이드, 붉은 깃발,

가장 아름다운 혁명적 순간들이라는 이름으로 그런 투쟁을 벌이는 형편없는 능력을 갖추고 있다. 미끼로서 화석화되고 발굴되기 때문에 원래의 급진성은 이중으로 배신당하고 두 번 포기된다. 노동자-성직자, 건달-사제, 공산주의자 장군, 빨갱이 국왕, "혁명적" 지도자 등 급진적 우아함은 잘 유지된다. 그것은 "붉은색의 혁명, 레드플렉스[립스틱 상표]와의 혁명"이라는 구호 아래 빨간 립스틱을 팔 줄 아는 사회의 취향과 조화를 이룬다. 이런 조작에 아무런 위험이 없는 것은 아니다. 광고의 규범에 따라 끝없이 자신을 희화화하다 보니, 가장 진정성 있게 혁명적인 의지는 그 여파로 생각을 바꾸게 되고 정화된다. 암시는 절대 실패하지 않는다!

봉기의 새 물결은 오늘날 좌파이든, 우파이든, 판단의 실수나 용서받을 만한 무지의 시간을 빠르게 보내고, 전문화된 정치와 떨어져 있는 젊은이들을 집결시킨다. 허무주의의 해일 안에서 모든 강들이 뒤섞인다. 이 혼동의 저 너머만이 중요하다. 모든 종류의 이데올로기 안에 보존되고 구속되며 숨겨진 총체적 실현의 씨앗들을 어느 정도 쉽게 재발견함으로써 즉시 신비화되고 신비화하는 것을 멈추게 될 사람들의 혁명이 바로 일상생활의 혁명이다.

◆◇

기독교 안에 봉기의 정신이 존재했다 하더라도, 나는 기독교인의 이름을 여전히 우스꽝스럽게 달고 있는 사람이 그것을 이해할 권리와 능력이 있다고는 생각하지 않는다. 오늘날에는 더는 이교도가 없다. 감탄할 만한 수많은 봉기들을 표현했던 신학적 언어는 한 시대의 흔적이며 가능한 유일한 언어였다. 그것뿐이다. 이제는 그것을 번역해야 한다. 그리고 번역은 당연한 것이다. 내 시간과 그 시간이 나에게 가져오는 객관적 도움을 고려하면 20세기의 내가 13세기에 '자유정신의 형제들'이 다음과 같이 선언했던 것 외에 어떤 것을 더 말할 수 있겠는가? "우리는 이 정도로 신과 하나가 됐기 때문에 우리가 무엇을 하든 죄를 지을 수 없다. 나는 자연의 자유에 속하고 내 본성의 모든 욕망을 만족시킨다. 자유로운 인간은 그에게 즐거움을 제공하는 모든 것을 할 완벽한 이유를 가진다. 자유로운 인간이 자신의 본성이 하도록 부추기는 단 하나의 행동을 하지 못하게 되는 것보다는 세상 전체가 파괴되고 죽는 것이 낫다." 그리고 다음과 같이 말한 요한 하르트만[7]에게 어떻게 경의를 표하지 않을 수 있겠는가? "진정으로 자유로운 인간은 모든 창조물의 왕이요 주인이다. 모든 것이 그에게 속한다. 그는 자신을 기쁘게 하는 모든 것을 사용할 권리가 있다. 누군가가 그것을 막는다면 자유로운 인간은 그를 죽이고 그의 재산을 취할 권리가 있다." 다음과 같이 말하며 계략, 강탈, 강도 행위를 합리화한 장 드 브륀[8]은 또 어떤가? "신이 창조한 모든 것은 모든 사람이 공유하는 것이다. 눈이 보고 탐내는 것을 손이 잡도록 하라." 또는 너무나 순수해서 무슨 일을 하든, 죄를 지을 수 없었던 피플 다르놀드[9] 집단(1157년)은 어떤가? 이 기독교의 다이아몬드들은 기독교인들의 흐린 눈으로 보기에는 항상 너무나 강렬히 빛났다. 1894년 3월 15일 아나키스트인 포웰스[10]이 마들렌느 성당에 폭탄을 놓았을 때, 1963년 8월 11일 젊은 로버트 버거[11]가 한 사제의 목을 벴을 때, 바로 이교도의 큰 전통이 그들의 행위 속에서 미약하지만 의연하게 이어진 것이다. 농민폭동과 시민봉기를 조장한 멜리에 신부와 자크 루 신부[12]는 내가 보기에 종교의 혁명적 기반에 진지하게 결부된 사제의 가능한 마지막 전향을 보여 주었다. 그러나 그것은 로마에서 모스크바에 걸친, 사이버네틱스의 천민들에서 오푸스 데이[13]의 총애를 받는 자들에 이르는 현대의 세계기독교통합운동의 신봉자들이 이해하지 못했던 것이다. 이 새로운 성직자의 이미지를 보면 이교도들의 초월이 어떤 것이 될 것인지를 어렵지 않게 추측할 수 있다.

아무도 자유주의가 세상 곳곳에 자유의 요인들을 확산시켰다는 영광을 갖는 것에 이의를 제기하지 않는다. 어떤 의미에서 언론, 사상, 창조의 자유는 적어도 자유주의의 사기를 고발한다는 이점을 가진다. 그것은 결국, 자유주의에 대한 가장 아름다운 추도사가 아니겠는가? 왜냐하면, 자유의 이름으로 자유를 감금하는 시스템은 능수능란하기 때문이다. 개인들의 자율은 간섭으로 파괴된다. 한 사람의 자유는 다른 사람의 자유가 끝나는 곳에서 시작한다. 원칙을 거부하는 사람들은 철에 의해 파괴되고 원칙을 받아들이는 사람들은 사법부에 의해 파괴된다. 손을 더럽히는 사람은 아무도 없다. 버튼을 누르면 경찰의 단두대 칼날이 내려오고 국가의 개입이 이뤄진다. 그리고 이것은 아주 유감스러운 일이다. 국가는 자유주의자의 죄의식이다. 국가는 필요한 억압의 도구이지만 자유주의자는 마음속 깊은 곳에서 그것을 부인한다. 일반적으로 자본주의자의 자유는 노동자의 자유에 한계가 있다는 것을 알려주는 임무를 맡는다. 바로 이 지점에서 좋은 사회주의자가 무대에 등장해서 위선을 고발한다.

사회주의란 무엇인가? 자유주의를 그것의 모순으로부터, 즉 개인적 자유의 동시적인 보호와 파괴로부터 끄집어내는 방식이다. 그것은 개인들이 간섭에 의해 자신을 부정하지 못하도록 하는 것이다. 해결책은 칭찬할 만하다. 그러나 사회주의는 완전히 다른 결과에 도달한다. 그것은 개인을 해방하지 않고 간섭을 제거한다. 게다가 그것은 개인적 의지를 집단적 평범함 속에서 용해한다. 경제 분야만이 사회주의의 개혁 대상이 된다. 일상생활의 출세주의와 자유주의는 전체 활동들과 당원들의 승진, 지도자들의 경쟁 등을 통제하는 관료적 계획화를 아주 잘 받아들인다. 사람들은 한 분야 안에서의 간섭을 막고 경제적 경쟁과 자유로운 사업을 파괴한다. 권력 소비를 향한 경주만이 허용된 유일한 자유가 된다. 자율 통제적 자유의 지지자들은 생산의 자유론자들과 소비의 자유론자들로 나뉘어 재미있는 다툼을 벌인다.

사회주의의 모호함, 급진성 그리고 그것의 포기는 제1인터 내셔널의 토론집에 실려 있는 두 개의 발표문 속에서 완벽히 드러난다. 1867년에 세말레[14]는 이렇게 말한다. "생산물은 동일한 가치를 가진 다른 생산물과 **교환된다**. 그렇지 않다면 속임수, 사기, 절도가 있는 것이다." 따라서 세말레에 따르면 교환을 합리화하고 공평하게 만드는 것이 문제가 된다. 사회주의는 자본주의를 수정하고 인간적으로 만들고 계획화하며 그것의 실질(이윤)을 없앤다. 그렇다면 자본주의의 종말로부터 이익을 보는 사람은 누구인가? 그렇지만 사회주의와 동시대의 것으로 다른 생각이 존재한다. 1866년 동일한 국제노동자연합의 제네바 총회에서 후에 코뮌에 참가하게 되는 바를랭[15]은 이렇게 선언한다. "어떤 구속이 **자기 자신의 사용**을 방해하는 한, 자유는 존재하지 않을 것이다." 오늘날 누가 감히 온 힘을 다해 사회주의에 대항해 싸우지 않고서 사회주의 안에 내포된 자유를 해방하려 하겠는가?

현재의 다양한 종류의 맑스주의와 맑스의 계획을 통해 포기에 대해 여전히 왈가왈부해야 하는가? 소련, 중국, 쿠바에서 총체적 인간의 구성과 공통된 어떤 것이 존재하는가? 초월의, 급진적 변화의 혁명적 의지에 양분을 제공했던 비참함이 약해졌기 때문에 포기와 타협으로 구성된 새로운 비참함이 도래했다. 비참의 포기와 포기의 비참이다. 그것은 자신의 원래 계획이 파편화되고 부분적으로 실현되도록 내버려 뒀다는 감정이 아니겠는가? 그것이 바로 "나는 맑스주의자가 아니다"라는 맑스의 환멸 섞인 독설이 나온 이유이다.

그리고 더러운 파시즘조차도 살에 파고든 손톱처럼 부정되고 왜곡된 삶의 의지이다. 삶의 의지는 힘 의지volonté de puissance가 되고 힘 의지는 수동적 복종의 의지가 되며 수동적 복종의 의지는 죽음의 의지가 된다. 왜냐하면, 질적인 면에서 한 치를 양보하는 것은 질적인 것 전체를 양보하는 것이기 때문이다.

파시즘을 불태우라. 하지만 동일한 불길이 하나의 예외도 없이 모든 이데올로기들과 그것들의 추종자들을 태우도록 하라.

◆◇

곳곳에서 시적인 힘이 사물들의 힘에 의해 포기되고 포기를 강요받는다. 고립된 인간은 고립에서 벗어나기 위해 자신의 개인적 의지와 주체성을 포기한다. 그것을 통해 그는 공동체적 환상과 죽음에 대한 더 날카로운 맛을 얻게 된다. 포기는 권력의 메커니즘들을 통한 회수를 향한 첫 번째 발걸음이다.

처음부터 삶의 의지에 따르지 않는 기술과 생각은 없다. 공식적으로 인정된 기술과 생각 중에서 죽음을 부추기지 않는 것은 없다. 포기의 흔적들은 인간들의 아직은 잘 알려지지 않은 역사의 기호들이다. 그것들을 연구한다는 것은 이미 총체적 초월의 무기들을 만드는 것이다. 급진적 핵, 질적인 것은 어디에 있는가? 이것은 생각과 삶의 습관들을 와해해 버릴 질문이다. 이것은 초월의 전략 안에, 급진성의 새로운 망의 건설 안에 들어가는 질문이다. 이것은 철학에도 적용된다. 존재론은 생성 중인 존재의 포기를 드러낸다. 정신분석학에도 적용된다. 해방의 기술로서 정신분석학은 사회조직을 공격할 필요로부터 우리를 "해방한다." 조건화에 의해 도둑맞고 겁탈당하며 조작된 꿈과 욕망들에게도 적용된다. 인간이 자신과 세상에 대해 생각하는 것과 대부분의 경우 반대되는 인간의 자생적 행위들의 급진성에도 적용된다. 게임에도 적용된다. 룰렛 게임에서 린치를 거쳐 전쟁에 이르는 합법적 게임의 카테고리로 분류된 게임은 일상생활의 순간들에 대해 진정으로 도박하는 것을 면제시켜 준다. 혁명과는 분리될 수 없으며 주는 기쁨으로부터 너무나 처량하게 떨어진 사랑에도 적용된다.

질적인 것을 제거하면 절망이 남는다. 개량주의, 파시즘, 바보 같은 비정치주의, 보통사람에 의한 지배médiocratie, 행동주의와 수동성, 보이스카우트 정신과 이데올로기적 자위 등, 인간들의 죽음의 조직을 위해, 위계화된 권력을 위해 사용 가능한 모든 형태의 절망들이 남는다. 조이스[16]의 친구 한 명은 이렇게 말한다. "지난 세월 동안 단 한 번이라도 조이스가 공적인 사건들에 대해 말을 하거나, 푸앵카레[17], 루스벨트[18], 벌레라[19], 스탈린의 이름을 언급하거나 제네바, 로카르노[20], 아비시니[21], 스페인, 중국, 일본, 프랑스[22] 사건, 비올레트 노지에르[23] 등에 대해 암시한 것을 기억하지 못한다." 사실 조이스가 『율리시스』와 『피네간의 경야』에 무엇을 덧붙일 수 있었겠는가? 개인적 창조성에 대한 『자본론』이 등장한 이후, 전 세계의 레오폴드 블룸[24]들이 단결했다는 것이 중요했다. 그들은 자신들의 불쌍한 생존 상태에서 벗어나고자 했고 "내면적 독백"의 풍요로움과 다양성을 자신들의 존재가 체험한 현실 안에 집어넣고자 했다. 조이스는 두루티와 총질을 하지 않았다. 그는 아스투리아[25] 사람들의 편도, 비엔나 노동자들의 편도 들지 않았다. 적어도 조이스는 그가 『율리시스』 — 어떤 비평가가 문화적 기념비라고 했던 — 를 내던진 익명성에 총체적 주체성의 인간인 조이스 자신을 내던지면서 뉴스들에 대해 언급을 하지 않는 품위를 가졌다. 바로 『율리시스』가 문인의 나약함에 대해 증언한다. 그리고 포기의 나약함에 맞서 증언하는 것은 항상 "망각된" 급진적 순간이다. 이처럼 혁명과 반혁명은 비록 전혀 사건이 없다고 해도 24시간의 공간 속에서, 하루의 공간 속에서 서로 연속해서 발생한다. 급진적 행위와 그것의 포기에 대한 의식은 끊임없이 세련되고 확장된다. 어떻게 다르게 될 수 있겠는가? 오늘날 생존은 살 수 없을 만한 것이 된 비초월이다.

3

　　원한의 인간. 권력이 소비될 수 있는 파편으로 분배될수록 생존의 장소는 점점 더 줄어들어 결국 즐거움, 해방의 노력, 임종의 고통이 동일한 격동으로 표현되는 이 포복의 세상으로까지 줄어든다. 얕은 생각과 짧은 시각은 오래전부터 부르주아지가 혈거인의 사회에 속한다는 것을 보여 줬다. 그것은 오늘날 핵 방어 대피소의 편안함에서 궁극적 목표를 발견하는 생존의 사회이다. 부르주아지의 위대함은 적을 점령해 얻은 것이라기보다는 접촉으로부터 빌려온 위대함이다. 봉건적 덕목의, 신의, 자연의 그림자이다. 이런 장애물들이 자신의 즉각적 세력권에서 제거되자마자 부르주아지는 세부적인 것들을 문제 삼게 됐고 자신을 위험에 빠뜨리지 않는 공격들을 받게 됐다. 플로베르[26]는 부르주아를 비웃으며 코뮌에 대항해 무기를 들 것을 호소했다.

귀족은 부르주아지를 공격적으로 만들었다. 프롤레타리아는 부르주아지가 방어적 자세를 취하도록 그들을 몰아넣었다. 부르주아지에게 프롤레타리아란 무엇인가? 그는 적도 아니다. 기껏해야 부르주아지가 숨기려고 애쓰는 양심의 가책이다. 부르주아지는 몸을 잔뜩 웅크리고 취약한 부분을 최소한으로 노출하며 자신이 개혁의 유일한 정통성을 갖고 있다고 선언하면서 음흉한 질투와 원한을 자신의 분할된 혁명들의 일상적 재료로 만들었다.

앞에서 말했듯이 내가 보기에는 처음 시작할 때부터 분할돼 있던 봉기는 없다. 선동자와 주동자 들의 시를 지도자들의 권위가 대체하는 순간부터 봉기는 분할됐다. 원한의 인간은 혁명가의 공식적 모습이다. 그는 가능한 초월에 대한 의식을 갖지 않은 인간, 관점 전복의 필요성에서 벗어나 있는 인간, 질투·증오·절망으로 고통받으며 자신을 학대하는 세상을 질투·증오·절망을 통해 파괴하기 위해 전력을 기울이는 인간이다. 고립된 인간이다. 권력에 대한 전반적인 거부와 그것의 절대적 승인 사이에 끼어 있는 개량주의자이다. 위계질서에 포함돼 있지 않다는 원통함 때문에 위계질서를 거부하면서 이런 인간은, 임시변통으로 만들어진 자신의 주인들의 목적을 자신의 봉기 속에서 실현하기 위해 잘 준비돼 있다. 실망한 출세주의는 권력의 가장 좋은 수단이다. 그래서 권력은 경주에서 진 사람들을 위로하기 위해 애쓰며 그들에게 증오할 수 있는 특권을 준다.

따라서 관점의 전복 이전에 여전히 권력에 대한 증오가 권력의 우위를 식별시켜 주는 방식이다. 미신을 경멸한다는 것을 증명하기 위해 사다리 밑을 지나가는 사람은 미신에 자신의 행동의 자유를 종속시키면서 너무나 큰 영예를 바치는 꼴이다. 권위적 임무들에 대한 편집증적인 증오와 충족되지 않는 갈증은 같거나 적어도 동등한 정도로 사람들을 사용하고 빈곤하게 만든다. 왜냐하면, 권력에 몸을 파는 사람들보다는 권력에 대항해 싸우는 삶들이 더 많기 때문이다. 살기 위해 싸우는 것과 죽지 않기 위해 싸우는 것 사이에는 큰 차이가 있다. 생존의 봉기들은 죽음의 규범들에 자신을 맞춘다. 그래서 그것들은 무엇보다도 우선 참가자들의 자기희생, 삶의 의지에 대한 선험적 포기를 요구한다. **사실**은 삶의 의지를 위해 싸우지 않는 사람은 아무도 없다.

구속의 벽 외에 다른 지평이 없는 봉기는 벽에 부딪혀 머리를 깨뜨리거나 언젠가는 바보처럼 완고하게 그 벽을 옹호할 위험이 있다. 왜냐하면, 구속의 관점에서 파악한다는 것은 우리가 그것을 거부하든 받아들이든 항상 권력이 원하는 방향으로 바라보는 것이기 때문이다. 로자노프가 말했듯이 여기에 기생충에 뒤덮인 채 원점에 선 인간이 있다. 모든 몫에서 제한된 그는 모든 침입으로부터 자신을 차단한다. 그리고 자신이 불모의 땅, 일종의 공동묘지가 됐다는 것을 깨닫지 못한 채 조심스럽게 자신을 보살핀다. 그는 자신이 존재하지 않음을 내면화한다. 그는 권력에 대항해 싸우지 않은 채 권력의 무능력을 자신의 것으로 한다. 그는 거기까지 페어플레이를 끌고 간다. 그 대가로 순수해지는 비용, 순수함을 가장하는 비용은 거의 들지 않는다. 타협에 가장 헌신적인 사람들은 한두 개의 점에서 공정하다는 것을 엄청난 영광으로 받아들이지 않는가! 군대에서 한 계급 진급을 거부하는 것, 파업 때 전단을 나눠주는 것, 경찰들과 언쟁을 벌이는 것 등은 공산주의 정당들과 그 일당 안에 있는 가장 우둔한 투쟁방식과 항상 조화를 이룬다.

또는 원점에 있는 인간은 정복할 세상을 발견한다. 그는 삶의 공간이, 즉 자신을 포함하는 더 넓은 폐허가 필요하다. 권력에 대한 거부는 권력이 소유하는 것 ─ 예를 들어 봉기한 자의 자아 ─ 에 대한 거부와 쉽게 혼동된다. 구속과 거짓말에 대해 적대적인 방식으로 자신을 규정하다 보면, 구속과 거짓말은 봉기의 희화화된 부분처럼 받아들여질 수 있다. 그리고 대부분의 경우 분위기를 조금 바꾸기 위한 아이러니는 더 이상 거기에 없다. 개인이 거부를 모호하게 만들면서 자신을 억류하는 관계보다 더 끊기 어려운 관계는 없다. 그가 비자유를 위해 자유의 힘을 사용한다면 그는 자신을 노예로 만드는 비자유의 힘을 결합된 노력을 통해 증가시키게 된다. 그런데 자유를 향한 노력보다 더 비자유와 닮은 것은 없을 것이다. 그러나 비자유는 일단 한 번 구매되면 자유만큼이나 비싸게 값을 지불했다 해도 더는 값어치가 없다는 특징을 가진다.

벽 사이의 폭을 좁히는 것은 공기를 숨 쉴 수 없는 것으로 만든다. 그리고 사람들이 이런 상황에서 숨을 쉬려고 하면 할수록 공기는 더욱더 숨 쉴 수 없는 것이 된다. 전반적 억압의 필수적 결정요인들에 따라 긍정적인 것에서 부정적인 것으로 변하는 삶과 자유의 기호들이 갖는 모호함은 우리가 혼란 속에서 한 손으로 한 것을 다른 손으로 부수는 것을 일반화시킨다. 자신을 파악할 능력이 없는 사람은 다른 사람들을 그들의 부정적 표상들과 역할들을 기반으로 파악하게 된다. 그들을 물건처럼 평가하게 되는 것이다. 노처녀, 관료, 그리고 생존에 성공한 모든 사람들은 감정적으로 다른 존재의 이유를 알지 못한다. 권력은 이 공통된 불안감을 기반으로 회수에 대한 가장 좋은 희망들을 만든다. 그리고 정신적 혼란이 클수록 회수는 더욱더 쉬워진다.

근시와 엿보기는 떼려야 뗄 수 없이 우리 시대의 사회적 쩨쩨함에 대한 인간의 적응을 표현한다. 자물쇠 구멍을 통해 세상을 관조하는 것이다! 전문가는 그것을 권유하고 원한의 인간은 그것을 즐긴다. 첫 번째 역할을 맡지 못했기 때문에 그는 스펙터클의 일등석을 요구한다. 그는 이로 씹을 아주 작은 증거들이 필요하다. 정치인들이 나쁜 놈들이며 드골은 위대한 인물이고 중국은 노동자의 조국이라는 것이 그것이다. 그는 살아 있는 적을 찢어 죽이기를 원하고 고관의 손을 숭배하기를 원한다. 그에게 시스템은 필요하지 않다. 비열한 유대인, 도둑질하는 흑인, 재벌 가문과 같은 조잡한 재현들이 성공한 이유가 이해될 것이다. 적은 얼굴을 갖고 있었다. 그리고 단숨에 군중의 모습은 보호자, 우두머리, 지도자의 감탄할 만한 얼굴을 본떠 만들어졌다.

원한의 인간은 한가하다. 그러나 이 한가함의 사용은, 다시 말해 이 한가함의 끝은 반드시 잠재적인 깨달음을 거친다. 즉, 원한의 인간은 허무주의자가 된다. 그가 적의 조직자들을, 즉 지도자, 전문가, 이데올로기 선전자들처럼 크게 보이는 사람들을 죽이지 않는다면, 그는 권위의 이름으로, 국가 이성의 이름으로, 이데올로기적 소비의 이름으로 죽일 것이다. 그리고 사물들의 상태가 폭력과 갑작스러운 폭발을 유발하지 않는다면 그는 계속해서 불만으로 가득한 단조로운 마비 상태에서 여러 역할들 속에서 분투할 것이다. 그리고 봉기와 압제에 무차별적으로 박수를 보내는, 단 하나의 치료할 수 없는 혼란에 민감한 순탄하지 않은 그의 순응주의를 퍼뜨릴 것이다.

4

허무주의자. 허무주의란 무엇인가? 로자노프는 이 질문에 다음과 같이 완벽하게 답변한다. "공연은 끝났다. 관객이 일어선다. 외투를 걸치고 집으로 돌아가야 할 시간이다. 뒤돌아보니 외투도 집도 없다."

신화적 시스템이 경제 사회적 현실과 모순관계에 들어서자마자, 사람들의 삶의 방식과 세상에 대한 갑자기 적절하지 않게 된 지배적 설명 사이에 공간이 열린다. 회오리바람이 심해지고 전통적 가치들이 그 안에 빠져서 부서진다. 변명과 핑계를 잃어버리고 모든 환상을 빼앗긴 인간들의 약점이 무장해제된 채 노출된다. 그러나 그런 약점을 보호하고 은폐하는 신화가 이 무능력의 원인이기도 하므로 신화의 폭발은 가능성을 향한 새로운 길을 연다. 오랫동안 초월성과 추상성이 체험의 진정성으로부터 떨어뜨려 놓았던 창조성과 에너지가 신화의 소멸로 인해 자유로운 공간을 얻게 된다. 고대 철학의 끝과 기독교 신화의 건립 사이에 있는 공백기에는 아주 풍부한 사상들과 행동들이 놀랍게 만개했다. 사상들을 회수하고 행동들을 억누르면서 로마는 그것들의 시체 위에 묘비를 세운다. 그리고 16세기에는 기독교 신화의 붕괴가 실험과 연구의 열풍을 일으킨다. 그러나 이번에는 한 가지 점에서 차이가 있다. 즉, 1789년 이후에는 신화의 재구성이 철저히 불가능하게 됐다는 것이다.

기독교가 몇몇 그노시스 종파들의 허무주의를 완화하고 그것의 보호막이 됐다면, 부르주아 혁명으로부터 탄생한 허무주의는 사실의 허무주의이다. 그것은 회수 불가능한 것이다. 교환의 현실은 내가 앞에서 보여 준 것처럼 모든 은폐 시도와 모든 환상의 인공물을 지배한다. 스펙터클은 그것이 폐지될 때까지 허무주의의 스펙터클일 뿐일 것이다. 『명상록』의 파스칼은 신의 가장 큰 영광을 위해 세상의 헛됨에 대한 의식을 퍼뜨리고자 했지만, 세상의 헛됨은 여기에서 역사적 현실에 의해, 그리고 신화 폭발의 희생자인 신의 부재 속에서 퍼뜨려진다. 허무주의는 신을 포함한 모든 것을 무찔렀다.

지난 1세기 반 동안 예술과 삶의 가장 명료한 부분은 폐기된 가치들의 장에서 자유로운 탐구를 한 결과로 나온다. 사드의 열정적 이성, 키르케고르의 빈정거림, 니체의 흔들거리는 아이러니, 말도로르[27]의 폭력, 말라르메의 냉혹함, 자리의 유머Umour, 다다의 부정주의는 인간들의 의식 안에 썩어 가는 가치들의 곰팡이를 약간 도입하기 위해 제한 없이 펼쳐진 힘들이다. 그리고 그것과 함께 총체적 초월의 희망, 관점 전복의 희망이 있다.

알프레드 자리 (Alfred Jarry, 1873~1907). 프랑스 희곡 작가로 부조리연극 『위뷔왕』이 대표작. 예외적이고 부차적인 것에 존재론적 의미를 부여하는 파타피지크를 주창했다.

역설.

a. 허무주의의 위대한 선전자들에게는 본질적 무기가 결여돼 있다. 그 무기는 역사적 현실의 감각이다. 그 현실은 해체, 풍화, 분할된 것의 현실이었다.

b. 부르주아 시대에는 역사의 와해시키는 움직임에 대한 날카로운 의식이 항상 역사의 가장 뛰어난 실행자들에게 잔인하게 결여돼 있었다. 맑스는 낭만주의와 예술 현상 일반을 분석하는 것을 포기한다. 레닌은 일상생활, 미래파, 마야콥스키[28], 다다이스트들의 중요성을 거의 완벽하게 모른다.

허무주의의 급증에 대한 의식과 역사적 생성에 대한 의식은 이상하게 어긋나 있는 것처럼 보인다. 이 어긋남이 남긴 간격 안에서 수동적 해결사들로 이뤄진 군중이 행진한다. 이 군중은 자신들이 내세우는 가치들을 바보같이 제거한다. 공산주의 관료들, 야만적인 파시스트들, 이데올로그들, 썩어빠진 정치인들, 조이스보다 열등한 작가들, 신다다이즘 사상가들, 분할된 것의 성직자들은 모두 가족적·행정적·도덕적·국가적·혁명적 사이버네틱스 질서의 이름으로 거대한 무無를 위해 일한다. 역사가 충분히 멀리 전진하지 않았다면, 아마도 허무주의는 일반적 진실의, 기초적 평범함의 모습을 가질 수 없었을 것이다. 오늘날 역사는 전진했다. 허무주의는 그 자체가 역사 고유의 재료이며 재를 향해 가는 불의 길이다. 물화는 일상적 현실 안에 빈 공간을 인쇄한다. **모던**이라는 낡은 명찰 아래에 소비 가능하고 "미래화된" 가치들의 집중적인 제작에 양분을 제공하는 오늘날 파괴된 옛날 가치들의 과거는 **건설해야 할** 현재를 향해, 다시 말해 허무주의의 초월을 향해 우리를 반드시 내던진다. 젊은 세대의 절망에 **빠진** 의식 속에서 **역사의 와해시키는** 움직임과 **실현하는** 움직임이 천천히 화해한다. 허무주의와 초월은 서로 만난다. 그러므로 초월은 총체적이다. 바로 그것이 모든 것이 넘치는 사회의 유일한 부이다.

원한의 인간이 생존의 회수 불가능한 손실을 의식할 때 그는 허무주의자가 된다. 그는 생존 자체를 위해 치명적 수준에서 사는 것이 불가능함을 깨닫는다. 허무주의적 공포는 살 수 없는 것이다. 절대적 공허가 우리를 붕괴시킨다. 과거-미래의 회오리바람은 현재를 원점에 놓는다. 바로 이 죽은 지점에서 허무주의의 두 가지 길이 출발한다. 나는 그것들을 각각 수동적 허무주의와 능동적 허무주의라고 부를 것이다.

허무주의적 수동성은 폐기된 가치들에 대한 의식과 그 가치들 중의 하나에 대한 확고하고 종종 계산적인 선택을 타협과 무관심이라는 기호 아래에 결합한다. 모두에 대해 그리고 모두에 맞서, "이유 없이" 예술을 위해 옹호하려 하는 가치가 그것이다. 아무것도 진실한 것은 없다. 따라서 몇몇 행위들은 존중할 만한 것이다. 괴상한 모라스[29]주의자들, 파타피지크 학자들, 민족주의자들, 이유 없는 행위의 미학자들, 경찰 끄나풀들, 알제리 독립 반대단체, 팝아티스트들이 어우러진 이 예쁜 세상은 자신의 방식대로 '불합리하므로 생긴 믿음'credo quia absurdum을 적용한다. 즉, 사람들은 그것을 믿지 않지만 그래도 그것을 하며 결국은 그것에 적응하게 된다. 수동적 허무주의는 순응주의를 향한 도약이다.

게다가 허무주의는 과도기일 뿐이며 모호함의 장소일 뿐이다. 그것은 노예적 복종으로 인도하는 한쪽 끝과 항구적인 봉기로 인도하는 다른 쪽 끝 사이를 오가는 것이다. 그 둘 사이에 있는 것은 임자 없는 땅이다. 자살자나 고독한 살인자의 공터, 범죄자의 공터이다. 베티나[30]는 그 범죄자의 범죄가 국가의 범죄라고 아주 적절하게 지적했다. 살인마 잭[31]은 영원히 잡을 수 없다. 위계화된 권력 메커니즘에 의해서도 잡을 수 없고 혁명적 의지에 의해서도 잡을 수 없다. 일종의 즉자적 자아이다! 그는 권력이 조작하는 파괴를 연장하는 것을 멈춘 파괴가 오히려 그 파괴를 예견하고 앞서고 가속하며 결국, 너무 서둘러서 유배지의 기계를 산산조각 내버리는 영점 주위를 맴돈다. 말도로르적인 존재는 사회조직의 분해 기능을 절정에, 즉 자기 파괴에 다다르게 한다. 개인에 의한 사회성의 절대적 거부는 여기에서 사회성에 의한 개인의 절대적 거부에 응답한다. 바로 이것이 관점 전복의 균형점이며 고정된 순간이고 움직임도, 변증법도, 시간도 존재하지 않는 정확한 지점이 아니겠는가? 거대한 거부의 절정이자 영원이다. 그것 전에는 유대인 박해가 있었고 그것 너머에는 새로운 순수성이 있다. 유대인들의 피 또는 경찰의 피다.

능동적 허무주의는 분해의 움직임을 가속하면서 분해의 원인들을 고발하려는 욕망을 분해에 대한 의식에 합친다. 조장된 무질서는 세상을 지배하는 무질서의 반영일 뿐이다. 능동적 허무주의는 전前혁명적이다. 수동적 허무주의는 반反혁명적이다. 그리고 대다수 사람들은 자신들이 이 두 태도 사이를 극적이면서도 우스꽝스럽게 주저하면서 항구적으로 오간다고 느낀다. 마치 "황제 만세!"라고 외치지 않고서는 절대 총에 장전을 하지 않는 공산주의 혁명 병사 — 어떤 소련 작가인지는 잘 모르겠지만 아마도 빅토르 슈클로프스키[32]가 말했을 것이다 — 처럼 말이다. 그러나 언젠가는 사람들이 어느 한쪽에 있을 때 갑자기 둘 사이의 경계선을 긋는 상황이 발생할 것이 분명하다.

사람들이 자신을 위해 춤추기를 배우는 것은 항상 공식적 세계와는 반대로 가면서이다. 여전히 자기 요구들을 끝까지 관철해야 하며 첫 번째 전환기에 자신의 급진성을 포기하지 말아야 한다. 소비재를 향한 경주가 처할 수밖에 없는 동기들의 숨 가쁜 갱신은 이상하고 야릇하며 충격적인 것에서 능수 능란하게 이익을 얻는다. 블랙유머와 잔인함이 광고라는 샐러드 그릇에 들어간다. 순응하지 않으며 춤추는 특정한 방식도 지배적 가치들에 포함된다. 가치들의 부패에 대한 의식은 판매 전략 안에서 자신의 자리를 발견한다. 해체는 상품 가치이다. 생각이든 물건이든, 떠들썩하게 확인된 무가치함은 팔린다. 머리의 총알 자국처럼 뚫린 구멍으로 소금이 나오는 케네디 소금 그릇은 필요하다면 얼마나 쉽게 장난을 칠 수 있는지를 보여 준다. 당시에 에밀 푸제와 『페르 페냐르』를 즐겁게 했을 이런 장난은 오늘날 이윤을 제공한다.

다다 운동은 부패에 대한 의식을 가장 높은 수준으로까지 끌어올렸다. 다다는 진정으로 허무주의의 초월의 씨앗들을 담고 있었지만 그냥 썩도록 내버려 두었다. 초현실주의의 모든 모호함은 공교롭게 제기된 올바른 비판으로부터 나온다. 무슨 말인가? 초현실주의는 다다가 실패한 초월을 올바르게 비판한다. 그러나 그런 비판은 원래의 허무주의로부터 나온 것도 아니고 다다-안티다다에 의존한 것도 아니며 역사에 근거한 것도 아니다. 그리고 역사는 초현실주의자들이 결코 깨어날 수 없었던 악몽이었다. 공산당 앞에서 무장 해제되고 스페인 전쟁으로 가로막혔으며 충직한 개처럼 좌파를 따라다니며 항상 투덜거리던 초현실주의자들에게는 말이다!

맑스나 엥겔스가 신경을 쓸 필요도 없이 이미 특정한 낭만주의는 예술이, 즉 문화와 사회의 맥박이 가치들의 해체 상태를 맨 처음 알려준다는 것을 증명했다. 1세기 후에 레닌이 그런 질문은 하찮은 것이라고 평가한 반면, 다다이스트들은 예술의 곪은 종기 안에서 전신에 퍼진 암의 징후를, 사회 전체의 병의 징후를 발견했다. 예술 안에 있는 불쾌함은 권력의 법으로서 사방에 세워진 불쾌의 예술만을 반영한다. 이것이 1916년의 다다이스트들이 명확히 수립했었던 것이다. 이런 분석의 너머는 직접 무장 투쟁으로 연결됐다. 오늘날 소비의 궁핍으로부터 이익을 얻는 팝아트의 신다다이즘 유충들은 더 좋은 할 일을 발견했다!

프로이트보다 더 큰 영향력을 갖고 동시대 사람들이 삶의 불쾌로부터 벗어날 수 있도록 노력한 다다이스트들은 일상생활의 정화를 위한 첫 번째 실험실을 만들었다. 행동은 말보다 훨씬 더 많이 나갔다. 화가인 그로스[33]는 이렇게 말했다. "중요했던 것은 가장 깊은 어둠 속에서 작업하는 것이었다. 우리는 우리가 무엇을 하는지를 몰랐다." 다다 집단은 깔때기였다. 수많은 평범함들, 세상의 엄청난 양의 전혀 중요하지 않은 것들이 그 안으로 빠졌다. 그리고 반대편 끝으로 모든 것이, 변형되고 독창적이며 새것이 되어 나왔다. 존재들과 사물들은 여전히 똑같았지만 그 의미와 기호는 다 바뀌었다. 관점의 전복은 재발견된 체험의 마술 안에서 시작됐다. 관점 전복의 전술인 우회는 낡은 세상의 움직이지 않는 틀을 뒤집어엎었다. 모두가 만든 시는 이 전복 안에서 그것의 진정한 의미를 얻었다. 그 의미는 초현실주의자들이 결국, 불쌍하게 굴복하고만 문학 정신으로부터는 멀리 떨어진 것이었다.

다다의 원래 약점은 그것의 놀라운 겸손함에서 찾아야 한다. 교황과 같은 진지한 어릿광대였던 러시아 황제는 매일 아침 데카르트의 다음과 같은 말을 되풀이해 말했다. "나는 내 앞에 사람들이 있었다는 것을 알고 싶지도 않다." 이 황제는 라바숄, 보노 그리고 마흐노의 동료들과 같은 사람들을 멸시하기 때문에 나중에 스탈린의 무리에 합류할 것이다. 만약 다다 운동이 불가능한 초월 앞에서 분해된다면 그것은 가능한 초월에 대한 다양한 경험을 역사 안에서 찾는 본능을 갖지 못했기 때문이다. 봉기 중인 대중이 자신의 운명을 스스로 개척하는 순간들이 바로 가능한 초월에 대한 다양한 경험들이다.

첫 번째 포기는 항상 끔찍하다. 초현실주의에서 신다다이즘까지 최초의 실수는 그 수가 증가하고 끝없이 반사된다. 초현실주의는 과거에 호소한다. 그렇다면 어떤 방식으로 호소하는가? 실수를 바로잡고자 하는 그것의 의지는 실수를 더욱 혼란스러운 것으로 만든다. 완벽하게 경탄할 만한 개인성들(사드, 푸리에, 로트레아몽 등)을 선택한 초현실주의는 그들에 대해 많은 글을 쓰고 그 결과로 그들에 대한 학교 교육 프로그램 안에서 훌륭한 성적을 얻는다. 그것은 신다다이스트들이 현재 이루어지는 해체의 스펙터클 안에서 그들의 조상들을 위해 획득한 보상과 동일한 문학적 보상이다.

◆◇

오늘날 다다 운동과 아주 비슷한 국제적 현상이 있다면 건달들의 가장 아름다운 시위들 안에 있을 것임이 틀림없다. 예술과 부르주아적 가치들에 대한 동일한 경멸, 이데올로기들에 대한 동일한 거부, 삶에 대한 동일한 의지, 역사에 대한 동일한 무지, 동일한 초보적 봉기, 전술의 동일한 부재가 나타난다.

　허무주의자에게는 다른 사람들의 허무주의에 대한 의식이 없다. 그리고 다른 사람들의 허무주의는 그 이후로 동시대의 역사적 현실 안에 들어간다. 허무주의에는 가능한 초월에 대한 의식이 없다. 그렇지만 우리는 진보하는 것을 단념하기 때문에 진보에 대해 말을 많이 하며 생존한다. 이 생존 또한 역사의 산물이다. 그것은 수 세기 동안 계속해서 나타나는 인간적인 것에 대한 모든 포기에서 비롯된다. 나는 생존의 역사는 역사를 분해할 역사적 운동이라고 감히 주장한다. 왜냐하면, 생존과 그것의 참을 수 없는 상황에 대한 명확한 의식은 연속적인 포기들에 대한 의식과, 그리고 결과적으로 초월의 운동을 그 운동이 너무 일찍 중단된 **시간**과 **공간** 안 곳곳에서 다시 시작하려는 진짜 욕망과 융합된다. 초월, 즉 일상생활의 혁명은 포기된 급진성의 핵들을 다시 취해서 원한의 엄청난 폭력과 함께 그것들에 가치를 부여하게 된다. 불법적 창조성의 연쇄 폭발은 권력의 관점을 전복할 것이다. 허무주의자들은 마지막으로 우리의 마지막 동맹자들이다. 그들은 비초월의 절망 속에서 사는가? 일관적인 이론은 그들의 시각이 잘못됐음을 증명하면서 그들의 축적된 양심들이 가진 잠재적 에너지를 그들의 삶의 의지를 위해 사용되도록 한다. 이 두 개의 근본적 개념들 — 급진적인 것의 포기, 해체에 대한 역사적 의식 — 를 갖고서 일상생활과 세상의 급진적 변형을 위한 전투를 잘 이끌 수 없는 사람은 아무도 없다. 사드는 이렇게 말했을 것이다. 허무주의자들이여, 혁명적이 되고 싶으면 좀 더 노력하라!

# 2부  관점의 전복

## 19장

# 관점의 전복

권력의 빛은 어두워진다. 공동체적 환상의 눈은 개인적 주체성의 눈에 맞지 않는 가면의 구멍이다. 개인적 관점은 집단적 거짓 참여의 관점을 압도해야 한다. 총체성의 정신에서 주체성의 무기를 갖고 사회성에 접근해야 하고 자신을 출발점으로 모든 것을 재건설해야 한다. 관점의 전복은 부정적인 것의 긍정성이다. 낡은 세상의 밤송이를 폭발시킬 열매이다(1~2).

1

"관점의 전복"이란 말의 뜻을 어떻게 이해해야 하는지를 코이너 씨에게 물었을 때 그는 다음과 같은 일화를 이야기했다. 신기한 버릇을 가진 서로 매우 친한 두 형제가 있었다. 그들은 하루의 사건들을 돌멩이로 나타냈다. 행복한 사건들에는 흰 돌멩이, 불행과 불쾌의 순간들에는 검은 돌멩이를 사용했다. 그런데 저녁이 돼 그들의 자루에 든 돌멩이들을 비교했을 때 한 사람은 흰 돌멩이들만을 갖고 있었고 다른 한 사람은 검은 돌멩이들만을 갖고 있었다. 동일한 운명을 이처럼 다르게 사는 것에 호기심을 느낀 그들은 현명한 말을 하는 것으로 유명한 사람에게 조언을 구하기로 했다. 현자는 이렇게 말했다. "당신들은 서로 별로 말하지 않는군요. 각자 자신들의 선택 이유를 설명하고 원인을 찾도록 하세요." 그때부터 그들은 그렇게 했다. 그들이 곧 확인할 수 있었듯이 한 사람은 여전히 흰 돌멩이를 선택했고 다른 한 사람은 검은 돌멩이를 선택했다. 그러나 둘 다 자루 속의 돌멩이의 수가 감소했다. 보통 30 여 개가 있었는데 이제는 일곱에서 여덟 개 정도의 돌멩이만 이 있었다. 얼마 지나지 않아 두 형제는 현자에게 다시 찾아갔 다. 그들의 모습에는 커다란 슬픔의 흔적이 보였다. 한 명이 이 렇게 말했다. "얼마 전까지 내 자루에는 캄캄한 밤의 색깔의 돌멩이들만이 가득 차 있었습니다. 나는 항상 절망 속에 살았 습니다. 나는 무기력하게 살 수밖에 없었다는 것을 인정합니 다. 지금 나는 여덟 개의 돌멩이 이상을 갖는 경우가 드뭅니다. 그러나 이 여덟 개의 비참함의 기호들이 나타내는 것이 너무 나 참을 수 없는 것이어서 이제는 이런 상태에서 살 수 없습니 다." 그리고 다른 한 명은 이렇게 말했다. "내 경우에는 매일 흰 돌멩이들을 모았습니다. 이제 일곱에서 여덟 개만의 돌멩이들 을 모읍니다. 그러나 이것들은 나를 매료시킵니다. 나는 그 행 복한 순간들을 떠올리면, 더 강렬히 그 순간들을 다시 경험하 고 싶어집니다. 영원히 말이죠. 이 욕망은 나를 뒤흔듭니다." 현 자는 그들의 말을 들으며 미소를 지었다. "자, 모든 일이 잘되 고 있습니다. 일이 점차 윤곽이 잡혀가고 있습니다. 계속 그렇 게 하세요. 한마디만 더하죠. 기회가 되면 이런 질문을 스스 로 해 보세요. 왜 자루와 돌멩이 놀이가 우리를 이처럼 열광시 키는 것일까?" 그 후 두 형제가 다시 현자를 찾았을 때 그들은 이렇게 선언했다. "우리는 그 질문을 해 봤습니다. 답변할 수 없 었어요. 그래서 온 마을 사람들에게 물어봤습니다. 아주 떠들 썩해졌지요. 사람들은 저녁에 자신들의 집 앞에 쭈그려 앉아 온 가족이 흰 돌멩이와 검은 돌멩이에 대해 논쟁을 벌였습니다. 우두머리와 귀족들만이 그것을 멀리했습니다. 그들은 검든 희든 돌멩이는 돌멩이고 서로 비슷하다고 비웃으며 말합니다." 노인은 만족감을 감추지 않았다. "일이 예견한 대로 진행되는군요. 걱정하지 마세요. 곧 더는 질문을 할 일이 없을 겁니다. 그것은 더는 중요하지 않게 됐습니다. 아마도 언젠가는 그런 질문을 했는지조차 의심스러워질 겁니다." 얼마 되지 않아 노인의 예견은 다음과 같이 실현됐다. 커다란 기쁨이 마을 사람들을 덮쳤다. 소란스러웠던 밤이 지나고 새벽이 되자 태양이 울타리의 날카로운 말뚝 위에 걸린 귀족들과 우두머리들의 금방 잘린 머리들을 비추었다.

2

세상은 항상 기하학이었다. 어떤 각도, 어떤 관점에서 사람들이 서로 보고 말하고 재현해야 하는지에 대해 통일된 시대들의 신들이 우선 주권을 갖고 결정했다. 그 후에 부르주아지의 인간들이 그 신들에게 나쁜 장난을 쳤다. 그들은 신들을 가깝고 먼 원근법에 따라 위치시켰다. 신들이 태어나고 발달하고 죽는 역사적 생성 안에 그들을 정돈했다. 역사는 신들의 황혼이었다.

역사화된 신은 자신의 물질성의 변증법, 주인과 노예의 변증법과 뒤섞인다. 그것은 계급투쟁의 역사, 위계화된 사회 권력의 역사이다. 따라서 어떤 의미에서 부르주아지는 관점의 전복을 시작하지만, 곧 그것을 겉모습에 국한한다. 폐지된 신, 그의 버팀목들은 여전히 텅 빈 하늘을 향해 세워진다. 그리고 마치 성스러운 대성당 안에서의 폭발이 아주 느린 충격파로 퍼지는 것처럼 신화적 회반죽의 분쇄는 시도된 지 2세기만인 오늘날 스펙터클의 파편화 안에서 완수된다. 부르주아지는 신의 폭파의 한 단계일 뿐이다. 이 신은 이제 급진적으로 사라져 그의 물질적 근원들의 흔적들 ― 인간에 의한 인간의 지배 ― 을 지울 때까지 사라질 것이다.

부르주아지가 부분적으로 통제하는 경제 메커니즘들은 권력을 신의 유령에서 해방하면서 권력의 물질성을 폭로했다. 그러나 그 대가는 무엇이었는가? 신은 인간적인 것을 크게 부정하면서 일종의 피난처를 제공했다. 그 피난처 안에서 역설적으로 신자들은 성직자와 우두머리 들의 "부당한" 권력에 맞서 신의 절대적 권력을 내세우면서 과거에 신비론자들이 자주 그랬던 것처럼 한시적 권위에 맞서 자신들을 내세울 권리를 가졌었다. 오늘날은 바로 권력이 인간들에게 다가가서 말을 붙이고 스스로 소비 가능한 것이 된다. 신은 점점 더 무거워지고 삶의 공간을 단순한 생존으로 이끌며 시간을 "역할"의 두께로 압축한다. 도식적으로 쉽게 설명하기 위해 우리는 권력을 각도에 비교할 수 있다. 처음에는 그 꼭짓점이 하늘 높이 올라가 보이지 않을 정도로 예각이었던 것이 점점 넓어지면서 꼭짓점이 낮아지고 눈에 보이기 시작한다. 그리고 계속 낮아져서 납작해질 정도가 되면 두 변이 직선이 되고 결국, 각도가 없는 동등한 점들의 연속이 된다. 허무주의라 할 수 있는 이 선 너머로 새로운 원근법이 시작된다. 그것은 옛날 것의 반영도 아니고 퇴화도 아니다. 그보다는 조화롭게 된 개인적 관점들의 집합이라고 할 수 있다. 그것들은 절대 충돌하지 않으며 일관성과 집단성의 원칙들에 따라 세상을 건설한다. 모두 다른 이각들의 총체는 동일한 방향으로 열리고 개인적 의지는 이제 집단적 의지와 뒤섞인다.

조건화는 위계의 사다리를 따라 각자를 위치시키고 이동시키는 기능을 한다. 관점의 전복은 일종의 반反조건화를 내포한다. 그것은 새로운 형태의 조건화가 아니라 유희의 전술, 즉 **전용**[1]이다.

관점의 전복은 지식을 **실천**으로, 기대를 자유로, 매개를 무매개성의 의지로 대체한다. 그것은 **참여, 커뮤니케이션, 실현**이라는 분리할 수 없는 세 지점에 기반을 둔 여러 인간관계들의 승리를 신성화한다.

관점을 전복하는 것은 공동체, 이데올로기, 가족, 다른 사람들의 눈으로 보기를 멈추는 것이다. 그것은 자기 자신을 굳건히 파악하고 자신을 출발점, 중심으로 선택하는 것이다. 모든 것을 주체성을 기반으로 해 세우고 모든 것이 되고자 하는 자신의 의지를 따르는 것이다. 나의 충족될 수 없는 삶의 욕망이 가진 조준선 안에서 권력의 총체성은 더 넓은 지평 안의 특수한 과녁일 뿐이다. 권력이 행사하는 힘은 나의 시야를 방해하지 않는다. 나는 권력을 식별하고 그것의 위험을 평가하고 대응책을 연구한다. 내 창조성이 아무리 빈약하다 해도 그것은 구속으로 획득된 그 어떤 지식들보다 더 확실한 안내인이다. 권력의 밤에 그것의 작은 빛은 문화적 조건화, 모든 종류의 전문화, 피할 수 없이 전체주의적인 세계관 등과 같은 적대적 세력들을 가까이 다가오지 못하게 한다. 각자는 이렇듯 절대적 무기를 갖고 있다. 몇몇 매력들의 경우에 그러하듯이 그 무기를 합당하게 사용해야 한다. 반대로 거짓과 억압을 통해 접근하면 무기는 한심한 웃음거리, 즉 예술적 봉헌이 될 뿐이다. 권력을 파괴하는 행위들과 개인의 자유 의지를 건설하는 행위들은 동일한 것이다. 그러나 그것들의 영향력은 다르다. 전략에서 보듯이 방어 준비는 공격 준비와 분명히 다르다.

우리는 뭔지 알 수 없는 의지주의에 따라 관점의 전복을 선택하지 않았다. 바로 관점의 전복이 우리를 선택했다. 우리가 무無의 역사적 단계에 있으므로, 뒤따르는 발걸음은 **모든** 것의 변화일 수밖에 없다. 총체적 혁명과 그것의 필요성에 대한 의식은 우리가 역사적이 되는 마지막 방식이고 특정한 조건들 속에서 역사를 분해하는 우리의 마지막 기회이다. 우리가 시작하는 놀이는 우리의 창조성의 놀이이다. 그 놀이의 규칙은 우리 사회를 지배하는 규칙들, 법들과는 완전히 상반된 것이다. 그것은 지는 사람이 이기는 놀이이다. 침묵된 것이 말해진 것보다 더 중요하다. 체험된 것이 겉모습의 차원에서 재현된 것보다 더 중요하다. 이 놀이는 끝까지 해야 한다. 자신의 뼈가 더는 견딜 수 없을 때까지 압력을 느낀 사람이 어떻게 **거리낌 없이 살고자 하는** 의지를 향해, 자신이 마지막으로 의지할 곳을 향해 몸을 던지지 않겠는가? 중간에 자신의 폭력과 급진적 요구를 포기한 사람에게는 불행한 일이다. 살해된 진리는 독성을 갖게 된다고 니체는 말했다. 우리가 관점을 전복하지 않는다면 권력의 관점이 결국, 우리를 우리 자신으로부터 등 돌리게 할 것이다. 독일의 파시즘은 스파르타쿠스의 피에서 태어났다. 한 번 포기할 때마다 반작용이 준비하는 것은 바로 우리의 총체적 죽음이다.

## 20장

# 창조성, 자발성 그리고 시

인간들은 하루 24시간 내내 창조성의 상태에서 산다. 지배 메커니즘이 자유를 조합해 사용하는 것은 만천하에 드러났기 때문에 그런 사용은 그 여파로 개인적 창조성과 분리 불가능한 체험된 자유 개념을 가리키게 된다. 생산하고 소비하고 조직하라는 초대는 이제 창조의 열정을 회수하는 데 실패한다. 창조의 열정 안에서는 구속에 대한 의지가 와해된다(1). — 자발성은 창조성의 존재양식이다. 그것은 고립된 상태가 아니라 주체성의 무매개적 경험이다. 자발성은 창조적 열정을 구체화하고 그것의 실천적 실현을 시작하고, 따라서 시를, 급진적 주체성에 따라 세상을 바꾸려는 의지를 가능하게 만든다(2). — 질적인 것은 창조적 자발성의 증명된 현존이며 본질적인 것과의 직접적 커뮤니케이션이고 시에 제공된 기회이다. 그것은 가능성들의 응축이며 지식과 효율의 증가 장치이며 지성의 사용양식이다. 그것은 그 자신의 기준이다. 질적인 충격은 모든 혁명적 순간들에서 관찰 가능한 연쇄반응을 일으킨다. 자유롭고 총체적인 창조성의 긍정적 스캔들로 이런 반응을 유발해야 한다(3). — 시는 창조적 자발성을 세상으로 연장한다는 점에서 창조적 자발성의 조직이다. 시는 새로운 현실들을 낳는 행위이다. 그것은 급진 이론의 완수이고 대표적인 혁명적 행위이다.

1

위계화된 사회 권력은 역사가 흐르는 동안 분자와 분모로 나뉜 세상의 공통분모였다. 이 분자와 분모로 나뉜 세상에는 묵인된 자유만이 존재했다. 분자의 바꿈, 주인에 대한 헌신이라는 변함없는 선택만이 유일한 자유였다. 동과 서의 전체주의 국가들이 이런 자유의 사용을 끊임없이 내세우기 때문에 그런 사용은 결국 더욱 빨리 사람들을 싫증나게 만들었다. 그런데 사용자를 바꾸는 것에 대한 현재 일반화된 거부는 국가 조직의 갱신과도 일치한다. 산업화한 국가나 산업화하고 있는 국가의 모든 정부들은 발전 정도는 서로 차이가 나지만 낡은 지배 메커니즘들을 합리화하고 어떤 면에서는 자동화하는 공통된 형태에 맞춰 만들어지려는 경향을 가진다. 그리고 이것은 자유의 첫 번째 기회가 된다. 부르주아 민주주의는 개인적 자유들이 제한되고 서로를 파괴하는 범위 내에서 개인적 자유들을 용인했다. 이런 증명이 이뤄졌기 때문에 아무리 완벽한 정부라도 자유의 깃발을 흔드는 것은 불가능하게 됐다. 모두가 깃발 뒤에 숨겨진 칼을 예측할 수 있게 됐다. 그 여파로 자유는 자신의 뿌리인 개인적 창조성을 되찾는다. 그리고 자유를 단지 허용된 것, 합법적인 것, 용인된 것, 권위의 미소로만 여기는 것을 격렬히 거부한다.

결국, 자신의 창조적 진정성으로 돌아온 자유의 두 번째 기회는 권력의 메커니즘 자체에서 기인한다. 착취와 지배의 추상적 시스템들이 인간의 창조물이며 그것들의 존재와 완성을 타락하고 회수된 창조성에서 가져온다는 것은 명백하다. 권위는 창조성에서, 스펙터클을 통해 회수 가능한 다양한 형태들만을 인정할 수 있고 인정하려 한다. 사람들이 공식적으로 하는 것은 몰래 하는 것과 비교하면 아무것도 아니다. 사람들은 예술 작품과 관련해 창조성에 대해 말을 한다. 한 사람을 하루에도 수천 번씩 뒤흔드는 창조적 에너지, 충족되지 않은 욕망의 격동, 실재를 통해 찾아지는 몽상, 혼란스럽지만 확실하게 선명한 감각들, 이름 없는 전복들을 담은 생각과 행위들 옆에서 이것은 무엇을 표상하는가? 모든 것이 수단의 익명성과 빈약함에 바쳐지고 생존 안에 갇혀 있거나, 자신의 질적인 풍요

프랑스 시골의 우체부 페르디낭 슈발(Ferdinand Cheval, 1836~1924)이 1879년부터 1912년까지 자신의 마을에 지은 건축물, '슈발의 궁전.'

로움을 잃고서 스펙터클의 카테고리들에 따라 표현될 수밖에 없다. 우체부 슈발의 궁전, 푸리에의 놀라운 시스템이나 세관원 루소[1]의 그림 세계를 생각해 보라. 더 정확히는 반 고흐의 가장 아름다운 그림들과 다른 식으로 색칠해진 자신의 꿈의 풍경들이 가진 믿을 수 없는 다양성에 대해 생각해 보라. 자신의 행위는 평범한 것을 되풀이하고 있지만, 자신의 내면적 시선 아래에서는 쉬지 않고 이상적 세상이 건설되고 있음을 생각해 보라.

아무리 소외됐다고 하더라도 창조성의 축소될 수 없는 부분을 소유하지 않거나 인정하지 않는 사람은 아무도 없다. 그것은 모든 거짓과 구속에 맞서 보호된 카메라 옵스쿠라이다. 사회조직이 인간의 이 부분에까지 자신의 통제를 확장하는 날, 사회조직은 로봇과 시체 들만을 지배하게 될 것이다. 그리고 바로 이런 이유로 어떤 의미에서는 창조성에 대한 의식은 소비사회의 회수 시도들이 증가함에 따라 역설적으로 증가한다.

아르고스는 가장 가까운 곳의 위협 앞에서는 장님이다. 양적인 것의 지배 아래에서 질적인 것은 법적으로 인정된 존재를 갖지 않는다. 바로 그것이 질적인 것을 보호하고 유지한다. 양적인 것의 과도한 추구는 그런 추구가 키우는 불만족을 통해 역설적으로 질적인 것에 대한 절대적 욕망을 발전시킨다. 나는 앞에서 이것에 대해 말했었다. 구속이 소비하는 자유의 이름으로 행사되면 될수록 그런 모순의 불편함은 총체적 자유에 대한 갈망을 탄생시킨다. 노동자가 펼친 에너지 안에 억압된 창조성이 있었다는 것이 생산 사회의 위기 안에서 드러났다. 맑스는 강제 노동과 생산자의 착취 안에서의 창조성의 소외를 단번에 고발했다. 자본주의 시스템과 그것의 일당들(적대적인 일당들도)이 생산의 전선에서 패배함에 따라 그것들은 소비를 통해 상쇄하려 노력한다. 그것들의 강령들에 따라 인간은 생산자의 기능에서 자신을 해방하면서 소비자라는 새로운 기능 속에 걸려든다. 노동시간의 감소로 마침내 얻게 된 창조성에 레저의 공터를 제공하면서 인본주의의 전도사들은 사실, 소비 경제의 조작의 장에서 발전할 준비가 된 무기만을 들어 올린다. 소비자의 소외가 소비재의 변증법 자체에 의해서 밝혀진 지금, 매우 전복적인 개인적 창조성을 위해 어떤 감옥을 준비해야 할까? 나는 지도자들의 마지막 기회는 사람들을 자신의 고유한 수동성의 **조직자**로 만드는 것이라고 말했었다.

드윗 피터스[2]는 놀라운 순진함을 갖고 이렇게 말한다. "물감, 붓, 도화지를 사람들이 마음대로 사용할 수 있게 놔둔다면 재미있는 것이 만들어질 수 있을 것이다." 연극·회화·음악·문학 등과 같은 잘 통제된 10여 개의 영역들에, 그리고 일반적으로 철저하게 고립된 분야들에 이런 정책을 적용하는 한, 사람들에게 예술가 정신, 미술관과 문화적 전시실에 자신의 창조성을 전시하는 직업을 가진 사람의 정신을 제공할 기회가 있을 것이다. 그리고 그런 문화의 인기가 높아지면 높아질수록 권력이 승리했음을 의미하게 될 것이다. 그러나 오늘날의 인간들을 "문화화시킬" 가능성은 높지 않다. 사이버네틱스 학자들은 인간이 권위적으로 고정된 한계들 안에서 자유롭게 실험하는 것을 받아들이리라고 정말 기대하는가? 자신들의 창조력을 마침내 의식하게 된 인간들이 자신들의 감옥의 벽을 덧칠하고 거기에서 멈출 것이라고 정말 믿는가? 그들이 무기, 욕망, 꿈, 실현 기술들을 갖고 실험하는 것을 무엇으로 막을 것인가? 더구나 선동가들이 이미 군중 속에 널리 퍼진 상태이다. 창조성에 대한 마지막 가능한 회수 — 예술적 수동성의 조직 — 가 밝혀졌다.

파울 클레[3]는 이렇게 말했다. "나는 창조의 기원에 있는 먼 지점을 찾는다. 그곳에서 나는 인간, 동물, 식물, 불, 물, 공기 그리고 우리를 둘러싼 모든 힘들에 있어 유일한 형식을 예감한다." 멀리 있는 그런 지점은 권력의 거짓 관점 안에서만 멀리 있다. 사실, 모든 창조의 기원은 개인적 창조성 안에 있다. 바로 그것으로부터 모든 것이 정돈된다. 존재와 사물들이 거대한 시적 자유 안에서 정돈된다. 그것은 새로운 관점의 출발점이다. 그것을 위해 온 힘을 다해 존재의 순간마다 싸우지 않는 사람은 아무도 없다. "주체성은 유일한 진리이다"(키르케고르).

진정한 창조성은 권력에게는 회수 불가능한 것이다. 1869

년 브뤼셀에서 경찰은 자본주의자들의 큰 걱정거리였던 인터내셔널의 유명한 보물을 찾아냈다고 믿었다. 경찰은 어두운 장소에 숨겨져 있던 아주 크고 단단한 금고를 압수했다. 그것을 열어보자 그 안에 있는 것은 석탄뿐이었다. 인터내셔널의 순수한 금이 적의 손에 닿자 석탄으로 변했다는 것을 경찰은 몰랐다.

개인적 창조성의 실험실들에서 혁명적 연금술은 일상성의 가장 비천한 금속들을 금으로 변하게 한다. 그것은 무엇보다도 우선 구속에 대한 의식을, 즉 무능력의 감정을 창조성의 매력적 실행 안에서 와해시키고, 창조적 힘의 도약 안에서, 자신의 천재성에 대한 평온한 확인 안에서 용해하는 것이었다. 특권과 스펙터클의 차원에서는 쓸모없는 과대망상이 여기에서는 조건화의 연합 세력들과 자아가 맞붙는 싸움 안에서의 중요한 단계를 나타낸다. 오늘날 승승장구하는 허무주의의 밤에 진정한 삶의 불빛인 창조적 불빛은 더 크게 빛난다. 그리고 생존의 더 좋은 계획이 무산됐지만, 하나의 빛 안에 점점 합류하는 이 불빛들의 증가 속에는 개인적 의지들의 조화에 기반을 둔 새로운 조직의 약속이 있다. 역사적 생성은 우리를 급진적 주체성과 세상의 변화 가능성이 만나는 교차로로 인도한다. 이 특혜 받은 순간은 관점의 전복이다.

2

**자발성.** 자발성은 개인적 창조성의 존재양식이다. 그것은 개인적 창조성의 아직 때 묻지 않았고 부패하지 않았으며 회수의 위협도 없는 최초의 분출이다. 창조성이 세상의 가장 잘 분배된 물건이라면, 반대로 자발성은 특권에 속하는 것처럼 보인다. 권력에 대한 오랜 저항을 통해 자신들 고유의 개인 가치에 대한 의식을 얻게 된 사람들만이 자발성을 가진다. 혁명적 순간들과 혁명이 매일 만들어지는 시간 안에 위치한 대부분의 사람들이 그렇다. 창조성의 불빛이 유지되는 곳에서는 어디에서나 자발성의 기회들이 유지된다.

1919년에 차라[4]는 이렇게 말했다. "새로운 예술가는 항의한다. 그는 그리지 않는다. 직접 창조한다." 무매개성은 가장 간략한 요구이지만 가장 급진적 요구이기도 하다. 그것은 살아야 할 상황들을 건설하는 이 새로운 예술가들을 규정한다. 그것을 간략하다고 한 것은 자발성이라는 단어에 의해 남용되지 않아야 하기 때문이다. 그것만이 자발적인 것이며 전의식 안에까지 내면화된 구속으로부터 생겨나오지 않는 것이다. 게다가 소외시키는 추상의 영향력에서, 스펙터클의 회수에서 벗어나는 것만이 자발적인 것이다. 자발성은 부여된 것이라기보다는 정복한 것이다. 개인의 재구조화는 무의식의 재구조화를 거쳐 일어난다(꿈의 구성과 비교할 것).

현재까지 자발적 창조성에 없던 것은 자신의 시에 대한 명확한 의식이다. 그것은 상식적으로 항상 초기 상태, 이론적 수정과 추상으로의 이전이 있기 전의 단계로 이해됐다. 그것은 자발성을 고립시키는 것이었으며 즉자적인 것으로 만드는 것이었다. 그래서 예를 들어 액션 페인팅[5]과 같은 스펙터클한 부류들 속에서 나타나는 조작된 형태로만 자발성을 인정하는 것이었다. 그런데 자발적 창조성은 자기 안에 자신의 적절한 연장의 조건들을 담고 있다. 그것은 자신의 고유한 시를 갖고 있다.

내가 보기에 자발성은 무매개적 경험을, 체험에 대한 의식을 구성한다. 이 체험은 모든 면이 둘러싸여 있고 금지들로 인해 위협받지만, 아직 소외되거나 비진정성으로 축소되지는 않은 것이다. 체험된 경험의 중심에서 모든 사람은 자기 자신과 가장 가까이 위치하게 된다. 이 특권적인 시공간 안에서 실재성은 나에게 필연성을 면제해 준다. 그리고 항상 필연성에 대한 의식이 우리를 소외시킨다. 사람들은 나에게 법적인 표현에 따르면 결석 상태로 나를 파악하는 것을 가르쳤다. 진정한 삶의 순간에 대한 의식은 알리바이를 없애고 미래의 부재는 동일한 허공 안에 과거의 부재를 합류시킨다. 현재에 대한 의식은 일종의 임기응변으로서 체험된 경험과 조화를 이룬다. 이 즐거움은 아직 고립돼 있으므로 빈약하지만, 다른 사람들의 동일한 즐거움을 향해 이미 뻗어 있으므로 풍부하다. 나는 그것을 재즈의 즐거움에 동일시하지 않을 수가 없다. 일상생활의 가장 좋은 순간에 나타나는 임기응변 양식은 다우어[6]가 재즈에 대해 말했던 것과 흡사하다. "리듬에 대한 아프리카인들의 생각은 우리의 생각과는 다르다. 우리는 그것을 청각적으로 지각하지만, 아프리카인들은 몸의 움직임을 통해 지각한다. 그들의 기술은 리듬이 강요한 정태적 균형 한복판에 불연속을 집어넣는 것이고 시간의 흐름에 운율을 집어넣는 것이다. 이 불연속성은 시간 감각을 잃은 황홀경의 중심점이 존재한다는 사실과 리듬과 운율에 고유한 강약의 변화로부터 발생하는데, 항상 정태적 강세들과 그것들에 부과되는 황홀경의 강세들 사이의 긴장을 만들어 낸다."

창조적 자발성의 순간은 관점 전복이 가장 작게 드러나는 순간이다. 그것은 통일된 순간이다. 다시 말해 하나이면서 다수의 순간이다. 체험된 즐거움의 폭발은 내가 나를 잃기 때문에 나를 발견하게 한다. 내가 누구인지를 잊기 때문에 나를 실현하게 된다. 무매개적 경험에 대한 의식은 이 재즈, 이 흔들림일 뿐이다. 반대로 분석적 목적으로 체험에 매달리는 생각은 그것과 분리돼 있다. 일상생활에 대한 모든 연구가 그런 경우이며 따라서 어떤 의미에서는 일상생활이 그런 경우이다. 이런 이유로 나는 일상생활이 너무나 쉽게 회수될까 두려워 매 순간 일상생활에 대한 비판을 포함하려 노력한다. 앞으로 가야 할 그 기나긴 길에 자기 생각을 고정한 여행자는 그냥 걸음에 자신의 상상력을 내맡기는 그의 동료보다 더 많은 피곤을 느낀다. 마찬가지로 체험의 방식에 주의를 기울이는 성찰은 체험을 구속하고 추상화하며 미래의 기억으로 축소한다.

생각이 진정으로 체험 안에서 형성되려면 생각이 자유로 워야 한다. 동일이라는 의미 안에서 다름을 생각하는 것으로 충분하다. 당신이 당신 자신을 만드는 동안, 언젠가 당신을 만들 또 다른 당신 자신에 대해 생각해 보라. 내가 보기에 자발성은 그런 것이다. 나로부터, 세계로부터 분리 불가능한 나에 대한 가장 높은 의식이 자발성이다.

그렇지만 산업 문명들이 야만적으로 만들어 놓은 자발성

의 흔적들을 재발견해야 한다. 삶을 올바르게 다시 시작하기는 쉽지 않다. 개인적 경험은 광기를 위한 먹이이며 변명이기도 하다. 상황은 키르케고르가 말하는 것이 됐다. "내가 구명 허리띠를 차고 있다는 것은 사실이다. 그렇지만 나를 걸어줄 막대는 보이지가 않는다. 그것은 경험을 하는 끔찍한 방식이다." 분명히 막대는 존재한다. 아마도 각자는 그것을 잡을 수 있을 것이다. 하지만 너무나 느리게 잡기 때문에 많은 사람들은 막대가 존재한다는 것을 인정하기 전에 공포 때문에 죽을 것이다. 그렇지만 막대는 존재한다. 그것은 급진적 주체성이다. 그것은 모든 인간이 동일한 진정한 실현의 의지에 복종한다는 의식, 그리고 그들의 주체성이 다른 사람들에게서 지각된 이 주체적 의지로 더 강화된다는 의식이다. 자신으로부터 출발하는 이런 방식, 다른 사람들을 향해서라기보다는 자신들 안에 있는 자기 자신을 향해 빛을 비추는 이런 방식은 창조적 자발성에 발사대와 유사한 전략적 중요함을 제공한다. 우리를 인도하는 추상들과 개념들을 이제는 그것들의 원천으로, 체험된 경험으로 되돌려야 한다. 그것은 그것들을 정당화하기 위해서가 아니라 반대로 고치고 전복하기 위해서이며, 그것들이 나왔지만 사실은 머물러 있어야만 했을 체험으로 그것들을 되돌리기 위해서이다! 바로 이런 조건 아래에서 사람들은 자신들의 개인적 창조성이 보편적 창조성과 구별되지 않음을 알게 될 것이다. 내가 직접 체험한 것 밖에서는 권위가 존재하지 않는다. 바로 이것을 각자가 모든 사람들에게 증명해야 한다.

3

**질적인 것.** 나는 모든 개인에게 동등하게 분배된 창조성은
어떤 특별한 순간들에만 직접적으로, **자발적으로** 표현된다고
말했다. 이 혁명 전의 상태들로부터 삶을 바꾸고 세상을 변화
시키는 시가 나온다. 우리는 그 상태들을 현대적 은총의 기호
아래, 즉 질적인 것 아래 위치시킬 근거를 갖고 있지 않은가?
상스러운 사람들 — 멍청한 클로델[7] — 에게, 그리고 가장 세련
된 사람들 — 장 드 라 크루아[8] — 에게 갑자기 부여된 정신적 향
기를 통해 신의 증오가 현존함이 드러나는 것과 마찬가지로,
하나의 행위·태도·단어가 때때로 부정할 수 없는 방식으로 시
에, 다시 말해 일상생활의 총체적 구성에, 관점의 완전한 전복
에, 혁명에 제공된 기회의 현존을 증명한다. 질적인 것은 본질
적인 것의 지름길이고 응축이며 직접적 커뮤니케이션이다.

카가메[9]는 어느 날 쓸 줄도 읽을 줄도 모르는 르완다의 한
노파가 말하는 소리를 들었다. "정말로 백인들은 너무나 순진
하구나! 그들은 전혀 똑똑하지가 않아!" 카가메는 노파에게
물었다. "당신은 어떻게 그렇게 바보 같은 말을 할 수가 있습
니까? 당신은 그들처럼 우리의 상상을 뛰어넘는 놀라운 물건
들을 만들 수 있었나요?" 그녀는 동정 어린 미소를 띠며 말했
다. "잘 들어라, 애야! 그들은 그것을 전부 배웠단다. 하지만 그
들은 똑똑하지는 않단다. 그들은 아무것도 이해하지 못하거
든!" 사실, 기술 문명의, 수량화된 교환의, 그리고 과학적 지식
의 저주는 그것들이 인간의 자발적 창조성을 **직접** 격려하고
해방하는 것을 아무것도 창조하지 않았다는 점이다. 그것들

은 세상을 즉각적으로 이해할 수 있도록 해 주는 것도 창조하지 않았다. 르완다의 노파 — 이 존재를 백인 행정가는 벨기에 사람의 정신을 갖고 높은 곳에서 야생동물을 보듯 바라봤음이 틀림없다 — 가 표현하고자 했던 것에는 죄의식과 양심의 가책이 담겨 있다. 다시 말해 끔찍한 바보짓으로 더럽혀져 있다. 그것은 다음과 같은 옛말이 표현하는 것이다. "나는 많이 공부했다. 그래서 나는 내가 아무것도 모른다는 것을 안다." 왜냐하면, 총체성의 관점을 포기하지 않은 공부라면, 공부가 우리에게 아무것도 가르쳐주지 않는다는 말은 어떤 의미에서는 거짓이기 때문이다. 아무것도 아닌 것이라고 불린 것은 바로 질적인 것의 연속적 단계들이었다. 그것은 다양한 수준에서 질적인 것의 선상 위에 있던 것이다. 하나의 이미지를 생각해 보자. 정확히 층층이 연속적으로 쌓여 있는 방들이 있다고 하자. 그것들은 중앙을 통과하는 엘리베이터를 중심으로 모여 있고 나선계단에 의해 밖으로 연결돼 있다. 다른 방들에 사는 사람들 사이의 연결은 직접적이다. 하지만 밖의 계단에 있는 사람들과는 어떻게 의사소통할 것인가? 질적인 것의 소유자들과 높이를 조절할 수 있는 지식의 소유자들 사이에는 대화가 없다. 대부분의 경우 맑스와 엥겔스의 『공산당 선언』을 읽을 능력이 없던 1848년의 노동자들은 그들 자신 안에 그 선언의 본질을 소유하고 있었다. 그리고 바로 이 점에서 맑스주의 이론은 급진적이었다. 맑스의 선언이 더 높은 단계에서 이론적으로 표현하고 있던 노동조건과 그것의 결과들은 가장 무지한 프롤레타리아들에게 때가 오면 **즉각적으로** 맑스를 이해할 수 있도록 했다. 자신의 교양을 화염병처럼 사용하는 교양 있는 인간은 배우지 못한 사람과 서로 죽이 잘 맞도록 만들어졌다. 배우지 못한 사람은 교양 있는 사람이 지적으로 표현하는 것을 일상적으로 체험된 현실 안에서 느낀다. 비판의 무기들이 무기들의 비판에 합류해야 한다.

질적인 것만이 우리를 더 높은 단계로 도약할 수 있게 해준다. 그것은 위험에 처한 집단의 교육법이고 바리케이드의 교육법이다. 그러나 위계화된 권력의 단계는 유사하게 단계적인 지식의 위계질서만을 고려할 수 있다. 걸음걸이의 속성과 수에서 전문화된, 계단에 있는 사람들은 서로 만나고 스쳐 지나고 충돌하고 욕을 한다. 뭐가 중요한가? 밑에는 양식을 가진 독학자가 있고 위에는 사상들을 수집하는 지식인이 있다. 이것은 동일한 웃긴 모습의 뒤집힌 이미지이다. 미구엘 데 우나무노[10]와 끔찍한 밀란 아스트레이[11]는, 즉, 사상의 봉급생활자와 그를 경멸하는 사람은 헛되이 충돌한다. 질적인 것 밖에서 지성은 바보들의 어릿광대일 뿐이다.

연금술사들은 위대한 작품에 꼭 필요한 요소들을 마테리아 프리마(최고의 재료)materia prima라고 불렀다. 그리고 파라켈수스[12]가 그것에 관해 쓴 다음과 같은 글은 정확히 질적인 것에 적용된다. "가난한 사람들이 부자들보다 그것을 더 많이 갖고 있다는 것은 명확하다. 사람들은 그것의 좋은 부분을 낭비하고 나쁜 부분만을 가진다. 그것은 보이기도 하고 보이지 않기도 한다. 아이들은 길에서 그것을 갖고 논다. 그러나 무지한 사람들은 일상적으로 짓밟는다." 그런데 전문화된 생각과 단계적인 지식의 성벽이 무너짐에 따라 이 질적인 마테리아 프리마에 대한 의식은 대부분의 사람들 안에서 끊임없이 정제되고 있음이 분명하다. 프롤레타리아화는 창조하는 직업을 가진 사람들과 직업상 창조하지 못하게 된 사람들을, 즉 예술가와 노동자 들을 동일한 허무주의로 몰아넣는다. 그리고 이 프롤레타리아화는 창조성의 회수된 형태들에 대한 거부와 함께 일어난다. 프롤레타리아화는 문화적 재화들 – 디스크, 영화, 포켓북 – 의 과잉 상태 안에서 이뤄지기 때문에 일단 소비재에서 벗어난 문화재들은 즉시 진정한 창조성을 위해 봉사하게 된다. 그래서 경제적이고 문화적인 소비 메커니즘들에 대한 사보타주는 책을 훔치는 젊은이들에게서 전형적인 방식으로 잘 나타난다. 그들은 그런 일이 자신들의 급진성에 대해 확언해 줄 것을 기대한다.

질적인 것의 기호 아래에서 다시 투자된 가장 다양한 지식들은 가장 무거운 전통들을 들어 올릴 수 있는 자기장을 창조해 낸다. 지식은 단순한 자발적 창조성의 강력한 힘으로 증가했다. 임시변통의 도구와 헐값으로, 한 독일 기술자가 원자 파괴용 고주파 전자가속기와 동일한 작업을 할 수 있는 기구를 발명했다. 만약 그처럼 그럭저럭 자극된 개인적 창조성이 같은 결과에 도달한다면, 질적인 충격과 연쇄반응으로부터 무엇을 기대해야 할 것인가? 그런 연쇄반응 안에서는 개인들 안에 살아 있던 자유 정신이 기쁨의 불길과 금지의 중지 안에서 큰 사회적 축제를 축하하기 위해 집단적으로 다시 나타날 것이다.

일관적 혁명 집단에서 문제는 더는 새로운 형식의 조건화를 창조하는 것이 아니라 반대로 조건화의 강도가 0이 되는 보호 지역을 만드는 것이다. 모든 사람이 자신의 창조성의 잠재력에 대해 의식하도록 하는 것은 질적인 충격을 통한 깨우침에 의지하지 않는다면 실패할 수밖에 없는 시도이다. 양적인 충원에 기반을 둔 집단과 대중정당들로부터는 더는 기대할 것이 아무것도 없다. 반대로 구성원들이 어떤 행위나 급진적 생각을 기반으로 서로를 식별하는 미시 사회는 철저한 이론적 검색 때문에 항구적으로 효율적인 실천 상태로 유지된다. 그런 소집단은 언젠가 대부분의 인간들의 창조성을 해방하기 위해 충분히 강한 힘으로 빛을 발할 모든 가능성들을 갖고 있다. 아나키즘 테러분자들의 절망을 희망으로 바꿔야 한다. 그들이 가진 중세 전사의 전술을 현대적 전략으로 수정해야 한다.

4

시. 시란 무엇인가? 시는 창조적 자발성의 조직이다. 질적인 것을 그것의 내적인 일관성에 따라 개발하는 것이다. 그리스인들이 포이엔[13]이라고 부른 것은 여기에서 그것의 원래 분출이 갖는 순수함에, 정확히 말해 총체성에 되돌려진다. 질적인 것이 없는 곳에는 어떤 시도 가능하지 않다. 시가 남긴 공간 안에 시의 반대자들이, 즉 정보, 과도기적 프로그램, 전문화, 개혁과 같은 다양한 형태의 분할된 것들이 자리를 잡는다. 그렇지만 질적인 것의 현존이 반드시 시적인 연장을 내포하지는 않는다. 아주 풍부한 기호들과 가능성들이 혼돈 속에서 헤매고 일관성의 부재로 인해 길을 잃고 간섭 때문에 파편화될 수 있다. 그런데 효율성의 기준은 항상 지배적이다. 시는 따라서 행동들에 의해 소화된 급진 이론이기도 하다. 그것은 혁명 전술과 전략의 완성이고 일상생활에 대한 거대한 놀이의 정점이다.

시란 무엇인가? 1895년 잘못 시작돼 실패할 수밖에 없었던 한 파업에서 집회 연설자로 나선 전국철도노조의 한 노조원은 뛰어나고 별로 비용이 들지 않는 수단에 대해 말을 했다. "두 푼짜리 재료를 합당하게 사용하면 우리는 기관차를 작동하지 못하게 만들 수 있다"라고 그는 주장했다. 정부와 자본가 측은 즉시 양보를 했다. 여기에서 시는 분명히 새로운 현실을 낳는 행위이다. 관점 전복의 행위이다. 마테리아 프리마는 모두의 손이 닿는 곳에 있다. 그것의 사용법을 알고 효과적으로 이용할 줄 아는 사람들은 시인이다. 그리고 일상적 존재가 삶의 의지, 억제할 수 없는 욕망, 사랑의 열정, 열정에 대한 사랑, 두려움과 공포의 힘, 증오의 팽창, 파괴욕의 여파와 같은 유례가 없는 엄청난 양의 에너지를 제공하는데 두 푼짜리 재료에 대해서는 무슨 말을 하겠는가? 죽음, 노화, 병에 대한 감정들만큼이나 보편적으로 느껴지는 감정들에 대해 어떤 시적인 전복을 기대할 수 없겠는가? 일상생활의 긴 혁명은, 한 사람이 아니라 모두에 의해 이뤄지는 단 하나의 시는, 바로 이 아직은 주변적인 의식에서 출발해야 한다.

시란 무엇인가? 미학자들은 묻는다. 그들에게는 다음과 같은 분명한 사실을 상기시켜야 한다. 시는 시 작품poème이 되는 경우가 드물다. 대부분의 예술 작품들은 시를 배신한다. 시와 권력은 화해할 수 없기 때문에 다른 수가 있을 수 없다. 최선의 경우, 예술가의 창조성은 자신에게 감옥을 만들어 주고 아직 마지막 말을 하지 않은 작품 안에서 자신의 시간을 기다리며 칩거한다. 그러나 작가가 그 마지막 말 ─ 그것은 완벽한 커뮤니케이션에 선행한다 ─ 을 무척 기다린다고 해도 작품은 창조성의 봉기가 예술을 실현하지 않는 한, 마지막 말을 하지 않는다.

아프리카 예술 작품은, 시 작품이든, 음악이든, 조각이든, 가면이든, 창조적 말일 때만, 작용하는 말일 때만, **기능할 때만** 완성된 것으로 간주된다. 그런데 이것은 아프리카 예술에서만 그런 것이 아니다. **기능하려고** 애쓰지 않는 예술은 세상에 없다. 모든 예술은 나중에 회수되는 차원에서라도 단 하나의 동일한 최초의 의지처럼, 즉, 창조적 순간의 풍성함 안에서 살고자 하는 의지처럼 기능하고자 한다. 왜 가장 좋은 작품들은 끝을 갖지 않는지를 이해하겠는가? 그것들은 자신을 실현하는 권리, 체험의 세상에 들어가는 권리를 온 힘을 다해 요구할 뿐이다. 현대 예술의 해체는 이런 화살을 위해 이상적으로 팽팽히 당겨진 활이다.

그림, 산문, 음악 작품이나 건축물 같은 것이 아니라면 과거의 문화로부터 문화의 과거를 구할 것은 아무것도 없을 것이다. 우리에게 도달한 그것들의 질적인 것은 모든 예술 형태들의 쇠퇴로 인해 오늘날 오염된 형태로부터 해방돼 있다. 사드, 로트레아몽, 비용[14], 루크레티우스[15], 라블레, 파스칼, 푸리에, 보스[16], 단테, 바흐, 스위프트, 셰익스피어, 우첼로 등은 자신들의 문화적 포장을 벗어던지고 역사가 자신들을 넣어둔 박

스테판 말라르메(Stéphane Mallarmé, 1842~1898). 프랑스 시인.

물관들에서 나와 살인적 총알들처럼 예술가들의 뒤집힌 솥단지 안으로 들어간다. 옛날 작품의 가치를 무엇으로 판단하는가? 그 작품이 급진 이론을 얼마나 내포하고 있는지에 따라, 그리고 새로운 창작자들이 미공개된 시를 위해 그리고 그 시를 통해 해방하려고 하는 창조적 자발성의 핵을 그 작품이 갖고 있는지에 따라 그 가치를 판단한다.

급진 이론은 창조적 자발성에 의해 시작된 행위를 변질시키거나 궤도를 이탈하게 하지 않고 미루는 일을 썩 잘한다. 마찬가지로 예술적 과정은 항상 사방으로 뻗어 나가고 항상 창조하고 창조되는 것을 갈망하는 주체성의 운동을 세상에 전달하려 노력한다. 그러나 급진 이론이 시적 현실에, 이뤄지는 현실에, 사람들이 변형하는 세상에 꼭 맞는 반면, 예술은 자신을 잃거나 부패시킬 수 있는 더 큰 위험을 갖고 동일한 과정에 개입한다. 자기 자신에 맞서, 자신이 가진 가장 약한 것 − 가장 미적인 것 − 에 맞서 무장한 예술만이 회수에 저항한다.

알다시피 소비사회는 예술을 다양한 소비재로 축소한다. 축소가 대중화될수록 해체는 더욱 가속화되고 초월의 가능성은 더욱 증가한다. 예술가가 그렇게 간절히 바라던 커뮤니케이션은 일상생활의 가장 단순한 관계들 안에서까지 단절되고 금지된다. 그 결과로 커뮤니케이션의 새로운 양식들의 추구는 화가나 시인에게만 한정돼 있기는커녕 오늘날 집단적 노력에 속한다. 이렇게 예술의 오래된 전문화는 끝이 난다. 이제 더는 예술가는 없다. 모두가 예술가가 되기 때문이다. 앞으로의 예술 작품은 열정적인 삶의 구성이다.

창조는 작품을 낳는 과정보다, 창조행위보다 덜 중요하다. 창조성의 상태는 예술가를 만들지 박물관을 만들지 않는다. 불행히도 예술가는 자신을 창조자로 인정하지 않는다. 대부분의 경우 그는 관객들 앞에서 자세를 잡고 볼거리를 제공한다. 예술 작품 앞에서 관조하는 태도는 창조자에게 던져진 최초의 돌멩이였다. 이 태도는 예술가가 유발한 것이고 오늘날 예술가를 죽인다. 소비 욕구로 축소된 이 태도가 가장 상스러운 경제 명령들에 속하게 됐기 때문이다. 그런 이유로 고전적 의미에서의 예술 작품은 더는 존재하지 않는다. 더는 예술 작품은 없을 것이다. 그리고 이것은 매우 잘된 일이다. 시는 다른 곳에 있다. 그것은 사람들이 만드는 현실과 사건 속에 있다. 언제나 부차적인 것으로 취급된 현실의 시는 오늘날 모든 관심의 중심에, 즉 그것이 사실은 전혀 떠나지 않았던 일상생활에 다시 통합됐다.

진정한 시는 시를 비웃는다. 말라르메는 책Livre을 찾으면서 시 작품을 폐지하는 것 외에 다른 것은 바라지 않는다. 어떻게 시 작품을 만들면서 그것을 폐지할 것인가? 그런데 이 새로운 시를 말라르메의 몇몇 동시대인들은 눈부시게 사용한다. 그가 그들을 "순수의 천사들"이라고 불렀을 때 이 『에로디아드』[17]의 작가는 아나키즘 선동가들이 시인에게 그의 언어 안에 갇혀 있어서 그가 사용할 수 없는 열쇠를 줬다는 것을 알았을까?

시는 항상 어딘가에 있다. 그것은 예술을 버리고 떠난다. 그것은 무엇보다도 행위들 안에, 삶의 양식 안에, 이 양식의 추구 안에 있다. 사방에서 억압된 이 시는 사방에서 꽃을 피운다. 거칠게 억압된 시는 폭력 안에서 다시 나타난다. 관료들이 율법의 문화 안에 그것을 가둬 두기 전에 그것은 폭동에 축복을 내리고 봉기와 결혼하며 큰 사회적 축제들을 진행한다.

체험된 시는 역사를 통해, 단편적 봉기 안에서도, 범죄 — 이것은 뢰드루아[18]가 말했듯이 한 사람의 봉기이다 — 안에서도 다른 무엇보다도 인간에게 있는 축소할 수 없는 모든 것을, 즉 창조적 자발성을 보호했다는 것을 증명할 수 있었다. 그것은 공동체의 허구를 기반으로 해서가 아니라 주체성으로부터 출발해서 인간과 사회성의 통일을 창조하고자 하는 의지이다. 그것은 새로운 시를 각자가 **스스로** 사용법을 배워야 하는 무기로 만든다. 이제 시적인 경험은 대단한 인기이다. 자발성의 조직은 자발성 자체의 작품이 될 것이다.

## 21장

# 노예 없는 주인들

권력은 사회조직으로 그것을 통해 주인들은 노예제를 유지한다. 신, 국가, 조직이라는 세 단어는 권력 안에 자율과 역사적 결정주의가 있음을 잘 보여 준다. 다음과 같은 세 가지 원리가 연달아 그것들의 지배권을 행사했다 : 지배의 원리(봉건 권력), 착취의 원리(부르주아 권력), 조직의 원리(사이버네틱스화된 권력)(2). — 위계화된 사회조직은 자신을 대중화하고 기계화하면서 완벽해졌지만 그것의 모순들은 증가했다. 그것은 인간들에게서 인간의 실체를 비워 버림에 따라 인간화됐다. 그것은 주인들을 희생하면서 자율을 얻었다 (지도자들은 지휘소에 있지만 그들을 통치하는 것은 조종간이다). 권력을 가진 사람들은 오늘날 테오그니스[1]가 말한 구부러진 목을 갖고 태어났다는 순종적인 노예 종족을 영속시킨다. 그들은 지배의 불건전한 즐거움까지 잃어버렸다. 주인-노예들에 맞서 거부의 인간들이, 풍부한 혁명 전통들을 가진 새로운 프롤레타리아가 일어선다. 그로부터 노예 없는 주인들이 나올 것이다. 그리고 어린 시절의 체험된 계획과 위대한 귀족들의 역사적 계획이 실현될 더 나은 형식의 사회가 나올 것이다(1) (3).

1

　플라톤은 『테아게스』에서 이렇게 말했다. "우리들 각자는 가능하다면 모든 사람들의 주인이 되고자 한다. 또는 더 나아가 신이 되고자 한다." 이것은 주인과 신의 약점을 생각한다면 별 볼 일 없는 야망이다. 왜냐하면, 노예들의 하찮음이 그들이 통치자들에게 종속되는 것에서 온다면, 우두머리들과 신의 하찮음은 통치받는 자들의 부족한 속성에서 유래하기 때문이다. 주인은 긍정적인 측면에서 소외를 알고 노예는 부정적인 측면에서 소외를 안다. 둘 모두에게 총체적 통제는 똑같이 거부된다.

도자 교르기(Dosza Gyorgy, 1470~1514).
16세기 헝가리 농민 반란의 지도자.

봉건시대 사람은 이 주인과 노예의 변증법 안에서 어떻게 행동하는가? 신의 노예이자 인간들의 주인 — 신화의 요구사항들에 따르면 신의 노예이기 때문에 인간들의 주인이다 — 은 그가 신에 대해 갖는 혐오와 존경심을 내적으로 뒤섞을 수밖에 없다. 왜냐하면, 바로 신에게 그는 복종해야 하며 바로 신에게서 인간들에 대한 권력을 받기 때문이다. 결국, 그는 귀족과 왕 사이에 존재하는 관계 형식을 신과 그 사이에서 다시 보여 준다. 왕이란 무엇인가? 선택된 자들 중 선택된 자이다. 그들의 왕위 승계는 대부분의 경우 동등한 사람들이 서로 겨루는 경기처럼 보인다. 봉건시대 사람들은 왕을 섬겼지만, 신의 잠재적인 동료처럼 섬겼다. 이처럼 그들은 신에 복종했지만, 경쟁자나 라이벌로서 복종했다.

우리는 옛 주인들의 불만족을 이해한다. 신에 의해 그들은 소외의 부정적 측면에 속하게 되고 그들이 억압하는 사람들에 의해 소외의 긍정적 측면에 속하게 된다. 그들이 긍정적 소외의 지겨움을 아는데 신이 되고자 하는 무슨 욕망을 갖겠는가? 그리고 동시에 어떻게 그들의 폭군인 신과 끝장을 보고 싶어 하지 않겠는가? 위인들의 살 것인가, 죽을 것인가는 항상 신을 부정하거나 보존하는, 다시 말해 신을 초월하거나 실현하는, 당시에는 풀 수 없는 문제로 나타난다.

역사는 그런 초월에 대한 두 가지 실천적 시도들을 보여준다. 신비주의자들의 시도와 위대한 부정자들의 시도가 그것이다. 마이스터 에카르트[2]는 이렇게 선언했다. "나는 신에게서 벗어나게 해 달라고 신에게 기도한다." 비슷하게 수아브의 이교도들은 1270년에 그들이 신적인 완벽함의 가장 높은 단계에 도달했기 때문에 신보다 위로 올라갔으며 신을 버렸다고 말했다. 또 다른 길을 통해, 즉 부정적 길을 통해 엘라가발루스, 질 드 레, 에르스벳 바토리[3]와 같은 몇몇 강한 개성을 가진 인물들은 자신들을 긍정적으로 소외시키는 중개인들을, 즉 그들의 노예들을 제거하면서 세상에 대한 총체적 통제에 도달하려 노력했다. 그들은 총체적 비인간성을 통해 총체적 인간을 향해 간다. 거꾸로 가는 것이다. 제한 없이 지배하고자 하는 열정과 구속에 대한 절대적 거부는 단 하나의 동일한 길을 만든다. 올라가고 내려가는 그 길에서 칼리굴라[4], 스파르타쿠스, 질 드 레, 도자 교르기는 함께 또는 따로 길을 간다. 그러나 노예들의 완전한 봉기 — 기독교적, 부르주아적, 사회주의적인 불완전한 형태의 봉기가 아니라 완전한 봉기라는 것을 강조한다 — 는 옛 주인들의 극단적 봉기와 합류한다고 말하는 것으로는 충분하지 않다. 사실, 노예제와 그것의 여파들(프롤레타리아, 집행자, 복종적이고 수동적인 인간)을 폐지하고자 하는 의지는 다시 발명된 자연이나 변화에 대한 사물들의 저항 외에는 다른 아무런 제한 없이 세상을 지배하고자 하는 의지에 유일한 기회를 제공한다.

이 기회는 역사의 생성 안에 들어 있다. 억압된 사람들이 존재하기 때문에 역사가 존재한다. 자연에 맞선 투쟁, 그리고 자연에 맞선 다양한 투쟁 조직들에 맞선 투쟁은 항상 인간 해방을 위한, 총체적 인간을 위한 투쟁이다. 노예이기를 거부하는 것은 진정으로 세상을 변화시키는 것이다.

역사의 목표는 무엇인가? 역사는 노예들에 의해, 노예제도에 맞서 "특정한 조건들"(맑스) 안에서 만들어진다. 따라서 역사는 주인들의 파괴라는 하나의 목적을 추구할 수밖에 없다. 한편 주인은 끊임없이 역사를 벗어날 수밖에 없다. 그리고 자신에 맞서 역사를 만드는 사람들을 학살하면서 역사를 거부할 수밖에 없다.

다음과 같은 역설이 존재한다.

a. 옛 주인들의 가장 인간적인 면은 그들이 절대적 통제를 한다고 주장하는 것에 있다. 그런 계획은 역사의 절대적 봉쇄를, 따라서 해방운동의 극단적 거부를, 다시 말해 총체적 비인간성을 내포한다.

b. 역사에서 벗어나고자 하는 의지는 사람들을 약하게 만든다. 역사로부터 도망가려다 사람들은 역사 앞에서 발견된다. 그들은 더욱 확실히 역사의 공격을 받는다. 수구의 편을 드는 것은 체험된 현실들의 공격이나 생산력의 변증법에 저항하지 못한다. 주인들은 역사의 희생자들이다. 현재의 피라미드의 꼭대기에서 진정한 **기획**planning을 위해 삼천 년의 응시가 제공하는 것에 따라, 엄격한 프로그램과 그것이 역사의 방향(노예제 사회의 종말, 봉건사회의 종말, 부르주아 사회의 종말)에 대해 말하도록 만드는 추세에 따라 주인들은 역사에 의해 분쇄된다.

주인들은 역사에서 벗어나려 노력하기 때문에 역사의 서랍들 안에 유용한 순서로 배열된다. 그들은 시간의 선적인 진전에 들어간다. 반대로 역사를 만드는 사람들 ─ 혁명가들, 총체적 자유에 취한 노예들 ─ 은 본질적인 면에서sub specie aeterni-tatis, 비시간적인 것의 기호 아래에서, 강력한 삶에 대한 타는 갈증에 의해 영향을 받아, 다양한 역사적 조건들을 가로질러 자신들의 목표를 추구하면서 행동하는 것처럼 보인다. 아마도 영원이라는 철학적 개념은 해방의 역사적 시도들에 연결된 것이 아닐까? 아마도 이 개념은 언젠가 총체적 자유와 전통적 역사의 종말을 품고 있는 사람들에 의해 철학처럼 실현되지 않을까?

c. 소외의 부정적 측면이 긍정적 측면보다 우월한 것은 전적인 봉기가 절대적 통제 계획을 가능하게 만들 유일한 것이기 때문이다. 구속의 제거를 위해 싸우는 노예들은 역사가 주인들을 와해시키는 움직임의 매듭을 푼다. 그리고 역사 너머에는 그들이 만나는 사물들에 대한 새로운 권력의 가능성이 있다. 그 권력은 더는 존재들을 소유하면서 물건들을 소유하지 않는다. 그러나 느리게 발전하는 역사의 흐름 자체에서 주인들이 사라지는 대신에 퇴화했을 가능성이 있다. 주인들은 더는 존재하지 않으며 단지 권력의 노예-소비자들만이 존재한다. 그들 사이에는 소비된 권력의 정도와 양이 다를 뿐이다.

생산력에 의한 세상의 변형이 먼저 부르주아 단계를 거쳐 천천히 총체적 해방의 물질적 조건들을 실현하는 것은 불가항력적인 것이었다. 인간의 의미에서 적용된 자동화와 사이버네틱스가 모든 시대의 옛 주인들과 노예들의 꿈을 건설하는 것을 가능하게 해 줄 수 있는 오늘날에는, 사회적으로 형태가 없는 마그마만이 있다. 그 마그마 안에서는 각각의 개별 존재들 안에 주인과 노예의 별 볼 일 없는 파편들이 서로 뒤섞여 있다. 그렇지만 바로 이 **동등한 것들의 지배**로부터 새로운 주인들, 노예 없는 주인들이 나온다.

나는 이참에 사드에게 경의를 표하고자 한다. 그는 역사의 전환기에 아주 특별히 나타났다는 점에서 그리고 놀라운 명료한 의식을 보여 줬다는 점에서 봉기한 위대한 왕들 중 마지막 왕이다. 셸링 성의 주인들은 어떻게 자신들의 절대적 통제력을 유지하는가? 그들은 자신들의 모든 하인들을 살육하고 이 행위를 통해 영원한 희열에 도달한다. 바로 이것인 『소돔의 120일』[5]의 주제이다.

후작이자 과격공화파인 사드는 나쁜 인간인 위대한 왕의 완벽한 쾌락주의적 논리와, 위계적 틀로부터 마침내 벗어난 한 주체성의 제한 없이 즐기고자 하는 혁명적 의지를 결합한다. 소외의 긍정적 측면과 부정적 측면을 폐지하기 위해 그가 시도하는 절망적인 노력은 그를 단숨에 총체적 인간에 대한 가장 중요한 이론가들의 반열에 올려놓는다. 혁명가들이 맑스를 읽을 때만큼의 정성을 기울여 사드를 읽을 때이다. (맑스에 대해, 혁명의 전문가들은 특히 스탈린이라는 가명으로, 좀 더 낫게는 레닌과 트로츠키라는 가명으로 그가 쓴 것을 안다.) 어찌 됐건 일상생활을 급진적으로 변화시키고자 하는 어떠한 욕망도 이제는 권력에 대한 위대한 부정자들 없이는, 신이 자신들에게 허용한 힘 안에서 비좁다고 느낄 줄 알았던 옛 주인들 없이는 생길 수 없을 것이다.

2

부르주아 권력은 봉건 권력의 부스러기들을 먹고 자랐다. 그것은 부스러기 상태의 봉건 권력이다. 혁명적 비판들에 공격을 당하고 짓밟히고 조각이 난 — 그렇지만 그런 제거는 위계화된 권력의 종말이라는 궁극적인 결과에는 도달하지 못했다 — 귀족적 권위는 패러디 형태로 귀족의 죽음으로부터 살아남았다. 부르주아 지도자들은 자신들의 분할된 권력 안에 파묻히고 자신들의 파편을 총체성으로 만들기 때문에 자신들의 위세가 갈가리 찢기고 스펙터클의 해체로 인해 부패하는 것을 볼 수밖에 없었다. 곧 신화의 진지함과 권위에 대한 믿음이 부족해지자마자 우스꽝스러운 공포와 민주적 바보짓만이 통치 방식으로 남는다. 아! 보나파르트[6]의 아름다운 아이들! 루이 필립[7], 나폴레옹 3세, 티에르[8], 알퐁스 13세[9], 히틀러, 무솔리니, 스탈린, 프랑코, 살라자르[10], 나세르[11], 마오쩌둥, 드골… 그들은 세상 곳곳에 점점 더 멍청한 난쟁이들을 낳는 위뷔들이다. 어제는 주피터의 벼락처럼 자신들의 권위 성냥을 휘두르던 권력의 원숭이들이 이제는 사회적 무대에서 전문가들의 호평만을 받는다. 그들에게는 이차적 역할들밖에는 없다. 분명히 프랑코의 조롱거리는 아직도 사람들을 죽이지만 — 아무도 그것을 잊을 생각을 하지 않는다 — , 사람들은 다음과 같은 것도 알아야 한다. 곧 권력의 바보짓은 권력에 있는 바보짓보다 더 확실히 사람들을 죽일 것이다.

우리의 유형지에 있는 뇌 제거 기계는 바로 스펙터클이다. 오늘날의 주인-노예들은 그것의 충직한 하인이며 배우이고 연출자이다. 누가 그들을 재판하기를 원할 것인가? 그들은 무죄라고 주장할 것이다. 그들은 **뻔뻔함**보다는 자발적 자백이, 공포보다는 동정이 가는 희생자가, 힘보다는 자기 학대적 군중들이 더 필요하다. 통치자들의 알리바이는 통치받는 사람들의 비겁함 속에 있다. 그러나 모든 사람이 추상적 권력에 의해, 지도자들에게 자신의 법을 강요하는 대자적 조직에 의해 사물들처럼 통치되고 조작된다. 사람들은 사물들을 재판하지 않는다. 단지 그것들이 해를 입히지 못하도록 한다.

1963년 10월에 푸라스티에는 내일의 우두머리에 대해 질문을 던지며 다음과 같은 결론에 도달한다. "우두머리는 그의 거의 **마술적인** 권력을 잃어버렸다. 그는 **행동들을 유발할** 수 있는 사람이고 사람일 것이다. 마침내 노동집단들의 지배는 결정들을 준비하기 위해 발전할 것이다. 우두머리는 위원회의 의장이겠지만 **결론을 내리고 종결지을** 줄 아는 사람일 것이다."(강조표시는 내가 한 것이다.) 우리는 여기에서 주인의 진화 과정을 특징짓는 세 가지 역사적 단계를 재발견하게 된다.

a. 봉건사회와 연결된 지배의 원리

b. 부르주아 사회와 연결된 착취의 원리

c. 사이버네틱스 사회와 연결된 조직의 원리

사실 이 세 요소는 분리할 수 없다. 착취하고 조직하지 않고서는 지배할 수도 없다. 그러나 그것들의 중요성은 시대에 따라 변한다. 한 단계에서 다른 단계로 이행함에 따라 주인의 자율성과 몫은 줄어들고 떨어진다. 주인의 인간성은 0을 향해 가는 반면, 비물질화된 권력의 비인간성은 무한대를 향해 간다.

**지배의 원리**에 따라 주인은 그의 존재를 한정시키는 존재를 노예들에게 주지 않는다. **착취의 원리**에서 사장은 그의 존재를 기르고 증가시키는 존재를 노동자들에게 허용한다. **조직의 원리**는 개인적 존재들이 가진 지도 능력이나 실행 능력의 비율에 따라 개인적 존재들을 세분화해 분류한다. (푸리에가 말하듯이, 작업반장은 예를 들어 그의 생산성, 재현성 등에 따라 오랜 계산을 통해 지도기능 56%, 실행 기능 40%, 모호한 기능 4%로 규정된다.)

지배는 권리이고 착취는 계약이며 조직은 사물들의 질서이다. 폭군은 자신의 힘 의지에 따라 지배하고 자본가는 이윤의 법칙에 따라 착취하고 조직자는 계획하고 계획된다. 폭군은 제멋대로 하고자 하고 자본가는 정확하고자 하고 조직자는 합리적이고 객관적이고자 한다. 왕의 비인간성은 자신을 찾는 인간성이다. 착취자의 비인간성은 기술적 진보, 편안함, 배고픔과 질병에 맞선 투쟁이 인간적인 것에 행사하는 유혹을 통해 자신을 정당화하려 시도한다. 사이버네틱스 학자의 비인간성은 자신을 인정하는 비인간성이다. 그래서 주인의 비인간성은 점점 덜 인간적이 됐다. 왜냐하면, 이유 없이 전쟁하는 봉건시대 사람들의 살인적 분위기보다는 체계적 인간말살 수용소가 더 끔찍하기 때문이다. 사이버네틱스 학자들의 기술적 조직이 아주 가까운 미래의 사회를 향해 내미는 일반화된 조건화의 얼어붙은 손을 아우슈비츠의 학살과 비교한다면 아우슈비츠의 학살에는 차라리 서정성이 있었다고 말할 수 있다! 왕명이 담긴 봉인 편지의 "인간성"과 세뇌의 "인간성" 사이에서의 선택의 문제가 아니라는 것을 이해하기 바란다. 그것은 교수대와 단두대 사이에서 선택하는 것과 같다! 나는 단지 지배하고 말살하는 의심스러운 즐거움이 사라지고 있다는 것을 지적할 뿐이다. 자본주의는 열정적 쾌락을 얻지 않으면서도 인간들을 착취할 필요성을 만들어 냈다. 사디즘 없이, 고통을 주는 것을 즐기는 존재의 부정적 기쁨 없이, 인간의 퇴폐 없이, 거꾸로 된 인간 없이 그런 필요성을 만들어 냈다. 사물들의 지배가 완성됐다. 쾌락주의 원칙을 포기했기 때문에 주인들은 통제를 포기했다. 이런 포기를 교정하는 것은 노예 없는 주인들이 할 일이다.

생산 사회가 시작했던 것을 오늘날 소비재의 독재가 완수한다. 조직의 원리는 인간들에 대한 죽은 물건들의 진정한 지배를 완성한다. 생산 도구의 소유자들이 갖고 있던 권력의 몫은 기계들이 소유자들에게서 벗어나 기계의 사용을 조직하는 기술자들의 통제 아래로 들어가는 순간부터 사라진다. 반면에 조직자들은 자신들이 만든 도식과 프로그램들에 의해 천천히 소화된다. 단순한 기계는 우두머리의 마지막 자기 합리화였고 그의 인간성의 마지막 흔적을 보여 주는 마지막 매체였다. 생산과 소비의 사이버네틱 조직은 반드시 일상생활의 통제, 계획, 합리화를 거친다.

전문가들은 파편화된 주인들이고 일상생활의 영역에서 번

성하는 주인-노예들이다. 장담컨대 그들은 운이 전혀 없다. 이미 1867년에 바젤에서 열린 제1인터내셔널 총회에서 프랑코Francau는 이렇게 선언했다. "너무나 오랫동안 우리는 학위를 가진 귀족들과 과학의 왕자들에게 끌려다녔다. 우리 일을 우리 스스로 하자. 우리가 아무리 서투르다고 해도 다른 사람들이 우리 이름으로 그것을 하는 것보다 더 나쁘게 하지는 않을 것이다." 그것은 아주 현명한 말이었고 그 의미는 전문가들이 번성하고 개인적 삶 안에 그들이 들어옴에 따라 더 강화된다. 사이버네틱스의 거대한 카프카식 기계가 행사하는 자력에 복종하는 사람들과 자기 자신의 충동에 따르면서 그 기계에서 벗어나려 노력하는 사람들 사이에는 분명한 선이 그어진다. 후자는 인간의 총체성의 소지자이다. 왜냐하면, 이제는 아무도 주인들의 옛 집단 안에서 그것을 주장할 수 없기 때문이다. 한쪽에는 허공 안에서 같은 속도로 떨어지는 사물들만이 있고 다른 한쪽에는 총체적 자유에 취한 노예들의 오래된 계획만이 있다.

3

**노예 없는 주인 혹은 귀족의 귀족적 초월.** 주인은 신과 동일한 길을 통해 자신을 잃어버렸다. 그는 사람들을 사랑하기를 멈춘 순간부터, 따라서 그들을 억압하면서 느끼던 즐거움을 사랑하는 것을 멈춘 순간부터, 그가 쾌락주의의 원칙을 포기한 순간부터 골렘[12]처럼 무너진다. 사물들을 이동시키고 벽돌처럼 수동적이고 무감각한 존재들을 조작하는 것은 별로 재미가 없다. 아주 세련되게 신은 맥이 뛰는 좋은 살을 가진 살아 있는 생물들을, 공포와 존경으로 떠는 영혼들을 찾는다. 그는 자신의 위대함을 확인하기 위해 기도와 항의와 계략과 욕설을 열심히 하는 주체들의 현존을 느낄 필요가 있다. 기독교의 신은 진정한 자유를 빌려주는 데 동의하지만, 담보를 받고 빌려주는 식이다. 고양이가 물어 죽이기 전까지 쥐를 놔두듯이 그는 마지막 판결의 순간까지 인간들을 내버려 둔다. 그런 다음, 중세 말에 부르주아지의 등장과 함께 신은 천천히 역설적으로 인간화된다. 왜냐하면, 신은 물건이 되고 인간들도 물건이 되기 때문이다. 인간들의 운명이 예정돼 있다고 주장하면서 칼뱅의 신은 자의성의 즐거움을 잃어버린다. 그는 자신이 원한다면 언제든지 누구나 말살할 수 있는 자유를 더는 갖지 않는다. 환율처럼 환상도 없고 측정 가능하며 차가운 상업적 교환의 신으로서 그는 수치를 느끼고 몸을 숨긴다. 그는 숨어 있는 신deus absconditus이다. 대화는 단절됐다. 파스칼은 절망한다. 갑자기 구속이 사라진 신에 대해 데카르트는 무엇을 해야 할지를 모른다. 나중에 ― 너무 늦게 ― 키르케고르는 인간들의 주체성을 되살리면서 주관적 신을 되살리려 노력한다. 그러나 아무것도 인간들의 정신 속에서 "외부의 거대한 물건"이 돼 버린 신을 다시 살릴 수 없다. 그는 돌이 돼 완전히 죽었다. 게다가 그의 마지막 속박(권력의 위계적 형태) 안에 사로잡힌 인간들은 소외와 인간적인 것의 죽음에 이르게 되는 것처럼 보인다. 권력의 관점은 사물들만을, 신적인 거대한 돌의 파편들만을 바라보도록 만든다. 바로 이 관점에 따라 사회학, 심리학, 경제학, 그리고 소위 인간 과학들이 — "객관적으로" 관찰하는 데 너무나 신경을 쓰며 — 그것들의 현미경을 들이미는 것 아닌가?

어떤 이유로 주인은 쾌락주의적 요구를 포기할 수밖에 없는가? 그가 총체적 쾌락에 도달하는 것을 막는 것은 무엇인가? 그것은 그가 가진 주인의 조건, 위계적 우위의 편견이 아니겠는가? 그리고 포기는 위계질서가 분할됨에 따라, 주인들의 가치가 떨어지면서 주인들의 수가 증가함에 따라, 역사가 권력을 민주화함에 따라 증가한다. 불완전한 주인들의 쾌락이 남는다. 위비이자 평민인 부르주아 주인들은 파시즘의 장례 축제를 통해 그들의 봉기를 완성한다. 그러나 위계화된 마지막 인간들인 주인-노예들은 더는 축제도 벌이지 못한다. 단지 사물들의 슬픔, 음울한 고요, 역할의 불안, "아무것도 아니다"라는 의식만이 있을 뿐이다.

우리를 통치하는 이 사물들로부터 무엇이 생길 것인가? 그것들을 파괴해야 하는가? 권력에 있는 노예들을 제거할 준비가 가장 잘 된 사람들은 노예제에 맞서 항상 싸우던 사람들이다. 왕의 권위도, 사장의 권위도 부수지 못한 인민의 창조성은 프로그램의 필요성이나 기술 관료들의 기획에 절대 종속되지 않을 것이다. 몹시 싫은 주인들을 살해하는 것보다는 추상적 형태나 시스템을 제거하는 데 기울이는 열정과 열의가 더 적다고 말한다. 그것은 문제를 나쁜 방향에서, 권력의 방향에서 바라보는 것이다. 부르주아지와는 반대로 프롤레타리아는 자신의 계급적 적에 의해 규정되지 않는다. 프롤레타리아는 계급 구분의 종말, 위계질서의 종말을 나타낸다. 부르주아지의 역할은 전적으로 부정적인 것이었다. 생-쥐스트는 아주 멋지게 그 사실을 이렇게 표현한다. "공화국을 구성하는 것은 공화국에 반대하는 것의 총체적 파괴이다."

부르주아지가 봉건제에 맞서, 결국, 자기 자신에 맞서 무기를 드는 것으로 만족한다면, 프롤레타리아는 반대로 자기 안에서 자신의 가능한 초월을 획득한다. 그는 지배계급에 의해, 기술 관료 조직에 의해 일시적으로 소외된 시이지만 항상 폭발 일보 직전에 있다. 생존의 끔찍한 속성을 최고조로 경험했기 때문에 삶의 의지를 가진 유일한 소유자가 된 프롤레타리아는 그의 즐거움의 바람으로, 그의 창조성의 자발적 폭력으로 구속의 벽을 부술 것이다. 그는 모든 기쁨, 모든 웃음을 이미 갖고 있다. 바로 자기 자신으로부터 그는 자신의 힘과 열정을 얻는다. 마치 카세트테이프에 녹음한 것이 먼저 녹음돼 있던 것을 지우는 것처럼, 그가 만들려 하는 것은 그것에 맞서는 모든 것을 덤으로 파괴할 것이다. 프롤레타리아는 동시에 프롤레타리아로서의 자신을 없앤다. 그는 그와 동시에 부록으로, 하는 김에, 자신의 우월성을 증명하는 사람이 가로챌 줄 아는 은총을 통해 사물들의 힘을 없앨 것이다. 새로운 프롤레타리아로부터 노예 없는 주인들이 나올 것이다. 그들은 소위 혁명적 좌파의 자기도취자들이 꿈꾸는 인본주의의 피조종자들이 아니다. 대중들의 봉기에서 나타나는 폭력은 프롤레타리아의 창조성의 한 면일 뿐이며 자신을 부정하려는 프롤레타리아의 조급함일 뿐이다. 그것은 마치 프롤레타리아가 생존이 생존 자신에게 내린 판결을 조급히 실행하려 하는 것과 같다.

나는 물화된 질서를 파괴하는 데 있어서 세 가지의 지배적인 열정을 구분하고자 — 그럴듯한 구분을 하고자 — 한다. 우선 **절대적 힘의 열정**이 있다. 이것은 인간들이 인간들 자신의 중개 없이도 즉각 사용할 수 있도록 놓인 물건들에 대해 행사하는 열정이다. 따라서 사물들의 질서에 매달린 사람들, 파편화된 권력을 소유한 노예들의 파괴이다. "우리는 노예 상황에 대해 참을 수가 없어서 노예들을 제거한다"(니체).

**구속들을 파괴하는 열정.** 이것은 사슬들을 끊는 열정이다. 사드는 이렇게 말한다. "허용된 쾌락이 사회적 구속들의 단절과 모든 법의 전복이라는 측정할 수 없는 매력들과 훨씬 더 자극적인 매력들을 합친 쾌락에 비교될 수 있겠는가?"

**불행한 과거를 고치는 열정.** 이것은 개인적 삶뿐만 아니라 실패한 혁명의 역사 안에서 우리의 기대를 저버린 희망으로 되돌아오는 열정이다. 루이 16세에게 그의 선임자들의 죄를 묻는 것이 적당한 일이었듯이 열정적 이유들이 부족하지는 않다. 왜냐하면, 코뮌의 총살자들, 1525년에 고문당한 농민들, 살해된 노동자들, 쫓기고 살육된 혁명가들, 식민주의가 멸망시킨 문명들, 현재가 결코 없애지 못한 수많은 과거의 비참함들에 대한 모든 자유인들의 고통스러운 추억을 기억에서 지워 버릴 정도로 충분히 사물들에 복수하는 것은 가능하지 않기 때문이다. 역사를 고치는 것이 가능해졌기 때문에 그 일은 아주 재미있는 일이 됐다. 바뵈프, 라스네르, 라바숄, 보노의 피를 인간 해방을 잔인하게 막았던 이윤과 경제적 메커니즘 위에 기반을 둔 질서의 노예들의 어두운 후손들의 피 속에 섞는 것이

존 키츠(John Keats, 1795~
1821). 영국의 낭만파 시인.

가능해졌다.

　권력을 내던지고 노예 없는 주인이 되
며 과거를 고치는 즐거움은 각자의 주체성
에 지배적인 자리를 허용한다. 혁명적 순간
에 각각의 인간은 스스로 자기 역사를 만
들도록 초대된다. 실현의 자유에 대한 대의
명분은 동시에 대의명분이 되길 멈추면서 항상 주체성과 함께
한다. 이런 관점만이 가능성들에 대한 도취, 모두가 가질 수 있
는 모든 쾌락의 짜릿함을 허용한다.

◆◇

　사물들의 낡은 질서가 그것을 철거하는 사람들 머리 위로
무너지지 않도록 해야 한다. 조건화, 스펙터클, 위계적 조직에
대비하고 미래의 공격들을 꾸릴 수 있는 집단적 피난처들을
관리하는 사람이 아무도 없다면 소비재의 눈사태는 우리를
최후의 추락으로 끌고 갈 위험이 있다. 현재 준비 중인 미시사
회들은 옛 주인들의 계획에서 그것의 위계적 불순물들을 제
거하면서 그 계획을 실현할 것이다. "나쁜 인간인 위대한 왕"의
초월은 키츠[13]의 다음과 같은 훌륭한 원칙에 딱 들어맞을 것
이다. "아이들을 노예제에서 구할 수 있으려면 없어질 수 있는
모든 것이 없어져야 한다."

　이 초월은 다음과 같은 세 가지 점에서 동시에 이뤄져야
한다. a. 가부장조직의 초월, b. 위계화된 권력의 초월, c. 주관
적 자의성, 권위적 변덕의 초월

　a. 혈통은 귀족의 마술적 힘을, 세대에서 세대로 전달되는

에너지를 갖고 있다. 봉건적 지배를 무너뜨리면서 부르주아지는 자기 뜻과는 달리 가족을 무너뜨리게 됐다. 부르주아지는 사회조직 등에 대해서도 다르게 작용하지 않는다. 이 부정성은 분명히 부르주아지의 가장 풍부하고 가장 "긍정적인" 면을 나타낸다. 그러나 부르주아지에게 없는 것은 바로 초월의 가능성이다. 귀족적 형태의 가족에 대한 초월은 무엇이 될 것인가? 그것은 개인적 창조성이 집단적 창조성에 의해 강화돼 집단적 창조성 안에 투자되는 일관적 집단의 구성이다. 그 집단 안에서 체험된 현재의 무매개성은 봉건시대 사람들에게서 발견되는 과거로부터 온 에너지 넘치는 잠재력을 끌어안는다. 위계적 시스템에 의해 움직이지 못하게 된 주인의 상대적인 무능력은 부르주아 가족의 틀 안에서 유지돼 온 아이의 허약함을 계속 보인다.

아이는 다른 모든 동물은 모르는 자유에 대한 주관적 경험을 획득한다. 그러나 그는 여전히 자신의 부모에 대한 객관적 의존 상태에 있다. 그는 부모의 보살핌을 필요로 한다. 아이를 동물과 다르게 만드는 것은 아이가 세상의 변형에 대한 감각을, 즉 시를 무한대로 갖고 있다는 것이다. 동시에 아이에게는 어른들이 시에 맞서 거의 언제나 사용하는 기술들에 접근하는 것이 금지된다. 예를 들어 어른들은 아이들을 조종하면서 아이들에 맞서 그 기술들을 사용한다. 그리고 아이들이 마침내 성인이 돼 그 기술에 접근하게 되면 그들은 구속의 중압감 속에서 아동기의 우월함을 만들었던 것을 잃어버린다. 옛 주인들의 세계는 아이들의 세계와 동일한 저주에 빠진다. 즉,

그 세계는 자유의 기술에 대한 접근권을 갖고 있지 않다. 그때부터 그것은 세상의 **변형**을 꿈꾸고 세상에 대한 **적응** 법칙들에 따라 살아야만 한다. 부르주아지가 매우 높은 수준으로 세상의 변형 기술을 발전시키는 순간부터 위계화된 조직 – 에너지가 기계들의 소중한 지원을 받지 않는 세상에서 이 조직은 사회적 에너지가 집중된 가장 좋은 형식으로 간주될 수도 있다 – 은, 낡은 것처럼, 세상에 대한 인간의 힘이 발전하는 것을 막는 것처럼 나타난다. 위계 시스템은, 인간에 대한 인간의 권력은, 유효한 적들을 인식하는 것을 방해한다. 그것은 주위 환경의 실제적 변형을 금지하고 이 환경에 대한 적응과 통합의 필요성들 안에 환경을 감금시킨다.

b. 그런 이유로 세상에 대한 우리의 시각을 소외시키는 사회적 막을 파괴하기 위해서는 집단 내부의 모든 위계에 대한 절대적 거부를 당연한 것으로 만드는 것이 중요하다. 프롤레타리아 독재라는 개념 자체가 정리될 필요가 있다. 프롤레타리아 독재는 대부분의 경우 프롤레타리아에 대한 독재가 됐다. 그것은 제도가 됐다. 그런데 레닌이 말했듯이 "프롤레타리아 독재는 낡은 세상의 힘과 전통들에 맞선, 피를 보고 피를 보지 않는, 폭력적이고 평화적인, 군사적이고 경제적인, 교육적이고 행정적인 치열한 투쟁이다." 프롤레타리아는 지속적인 지배를 수립할 수 없다. 그는 인정된 독재를 실행할 수 없다. 게다가 적을 부숴야 한다는 강제적 필요성은 프롤레타리아에게 매우 일관적인 억압의 권력을 손에 쥐도록 만든다. 따라서 "승리가 또한 패배인" 정당으로서, 프롤레타리아 자신으로서, 자

신을 부정하는 독재를 거쳐야 한다. 프롤레타리아는 자신의 독재를 통해 자신의 부정을 즉각 안건으로 삼아야 한다. 그는 총체적 해방이라는 자신의 계획을 방해하고 프롤레타리아로서의 자신의 목적에 반대하는 사람들을 짧은 시간 안에 제거하는 것 - 상황에 따라 피를 흘릴 수도 있고 피를 흘리지 않을 수도 있는 - 외에는 다른 방법이 없다. 그는 매우 번식력이 강한 기생충을 박멸하듯이 그들을 완전히 제거해야 한다. 그리고 각 개인에게서까지 최소한의 특권 의식, 최소한의 위계적 주장들을 제거해야 하며 그것들에 맞서, 즉 역할들에 맞서 진정한 삶을 향한 차분한 충동을 유발해야 한다.

c. 역할들의 종말은 주체성의 승리를 내포한다. 그리고 마침내 인정받아 관심의 주 대상이 된 이 주체성은 역설적으로 새로운 객체성을 만든다. 물건들의 새로운 세상 - 새로운 자연 - 이 개인적 주체성의 요구들로부터 재구성될 것이다. 여기에서도 아동기의 관점과 봉건적 주인들의 관점 사이에 관계가 성립된다. 두 경우에 모두, 비록 다른 방식이기는 하지만, 가능성들이 사회적 소외의 막에 의해 가려진다.

누가 기억하지 않는가? 아동기의 고독은 원초적 광대함을 향해 열렸다. 모든 막대기가 마술적이었다. 그러고는 적응해야 했고 사회적이고 사교적이 돼야 했다. 고독은 감소했다. 아이들은 자기 뜻과는 달리 늙는 것을 선택했다. 거대한 세상은 동화책처럼 닫혔다. 이 세상에서는 누구도 사춘기의 수렁에서 완전히 빠져나오지 못한다. 그리고 아동기는 천천히 소비사회에 의해 식민지화된다. 10세 미만의 아이들은 소비자들의 대가족 안에서 틴에이저가 될 것이며 "소비 가능한" 아동기에 더 빨리 늙어갈 것인가? 이 단계에서 옛 주인들의 역사적 쇠퇴와 아동기의 왕국의 점차적 쇠퇴 사이에 유사점이 있다는 것을 느끼지 못하는 것은 불가능하다. 인간성의 타락이 이처럼 절정에 달한 적이 없었다. 총체적 인간에게서 이처럼 멀리 떨어진 적이 없었다.

옛 주인의, 왕의 변덕은 아동기의 변덕에 비해 다른 인간들의 억압을 요구하는 추악한 열등성을 가진다. 봉건적 자의성 안에 주체성이 있다는 것 – 내가 원하는 대로 너에게 재물을 줄 수도 죽음을 줄 수도 있다 – 은 그것의 실현이 갖는 비참함 때문에 망쳐지고 방해된다. 실제로 주인의 주체성은 다른 사람들의 주체성을 부정하면서만 실현된다. 즉, 다른 사람들에게 족쇄를 채우면서 자신에게도 족쇄를 채우면서 실현된다.

아이는 불완전함의 특권을 갖지 않는다. 단 한 번에 아이는 순수한 주체성에 대한 권리를 잃는다. 사람들은 아이에게 유치하다는 꼬리표를 붙이고 어른처럼 행동하도록 부추긴다. 그리고 아이는 노망과 임종이 그가 어른으로 사는 데 성공했다는 것을 믿도록 해 줄 때까지 자신의 아동기를 억압하면서 자란다.

아이의 놀이는 위대한 왕의 놀이처럼 해방되고 명예롭게 될 필요가 있다. 오늘날은 역사적으로 유리한 시기이다. 옛 주인들의 계획을 실현하면서 아동기를 구하는 것이 관건이다. 아동기와 그것의 주권을 가진 주체성, 아동기와 자발성의 속삭임 같은 웃음, 아동기와 세상을 밝히기 위해 자기 자신을 향해 가지 치는 방법, 그리고 이상하게 친숙한 빛으로 물건들을 밝히는 방법을 구하는 것이 관건이다.

우리는 사물들의 아름다움을, 그것들의 존재 방식을 권력과 신들의 손에 죽도록 방치하면서 잃어버렸다. 초현실주의의 뛰어난 몽상은 시적인 발산으로 그것들을 되살리려 헛되이 노력했다. 상상계의 힘은 사물들을 가둔 사회적 소외의 외피를 부수기에는 충분하지 않다. 그것은 사물들을 주체성의 자유로운 놀이로 돌려주는 데 이르지 못한다. 권력의 관점에서 볼 때 돌멩이, 나무, 믹서, 고주파 전자가속기cyclotron는 죽은 물건들이며 사물들을 다르게 보고 변화시키려는 의지 안에 심어진 십자가들이다. 그렇지만 그것들에 주어진 의미 너머에서 나는 그것들이 사람들을 열광시키리라는 것을 안다. 나는 기계가 놀이, 환상, 자유를 위해 봉사하는 순간부터 열정을 유발할 수 있다는 것을 안다. 나무와 돌을 포함한 모든 것이 살아 있는 세상에서 수동적으로 관조되는 기호는 더는 없다. 모든 것이 기쁨을 말한다. 주체성의 승리는 삶을 사물들에게 돌려줄 것이다. 그리고 죽은 사물들이 오늘날 참을 수 없게 주체성을 지배하는 것은 결국, 더 높은 삶의 상태에 도달하도록 하는 가장 좋은 역사적 기회가 아니겠는가?

무엇이 문제인가? 현재 언어 안에서, 즉 실천 안에서 한 이교도가 루이스브뢱14에게 다음과 같이 선언했던 것을 실현하는 것이 문제이다. "내가 없이는 신은 아무것도 알거나 바라거나 할 수가 없다. 신과 함께 나는 창조됐고 나는 모든 것을 창조했다. 그리고 하늘, 땅, 모든 창조물들을 지탱하는 것은 바로 나의 손이다. 내가 없이는 아무것도 존재하지 않는다."

◆◇

다른 한계들을 재발견해야 한다. 사회적 소외의 한계들은 우리를 가두거나 적어도 우리를 남용하기를 멈췄다. 수 세기 동안 사람들은 노후한 문 앞에서 점점 더 능숙하게 문에 작은 바늘구멍을 내 왔다. 오늘날 어깨로 한 번 밀면 그 문은 넘어질 것이다. 바로 그것을 넘어서만이 모든 것이 시작한다. 프롤레타리아의 문제는 권력을 획득하는 것이 더 이상 아니라 권력을 완전히 끝장내는 것이다. 위계화된 세상의 다른 한편에서 가능성들이 우리를 만나러 온다. 생존보다 삶이 우월하다는 것은 역사를 해체할 역사적 운동이 될 것이다. 우리의 유효한 적들은 아직 만들어지지 않았다. 그들과 접촉하고 사물들의 유치한 이면에서 그들과 합류하는 일은 우리의 몫이다.

인간들이 지구의 최초 거주자들이 했을 것과 상당히 유사한 대화를 우주와 다시 하는 것을 볼 수 있을까? 인간들은 우주의 미스터리 앞에서 원시인들이 보여 준 존중할 만한 전율을 느끼지 않고 더 높은 단계에서, 선사 시대를 뛰어넘는 단계에서 우주와의 대화를 다시 할 것인가? 그것은 결국, 우주에 인간적 의미를 강요하는 것이다. 인간적 의미는 태초에 우주가 갖고 있던 신적인 의미를 대체한다.

그리고 실제적 인간이라는 이 또 다른 무한성은 언젠가 육체, 신경 신호의 흐름, 근육의 운동, 꿈의 방황을 통치할 수 있지 않을까? 집단적 의지를 통해 마침내 해방된 개인적 의지는 경찰의 조건화가 인간 존재에게 강요하는 이미 끔찍할 정도로 뛰어난 통제를 훨씬 초월할 수 있지 않을까? 인간을 개, 벽돌, 공수대원으로 만들 수 있다면 인간으로 만들 줄도 알지 않겠는가?

우리는 자신을 완전무결하다고 그다지 생각하지 않았다. 우리는 ─ 아마도 자만심 때문에 ─ 이런 포부를 권력, 신, 교황, 우두머리, 타인들 등과 같은 얼어붙은 형태들과 아주 늙은 자들에게 맡겼다. 그렇지만 우리가 사회, 신, 절대적 정의를 언급할 때마다 우리는 사실 우리의 권력에 대해 말했던 것이다. 비록 너무 서투르게, 너무 간접적으로 말하긴 했지만. 우리는 이제 선사 시대 위의 단계에 있다. 또 다른 인간 조직, 사회 조직이 나타나려 한다. 그것은 개인적 창조성의 에너지가 자유롭게 흐르고 모두가 꿈꾸며 모든 것이 조화를 이룬 모습의 세상을 만드는 사회 조직이다.

이상향이라고? 그래서 어떻단 건가! 이 교만함의 쿵쿵거림은 무엇이란 말인가? 누구나 자신이 가진 가장 소중한 것에 집착하는 것처럼 이 세상에 집착한다. 그리고 아마도 손잡이를 놓은 많은 사람들은 그것에 집착하는 것만큼이나 크게 실망감에 빠질 것이다. 모든 사람은 자신의 주체성이 승리하도록 만들고 싶어 한다. 따라서 이 공통의 욕망을 기반으로 인간들의 연합을 건설해야 한다. 아무도 다른 사람들의 도움 없이, 그 자체가 주체성의 중심이자 구성원들의 주체성의 충실한 반영물이 되는 집단의 도움 없이 자신의 주체성을 강화할 수 없다. 〈상황주의 인터내셔널〉은 현재까지 급진적 주체성을 보호하기로 한 유일한 집단이다.

## 22장

# 체험의 시공간과 과거의 교정

부패와 초월의 변증법은 분리된 시공간과 통일된 시공간의 변증법이다 (1). ― 새로운 프롤레타리아는 아동기의 실현과 그것의 시공간을 그 자체에 내포한다 (2). ― 분리의 역사는 "역사화하는" 역사의 종말 안에서 천천히 해결된다. ― 체험된 시공간은 변형의 시공간이고 역할의 시공간, 적응의 시공간이다. ― 과거의 기능과 미래 속으로 과거를 투영하는 것의 기능은 무엇인가? 현재를 금지하는 것이다. 역사적 이데올로기는 개인적 실현의 의지와 역사를 건설하고자 하는 의지 사이에 세워진 막이다. 그것은 그 의지들이 서로 돕고 섞이는 것을 막는다 (4). ― 현재는 건설해야 하는 시공간이다. 그것은 과거의 교정을 내포한다 (5).


1

　전문가들이 종족의 생존을 조직하고 지적인 도식들로 역사를 프로그램하도록 함에 따라 세상을 바꾸면서 삶을 바꾸고자 하는 의지가 인민 안에서 증가한다. 각각의 개별 존재가 인류 전체와 동일한 자격으로 공통된 절망에 맞닥뜨려져 있다. 그 절망 너머에는 절멸 혹은 초월밖에 없다. 지금은 역사적 진화와 개인의 역사가 **사물들**의 상태와 그것의 거부라는 공통된 도달점을 향해 가기 때문에 서로 섞이는 경향이 있는 시대이다. 종족의 역사와 무수한 개인적 역사들이 함께 죽거나 함께 **모든** 것을 다시 시작하기 위해 서로 모이는 것처럼 보인다. 과거는 죽음의 씨앗과 삶의 요소들을 갖고 우리에게 밀려온다. 그리고 롯[1]의 고통으로 위협받는 우리의 아동기도 만날 약속이 돼 있다.

아동기 위에 매달린 위험에서, 이데올로기와 물건들의 강제된 소비가 가져오는 무서운 노화에 맞선 봉기의 폭발이 시작된다. 나는 봉건적 의지와 아이들의 주체적 의지를 의심할 여지 없이 제시하는 꿈과 욕망들의 유사함에 대해 강조하고자 한다. 기술 관료 시대의 어른들로서 우리는 아이들에게 결핍된 것을 많이 가지고 있으며 가장 위대한 정복자들에게 없는 것을 할 수 있다고 자부한다. 우리는 아동기를 실현하면서 옛 주인들의 계획을 실현하지 않는가? 우리는 티무르와 엘라가발루스의 가장 자유분방한 환상이 상상할 수 있었던 것보다 더 잘 역사와 개인적 운명을 동일시하지 않는가?

생존보다 삶이 우월하다는 것은 역사를 해체할 역사적 운동이다. 일상생활을 건설하라는 것과 역사를 실현하라는 것, 두 가지 명령은 이제 하나일 뿐이다. 삶과 새로운 사회의 유기적 건설은 어떤 모습일 것이며 일상생활의 혁명은 어떤 모습일 것인가? 그것은 다름 아닌 쇠퇴를 대체하는 초월이다. 실제적 쇠퇴에 대한 의식이 필연적 초월에 대한 의식을 살찌운다는 점에서 그렇다.

초월의 시도들은 아무리 역사를 멀리 거슬러 올라간다고 해도 관점 전복에 대한 현재의 시 안에 들어간다. 그것들은 시간과 공간의 벽을 뛰어넘으며 심지어는 그 벽을 무너뜨리며 즉각적으로 그 안에 들어간다. 분명히 분리들의 끝은 시간과 공간의 분리의 끝에서 시작된다. 앞의 일을 미루어 보면, 이 원초적 통일의 재구성은 아이들의 시공간에 대한, 통일된 사회들의 시공간에 대한, 그리고 해체와 마침내 가능한 초월을 담고 있는 분할된 사회들의 시공간에 대한 비판적 분석을 통해 이뤄진다는 것이 드러난다.

2

아무도 조심하는 사람이 없다면, 생존의 고통은 곧 한 젊은이를 그가 경험하지 못한 채 지나온 젊은 시절을 갈망하며 후회로 가득 찬 파우스트적 노인으로 만들 것이다. 틴에이저는 소비자의 첫 번째 주름들을 가진다. 그와 60대는 거의 차이가 없다. 그는 더 많이, 더 빨리 소비하고 비진정성과의 타협 속도에 따라 너무 일찍 늙는다. 그가 정신 차리는 것이 늦는다면 과거의 문은 그의 뒤에서 닫힐 것이다. 그는 더는 자신의 원래 모습으로 돌아오지 못할 것이며 그것을 다시 만들지도 못할 것이다. 어제까지 그가 섞여 있던 아이들과 그는 이제 아주많이 다르다. 그는 스펙터클 사회에서의 자신의 재현에 대한 대가로 시, 자유, 아동기의 주체적 풍요로움을 제공하기로 하고 시장의 저속함 안으로 들어간다. 그렇지만 만약 그가 정신을 차린다면, 악몽에서 빠져나온다면, 공권력은 어떤 적을 상대하게 될 것인가? 그는 늙은 기술 관료제의 가장 무서운 무기들을 갖고 자신의 아동기의 권리를 옹호할 것이다. 우리는 루뭄비스트[2] 혁명의 젊은 심바[3]들이 그들의 형편없는 장비들을 갖고 얼마나 놀라운 활동을 했는지를 안다. 동일한 색채를 띠지만 더 영향력이 큰 무기들을 갖춘 젊은 세대가 일상생활의 모든 면들을 담은 활동 무대 위에 들어섰을 때 그들에게서 기대할 수 없는 것이 무엇이겠는가?

왜냐하면, 일상생활의 모든 면들은 어떤 점에서는 아동기 안에서 준비 중인 삶이 체험된 것이기 때문이다. 짧은 시간 안에 체험된 사건들의 축적은 시간이 흐르는 것을 방해한다. 두 달간의 휴가는 영원과도 같다. 노인에게 두 달은 단 몇 분밖에 되지 않는다. 아이의 하루는 어른들의 시간을 벗어난다. 그 시간은 주체성으로, 열정으로, 실재가 깃든 꿈으로 부풀려진 시간이다. 밖에서는 교육자들이 아이가 시간의 순환 안으로 들어가도록 감시하고 기다리고 손을 내민다. 그들은 시간을 갖고 있다. 우선 아이는 어른들이 그들의 시간을 강제하는 것을 이상한 침입으로 느낀다. 그 후에 아이는 그것에 굴복하고 늙는데 동의한다. 조건화의 방법들에 대해 전혀 모르기 때문에 아이는 어린 동물처럼 덫에 걸린다. 비판의 무기들을 가진 후 아이가 시간에 대항해 그 무기들을 겨냥할 때는 이미 오랜 시간이 그를 과녁에서 멀리 떨어지게 했을 것이다. 그는 벌어진 상처처럼 아동기를 가슴에 묻게 될 것이다.

과학적으로 사회조직이 아동기를 파괴하는 반면에 우리는 아동기의 유령에 시달린다. 사회심리학자들은 망을 보고 시장조사기관은 이미 이렇게 소리친다. "이 많은 작고 착한 달러들을 봐라."(인용 : 밴스 패커드[4]) 새로운 10진법이다.

거리에서 아이들이 논다. 그중 한 아이가 갑자기 집단에서 이탈해 내 기억에서 가장 아름다운 꿈들을 간직한 채 나에게 다가온다. 아이는 나에게 나이 개념을 파괴하는 것 — 왜냐하면, 이 점에 대한 나의 무지는 내 실패의 유일한 원인이었기 때문이다 — 을 가르친다. 그것은 많은 사건들을 체험하는 가능성이다. 그 사건들이 지나가는 것을 보는 것이 아니라 그것들을 체험하고 끝없이 재창조하는 것이다. 그리고 지금 모든 것이 나를 벗어나고 모든 것이 나에게 폭로된 이 단계에서 어떻게 그 많은 가짜 욕망들 아래에서 총체성에 대한 일종의 야생적 본능이, 역사와 계급투쟁의 교훈들이 무섭게 만든 유아성이 튀어나오지 않겠는가? 어떻게 새로운 프롤레타리아가 어른 세상에서 아동기를 실현하는 가장 순수한 사람이 되지 않을 수 있겠는가?

우리는 새롭지만 알려진 세상의 발견자들이다. 그 세상에는 시간과 공간의 통일이 없다. 그것은 아직 분리에 젖어 있는 세상이고 나뉜 세상이다. 우리 몸, 우리 욕구, 우리의 자발성이 갖는 반쯤은 야만적인 속성(의식의 풍부한 아동기)은 우리에게 수 세기 동안의 귀족 시대가 계속 알지 못했고 부르주아지가 결코 생각하지 못했던 비밀스러운 입구를 제공한다. 그것들은 완성되지 못한 문명들의 미로 안에, 그리고 역사가 자신을 숨기면서 만들었던 모든 태아화된 초월들의 미로 안에 우리가 들어가도록 만든다. 우리의 아동기의 재발견된 욕망들은 우리 욕망들의 아동기를 재발견한다. 우리에게 너무 가깝고 아직 완성되지 않은 과거의 야생적 깊은 곳에서 열정들의 새로운 지리학이 나타난다.

3

움직이지 않는 것 안에서 움직이기 때문에 통일된 사회들의 시간은 순환적이다. 존재와 사물들은 신을 중심점으로 한 원주를 따라 움직이면서 자신들의 흐름을 따라간다. 아무 곳에도 없으면서 사방에 있는 움직이지 않는 축으로서의 신은 영원한 권력의 지속시간을 측정한다. 신은 그 자신의 규범이다. 그리고 동일한 거리를 유지하며 신을 중심으로 돌기 때문에 완전히 흘러가 버리지 않고 절대 종결되지도 않은 채 흐르고 되돌아오는 것의 규범이다. "세 번째 것이 돌아온다. 그것은 여전히 첫 번째 것이다."

통일된 사회들의 공간은 시간에 따라 조직된다. 신의 시간 외에는 다른 시간이 없으므로 신에 의해 통제되는 공간 외에 다른 공간은 없는 것처럼 보인다. 이 공간은 중심에서 원주로, 하늘에서 땅으로, 하나에서 다수로 확장된다. 첫눈에 보기에 시간은 전혀 관계가 없다. 그것은 신에게서 멀어지게도, 가까워지게도 하지 않는다. 반대로 공간은 신을 향한 길이다. 정신적 고양과 위계적 승진의 올라가는 길이다. 시간은 그 자체로 신에게 속한다. 하지만 인간에게 허용된 공간은 특수하게 인간적인 속성을 간직한다. 실제로 인간은 올라가거나 내려갈 수 있고 사회적으로 상승하거나 추락할 수 있고 자신의 구원을 보장받거나 영벌을 당할 수 있다. 공간은 인간의 현존이며 그의 상대적 자유의 장소이다. 반면에 시간은 인간을 그의 원주 안에 가둔다. 마지막 심판이란 무엇인가? 그것은 결국, 신이 시간을 자신에게 되가져오는 것이며 중심이 원주를 빨아들이는 것이고 자신의 창조물들에 주어진 공간의 총체를 자신의 비물질적 지점 안에 끌어모으는 것이다. 인간의 **물질**(그의 공간적 점유)을 무효로 하는 것은 자신의 노예를 완전히 소유할 능력이 없는, 따라서 노예에 의해 부분적으로 소유 당할 수밖에 없는 주인의 계획이다.

지속시간은 공간을 속박한다. 그것은 우리를 죽음으로 끌고 가고 우리의 삶의 공간을 갉아먹는다. 그렇지만 역사의 흐름 속에서 그 구분은 그렇게 명확하지 않다. 부르주아 사회들과 같이 봉건 사회들도 역시 분리의 사회들이다. 왜냐하면, 분리는 사적인 소유에서 유래하기 때문이다. 그러나 봉건 사회들은 놀라운 은폐력을 갖고 있어서 부르주아 사회들보다 더 유리하다.

신화의 힘은 분리된 요소들을 다시 모으고 비진정성의 양식 위에서 통일된 방식으로 살도록 한다. 그것들이 사는 세상은 비진정성이 일관적인 공동체(부족, 씨족, 왕국)에 의해 만장일치로 인정되는 통일된 세상이다. 신은 분리된 시간과 공간의 초월에 대한 이미지이며 상징이다. 신 안에서 "사는" 모든 사람들은 이 초월에 속한다. 대부분은 매개적으로 그것에 참여한다. 다시 말해 그들은 일상생활의 공간 안에서 단순한 인간에서 신에 이르는 올바르게 위계화된 공간의 조직자들에게, 성직자들에게, 우두머리들에게 순응하며 참여한다. 복종의 대가로 그들은 영원한 지속을, 공간 없는 지속의 약속을, 신 안에서의 순수한 시간성의 보장을 제공받는다.

다른 사람들은 그런 교환을 거의 하지 않는다. 그들은 세상에 대한 절대적 지배가 부여하는 영원한 현재에 도달하기를 꿈꿨다. 아이들의 정확한 시공간과 위대한 신비론자들의 통일의 의지 사이에 나타나는 유사성을 보고 놀랄 필요가 없다. 그래서 그레고리오 드 팔라마스(1341년)는 계시를 통일에 대한 일종의 비물질적 의식이라고 묘사할 수 있었다. "빛은 공간과 시간 밖에 존재한다.… 신적인 에너지에 속하는 것은 그 자체가 일종의 빛이 된다. 그는 빛과 통일된다. 빛과 함께 그는 그런 은총을 받지 못한 사람들에게는 보이지 않는 모든 것을 아주 명확한 의식으로 볼 수 있다."

그레고리오 드 팔라마스(Grégoire de Palamas, 1296~1359). 그리스 정교회 신비론자.

　불명료하고 표현할 수도 없는 이 혼란스러운 희망을 부르주아의 과도기가 대중화했고 명확하게 만들었다. 부르주아 사회는 귀족과 그의 정신성에 최후의 일격을 가하며 그것을 구체화했다. 부르주아 사회는 자신의 해체를 극단으로 밀어붙이면서 그것을 가능하게 만들었다. 분리의 역사는 분리의 종말 안에서 천천히 해결된다. 봉건적인 통일된 환상은 건설해야 할 삶의 자유지상주의적 통일 안에서, 물질적으로 보장된 생존의 저 너머에서 점점 구현된다.

4

　아인슈타인은 시간과 공간에 대해 생각을 하면서 나름의 방식으로 신은 죽었다는 것을 환기한다. 신화가 신을 포함하는 것을 멈추자마자 공간과 시간의 분리는 의식을 불안하게 만들고 그런 불안은 낭만주의(먼 나라들에 대한 끌림, 달아나는 시간에 대한 후회 등)의 전성기를 만든다.

부르주아 정신에 따르면 시간이란 무엇인가? 신의 시간인가? 아니다. 그것은 권력의 시간, 분할된 권력의 시간이다. 그것은 순간 ─ 이 순간은 순환적 시간을 기억하려 애쓴다 ─ 을 측정 단위로 갖는 파편화된 시간이다. 그것은 더는 원주가 아니라 유한하고 무한한 직선이다. 그것은 각각의 인간을 신의 시간에 맞추는 동시성이 아니다. 그것은 마치 인간의 얼굴이 알려지지 않고 접근 불가능하고 영원히 미래의 것이기 때문에 생성의 저주에 의해 인간은 등만을 잡히게 된 것처럼 각자가 잡히지 않고 도망치는 상태의 연속이다. 그것은 중심에 있는 절대권력의 눈에 한 번에 파악되는 원형 공간이 아니라 겉보기에는 자율적이지만 실제로는 한 점이 다른 한 점에 합쳐질 때마다 그려지는 선에 일정한 연속적 리듬으로 통합되는 일련의 작은 점들이다.

중세의 모래시계 안에서 시간이 **흐른다**. 하지만 그것은 동일한 모래가 한쪽 통에서 다른 통으로 옮아가고 다시 옮아가는 것이다. 시계의 **원형** 눈금판 위에서 시간은 소리를 내며 떨어지고 다시 돌아오지 않는다. 형태들의 아이러니이다. 즉, 새로운 정신은 죽은 현실에서 자신의 현실을 빌려왔다. 그리고 손목시계에서 그의 인본주의적 몽상들의 잡화류에 이르기까지 부르주아지가 순환적 모습을 갖게 한 것은 바로 시간의 죽음, 자신의 시간의 죽음이다.

그러나 아무런 효과도 없었다. 이제는 시계 제작자의 시간이다. 경제 명령은 모든 인간을 살아 있는 스톱워치로 만든다. 그것은 손목에 차고 있는 식별 기호이다. 이제 노동의, 진보의,

생산성의 시간이며 생산의, 소비의, 기획의 시간이다. 스펙터클의 시간, 입맞춤의 시간, 사진 한 장의 시간, 모든 것을 위한 시간(시간은 돈이다)이다. 상품-시간이다. 생존의 시간이다.

공간은 시간의 선 안에, 미래를 과거로 바꾸는 기계 안에 있는 점이다. 시간은 체험된 공간을 통제한다. 시간은 체험된 공간을 지나가게 하면서, 과도기적으로 만들면서 외부로부터 통제한다. 그렇지만 개인적 삶의 공간은 순수한 공간이 아니다. 그것을 가져오는 시간은 순수한 시간성이 아니다. 이 문제를 좀 더 자세히 살펴볼 필요가 있다.

시간의 선을 끝내는 각각의 점은 유일하고 특수하다. 그렇지만 거기에 덧붙여지는 그다음 점은 과거에 의해 소화되고 획일적 선 안에 빠져 죽는다. 그 점을 구별하는 것은 불가능하다. 따라서 각각의 점은 자신을 사라지게 만드는 선을 나아가게 만든다.

이런 모델 위에서 파괴하고 대체하면서 권력은 자신의 지속을 보장하지만, 동시에 권력을 소비하도록 부추겨진 사람들은 권력을 파괴하고 지속되면서 권력을 갱신한다. 만약 권력이 모든 것을 파괴한다면 권력은 자신을 파괴한다. 만약 권력이 아무것도 파괴하지 않는다면 권력은 파괴된다. 권력은 이 모순의 양극단 사이에서만 지속된다. 소비재의 독재는 이 모순을 날이 갈수록 더 첨예하게 만든다. 그리고 그것의 지속시간은 인간들의 단순한 지속시간에, 즉 그들의 생존시간에 종속된다. 그래서 분리된 시공간의 문제는 오늘날 혁명적 어휘로 다시 제기된다.

체험된 공간은 꿈, 욕망, 놀라운 창조성의 세상이 될 수 있었지만, 지속의 질서 안에서 그것은 다른 한 점에 연속되는 하나의 점일 뿐이다. 그것은 자신의 파괴라는 정확한 방향으로 흐른다. 그것은 과거의 익명의 선 안에서 나타나고 증가하고 사라진다. 그것의 시체는 기억의 변덕과 역사학자들에게 재료를 제공한다.

체험된 공간 속 지점의 유리한 점은 일반화된 조건화 시스템에서 부분적으로 벗어날 수 있다는 것이다. 그것의 문제점은 자기 스스로는 아무것도 되지 않는다는 것이다. 일상생활의 공간은 약간의 시간을 자신의 이익을 위해 돌린다. 그것은 그 시간을 가두고 자신의 것으로 만든다. 그 대가로 흐름의 시간은 체험된 공간에 침투해 잠시 머묾의 감정, 파괴의 감정, 죽음의 감정을 내재화한다.

일상생활의 정확한 공간은 "외부" 시간의 한 단편을 훔친다. 그 단편 덕분에 통일된 작은 시공간이 창조된다. 그것은 순간들의 시공간, 창조성의, 즐거움의, 오르가슴의 시공간이다. 그런 연금술의 공간은 아주 작지만 체험된 강도는 아주 커서 대부분의 사람들에게 비교할 수 없는 매력으로 작용한다. 권력의 눈으로 보고 외부에서 관찰된 열정의 순간은 별 볼 일 없는 하나의 지점일 뿐이며 미래에서 과거로 배수된 순간일 뿐이다. 무매개적인 주체적 현존으로서의 현재에 대해 객관적 시간의 선은 아무것도 모르고 아무것도 알려 하지 않는다. 그리고 한 지점의 공간 안에 압축된 주체적 삶 ― 나의 기쁨, 나의 쾌락, 나의 몽상 ― 은 흐름의 시간, 선적인 시간, 사물들의 시간에 대해 아무것도 알고 싶어 하지 않는다. 반대로 그것은 자신의 현재에 대해 모든 것을 배우고 싶어 한다. 왜냐하면, 결국, 그것은 하나의 현재일 뿐이기 때문이다.

체험된 공간을 끌어들이는 시간에서 체험된 공간은 한 단편을 제거한다. 체험된 공간은 그 단편의 현재를 만들고 또 만들려 시도한다. 왜냐하면, 현재는 항상 건설해야 하는 것이기 때문이다. 그것은 사랑의, 시의, 즐거움의, 커뮤니케이션의 통일된 시공간이다. 그것은 죽은 시간이 없는 체험이다. 다른 한편, 선적인 시간, 객관적 시간, 흐름의 시간은 일상생활에 주어진 공간에 침투한다. 그것은 부정적 시간으로서, 죽은 시간으로서, 파괴의 시간의 반영으로서 그곳에 들어간다. 그것은 역할의 시간이다. 그것은 삶의 내부에서 스스로 비물질화되도록 부추기는 시간이고, 진정으로 체험된 공간을 버리고 제한하도록 부추기는 시간이며, 진정으로 체험된 공간보다는 겉모습을, 스펙터클한 기능을 선호하도록 부추기는 시간이다. 이 혼종적 결합으로 창조된 시공간은 생존의 시공간일 뿐이다.

사적인 삶이란 무엇인가? 그것은 한순간 안에서의, 생존의 선을 따라 자신의 파괴를 향해 끌려 나온 한 점 안에서의 실제 시공간(순간)과 조작된 시공간(역할)의 혼합이다. 물론 사적인 삶의 구조는 그런 이분법에 따르지 않는다. 항구적인 상호작용이 존재한다. 체험을 사방에서 포위하고 너무 협소한 공간 안에 억압하는 금지들은 그것이 역할로 바뀌도록 부추기고, 흐름의 시간 안에 상품으로서 들어가도록 부추기며, 순수한 반복이 되도록 부추기고, 겉모습의 허구적 공간을

앙토냉 아르토(Antonin Artaud, 1895~1948). 프랑스 희곡 작가, 연극이론가, 배우.

가속화된 시간처럼 창조하도록 부추긴다. 반면에 비진정성에서, 거짓으로 체험된 공간에서 나온 불안은 실제 시간의, 주체성의 시간의, 현재의 추구를 지칭한다. 결과적으로 사적인 삶은 변증법적으로 **체험된 실제 공간 + 스펙터클한 허구적 시간 + 스펙터클한 허구적 공간 + 체험된 실제 시간**이다.

허구적 시간이 자신이 만든 허구적 공간과 조합될수록 사람들은 사물의 상태를 향해, 순수한 교환 가치를 향해 가게 된다. 진정한 체험의 공간이 실제로 체험된 시간과 조합될수록 인간의 지배는 견고해진다. 통일된 방식으로 체험된 시공간은 게릴라의 첫 번째 안식처이며 일상생활의 혁명을 아직도 은폐하는 밤에 빛나는 질적인 것의 불빛이다.

따라서 객관적 시간은 정확한 공간을 과거로 밀어 넣으면서 파괴하려고 노력할 뿐만 아니라 역할의 두꺼움을 창조하는 가속화된 리듬을 그 안에 집어넣으면서 안에서부터 그것을 좀먹는다(역할의 허구적 공간은 실제로 어떤 태도의 빠른 반복에서 나온다. 영화 영상의 반복이 삶의 겉모습을 제공하는 것처럼 말이다). 역할은 주체적 의식 안에 흐름의, 노화의, 죽음의 시간을 집어넣는다. 그것은 앙토냉 아르토가 말한 "사람들이 어쩔 수 없이 만드는 의식의 접힘"이다. 선적인 시간에 의해 외부적으로 지배당하고 역할의 시간에 의해 내부적으로 지배당하기 때문에 주체성은 사물이나 귀중한 상품이 될 수밖에 없다.

삶의 의지는 항상 통일된 방식으로 반응한다. 대부분의 개인들은 체험된 공간을 위해 시간의 진정한 전용에 열중한다. 체험의 강도를 강화하고 진정성의 시공간을 증가시키기 위한 그들의 노력들이 혼돈 속에서 상실되지 않고 고립 상태로 파편화되지 않는다면, 죽음의 시간인 객관적 시간이 깨지지 않을 것이라는 것을 누가 알겠는가? 혁명적 순간은 영원한 젊음이 아닌가?

◆◇

체험의 시공간을 풍요롭게 하는 계획은 그것을 빈곤화하는 것에 대한 분석을 통해 이뤄진다. 선적인 시간은 사람들에게 세상을 **변형하는 것**을 금지한다는 점에서만, 따라서 사람들에게 **적응하도록** 강제한다는 점에서만 그들에게 영향력을 가진다. 권력의 제1의 적은 자유롭게 발산되는 개인적 창조성이다. 그리고 창조성의 힘은 통일된 것 안에 있다. 권력은 체험된 시공간의 통일을 깨기 위해 어떤 노력을 하는가? 우선 권력은 체험을 상품으로 바꾸고 역할과 스테레오타입의 수요와 공급에 따라 체험을 스펙터클의 시장에 내던지려 노력한다. 이것은 내가 역할에 대한 장(15장)에서 분석했던 것이다. 또한 권력은 동일시의 특수한 형태에, 즉 현재를 제거하는 과거와 미래의 결합한 유인력에 의존하려 한다. 마지막으로 권력은 체험의 통일된 시공간을 건설하려는 (다시 말해 살 수 있는 상황을 건설하려는) 의지를 역사의 이데올로기 안에서 회수하려 한다. 다음에서 나는 두 번째와 세 번째에 대해 분석할 것이다.

◆◇

권력의 관점에서 보면 체험된 순간은 없다(체험은 이름이 없다). 단지 과거의 선상에서 모두 동등한 연속된 순간들만이 있을 뿐이다. 조건화 체제 전체는 이렇게 보는 방식을 대중화한다. 모든 불법적 설득이 그것을 내재화한다. 결과는 보는 바와 같다. 사람들이 말하는 현재는 어디에 있는가? 일상적 존재의 어느 잃어버린 구석에 있는가?

모든 것은 기억이고 예상이다. 다가올 약속의 유령은 나를 홀리기 위해 과거 약속의 유령과 합류한다. 매초마다 나는 과거의 순간에서 미래의 순간으로 끌려간다. 지금이란 절대 존재하지 않는다. 실속 없는 소란이 효과적으로 각각의 사람들을 지나가는 사람으로 만들고 시간을 지나가게 하고 심지어 사람을 관통해서 시간이 지나가도록 만든다. 쇼펜하우어는 이렇게 말했다. "칸트 이전에는 우리는 시간 안에 있었다. 칸트 이후에는 시간이 우리 안에 있다." 이 말은 노화와 노쇠의 시간에 의해 의식이 공급되는 것을 잘 표현한다. 그러나 쇼펜하우어는 미래와 과거의 외형적 대립으로 축소된, 시간의 작업대 위에서의 인간의 분리가, 철학자인 자신이 절망의 신비론을 세우도록 한 이유라는 생각은 하지 못했다.

자신이 결코 도달하지 못하고 결코 파악하지도 못한 채 지그재그로 추격하는 두 순간들 사이에서 늘어나 버린 한 존재의 절망과 현기증은 매우 큰 것이다. 열정적 기대가 문제라면 당신은 지나간 순간의 매력 아래 놓인 것이다. 예를 들어 사랑의 순간을 보라. 사랑하는 여자가 나타날 것이다. 당신은 그녀를 추측하고 그녀의 손길을 미리 느낀다. 열정적 기대는 결국, 건설해야 할 상황의 그림자이다. 그러나 대부분의 경우, 추억과 예상의 순환은 기대와 현재의 느낌을 방해한다. 그것은 죽은 시간들과 텅 빈 순간들의 미친 경주를 부추긴다.

권력의 안경으로 보면, 반복된 과거로만 된 미래가 있다. 알려진 소량의 비진정성은 우리가 미래 전망적인 상상력이라고 부르는 것에 의해 그 상상력이 미리 텅 빈 곳을 채우는 시간 안으로 나아간다. 유일한 추억들은 사람들이 유지한 역할들에 대한 추억들이다. 유일한 미래는 영원한 **리메이크**이다. 사람들의 기억은 시간 안에서 자신의 현존이 항구적으로 기억된다는 것을 확인하고자 하는 권력의 의지에 복종하기만 해야한다. '하늘 아래 새로운 것은 하나도 없다'Nihil novi sub sole는 속되게 "항상 지도자들이 있어야 할 것이다"라고 번역된다.

"다른 시간"이라는 이름으로 제안되는 미래는 사람들이 나에게 나 자신을 털어놓으라고 초대하는 다른 공간에 당당히 상응한다. 그것은 시간을 바꾸고 피부를 바꾸고 시계를 바꾸고 역할을 바꾸는 것이다. 소외만이 바뀌지 않는다. 내가 다른 사람일 때마다 그는 과거에서 미래로 오간다. 역할들은 결코 현재를 갖지 않는다. 어떻게 역할들이 잘 유지되기를 바라는가? 내가 내 현재를 놓친다면 ─ 여기는 항상 다른 곳이기 때문에 ─ 나는 즐거운 과거와 미래에 둘러싸여 있을 수 있는가?

◆◇

과거-미래에 대한 동일시는 역사를 지배하고자 하는 개인적이고 집단적인 의지를 전진하게 하는 역사적 이데올로기의 영향 아래에서 완성된다.

시간은 정신의 지각 형태이다. 그것은 명백히 인간의 발명이라 할 수는 없지만 외부 현실과의 변증법적 관계이다. 이 관계는 결과적으로 소외에 의존하며 그 소외 안에서, 소외에 대항하는 사람들의 투쟁에 의존한다.

적응에 절대적으로 복종하는 동물은 시간에 대한 의식을 갖고 있지 않다. 인간은 적응을 거부하고 세상을 변형한다고 주장한다. 그가 자신의 창조 본능에서 실패할 때마다 그는 적응하는 두려움을, 동물의 수동성으로 축소되는 것을 느끼는 두려움을 경험한다. 필요한 적응에 대한 의식은 흐르는 시간에 대한 의식이다. 그래서 시간은 인간의 두려움에 연결돼 있다. 환경에 적응할 필요성이 환경을 바꾸려는 욕망이나 가능성을 압도할수록 시간에 대한 의식은 인간의 멱살을 잡는다. 생존의 고통은 시간 안에서의, 다른 사람의 공간 안에서의 흐름에 대한 날카로운 의식, 즉 소외에 대한 의식일 뿐인가? 노화에 대한 의식과 의식의 노화에 대한 객관적 조건들을 거부하는 것은 모든 주체성이 바라는 대로, 더 많은 결과를 초래할 수 있는 역사를 만들고자 하는 더 큰 요구를 내포한다.

역사적 이데올로기가 가진 유일한 존재 이유는 인간들이 역사를 만드는 것을 방해하는 것이다. 어떻게 인간들을 그들의 현재와 멀어지게 하고 시간의 흐름 지역으로 인간들을 끌어들일 것인가? 이 역할은 역사학자에게 할당된다. 역사학자는 과거를 조직한다. 그는 시간의 공인된 선에 따라 과거를 조각낸다. 그다음 그는 사건들을 적절한 카테고리들로 정리한다.

사용법이 쉬운 이 카테고리들은 사건을 격리한다. 견고한 괄호들은 사건을 고립시키고 억제하며, 사건이 삶을 얻고 다시 태어나고 우리의 일상성의 거리들에 새롭게 쇄도하는 것을 막는다. 사건은 냉동된다. 사건에 합류하고 그것을 다시 만들고 완성하고 그것의 초월로 이끄는 것은 금지된다. 사건은 거기에 영원히 매달려서 미학자들의 감탄 대상이 된다. 표식의 가벼운 변화만으로 그것은 과거에서 미래로 옮겨진다. 미래는 역사학자들의 불필요하게 반복된 말일 뿐이다. 그들이 예고하는 미래는 추억들의, 그들의 추억들의 콜라주이다. 스탈린 사상가들에 의해 대중화된 역사의 방향이라는 유명한 개념은 모든 인류에게서 미래와 과거를 비워 버렸다.

다른 시간과 다른 인물에 자신을 동일시하느라 바쁜 현대의 개인은 역사주의의 후원 아래 자신의 현재를 도둑맞도록 내버려 두는 데 성공했다. 그는 스펙터클한 시공간("여러분은 역사 안으로 들어가는 겁니다. 동지들!") 안에서 진정으로 사는 맛을 잃어버린다. 게다가 역사적 참여의 영웅주의를 거부하는 사람들에게 심리적 영역은 자신의 보충적인 신비화를 제공한다. 두 카테고리들은 어깨를 나란히 하고 회수의 극단적 비참함 안에서 융합된다. 사람들은 역사를 선택하거나 작고 조용한 삶을 선택한다.

역사적이든 아니든 모든 역할들은 썩는다. 역사의 위기와 일상생활의 위기는 서로 뒤섞인다. 혼합은 폭발적이다. 이제는 역사를 주체적 목적들을 위해 전용하는 것이 관건이다. 모든 사람의 도움을 받아서 말이다. 결국, 이것이 바로 맑스가 원했던 것이다.

5

거의 1세기 동안 의미 있는 회화 운동들이 하나의 놀이처럼 ─ 심지어는 장난처럼 ─ 공간 위에 쉼 없이 제시돼 왔다. 체험된 새로운 공간에 대한 불안하고 열정적인 탐구를 예술적 창조성보다 더 잘 표현한 것은 없었다. 그리고 예술이 더는 유효한 해결책을 가져다주지 않는다는 감정을 유머를 통해서(나는 초기 인상주의, 점묘파, 야수파, 입체파, 다다이즘 콜라주, 초기 추상주의에 대해 생각한다)가 아니라면 어떻게 표현하겠는가?

우선 예술가들에게서 감지된 불안은 예술이 해체됨에 따라 점점 더 많은 사람들의 의식을 점령했다. 삶의 예술을 건설하는 것은 오늘날 대중적 요구이다. 분별없이 버려진 예술적 과거를 찾는 일을 열정적으로 체험된 시공간 안에서 구체화해야 한다.

여기에서 추억들은 치명적 상처들에 대한 추억들이다. 완수되지 않는 것은 썩는다. 사람들은 과거를 치유할 수 없는 것으로 만들었다. 그리고 아이러니의 극치인 것은 과거를 결정된 자료인 것처럼 말하는 사람들이 그것을 끊임없이 분쇄하고 조작하고 정돈한다는 것이다. 오웰의 『1984년』에서 사건의 뒤이은 전개를 통해 반박된 옛 관보들의 기사들을 다시 쓰는 불쌍한 윌슨처럼 말이다.

허용되는 망각의 형식은 단 하나밖에 없다. 그것은 과거를 실현하면서 제거하는 것이고 초월을 통해 해체에서 벗어나는 것이다. 사실들은 아무리 멀리 있다고 해도 결코 그것들의 마지막 말을 하지 않았다. 그것들이 자신들의 선반에서 내려와 우리 발아래 떨어지기 위해서는 현재 안의 급진적 변화만으로 충분하다. 내가 알기로는, 과거를 교정하는 것에 대한 증언 중 『점령된 도시』에 나타난 빅토르 세르주5의 증언보다 더 감동적인 것은 없다. 그보다 더 모범적인 것은 없다.

볼셰비키 혁명이 절정에 달했을 때 열린 파리 코뮌에 대한 학술회의에서 한 병사가 회의장 구석에 있는 가죽 의자에서 무겁게 일어섰다.

사람들은 그가 명령하듯이 중얼거리는 것을 잘 들을 수 있었다.

"밀리에르6 박사의 처형에 관해 이야기하시오."

덩치가 큰 그는 일어선 채 이마를 숙이고 있어서 그의 얼굴에서는 털이 있는 큰 뺨과 뿌루퉁한 입술, 울퉁불퉁 주름진 이마만이 보였다. 그는 베토벤의 몇몇 가면들을 닮았다. 그는 다음과 같은 이야기를 들었다. 밀리에르 박사는 짙은 파란색의 프록코트와 높은 모자를 걸치고 비가 오는 파리 거리에서 끌려갔다. 팡테옹의 계단 위에서 강제로 무릎을 꿇게 된 그는 "인류 만세!"라고 외쳤다. 몇 발자국 떨어진 철책에서는 베르사유 보초병들이 팔꿈치를 기대고는 이렇게 외쳤다. "엿 먹어라, 인류는 무슨!"

빛이 없는 밤거리의 암흑 속에서 한 농부가 회의장의 발표자

파리 코뮌(1871년)

에게 왔다.… 그는 비밀을 막 털어놓으려는 모습이었다. 그의
한순간의 침묵은 묵직했다.

"작년에 쿨락들이 봉기했을 때 나도 역시 페름 정부에 있었
소.… 나는 『코뮌의 죽음들』이라는 아르누[7]의 팸플릿을 가는
길에 읽었죠. 아름다운 팸플릿이었습니다. 나는 밀리에르에
대해 생각했습니다. 그리고 나는 밀리에르의 원수를 갚았다
오, 시민이여! 그것은 별로 많지 않은 내 인생의 아름다운 날
이었소. 하나하나 나는 그의 복수를 했소. 나는 그렇게 교회
의 문턱 위에서 그 지역의 가장 큰 부자를 총살했습니다. 나
는 그 이름이 더는 생각나지 않는다오. 그렇지만 아무래도 좋
소…."

그는 짧은 침묵 후에 이렇게 덧붙였다.

"그러나 이번에 '인류 만세!'라고 외친 것은 바로 나요."

옛 봉기들은 나의 현재 안에서 새로운 차원을, 즉 지체 없이 건설해야 하는 내재적 현실의 차원을 가진다. 뤼상부르그 거리, 생자크 탑 광장에서는 아직도 몰살된 코뮌의 총소리와 비명들이 들린다. 그러나 다른 총소리가 나타날 것이며 다른 전환점들이 최초 총소리의 추억까지도 지워 버릴 것이다. 국민군들의 벽을 총살자들의 피로 씻으려면 모든 시대의 혁명가들이 모든 나라의 혁명가들을 며칠 동안 만나야 할 것이다.

현재를 건설하는 것은 과거를 교정하는 것이고 풍경의 기호들을 바꾸는 것이며 충족되지 않은 꿈과 욕망들의 불순물을 제거하는 것이고 개인적 열정들이 집단성 안에서 조화를 이루도록 놔두는 것이다. 1525년의 봉기자들부터 뮬렐리스트[8] 반란자들까지, 스파르타쿠스에서 판초 비야까지, 류크레티우스[9]에서 로트레아몽까지 나의 살고자 하는 의지의 시간만이 있다.

다음날에 대한 기대는 우리의 축제들에 혼란을 일으킨다. 미래는 큰 바다보다 더 나쁘다. 그것은 아무것도 담고 있지 않다. 계획화, 미래전망, 장기 계획 등은 1층이 존재하지도 않는데 지붕에 대해 생각하는 격이다. 그렇지만 당신이 현재를 잘 건설한다면 나머지는 덤으로 올 것이다.

현재의 생생함, 그것의 다양성만이 내 흥미를 끈다. 금지들에도 불구하고 나는 내 주위를 오늘로, 큰 빛으로 둘러싸고 싶다. 다른 시간과 다른 사람들의 공간을 일상적 경험의 무매개성으로 되돌리고 싶다. 『슈베스터 카트라이』[10]의 다음과 같은 말을 구체화하고 싶다. "내 안에 있는 모든 것은 내 안에 있다. 내 안에 있는 모든 것은 내 밖에 있다. 내 안에 있는 모든 것은 내 주위 사방에 있다. 내 안에 있는 모든 것은 나의 것이고 나는 사방에서 내 안에 있는 것만을 본다." 왜냐하면, 그 안에는 역사가 오늘날 허용하는 것과 같은 주체성의 정당한 승리만이 있기 때문이다. 아무리 하찮더라도 우리는 미래의 방벽을 파괴한다. 아무리 하찮더라도 우리는 과거를 재구성한다. 아무리 하찮더라도 우리는 매 초를 마치 그 시간이 영원한 회귀를 위해 원 안에서 끝없이 정확히 반복돼야 하는 것처럼 산다.

총체적이 될 수 있는 것은 현재뿐이다. 그것은 믿을 수 없는 밀도의 한 지점이다. 시간을 천천히 가게 하는 것을 배워야 한다. 무매개적 경험에 대한 항시적인 열정을 느끼는 것을 배워야 한다. 한 테니스 챔피언은 아주 힘든 경기 도중 받기 매우 어려운 공을 받았다고 말했다. 갑자기 그는 그 공이 자신에게 느리게 다가오는 것을 봤다. 너무 느리게 와서 그는 상황을 판단하고 적절한 결정을 내리고 아주 정교하게 받아칠 시간이 있었다. 창조의 공간 안에서 시간은 팽창된다. 비진정성 안에서 시간은 빨라진다. 현재의 시를 소유할 사람에게 바다의 여왕과 사랑에 빠진 어린 중국인의 모험이 닥칠 것이다. 그는 바다 깊은 곳에 있는 여왕을 찾아 떠난다. 그가 육지로 돌아왔을 때 장미를 다듬던 아주 늙은 남자가 그에게 말했다. "내 할아버지가 바다에서 사라진 작은 소년에 대해 말했었습니다. 그의 이름은 당신의 이름과 같았습니다."

비교秘教의 전통은 이렇게 말한다. "정확성은 시간의 저장고이다." 한편 "빛의 하루는 세상의 수천 년이다"라는 『신앙의 지혜』[11]의 문장은 수 세기에 해당하는 가치가 있는 혁명적 날들이 있다는 레닌의 말로 번역된다.

현재의 모순들을 해결하고 중간에서 멈추지 않으며 "주의 산만 하게" 되지 않고 초월을 향해 가는 것이 항상 관건이다. 집단적 작품, 열정의 작품, 시의 작품, 놀이의 작품. (뵈메는 영원은 놀이의 세계라고 말한다.) 아무리 가난하더라도 현재는 항상 진정한 풍요를 담고 있다. 그것은 가능한 건설의 풍요이다. 그러나 나를 즐겁게 하는 중단되지 않은 이 시 작품을 내 손에서 앗아가는 모든 것에 대해 당신은 잘 알고 – 잘 경험하고 – 있다.

죽은 시간의 회오리바람에 굴복하고, 늙으며, 육체와 정신의 빈 곳까지 쇠약해지는 것인가? 차라리 지속에 대한 도전처럼 사라지겠다. 앙크틸[12]은 공화국 7년 파리에서 출간된 『보편적 역사학 개론』에서 다음과 같은 이야기를 한다. 세상의 헛됨에 의해 상처를 입은 한 페르시아 왕자가 왕국에서 가장 아름답고 가장 유식한 궁녀들 중 40여 명의 궁녀들과 함께 성 안에 은둔했다. 그는 과도한 쾌락을 즐기다 한 달 만에 거기에서 죽었다. 그러나 그런 영원의 시각에서 본 죽음이란 무엇인가? 내가 죽어야 한다면 적어도 내가 사랑하게 되길 바란다.

## 23장

# 통일된 삼위

### 실현, 커뮤니케이션, 참여

구속, 유혹, 매개라는 세 가지 기능을 가진 권력의 억압적 통일은 분리의 기술에 의해 전도되고 뒤바뀐 통일된 삼중 계획의 형태일 뿐이다. 몰래 숨어 혼란스럽게 발전하는 새로운 사회는 모두가 자기 자신의 실현에 참여하는 것을 촉진하는 인간관계의 투명성처럼 사실상 규정되는 경향이 있다. — 창조의 열정, 사랑의 열정 그리고 놀이의 열정이 삶과 맺는 관계는 자기 양육의 욕구, 자기 보호의 욕구가 생존과 맺는 관계와 같다(1). — 창조의 열정은 실현 계획의 기반이 된다(2). 사랑의 열정은 커뮤니케이션 계획의 기반이 된다(4). 놀이의 열정은 참여 계획의 기반이 된다(6). — 이 세 계획은 서로 분리돼 있어서 권력의 억압적 통일을 강화한다. — 급진적 주체성은 열정적 삶을 건설하고자 하는 — 현재 대부분의 사람들에게서 나타나는 — 동일한 의지의 현존이다(3). 에로틱은 자발적 일관성으로 체험의 풍부한 축적에 실천적 통일을 제공한다(5).

1

　a. 일상생활의 건설은 합리적인 것과 열정적인 것의 통일을 가장 높은 수준에서 실현한다. 삶에 대한 수수께끼가 항상 유지되는 것은 반계몽주의에 속한다. 반계몽주의 안에는 생존의 진부함이 숨겨져 있다. 사실 삶의 의지는 일정한 조직의 의지와 분리될 수 없다. 풍요롭고 다양한 삶에 대한 약속은 각각의 개인을 유혹하는데, 이런 유혹이 필연적으로 갖게 되는 모습은 그것을 억제하는 사회 권력에 전적으로 또는 부분적으로 복종하는 계획의 모습이다. 사람들에 대한 통치가 본질적으로 구속, 소외시키는 매개, 마술적 유혹이라는 세 가지 억

압 양식에 의존하는 것과 마찬가지로, 삶의 의지는 그것의 힘과 일관성을 실현, 커뮤니케이션, 참여라는 분리 불가능한 세 가지 계획의 통일에서 가져온다.

생존의 역사로 축소되지 않는 인간들의 역사 안에서 생산력의 변증법에 연합된 이 삼중 계획의 변증법은 대부분의 행동들에 대해 설명할 것이다. 풍부한 삶, 인간관계의 투명성, 세계 변형의 집단적 양식을 열정적으로 추구하지 않는 봉기나 혁명은 하나도 없다. 그래서 역사적 진화의 이편에서 세 가지의 근본적 열정들을 발견할 수 있다. 그 열정들이 삶과 맺는 관계는 자기 양육과 자기 보호의 욕구가 생존과 맺는 관계와 같다. 창조의 열정, 사랑의 열정, 놀이의 열정은, 삶의 의지와 생존의 필요성이 끊임없이 상호 간섭하는 것처럼 자기 양육, 자기 보호의 욕구와 상호작용한다. 물론 이 요소들은 역사적 틀 안에서만 중요성을 가진다. 그러나 항상 요구되는 그것들의 총체성을 위해서 여기에서 문제가 되는 것은 바로 그것들의 분리의 역사이다.

복지국가는 생존의 문제를 삶의 문제 제기 안에 포함하는 경향이 있다. 나는 그것을 앞에서 다룬 바 있다. 삶의 경제가 생존의 경제를 점점 흡수하는 역사적 상황 안에서 세 계획들과 그것들의 기초가 되는 열정들의 분리는 삶과 생존 사이의 잘못된 구분의 연장선처럼 나타난다. 권력의 영지인 분리와 혁명의 영역인 통일 사이에서 존재는 대부분의 경우 자신을 표현하는 데 있어서 모호성을 가진다. 따라서 나는 각각의 계획에 대해 분리해서, 그리고 통일된 방식으로 말할 것이다.

◆◇

실현 계획은 주체성이 자만해져서 사방에서 지배하고자 하는 순간에 창조의 열정으로부터 나온다. 커뮤니케이션 계획은 존재들이 자기 안에서 정복의 동일한 의지를 발견할 때마다 사랑의 열정으로부터 나온다. 참여 계획은 집단이 각자의 실현을 도울 때 놀이의 열정으로부터 나온다.

이 세 가지 열정은 고립돼 있어서 타락한다. 세 가지 계획은 분리돼 있어서 조작된다. 실현 의지는 힘 의지가 된다. 그것은 특권과 역할을 위해 희생되기 때문에 구속과 환상의 세계에서 지배한다. 커뮤니케이션 의지는 객관적 거짓말로 변한다. 사물들의 관계를 기반으로 하므로 그것은 기호학자들에게 그들이 인간의 외형을 입히는 기호들을 분배한다. 참여 의지는 군중 안에서 모두의 고립을 조직한다. 그것은 공동체적 환상의 독재를 창조한다.

각각의 열정은 다른 것들과 격리돼 있으므로 형이상학적 시각에 통합된다. 형이상학적 시각은 각각의 열정을 절대화하고 접근 불가능하게 만든다. 사상가들은 유머를 잃지 않는다. 그들은 순환 회로의 요소들을 분리하고 전류가 흐르지 않는다고 고지한다. 따라서 그들은 총체적 실현은 신기루이며 투명성은 망상이고 사회적 조화는 변덕이라고 확언할 수 있다. 분리가 지배하는 곳에서는 각자가 진정으로 불가능에 매여 있다. 산산조각을 내고 단계별로 전진하려는 데카르트적 집착은 항상 미완성과 불균형을 가져온다. 질서의 군대들은 상이군인들만을 모집한다.

## 2. 실현 계획

존재의 안전이 보장되면 과거에 생존의 필요를 위해 사용되던 에너지의 상당 부분이 더 이상 쓸 곳이 없어 방치된다. 힘 의지는 개인적 삶의 자유로운 확장을 위해 사용 가능한 이 에너지를 위계화된 노예제를 위해 회수하려 시도한다(1). 일반화된 억압의 조건화는 대부분의 인간들에게서 그들이 자신들 안에서 축소 불가능하다고 느끼는 것, 즉 그들의 주체성을 향해 전략적으로 웅크리도록 만든다. 일상생활의 혁명은 주체적 중심이 하루에도 백 번씩 객관적 세계를 향해 날리는 공격을 구체화할 의무가 있다(2).

a. 사적 소유의 역사적 단계는 인간이 창조자 신이 되는 것을 막았다. 인간은 자신의 실패를 승인하기 위해 창조자 신을 이상적으로 창조해야만 했다. 신이 되고자 하는 욕망은 각각의 인간의 마음속에 있다. 그러나 이 욕망은 지금까지 인간 자신에 맞서 행사돼 왔다. 나는 위계화된 사회조직이 어떻게 인간을 파괴하면서 세상을 건설하는지를, 그리고 그것의 메커니즘과 망의 완벽화가 어떻게 그 자신을 거대한 컴퓨터처럼 작동하도록 만드는지를 보여 줬다. 컴퓨터의 프로그래머도 프로그램돼 있다. 그리고 마지막으로 나는 어떻게 차가운 괴물들 중 가장 차가운 것이 사이버네틱스화된 국가 계획 안에서 자신을 완성하는지를 보여 줬다.

이 상황에서 일상적 빵을 얻기 위한 투쟁, 불편함에 맞선 싸움, 고용 안정과 존재 안전의 추구는 사회적 전선에서의 공격적 기습들이다. 그 기습들은 느리지만 확실하게 반동적인 참여의 모습(이것의 중요성을 과소평가해서는 안 된다)을 띤다. 생존의 필요성은 약간의 에너지와 창조성을 흡수했고 계속해서 흡수한다. 편안한 삶의 상태는 미친 늑대 떼처럼 그것을 상속받는다. 거짓된 참여와 환상적 활동에도 불구하고 쉼 없이 자극되는 창조적 에너지는 소비재의 독재 치하에서 충분히 빠르게 와해되지 않는다. 갑자기 사용할 수 있게 된 이 풍요로움으로부터, 이 강인함과 남성성의 잉여로부터 무슨 일이 발생할 것인가? 구속도, 거짓말도 그것들을 진정으로 사용할 수 없다. 창조성은 예술적이고 문화적인 소비에 의해 ─ 이데올로기적 스펙터클에 의해 ─ 회수되지 않기 때문에 자발적으로 생존의 상황과 보증에 맞서게 된다.

항의하는 인간들은 그들의 생존 외에는 잃을 것이 없다. 그렇지만 그들은 두 가지 방식으로 그것을 잃을 수 있다. 하나는 삶을 잃으면서이고 다른 하나는 삶을 건설하면서이다. 생존이 일종의 느린 죽음이기 때문에 움직임을 가속하고 더 빨리 죽고자 하는 유혹이 존재한다. 그것은 마치 우리가 스포츠카의 가속기를 밟는 것과 같이 열정적 이유들을 갖고 있다. 사람들은 결국, 부정적인 것 안에서 생존의 부정을 "경험한다." 또는 반대로 사람들은 그들의 에너지를 그들의 일상적 삶의 충실화에 집중시키면서 생존 반대자들처럼 생존하려 노력한다. 그들은 생존을 부정하지만 건설적 축제 안에 생존을 포함하면서 부정한다. 이 두 가지 경향들 안에는 부패와 초월의 하나이면서 모순되는 길이 발견된다.

실현 계획은 초월과 분리 불가능하다. 절망적인 거부는 어찌 됐던 생존이냐 죽음이냐는 권위적 딜레마에 갇혀 있다. 이 동의하는 거부는, 사물들의 질서에 의해 너무나 쉽게 길든 이

야생의 창조성은 바로 힘 의지이다.

◆◇

힘 의지는 참여와 커뮤니케이션으로부터 단절된 조작된 실현 계획이다. 그것은 위계 시스템 안에 갇힌 창조의 열정이다. 그것은 억압과 외형의 맷돌을 돌릴 수밖에 없다. 모델의 특권, 권위와 복종, 이것들은 힘 의지가 작동하는 방식이다. 영웅은 역할과 근육의 촉진을 위해 희생하는 사람이다. 그는 피곤할 때 볼테르[1]의 조언을 듣고 정원을 가꾼다. 그리고 땅딸막한 모습을 한 그의 평범함은 보통 사람들에게 모델이 된다.

영웅, 지도자, 스타, 한량, 전문가 등에게는 삶의 의지에 대한 포기만이 있다. 그들에게는 자신들이 완벽한 바보라고 간주하는 사람들 ─ 두 명이든 수백만 명이든 ─ 에게 자기 자신이 아니라면 자기 사진이나 자기 이름을 강요하고 존중의 태도를 불러일으키기 위한 희생만이 있다!

그렇지만 힘 의지는 자신의 보호 장벽 아래 약간의 삶의 의지를 담고 있다. 콘도티에레[2]의 덕에 대해, 르네상스의 위인들의 풍요로움에 대해 생각해 보라. 그러나 우리 시대에는 더는 콘도티에레가 없다. 기껏해야 산업계 실력자들, 사기꾼들, 대포와 문화를 파는 상인들, 용병들이 있을 뿐이다. 모험가와 탐험가는 탱탱[3]과 슈바이처라고 불린다. 그리고 바로 그런 사람들과 함께 차라투스트라는 실스 마리아[4]의 고지대에 사람이 살도록 할 생각을 한다. 이 미숙아들 안에서 그는 새로운 인종의 기호를 발견한다고 주장한다. 사실, 니체는 자기 자신의 환상에 의해 십자가에 걸린 마지막 주인이다. 그의 죽음은 골고타[5]의 코미디를 더 자극적이고 더 정신적으로 되풀이한다. 그리스도가 신의 소멸에 어떤 의미를 준 것처럼 그것은 주인들의 소멸에 어떤 의미를 준다. 니체는 혐오에 민감했을 수 있다. 하지만 기독교의 악취도 그가 가슴 가득 숨을 들이마시는 것을 막지 못했다. 그리고 힘 의지의 위대한 관조자인 기독교가 노예 없는 주인들의 출현을 막기 때문에 힘 의지에 대한 최고의 보호자이며 가장 충실한 **공갈 꾼**이라는 것을 니체는 이해하지 못하는 체한다. 그는 삶의 의지가 힘 의지밖에는 될 수 없는 위계화된 세상의 항구성을 축성한다. 그의 마지막 글들에서 그가 "십자가에 못 박힌 디오니소스"라고 적은 것은 충만함이 손상된 주인을 찾도록 할 뿐인 사람의 겸허함을 잘 나타낸다. 아무 뒤탈 없이 베들레헴의 마법사에게 다가서는 것은 불가능하다.

나치주의는 역사에 의해 질서로 소환된 니체적 논리이다. 질문은 다음과 같은 것이었다. 진정한 주인들이 사라진 사회 안에서 주인들 중의 마지막 주인은 무엇이 될 수 있을까? 대답은 이랬다. 최고의 종복이 될 것이다. 초인의 개념은 그것이 니체에게서 아무리 빈약한 것이라 해도 제3제국을 이끌던 종복들에 대해 우리가 알고 있는 것과 전혀 어울리지 않는다. 파시즘에서 단 하나의 초인은 국가이다.

국가적 초인은 약자들의 힘이다. 그래서 고립된 개인의 요구는 항상 공식적 스펙터클 안에서 완벽하게 유지되는 역할에 순응한다. 힘 의지는 스펙터클의 의지이다. 혼자인 인간은 다른 사람들을 아주 싫어하고, 경멸받을 만한 대표적인 인간인 군중의 인간이면서도 인간들을 경멸한다. 그의 공격성은 가장 거친 공동체적 환상을 신뢰하기를 좋아한다. 그의 투쟁성은 승진에 대한 추구 안에서 작동한다.

매니저, 우두머리, 건달, 깡패는 힘들게 일하고 돈을 챙기고 잘 견딘다. 그의 도덕은 개척자, 스카우트, 군대, 순응주의의 돌격집단의 도덕이다. "내가 한 것은 세상의 어떤 짐승도 하지 않았을 것이다…." 실제로 그런 존재가 아니라면 겉모습이라도 그런 존재처럼 보이도록 하겠다는 의지, 자신이 존재한다는 것을 분노에 차 확언하면서 자신의 존재의 빈 곳을 무시하는 방식, 이것이 바로 건달을 규정하는 것이다. 종복들만이 자신의 희생을 뽐낸다. 역할의 기교이든, 동물의 진정성이든, 사물들의 부분이 여기에서 주권을 차지한다. 인간이 완수하기를 거부하는 것은 짐승이 한다. 행진하는 영웅들, 머릿속의 음악, 붉은 군대, 나치 친위부대, 공수부대들은 부다페스트·바르샤바·알제에서 고문을 했던 동일 인물들이다. 졸병들의 분노는 군대의 규율을 만든다. 경찰의 개짓거리는 물어뜯는 시간과 기어 다니는 시간을 경험한다.

힘 의지는 노예제에 대한 보너스이다. 그것은 또한 노예제에 대한 분노이다. 과거의 어떤 유명한 위인들도 하나의 명분에 자신을 동일시한 적이 없다. 그들은 명분을 그들 자신의 힘의 욕망에 동화하는 것을 선호했다. 커다란 명분들이 사라지고 산산조각이 나자 위인들도 해체됐다. 그렇지만 놀이는 남는다. 사람들은 그들 자신과 자기 욕망들이 채택될 수 없었기 때문에 명분을 채택한다. 그러나 명분과 요구된 희생을 통해 그들이 반대로 추구한 것은 바로 그들의 삶의 의지이다.

때때로 자유와 놀이의 의미는 질서에서 벗어난 사람들 속에서 깨어난다. 토지 소유자들이 회수하기 전의 줄리아노6, "빌리 더 키드"7, 때때로 테러리스트들에 가까운 강도들을 생각해 보라. 우리는 외국인 용병들이 알제리나 콩고의 반란자들 편으로 넘어가 공공연한 봉기의 편을 선택하고 모든 금지들의 단절과 총체적 자유의 공리라는 극단적인 결과에 이를 때까지 놀이를 즐기는 것을 봤다.

건달들에 대해서도 생각해 보라. 그들의 유치한 힘 의지는 종종 거의 손상당하지 않은 삶의 의지를 보존할 줄 알았다. 분명히 회수는 건달을 위협한다. 왜냐하면, 그는 자신이 늙을 때 우선은 소비자로서, 그다음에는 생산자로서 자신이 살 능력이 없는 물건들을 욕망하기에 이르게 되기 때문이다. 그러나 놀이는 집단 내부에서 너무나 활기찬 매력을 유지하기 때문에 그는 언젠가 혁명적 의식에 도달할 가능성을 가진다. 청소년 패거리들에 내재한 폭력이 스펙터클하면서 종종 별 볼 일 없는 테러 속에서 낭비되는 것을 멈추고 폭동의 시에 도달한다면, 놀이는 봉기가 되면서 아마도 연쇄반응을, 질적인 충격파를 일으킬 것이다. 대부분의 사람들은 진정으로 살고자 하는 욕망에, 구속과 역할에 대한 거부에 실제로 관심을 보인다. 불꽃과 적절한 전술만 있으면 충분하다. 만약 건달들이 그들의 기존 존재에 대한 간단한 분석과 더 존재하겠다는 간단한 요구를 통해 혁명적 의식에 도달한다면, 그들은 아마도 관점 전복의 진앙을 결정할 것이다. 그들의 집단들을 연합시키는 것은 이 의식을 표현하고 허용하는 행위일 것이다.

b. 현재까지 중심은 항상 인간이 아닌 다른 것이었다. 창조성은 변두리에 주변적인 것으로 머물렀다. 도시계획은 수천 년 전부터 삶이 조직되는 축의 변천사를 반영한다. 옛 도시들은 땅과 하늘의 합류 지점인 사원이나 교회 같은 강한 장소나 성스런 자리를 중심으로 세워진다. 노동자 거주지들은 공장이나 공업단지를 그들의 슬픈 거리들로 둘러싼다. 반면에 행정 중심지는 영혼 없는 대로들을 통제한다. 마지막으로 사르셀이나 무랑스 같은 새로운 도시들은 더는 중심지를 갖지 않는다. 그것은 단순화한다. 즉, 신도시들이 제안하는 기준점은 **사방 아무 데나** 있다. 길을 잃어버릴 수밖에 없는 이 미로들 안에서 놀이하고 서로 만나고 살아가는 것에 대한 금지는 수 킬로미터의 유리로 덮인 공간 뒤에, 장방형의 중심도로 망 안에, 사람이 사는 콘크리트 블록의 정상에 숨겨져 있다.

억압이 사방에 있으므로 더는 억압의 중심지가 없다. 이런 해체의 긍정적인 면은 각자가 우선 자신을 구해야 한다는 필요성을, 자신을 중심지로 선택해야 한다는 필요성을, 그리고 주체적인 것을 바탕으로 모두가 어디에서나 자기 집처럼 지낼 수 있는 세상을 건설해야 한다는 필요성을, 극단적 고립 속에서 자각한다는 것이다.

자기로의 현명한 복귀는 다른 사람들의 원천으로의 복귀이며 사회성의 원천으로의 복귀이다. 개인적 창조성이 사회 조직의 중심에 놓이지 않는 한, 인간들은 파괴하고 파괴당하는 자유 외에는 다른 자유를 갖지 못할 것이다. 당신이 다른 사람들을 위해 생각한다면 그들도 당신을 위해 생각할 것이다. 당신을 위해 생각하는 사람은 당신을 평가하고 당신을 자신의 규범으로 축소하고 당신을 바보로 만든다. 왜냐하면, 바보 같은 짓은 바보들이 생각하듯이 지능의 부족에서 나오는 것이 아니라 자신을 포기하고 버리는 것에서부터 시작하기 때문이다. 그래서 당신에게 이유를 묻고 해명을 요구하는 사람은 누구라도 판사로, 다시 말해 적으로 간주하라.

"나는 후계자들을 원한다. 나는 아이들을 원한다. 나는 제자들을 원한다. 나는 아버지를 원한다. 나는 나 자신을 원하지 않는다." 로마든, 베이징이든, 기독교에 중독된 사람들은 이렇게 말한다. 그런 정신이 지배하는 곳은 어디에서나 비참함과 신경쇠약만이 존재한다. 주체성은 내가 다른 사람들의 도움을 요청하거나 거부할 정도로 무례함을 펼치기에는 나에게 너무 소중하다. 다른 사람들 안에서 자신을 잃어버리거나 자기 자신 안에서 자신을 잃어버리는 것이 문제가 아니다. 집단성을 고려해야 한다는 것을 아는 사람은 누구나 우선 자기 자신을 발견해야 한다. 그렇지 않으면 그는 다른 사람들에게서 자기 자신에 대한 부정만을 얻게 될 것이다.

주체적 중심의 강화는 너무 특수한 속성을 제공하기 때문에 그것에 대해 말하기가 불편하다. 각 인간 존재의 마음은 비밀스러운 방, 카메라 옵스쿠라를 감추고 있다. 정신과 꿈만이 거기에 접근한다. 그곳은 세상과 내가 합류하는 마술의 지역이다. 그곳에서 즉시 이루어지지 않는 욕망이나 소원은 없다. 열정이 그곳에서 자란다. 아름다운 독초들 안에서 시대 분위기가 파악된다. 제멋대로이고 독재적인 신과 동일한 나는 우주를 창조하고 나를 위해서만 살아갈 존재들을 지배한다. 유머작가인 제임스 써버[8]는 매력적인 글에서 어떻게 평화로운 월터 미티[9]가 낡은 자동차를 운전하고 개 사료를 사면서 차례로, 대담한 장교, 뛰어난 외과수술의, 무례한 살인자, 참호의 영웅으로 자신을 드러냈는지를 보여 주었다.

주체적 중심의 중요성은 그것에 타격을 가하는 신뢰 상실에 따라 쉽게 평가된다. 사람들은 주체적 중심 안에서 보상의 안식처, 성찰적 후퇴, 시적인 행정사무소, 내재성의 기호를 발견하고자 한다. 몽상은 보잘것없는 것이라고들 말한다. 그렇지만 도덕, 권위, 언어, 주술에 맞선 가장 아름다운 테러들은 바로 정신의 변덕스러운 표상들과 환상들로부터 조장된 것이 아닌가? 주체적 풍요로움은 모든 창조성의 원천이고 무매개적 존재의 실험실이며 구 세계에 심어진 교두보가 아닌가? 바로 그것에서부터 다음 공격들이 출발한다.

주체적 중심이 남긴 메시지들과 비전들을 명석하게 수집할 줄 아는 사람에게 세상은 다르게 조직되고 가치들은 변하며 사물들은 그들의 아우라를 잃고 단순한 도구가 된다. 상상계의 마술 안에는 내 마음대로 조작되고 보살펴지며 부서지고 재창조되며 수정되기 위해서만 존재하는 것은 아무것도 없다. 인정된 주체성의 우월성은 사람들을 사물들의 주술에서 해방한다. 다른 사람들에게서 출발할 경우, 우리는 결코 자신에게 도달하지 못한 채 자신을 추구한다. 그리고 의미가 없는 동일한 행위들을 되풀이한다. 반대로 자기 자신에게서 출발할

기 드보르의 영화 〈분리의 비판〉 (1961) 첫 장면

경우, 행위들은 반복되지 않고 다시 취해지고 교정되고 이상적으로 실현된다.

잠재적 몽환증은 상황을 터빈처럼 돌아가도록 만들 수밖에 없는 에너지를 분출한다. 그것이 이상향을 불가능하게 만드는 것과 마찬가지로 현시대가 도달한 아주 높은 수준의 기술성은 꿈의 순전히 동화적인 성격을 제거한다. 나의 모든 욕망들은 현대의 물질적 장비가 그것들을 위해 봉사하는 순간부터 실현 가능한 것이 된다.

그리고 당장에는 이 기술들이 없기 때문에 주체성이 실수를 하는가? 내가 되기를 꿈꾸었던 것을 객체화하는 것은 불가능하지 않다. 각각의 개인은 적어도 인생에 한 번 라사이이나 네차예프[10]의 작전을 성공시킨다. 전자는 쓰지 않은 책의 저자로 행세하면서 결국은 진짜 작가가 된다. 그는 『트리알프의 교활함』[11]의 저자이다. 후자는 존재하지 않는 테러 조직의 이름으로 바쿠닌[12]에게 돈을 갈취하다가 결국은 진짜 허무주의자 단체를 이끌게 된다. 나는 사람들에게 보여 주고 싶었던 나의 모습대로 며칠 동안은 존재해야 한다. 내가 되고자 했던 것에 의해 스펙터클 안에서 우선시된 이미지가 진정성에 도달해야 한다. 주체성은 이처럼 역할과 스펙터클한 거짓말을 자신의 이익을 위해 전용한다. 그것은 겉모습을 실재 안에 재투자한다.

주체적 상상력의 순전히 정신적인 과정은 항상 자신의 실용적 실현을 추구한다. 예술적 스펙터클 — 특히 이야기를 하는 스펙터클 — 의 매력이 주체성이 자신을 실현하려는 경향에 영향을 미친다는 것은 의심할 여지가 없다. 그러나 사실 그 매력은 그런 경향을 포착해서 수동적 동일시의 터빈 안에서 흐르도록 만든다. 바로 그것이 드보르[13]가 그의 선동영화, 〈분리의 비판〉에서 강조했던 것이다. "일반적으로 개인적 존재 안에서 발생한 사건들은, 우리에게 실제로 관련되고 우리의 개입을 요구하는 사건들은, 우리를 멀리 떨어진, 지루해하고 무관심한 관람자들로 만드는 것 외에는 다른 가치가 없는 사건들이다. 반대로 어떤 예술적 전환을 통해 보이는 상황은 상당 부분 우리를 행위자, 참여자가 되도록 하는 것이다. 바로 이것이 전복하고 다시 조직해야 할 역설이다." 예술적 스펙터클들의 장비를 주체적 꿈들의 무기로 만들기 위해 그 스펙터클들의 힘을 와해시켜야 한다. 주체적 꿈들이 이렇게 무장을 하게 되면 더는 그것들을 환상으로 간주할 위험이 없을 것이다. 예술을 실현하는 문제는 다른 방식으로 제기되지 않는다.

## 3. 급진적 주체성

모든 주체성들은 모두 동일한 실현 의지에 복종한다고 해도 서로 다르다. 그것들의 다양성을 이 공통의 경향에 봉사하도록 만들고 주체성의 통일된 전선을 창조하는 것이 관건이다. 새로운 사회를 건설하는 계획은 이 이중의 요구에서 눈을 뗄 수 없다. 즉, 개인적 주체성의 실현은 집단적이거나 그렇지 않을 것이다. 그리고 "각자는 자신이 좋아하는 것을 위해 싸운다. 바로 이것이 양심적으로 말한다고 불리는 것이다. 모두를 위해 싸우는 것은 결과일 뿐이다"(생-쥐스트).

나의 주체성은 사건들을 먹고 자란다. 그것은 폭동, 실연의 아픔, 만남, 추억, 극심한 치통과 같은 아주 다양한 사건들이다. 생성 중인 현실을 구성하는 것의 충격파는 주체적인 것의 동굴 안에서 반향을 일으킨다. 사실들의 분주함은 나와 상관없이 나를 점령한다. 모든 것이 나에게 동일하게 충격을 주지는 않지만 그것들의 모순은 언제나 나에게 도달한다. 왜냐하면, 내 상상력은 그것들을 장악하려 하지만 그것들은 대부분의 경우 그것들을 정말로 바꾸려는 나의 의지를 벗어나기 때문이다. 주체적 중심은 실재의 상상계로의 전환을, 그리고 사물들의 통제할 수 없는 흐름을 재통합하는 사실들의 물결을 동시에 기록한다. 상상적 구성과 객관적 세계 사이에 다리를 놓을 필요성은 바로 여기에서 나온다. 급진 이론만이 개인에게 환경과 상황에 대한 불가침의 권리들을 부여할 수 있다. 급진 이론은 뿌리에 있는 인간들과 인간의 뿌리를 파악한다. 그것은 그들의 주체성 ― 그들이 공통으로 소유하고 있는 축소 불가능한 지역 ― 이다.

　　사람들은 혼자 자신을 구할 수 없다. 고립된 상태에서 자신을 실현할 수 없다. 개인이 자신과 세상에 대한 어떤 명료한 의식에 도달하면서도 자신을 둘러싼 사람들이 자신의 것과 동일한 의지를 갖고 있으며 동일한 받침점에서 출발해 동일한 추구를 한다는 것을 발견하지 못하는 일이 있을 수 있는가?

　　위계화된 권력의 모든 형태들은 서로 다르지만 그것들의 억압적 기능 안에서는 동일성을 보여 준다. 마찬가지로 모든 주체성들은 서로 다르지만 그들의 총체적 실현 의지 안에서 동일성을 보여 준다. 바로 이런 점에서 진정한 "급진적 주체성"에 대해 말해야 한다.

독자적이고 축소 불가능한 모든 주체성들에게 공통적인 뿌리가 있다. 그것은 세상을 변형하면서 자신을 실현하려는 의지, 모든 감각, 모든 경험, 모든 가능한 것들을 체험하려는 의지이다. 그것은 각각의 인간 안에 다양한 수준의 의식과 결단력을 갖고 존재한다. 그것의 효율성은 분명히 집단적 통일로부터 온다. 그것은 자신의 다양성을 잃지 않은 채 그 통일에 도달한다. 이 필요한 통일에 대한 의식은 동일시의 반대 운동인 일종의 정체성 반사réflexe d'identité에서 태어난다. 동일시를 통해 사람들은 역할의 다양함 속에서 자신의 통일을 잃는다. 정체성 반사를 통해 사람들은 연합된 주체성들의 통일 안에서 자신의 다양한 가치를 강화한다.

정체성 반사는 급진적 주체성을 세운다. 자신에게서 나오는 시선은 다른 사람들 안 곳곳에서 발견된다. 공자는 이렇게 말했다. "내가 주나라에서 임무를 수행할 때 나는 어린 돼지들이 죽은 어미 돼지의 젖을 빠는 것을 봤다. 그들은 곧 몸을 떨고 그 자리를 떠났다. 그들은 어미가 자신들을 더는 보지 않으며 더는 자신들과 같지 않다는 것을 느낀 것이다. 그들이 어미에게서 좋아한 것은 어미의 몸이 아니라 그 몸을 살아 있게 만드는 어떤 것이었다." 마찬가지로 내가 다른 사람들 안에서 찾는 것은 그들이 자기 안에 유지하는 나의 가장 풍요로운 부분이다. 정체성 반사는 필연적으로 전파될 것인가? 그것은 명백하지 않다. 그렇지만 현재의 역사적 상황은 그렇게 될 개연성을 가진다.

먹고 기거하고 보살핌을 받고 악천후와 역경으로부터 보호받는 것에 대한 사람들의 관심을 의심하는 사람은 아무도 없다. 너무 일찍 사회적 불완전함으로 변형된 기술의 불완전함은 이 공통의 소원이 이뤄지는 것을 늦췄다. 오늘날 계획경제는 생존 문제의 마지막 해결책을 미리 보여 준다. 적어도 고도 산업 국가들에서 생존의 욕구들이 충족돼 가는 지금 우리는 충족시켜야 하는 삶의 열정들도 존재한다는 것을 깨닫는다. 그리고 이 열정들의 충족은 모든 사람과 관련된 것이고 이 영역에서의 실패는 생존의 모든 기존 성과물을 다시 문제 삼는다는 것을 깨닫는다. 천천히 그러나 확실히 해결된 생존의 문제들은 천천히 그리고 확실히 생존의 명령에 희생된 삶의 문제들과 점점 더 뚜렷이 대조된다. 이 분리는 일을 쉽게 만든다. 즉, 사회주의적 계획화는 이제 사회적 조화에 상반된다.

◆◇

급진적 주체성은 재발견된 정체성의 공동 전선이다. 다른 사람들 안에 있는 자신들의 현존을 식별하지 못하는 사람들은 항상 자기 자신에 대해 이방인이 될 수밖에 없다. 그들이 자기 자신을 위해 아무것도 하지 않는다면 나도 그들을 위해 아무것도 할 수 없다. 바로 이런 관점에서 "지식", "식별", "호의적인", "동조하는"과 같은 개념들을 다시 봐야 한다.

지식은 공동 계획의 식별로 이어질 때만, 정체성 반사로 이어질 때만 가치를 가진다. 실현 양식은 다양한 지식을 내포한다. 그러나 이 지식들은 실현 양식 없이는 아무것도 아니다.

〈상황주의 인터내셔널〉의 초창기가 보여 준 것처럼 일관적인 혁명적 집단의 주요 적들은 지식을 통해 가장 가까워지고, 체험을 통해, 그리고 그것들이 체험에 부여하는 의미를 통해 가장 멀어진다. 마찬가지로 동조자들은 집단과 자신을 동일시하는데, 그래서 집단을 방해한다. 그들은 본질적인 것을 제외하고, 급진성을 제외하고 모든 것을 이해한다. 그들은 지식을 요구한다. 왜냐하면, 그들은 자기 자신을 요구할 능력이 없기 때문이다.

나를 파악하면서 나는 다른 사람들을 나에 대한 그들의 영향력으로부터 떼어 놓는다. 나는 따라서 그들이 내 안에서 자신들을 식별하도록 놔둔다. 세상에 자유를 퍼뜨리지 않고는 어떤 것도 자유롭게 증가하지 않는다.

나는 거리낌 없이 쾨드루아의 다음과 같은 말을 내 것으로 삼는다. "나는 내가 되고자, 방해 없이 걷고자, 나의 자유 안에서 홀로 나 자신을 확언하고자 열망한다. 모두가 나처럼 하라. 그리고 혁명의 안녕을 더는 걱정하지 말라. 혁명은 정당들의 손에 있을 때보다 모두의 손에 있을 때 더 나을 것이다." 어떤 것도 내가 다른 사람들의 이름으로 말하는 것을 허용하지 않는다. 나는 나 자신의 대표일 뿐이다. 그렇지만 나는 나의 역사가 단지 개인적 역사가 아니며 내가 사는 것처럼 살면서, 그리고 더 강렬하고 더 자유롭게 살려고 노력하면서 수많은 사람들의 이익에 봉사한다는 생각에 의해 항상 지배받는다. 내 친구들 각자는 서로 무시하는 것을 멈춘 집단이다. 우리들 각자는 자기 자신을 위해 행동하면서 다른 사람들을 위해 행동한다는 것을 안다. 바로 단지 이 투명성의 상황에서만 진정한 참여가 강화될 수 있다.

### 4. 커뮤니케이션 계획

> 사랑의 열정은 진정한 커뮤니케이션의 가장 순수하고 가장 널리 확산된 모델을 제공한다. 커뮤니케이션의 위기가 심해지면서 사랑의 열정이 손상될 위험이 있다. 물화는 사랑의 열정을 위협한다. 사랑의 **실천**이 물건들의 만남이 되지 않도록 감시해야 한다. 유혹이 스펙터클한 행동들 안에 들어가지 않도록 해야 한다. 혁명적 길을 벗어나면 행복한 사랑이란 없다.

실현, 커뮤니케이션, 참여라는 삼중 계획의 기반이 되는 세 가지 열정들은 동일하게 중요하지만 동일하게 억압되지 않는다. 놀이와 창조적 열정이 금지와 조작의 공격을 받는 반면, 사랑은 억압에서 벗어나지는 않지만 모두에게 가장 널리 확산되고 가장 접근 가능한 경험으로, 결국 가장 민주적인 것으로 머문다.

사랑의 열정은 그 안에 완벽한 커뮤니케이션의 모델을 담고 있다. 오르가슴, 절정에 이른 파트너들의 일치가 그것이다. 그것은 일상적 생존의 어둠 속에서 질적인 것의 간헐적인 희미한 빛이다. 체험된 강렬함, 특수성, 감각의 흥분, 감정의 움직임, 변화와 다양함의 취향 등, 모든 것이 사랑의 열정이 구 세계의 사막에 다시 열정을 불어넣도록 만들어 놓는다. 열정 없는 생존에서는 하나이자 다수인 삶의 열정만이 나올 수 있다. 사랑의 행위들은 그런 삶의 욕망과 현실을 요약하고 압축한다. 진정한 연인들이 꿈과 포옹으로 만드는 세상은 투명성의 세상이다. 연인들은 그들의 집 곳곳에 있고자 한다.

사랑은 자유의 양을 다른 열정들보다 더 잘 보존할 줄 알았다. 창조와 놀이는 항상 공식적 재현으로부터, 자신들을 원천에서 소외시킨 스펙터클한 식별로부터 "혜택을" 입었다. 사랑은 은밀함이라 불리는 일정한 비밀 생활을 절대 포기하지 않았다. 낮(노동과 소비에 할애된)으로부터는 축출되고 밤의 구석에, 부드러운 빛 안에 억압된 사랑은 사생활이라는 개념을 통해 보호된다. 그렇게 사랑은 주간 활동의 대대적 회수에서 부분적으로 벗어났다. 커뮤니케이션 계획은 그렇지 못했다. 사랑의 열정의 불꽃은 거짓 커뮤니케이션의 재 아래에서 사라진다. 조작은 소비재의 무게하에서 강화되기 때문에 오늘날 사랑의 단순한 행위들에게 영향을 미칠 위험이 있다.

◆◇

사물들의 관계만이 있을 때 커뮤니케이션에 대해 말하는 사람들은 더욱더 물화시키는 거짓말과 오해를 퍼뜨린다. 동의, 이해, 일치…. 내 주위에는 권력의 기계가 쇳조각처럼 조종하는 착취자와 피착취자, 지도자와 실행자, 배우와 관객만이 보이는데 이런 단어들이 무슨 의미가 있단 말인가?

사물들이 아무것도 표현하지 않는 것은 아니다. 누군가가 물건에 자신의 고유한 주체성을 빌려준다면 물건은 인간적이 된다. 그러나 사적 소유가 지배하는 세상에서 물건의 유일한 기능은 소유자를 정당화하는 것이다. 나의 주체성이 자신을 둘러싼 것을 장악하는 것은, 나의 시선이 풍경을 자기 것으로 만드는 것은 물질적이거나 법률적인 영향 없이 이상적으로만 가능하다. 권력의 관점에서 존재, 사상 그리고 사물은 나의 재미를 위해 있는 것이 아니라 주인에게 봉사하기 위해 있는 것이다. 아무것도 실제로 **존재**하지 않는다. 모든 것은 소유 질서에 따른다.

물신들이 대부분의 행동을 통치하는 세상에서 진정한 커뮤니케이션은 없다. 존재와 사물 들 사이에는 소외시키는 매개에 의해 통제되는 공간이 있다. 권력이 추상적 기능이 됨에 따라 그것의 기호들의 혼동과 증가는 그것들의 통역자가 되는 율법학자, 의미론학자, 신화학자들을 필요로 한다. 소유자는 자기 주변에서 물건들만을 보도록 길들기 때문에 객체적이고 객체화된 하인들을 필요로 한다. 커뮤니케이션의 전문가들은 시체들을 지키는 사람들을 위해 거짓말을 조직한다. 역사적 조건들로 무장된 주체적 진실만이 그들에게 저항할 수 있다. 억압적 세력들의 가장 앞선 침투 지점들을 부수려면 바로 무매개적 경험으로부터 출발해야 한다.

◆◇

부르주아지는 그것들을 모두 강등시키는 즐거움만을 알고 있다. 부르주아지에게는 결혼 계약의 비열한 소유 안에 사랑할 자유를 가두고, 정해진 시간에 간통의 욕구를 위해 그 자유를 꺼내는 것으로는 충분하지 않았다. 부르주아지는 열정을 가두기 위해 질투와 거짓말에 만족하지 않았다. 그는 포옹하고 있는 연인들을 떼어 놓는 데 성공했다.

사랑의 절망은 연인들이 얻을 수 없는 것에서 오는 것이 아니라 서로 뒤엉킨 연인들이 결코 만나지 못할 위험이 있는 것에서, 서로를 물건처럼 파악하는 것에서 나온다. 이미 스웨덴의 사회민주주의의 위생학적 개념들은 이 사랑할 자유의 캐리커처를, 카드놀이처럼 조작된 사랑을 보급했다.

자신의 진정성을 박탈당한 세상으로부터 태어난 역겨움은 인간적 접촉에 대한 충족되지 않는 욕망을 되살린다. 사랑이란 얼마나 행복한 우연인가! 때때로 나는 여성의 육체에 대한 애무, 피부의 부드러움, 섹스의 포근함만큼 즉각적인 현실과 확실한 인간성은 없다는 생각이 든다. 아무것도 존재하지 않게 하라. 그러나 이 아무것도 없는 것은 영원한 삶이 고갈되지 않을 총체성을 향해 열린다.

그리고 열정의 가장 내밀한 곳에서 한 무더기의 무기력한 물건들이 불가사의한 매력을 행사하는 일이 생긴다. 파트너의 수동성은 엮여 있던 관계들을 갑자기 풀어버리고 대화는 진정으로 시작도 못 한 채 중단된다. 사랑의 변증법은 뻣뻣해진다. 나란히 누워 있는 사람들만이 있다. 물건들의 관계들만이 있다.

사랑은 항상 주체성으로부터 그리고 주체성 안에서 태어나지만 — 한 여자가 예쁜 것은 그녀가 내 마음에 들기 때문이다 — 나의 욕망은 자신이 탐내는 것을 객체화할 수밖에 없다. 욕망은 항상 사랑하는 사람을 객체화한다. 그런데 내가 나의 욕망이 사랑하는 존재를 물건으로 변형하도록 놔둔다면 나는 이 물건과 충돌할 수밖에 없고 습관의 도움으로 그 물건을 멀리할 수밖에 없게 되는 것이 아닌가?

사랑의 완벽한 커뮤니케이션을 보장하는 것은 무엇인가? 다음과 같은 반대항들의 결합이다.

— 내가 나의 욕망의 대상과 멀어질수록, 그리고 내가 나의 욕망에 객체적 힘을 줄수록, 나는 자신의 대상에 대해 무관심한 욕망이 된다.

— 내가 대상으로서의 나의 욕망으로부터 떨어져 나갈수록, 그리고 내가 나의 욕망의 대상에게 객체적 힘을 줄수록, 나의 욕망은 사랑하는 존재에서 자신의 정당화를 끌어낸다.

사회적 차원에서 이 태도의 놀이는 파트너의 변화로 나타나고 축이 되는 파트너에 대한 동시적 집착으로 나타난다. 그리고 이 모든 만남들은 공동으로 느껴진 단 하나의 말일 뿐인 대화를 내포하게 된다. 나는 이 대화의 실현을 갈망하는 것을 멈춘 적이 없다. "나는 네가 나를 사랑하지 않는 것을 안다. 왜냐하면, 너는 너 자신을 제외하고는 누구도 사랑하지 않기 때문이다. 나는 너와 같다. 나를 사랑하라!"

급진적 주체성 바깥에 가능한 사랑이 없다. 기독교적 사랑, 희생하는 사랑, 싸우는 사랑과는 끝을 내야 한다. 다른 사람들을 통해 자신만을 사랑하는 것은 다른 사람들이 해야 하는 사랑을 통해 그들로부터 사랑을 받는 것이다. 이것은 사랑의 열정이 가르치는 것이며 진정한 커뮤니케이션의 조건들이 명령하는 것이다.

◆◇

그리고 사랑은 또한 모험이고 비진정성을 가로지르는 접근이다. 스펙터클한 것을 통해 여성에게 접근하는 것은 접근 순간부터 대상관계를 가질 수밖에 없다. 바로 그 점에서 바람둥이는 전문가다. 진정한 선택은 스펙터클한 유혹 - 감언이설 - 과 질적인 것 - 유혹할 걱정을 하지 않기 때문에 매력적인 존재 - 의 유혹 사이에 놓여 있다.

사드는 두 가지의 가능한 행동들을 분석한다. 『소돔의 120일』의 음탕한 사람들은 그들의 유혹 대상을 끔찍한 고문 속에서 죽도록 만들면서만 실제로 쾌락을 느낀다(대상을 고통스럽게 하는 것보다 대상에게 더 기분 좋은 존경의 표시가 있겠는가?) 『규방 철학』[14]의 음탕한 사람들은 사랑스럽고 쾌활한 이들이며 서로의 쾌락을 극단으로 증가시키기 위한 축제를 연다. 첫 번째 사람들은 증오와 봉기로 떨리는 옛 주인들이다. 두 번째 사람들은 노예 없는 주인들로 서로의 모습 안에서 자신들의 고유한 즐거움의 반향만을 발견한다.

오늘날 진정한 유혹자는 가학적이다. 그는 욕망된 존재가 대상이 되는 것을 용서하지 않는다. 반대로 매력적인 인간은 자기 안에 욕망의 충만함을 담고 있다. 그는 역할을 거부한다. 그의 유혹은 이 거부에게서 나온다. 그것은 돌망세이고 으제니이고 생땅주 부인[15]이다. 그렇지만 욕망된 존재에게 이 충만함은 그가 그것을 구현하는 사람 안에서 자신의 삶의 의지를 식별할 때만 존재한다. 진정한 유혹은 유혹하기 위해 자신의 진실만을 사용한다. 누구나 유혹될 가치가 있지는 않다. 바로 이런 의미에서 슈바이트니츠의 '베긴교 여신도'들과 그녀들의 동반자들(13세기)은 성적인 유혹에 대한 모든 저항은 투박한 정신의 표시라고 말했다. '자유 정신의 형제들'도 동일한 생각을 표현한다. "자신 안에 있는 신을 아는 모든 인간은 자기 자신의 하늘을 자신 안에 담고 있다. 반대로 자기 자신의 신성에 대해 무지한 것은 진실로 치명적인 죄이다. 바로 이것이 우리가 이승의 삶 속에 자신과 함께 가져온 지옥의 의미이다."

지옥은 함께 있지 않은 채 옆에 있는 것에 대한 연인들의 불안과 분리가 남긴 빈 곳이다. 비커뮤니케이션non-communication은 항상 혁명운동의 실패와 약간 비교할 만하다. 죽음의 의지는 삶의 의지가 실패하는 곳에 자리 잡는다.

◆◇

사랑을 그것의 신화들에서, 그것의 이미지들에서, 그것의 스펙터클한 카테고리들에서 해방해야 한다. 사랑의 진정성을 강화하고 그것의 자발성이 나타나게 해야 한다. 스펙터클 안에서의 사랑의 회수에 맞서, 그리고 그것의 객체화에 맞서 싸우는 다른 방식은 없다. 사랑은 고립이나 분열을 견디지 못한다. 그것은 인간 행동 전체를 변형하려는 의지에, 연인들이 어디에서나 자유롭게 느끼는 사회를 건설할 필요성에 영향을 미친다.

사랑의 순간의 탄생과 해소는 추억과 욕망의 변증법에 연결돼 있다. '탄생 단계'에서 욕망과 충족된 첫 번째 욕망들(접근에 대한 비저항)에 대한 환기는 서로를 강화한다. 그리고 엄밀한 의미의 순간에는 추억과 욕망이 일치한다. 사랑의 순간은 진정한 체험의 시공간이며 과거의 추억과 미래를 향해 당겨진 욕망의 활이 압축되는 현재이다. **결별의 단계**에서 추억은 열정적 순간을 연장하지만 욕망은 점차 감소한다. 현재는 해체되고 추억은 지나간 행복을 향해 회고적이 된다. 반면에 욕망은 다가올 불편함을 파악한다. 해소 단계에서는 분리가 실제로 이뤄진다. 추억은 가까운 과거의 실패를 간직하고 욕망을 마침내 약화한다.

대화에서나 사랑에서나, 사랑의 열정에서나 커뮤니케이션 계획에서나 문제는 결별의 단계를 피하는 것이다. 이 목적을 위해 우리는 다음과 같은 것들을 고려할 수 있다.

— 사랑의 순간을 모든 방향으로 연장하는 것. 즉, 그것을 다른 열정들이나 다른 계획들과 분리하지 않는 것, 그리고 그것을 순간의 상태에서 진정한 상황의 건설로 끌어올리는 것.

— 개인적 실현의 집단적 경험들을 장려하는 것, 그리고 유효한 아주 다양한 파트너들을 모으면서 사랑의 만남들을 증가시키는 것.

— 실현 계획, 커뮤니케이션 계획, 참여 계획에 그것들의 열정적 속성을 보관시켜 주는 쾌락의 원칙을 항상 유지하는 것. 쾌락은 통일의 원칙이다. 사랑은 공통의 **순간** 안의 통일의 열정이다. 우정은 공통의 **계획** 안의 통일의 열정이다.

## 5. 에로틱인가, 쾌락의 변증법인가

자신의 일관성을 찾지 않는 쾌락은 없다. 그것의 중단, 그것의 불충족은 라이히가 말한 정지와 비슷한 문제를 유발한다. 권력의 억압적 메커니즘은 인간의 행동 안에 항구적인 위기를 유지한다. 쾌락과 쾌락의 부재에서 나온 불안은 따라서 본질적으로 사회적 기능을 가진다. 에로틱은 통일된 것이 된 열정들의 운동이며 통일과 다수성에 대한 놀이이다. 그것이 없다면 혁명적 일관성도 없다 ("지겨움은 항상 반혁명적이다" —『상황주의 인터내셔널』, n°3).

쥘리앵 오프루아 드 라메트리(Julien Offroy de La Mettrie, 1709~1751). 프랑스 유물론 철학자.

빌헬름 라이히는 대부분의 행동 장애가 그가 "오르가슴의 무능력"이라고 부른 오르가슴의 문제에서 온다고 생각한다. 그에 따르면, 불안은 불완전한 오르가슴에서 나온다. 성적인 결합을 준비하고 가능하게 한 일련의 자극들과 애무, 에로틱한 놀이들이 완전히 제거되지 않은 방출에서 불안이 나온다는 것이다. 라이히의 이론은 축적되고 소비되지 않은 에너지는 유동적이 되고 불안의 충동으로 변한다고 간주한다. 충족되지 않은 쾌락의 불안은 미래의 오르가슴의 시작을 방해한다.

그런데 긴장들과 그것들의 해소 문제는 성의 측면에서만 제기되는 것이 아니다. 그것은 모든 인간관계를 특징짓는다. 라이히는 그것을 예감했지만 현재의 사회적 위기가 오르가슴 유형의 위기이기도 하다는 것을 충분히 보여 주지 않았다. 만약 "신경증의 에너지 원천이 성적 에너지의 축적과 방출을 분리하는 가장자리 안에 있다"면 우리 신경증의 에너지 원천은 인간관계 안에서 만들어진 에너지의 축적과 방출을 분리하는 가장자리 안에서도 발견되는 것처럼 보인다. 총체적 쾌락은 사랑의 순간에 여전히 가능하지만, 우리가 그 순간을 연장하고 그것에 사회적 확장을 부여하려 하는 즉시 우리는 라이히가 말한 "정지"에서 벗어나지 못한다. 부족과 미완수의 세계는 항구적 위기의 세계이다. 신경증이 없는 사회는 무엇이 될 것인가? 항구적 축제가 될 것이다. 쾌락 외에 다른 안내자는 없다.

◆◇

라 메트리는 이렇게 말했다. "우리가 사랑하는 것 안에 있는 모든 것은 여성이다. 사랑의 제국은 쾌락의 국경선 외에 다른 국경선을 알지 못한다." 그러나 쾌락 자체는 한계를 인정하려 하지 않는다. 증가하지 않는 쾌락은 사라진다. 반복적인 것은 쾌락을 죽인다. 쾌락은 단편에 만족하지 않는다. 쾌락의 원칙은 총체성과 분리 불가능하다.

에로틱은 자신의 일관성을 찾는 쾌락이다. 그것은 서로 소통하고 분리되지 않고 통일된 열정들의 운동이다. 사랑의 순간에 완전한 희열의 조건들을 사회적 삶 속에서 재창조하는 것이 관건이다. 그것은 통일과 다수성에 대한 놀이를 허용하는 조건들이다. 다시 말해 투명성 안에서의 완수에 자유롭게 참여하는 것을 허용하는 조건들이다.

프로이트는 에로스의 목적을 통일 혹은 결합의 추구라고 규정했다. 그러나 집단으로부터 분리되고 축출되는 것에 대한 불안이 거세 공포로부터 온다고 프로이트가 주장할 때 그의 제안은 뒤바뀌어야 한다. 바로 거세 공포가 배제의 불안으로부터 나오는 것이지 그 반대가 아니다. 이 공포는 공동체의 환상 속에서 개인들의 고립이 강화될수록 강화된다.

통일을 추구하면서 에로스는 본질적으로 나르시스적이며 자신을 사랑한다. 그는 자신을 사랑하는 것처럼 사랑할 우주를 욕망한다. 노먼 브라운[16]은 『에로스와 타나토스』에서 모순을 지적한다. 그는 질문한다. 어떻게 나르시스적 경향이 세상에 있는 존재들과의 결합으로 인도할 수 있는가? 그의 답변은 이렇다. "사랑 안에서의 나와 타자의 추상적 모순은 우리가 쾌락의 구체적 현실과 육체의 즐거운 활동이라는 성의 본질적 정의로 되돌아온다면, 그리고 우리가 사랑을 나와 쾌락의 원천들 사이의 관계로 간주한다면 극복될 수 있다." 쾌락의 원천은 육체 안에 있다기보다는 세상 안으로의 확장 가능성 안에 있다는 것을 여전히 명확히 할 필요가 있다. 쾌락의 구체적 현실은 자기 자신과 결합하는 것을 허용하는 모든 존재들과 결합하는 자유로부터 온다. 쾌락의 실현은 실현의 쾌락을 통해 이뤄지고 커뮤니케이션의 쾌락은 쾌락의 커뮤니케이션을 통해 이뤄지며 쾌락에의 참여는 참여의 쾌락을 통해 이뤄진다. 바로 이 점에서 브라운이 말하는 외부를 향해 돌아선 나르시시즘은 사회적 구조들의 총체적 전복을 내포한다.

쾌락의 강도가 커질수록 쾌락은 세상의 총체성을 요구한다. 그래서 나는 브르통의 다음과 같은 권고를 혁명적 슬로건으로 내세우고자 한다. "연인들이여, 더욱더 많이 즐겨라!"

서구 문명은 노동의 문명이다. 그리고 디오게네스[17]가 말한 것처럼 "사랑은 게으른 자들의 일이다." 강제 노동의 점차적 소멸과 함께 사랑은 잃어버린 땅을 재정복하도록 소환된다. 그리고 그것은 모든 형태의 권위들에게 위험 요소가 된다. 에로틱은 통일된 것이므로 그것은 다수성의 자유이기도 하다. 희열을 느끼는 고요한 자유만큼 자유를 위해 좋은 선전은 없다. 그래서 쾌락은 대부분의 경우 불법성 안에 유폐됐고 사랑은 방 안에 유폐됐으며 창조성은 문화의 계단 아래 유폐됐고 술과 마약은 법의 그림자 속에 유폐됐다.

생존의 도덕은 반복적인 것에 유리하도록 통일된 다수성을 금지한 것처럼 쾌락의 다양성을 금지했다. 만약 쾌락-불안이 반복적인 것에서 만족을 얻는다면 진정한 쾌락은 단지 통일 안에서의 다양성에 만족한다. 에로틱의 가장 간단한 모델은 아마도 축이 되는 커플일 것이다. 두 파트너가 투명함과 가능한 가장 완전한 자유 속에서 그들의 경험들을 체험한다. 이 빛나는 공모는 근친상간 관계의 매력을 가진다. 공동으로 체험된 많은 경험들은 파트너들 사이에 남매의 관계를 만든다. 커다란 사랑은 항상 근친상간적인 것을 갖고 있다. 그것으로부터 형제, 자매 간의 사랑은 혜택을 받은 것이며 권장돼야 한다고 추론하는 것 사이에는 단 한 발의 거리만이 있을 뿐이다. 그리고 가장 오래되고 가장 웃긴 금기들 중의 하나를 영원히 뒤엎어버리면서 그 거리를 뛰어넘는 것이 좋을 것이다. 우리는 **자매화**sororisation에 대해 말할 수 있을 것이다. 누이-아내의 친구들이 나의 아내이자 누이인 관계 말이다.

에로틱 안에는 쾌락에 대한 부정 외에, 쾌락-불안 안에서 그것을 위조하는 것 외에 다른 퇴폐는 없다. 물이 흐르기만 한다면 샘은 중요하지 않다. 중국인들이 말하듯 하나가 다른 하나 안에서 움직이지 않을 때 쾌락이 우리를 휩쓴다. 마지막으로 쾌락의 추구는 유희에 대한 가장 좋은 보증이다. 그것은 진정한 참여를 보존하고 희생, 구속, 거짓말에 맞서 보호한다. 쾌락의 여러 강도들은 세상에 대한 주체성의 영향력을 표시한다. 그래서 변덕은 태어나는 욕망의 놀이이다. 욕망은 태어나는 열정의 놀이이다. 그리고 열정의 놀이는 혁명적 시 안에서 자신의 일관성을 발견한다.

이것은 쾌락의 추구가 불쾌를 배제한다는 말인가? 오히려 불쾌를 재발견하는 것이다. 쾌락-불안은 쾌락도 아니고 불쾌도 아니다. 그것은 긁어서 더 부스럼을 만드는 방식이다. 그러면 진정한 불쾌란 무엇인가? 욕망이나 열정의 놀이에서 실패한 것이다. 건설해야 할 다른 쾌락을 향해 더욱더 열정적으로 뻗친 긍정적 불쾌이다.

## 6. 참여 계획

놀이에 대해 생존의 조직은 스펙터클한 위조만을 용인한다. 그러나 스펙터클의 위기는 놀이의 열정이 모든 부분에서 쫓긴 채 사방에서 다시 나타나게 한다. 그것은 앞으로 사회적 변동의 얼굴을 취하고 그것의 부정성을 넘어 실제적 참여 사회를 세운다. 유희적 '실천'은 우두머리에 대한 거부, 희생에 대한 거부, 역할에 대한 거부, 개인적 실현의 자유, 사회관계의 투명성을 내포한다(1). ― 전술은 놀이의 논쟁적 단계이다. 개인적 창조성은 자신을 집중시키고 자신에게 더 많은 힘을 주는 조직을 필요로 한다. 전술은 일정한 쾌락주의적 계산과 분리 불가능하다. 모든 분할된 행동은 적의 총체적 파괴를 목적으로 삼는다. 게릴라의 적절한 형태들을 산업사회에까지 확산시켜야 한다(2). ― 전용은 소비사회에 의해 분배된 정신적, 물질적 가치들의 유일한 혁명적 사용이다. 초월의 절대적 무기이다(3).

a. 경제의 필요성은 유희와 잘 어울리지 못한다. 재정적 교역에서는 모든 것이 진지하다. 사람들은 돈을 갖고 농담하지 않는다. 봉건 경제가 아직 포함하고 있던 놀이의 부분은 점차 화폐 교환의 합리성에 의해 제거됐다. 교환에 대한 놀이는 실제로 상품들을 아주 터무니없거나 적어도 엄격히 따져 가면

서 물물 교환하는 것을 허용했다. 그런데 자본주의가 자신의 상업적 관계들을 강제하는 순간부터 어떠한 환상도 허용되지 않게 된다. 그리고 자본주의가 그 관계들을 곳곳에, 삶의 모든 층위에 확장하고자 한다는 것은 현재의 소비재 독재가 충분히 잘 보여 준다.

중세 초기에는 서정적 관계들이 시골의 영주 조직의 순수한 경제 명령들을 일정한 자유의 방향으로 굴절시켰다. 유희가 종종 부역, 판결, 결투를 이끌었다. 자본주의는 일상생활의 거의 전부를 생산과 소비의 전쟁 속으로 집어넣으면서 유희의 경향을 억압한다. 반면에 그것은 동시에 그 경향을 수익성의 영역에서 회수한다. 그래서 우리는 지난 몇 십 년 동안 도피의 즐거움은 관광으로 옮겨가고 모험은 과학탐사로 변하고 전쟁놀이는 조작 가능한 전략이 되며 변화의 취향은 취향의 변화에 만족하는 것을 보게 됐다.

일반적으로 현재의 사회조직은 진정한 놀이를 금지한다. 사회조직은 놀이를 아동기에 한정한다. 그리고 과도기적으로 사회조직은 수동성에 주는 진정한 상여금인 숱한 장난감들을 아동기에 점점 더 강력하게 제공한다. 어른은 경쟁이나 텔레비전 게임, 선거, 카지노 등 위조되고 회수된 형태들만을 즐길 수 있다. 이 수단들의 빈약함이 놀이의 열정이 가진 자발적 풍요로움을 억누르지 않는다는 것은 자명하다. 특히 유희가 자신의 가장 유리한 확장 조건들이 모여 있는 것을 발견할 가능성이 많은 시기에는 더욱 그렇다.

신성한 것은 세속적이고 탈신성화하는 놀이를 잘 다룬다.

건축물의 불손한 상부 장식, 대성당의 음란한 조각들이 그것을 증언한다. 교회는 부정적 웃음, 신랄한 환상, 허무주의적 비판을 숨기지 않고 포함한다. 그것의 망토 아래에서 악마적 놀이가 위험을 피할 수 있었다. 반대로 부르주아 권력은 놀이를 격려한다. 그것은 마치 놀이로부터 다른 인간 활동들을 보존하려 한 것처럼 놀이를 특별한 분야에 고립시킨다. 예술은 돈이 되지 않는 이 특혜 받았지만 어느 정도 무시된 영역을 구성한다. 경제적 제국주의가 그것을 소비 공장으로 변환시킬 때까지 그럴 것이다. 이제 사방에서 쫓기는 놀이의 열정이 사방에서 출몰한다.

유희적 활동을 담당하는 금지의 층 안에서 가장 저항이 약한 장소에 틈이 열린다. 그 장소는 놀이가 가장 오랫동안 유지된 곳으로, 예술적 분야이다. 분출의 이름은 다다라고 한다. 위고 발[18]은 이렇게 말한다. "다다이즘 공연들은 그동안 잠겨 있었던 원시적이고 비합리적인 놀이 본능이 관객들 안에서 반향을 일으키도록 한다." 속임수와 장난의 치명적 비탈길에서 예술은 진지한 정신이 부르주아지의 영광을 위해 세운 건축물을 자신의 추락에 끌어들인다. 그래서 놀이는 오늘날 봉기의 얼굴을 빌린다. 총체적 놀이와 일상생활의 혁명은 이제 서로 뒤섞인다.

위계화된 사회조직에서 쫓겨난 놀이의 열정은 그것을 파괴하면서 새로운 형식의 사회, 실제적 참여의 사회를 건설한다. 놀이의 열정에 제한 없이 열린 인간관계 조직이 어떤 것이 될 것인지에 대해서는 예단하지 않고, 우리는 그것이 다음과 같은 속성들을 보여 줄 것이라고 기대할 수 있다.

  ─ 우두머리와 모든 위계질서의 거부

  ─ 희생의 거부

  ─ 역할의 거부

  ─ 진정한 실현의 자유

  ─ 사회관계의 투명성

◆◇

놀이는 규칙들 없이는, 규칙들에 대한 놀이 없이는 생각될 수 없다. 아이들을 보라. 그들은 놀이의 규칙들을 알고 그것들을 아주 잘 기억하지만 쉬지 않고 속이며 속임수들을 만들어 내고 상상한다. 그렇지만 아이들에게 속이는 것은 어른들이 부여하는 그런 의미를 갖지 않는다. 속임수는 그들 놀이의 일부분이다. 그들은 속이는 놀이를 하고 그들이 싸울 때도 공모를 한다. 그렇게 그들은 새로운 놀이를 추구한다. 그리고 때때로 그것이 성공한다. 새로운 놀이가 만들어지고 발달한다. 끊어짐이 없이 그들은 자신들의 유희 의식을 되살린다.

권위가 경직되고 변경될 수 없게 되고 마술적 매력으로 치장하는 순간부터 놀이는 멈춘다. 그렇지만 유희적 가벼움은 결코 조직의 정신을 단념하지 않는다. 그것이 규율에 대해 내포하고 있는 것과 함께 말이다. 그러나 결정의 권력을 가진 놀이 주도자가 필요하다고 해도 그 권력은 각 개인이 자율적 방식으로 사용하는 권력들과 결코 분리돼 있지 않다. 그것은 모든 개인적 의지들의 집중점이고 각각의 특수한 요구의 집단적 분신이다. 참여 계획은 따라서 각자의 결정이 모두의 결정이 되는 것과 같은 일관성을 내포한다. 실험에 대한 가장 좋은 보증을 제시하는 것은 물론 바로 수적으로 약한 집단들, 즉 소집단들이다. 그곳에서 놀이는 공동생활의 메커니즘들, 변덕, 욕망, 열정들의 조화를 주권을 갖고 조절할 것이다. 집단에 의해 주도되고 공식적 규범들 밖에서 살고자 하는 의지를 통해 필요성을 부여받는 봉기의 놀이와 이 놀이가 일치할 경우에는 더욱 그렇다.

놀이의 열정은 희생에 의지하는 것을 배제한다. 우리는 잃을 수도 있고 지불할 수도 있고 법을 따라야 할 수도 있으며 짧지만 끔찍한 시간을 보낼 수도 있다. 이것이 명분의 논리나 희생의 논리가 아닌 놀이의 논리이다. 희생의 개념이 나타날 때 놀이는 신성화되고 그것의 규칙들은 의례가 된다. 놀이에서 규칙들은 그것들을 우회하고 그것들과 함께 노는 방식으로 주어진다. 반대로 성스러운 것에서는 의례적인 것은 놀이의 대상이 아니다. 그것을 부수고 금지를 위반해야 한다(그러나 재물을 모독하는 것은 여전히 교회에 경의를 표하는 방식이다). 놀이만이 탈신성화한다. 놀이만이 제한 없는 자유를 향해 열린다. 그것은 권력에 봉사하는 모든 것의 의미를 변화시키는 자유인 전용의 원칙이다. 예를 들어 샤르트르 대성당을 루나 파크, 미로, 사격장, 몽환적 장식으로 변형하는 자유이다.

놀이의 열정을 축으로 삼는 집단 안에서 지겨운 부역과 작업들은 실수나 유희적 패배로 인한 벌칙으로서 분배된다. 또는 더 단순히 그것들은 대조적으로 자극의 가치를 갖는, 그리고 다가오는 순간들을 더욱 자극적인 것으로 만드는 열정적

휴식, 죽은 시간을 채울 것이다. 건설해야 할 상황들은 현재와 부재의, 풍요와 빈곤의, 쾌락과 불쾌의 변증법 위에 필연적으로 세워질 것이다. 한쪽의 강도는 다른 쪽의 강도를 날카롭게 하기 때문이다.

게다가 희생과 구속의 분위기 안에서 사용된 기술들은 그것들의 효율성을 많이 잃어버린다. 그것들의 도구적 가치들은 실제로 억압적 기능을 겸한다. 그리고 억압된 창조성은 억압적 기계들의 수익성을 감소시킨다. 유희적 매력만이 소외시키지 않는 노동, 생산적인 노동을 보장한다.

놀이 안에서의 역할은 역할들에 대한 놀이 없이는 구상되지 않는다. 스펙터클한 역할은 개입을 요구한다. 반대로 유희적 역할은 거리를 전제한다. 그 거리만큼 떨어져서 사람들은 두 개의 극적인 독백 사이에 농담을 주고받는 검증된 배우들의 방식으로 놀이를 하며 자유로운 상태로 파악된다. 스펙터클한 조직은 이런 유형의 행동에 저항하지 못한다. 막스 브라더스[19]는 유희가 어떤 역할을 점령했을 때 그 역할이 어떻게 되는지를 보여 주었다. 그것은 결국, 영화가 회수한 사례일 뿐이다. 역할들에 대한 놀이가 실제 생활에 그것의 진앙을 둔다면 어떻게 될 것인가?

누군가가 고정된 역할, 진지한 역할을 갖고 놀이에 들어온다면 그는 지거나 놀이를 타락시킬 것이다. 도발자의 경우가 그렇다. 도발자는 집단적 놀이의 전문가이다. 그는 놀이의 기술을 갖고 있지만 변증법을 갖고 있지는 않다. 자신의 역할과 임무만을 방어하는 것을 자신의 불행으로 받아들인 그가 그런 사실 때문에 집단의 방어적 이해관계를 대표할 수 없었다면, 아마도 그는 집단의 갈망을 공격적인 재료 ― 도발자는 항상 공격을 추구한다 ― 로 바꿀 수는 있을 것이다. 공격과 방어 사이의 이 비일관성은 언젠가 도발자를 고발하고 그의 슬픈 종말의 원인이 될 것이다. 무엇이 가장 좋은 도발자인가? 지도자가 된 놀이 주도자이다.

놀이의 열정만이 개인의 이해관계들과 동일시되는 이해관계를 가진 공동체를 세우는 본성을 갖고 있다. 도발자와는 달리 배신자는 혁명적 집단 안에서 자발적으로 나타난다. 그는 놀이의 열정이 사라지고 동시에 참여 계획이 위조될 때마다 등장한다. 배신자는 자신에게 제안된 참여 양식에 따라 진정으로 자신을 실현하지 않기 때문에 그런 참여에 맞서, 그것을 교정하는 것이 아니라 파괴하기 위해서 놀이를 하기로 한다. 배신자는 혁명적 집단의 노인병이다. 유희의 포기는 그것을 모두 허용하는 배신이다.

마지막으로 급진적 주체성에 대한 의식을 갖고 있기 때문에 참여 계획은 인간관계의 투명성을 증가시킨다. 봉기적 놀이는 커뮤니케이션과 분리 불가능하다.

b. 전술. 전술은 놀이의 논란이 되는 단계이다. 태어나는 상태의 시(놀이)와 자발성의 조직(시) 사이에서 전술은 필요한 연속성을 확보한다. 본질적으로 기술적인 전술은 자발성이 혼란 속에서 분산되고 없어지는 것을 막는다. 대부분의 대중봉기들에서 전술이 끔찍할 정도로 부족하다는 것은 잘 알려져 있다. 또한, 역사가가 얼마나 무례하게 자발적 혁명들을 다루

는지도 잘 알려져 있다. 전쟁에 대한 클라우제비츠[20]의 책을 어느 정도 연상시킬 만한 어떤 진지한 연구도, 치밀한 분석도 존재하지 않는다. 한 장군이 나폴레옹의 전투들을 알기 위해 들이는 것만큼의 열의를 혁명가들은 마흐노의 전투들에 대해 무지하게 되는 데 들인다.

더 치밀한 분석을 하는 대신에 몇 가지 언급만을 하도록 하자.

잘 위계화된 군대는 전쟁에서는 이길 수 있지만 혁명에서는 이길 수 없다. 규율이 없는 무리는 전쟁에서나 혁명에서나 승리를 얻지 못한다. 위계화하지 않고 조직하는 것이 관건이다. 즉, 놀이 주도자가 우두머리가 되지 않도록 조심해야 한다. 유희적 정신은 권위적 경직화에 맞서는 가장 좋은 보증이다. 무장된 창조성에는 아무것도 저항하지 못한다. 우리는 비야와 마흐노의 군대들이 가장 전쟁에 익숙해진 군대가 되는 것을 봤다. 반대로 놀이가 경직되면 전투에서 패배한다. 혁명은 지도자가 과오를 범하지 않게 하려고 소멸한다. 왜 비야는 셀라야[21]에서 실패했는가? 그가 자신의 전략적이고 전술적인 놀이를 갱신하기를 게을리했기 때문이다. 전투의 기술적 차원에서 자신이 벽을 뚫고서 한 집에서 다음 집으로 전진하면서 적의 후방을 기습해 전멸시킨 시우닫 후아레즈[22]의 추억에 취해 있던 비야는 기관총, 박격포, 참호가 등장한 1914~1918년 전쟁의 군사적 혁신들을 멸시했다. 정치적 차원에서 그는 공장 프롤레타리아와 거리를 두는 협소한 시각을 가졌다. 비야의 군대를 전멸시킨 오브레곤[23]의 군대가 노동자 민병대와 독일 군사

고문단을 포함하고 있었다는 것은 의미심장하다.

창조성은 혁명군의 힘을 만든다. 종종 봉기는 시작하자마자 눈부신 승리를 거두는데 그 이유는 봉기가 적에 의해 지켜지는 놀이의 규칙들을 깨뜨리고 새로운 놀이를 발명하고 각각의 투사들이 유희적 개발에 완전히 참여하기 때문이다. 그러나 창조성이 갱신되지 않으면, 그것이 반복되는 경향이 있으면, 혁명군이 정규군의 형태를 취하면, 우리는 점차 열의와 히스테리가 헛되이 전투적 취약함을 보충하고 옛 승리들에 대한 추억이 끔찍한 패배를 준비하는 것을 보게 된다. 명분과 우두머리의 마법이 삶의 의지와 승리의 의지의 의식적 통일에 대해 우위에 선다. 2년 동안 군주들에게 패배를 안겨준 뒤 전술 대신 종교적 광신에 의지하던 4만 명의 농민들은 1525년 프랑켄하우젠에서 분쇄된다. 봉건적 군대는 단 3명만을 잃는다. 1964년 스탠리빌에서는 일부 뮬렐리스트들이 자신들의 불패성을 믿고서 두 개의 기관총이 지키고 있는 다리에 뛰어들다가 몰살됐다. 그렇지만 그들은 코끼리 덫으로 도로를 움푹 파 놓음으로써 콩고 정규군의 트럭과 무기들을 탈취한 사람들과 동일 인물들이었다.

위계화된 조직은 자신의 반대자인 무규율, 비일관성과 함께 비효율성의 공통 지역을 점령한다. 전통적 전쟁에서 한 진영의 비효율성은 기술적 인플레이션 덕분에 다른 진영의 비효율성을 압도한다. 혁명 전쟁에서 반란자들의 시는 적에게서 무기들과 그것들을 사용할 시간을 제거함으로써 적의 유일한 가능한 우월성을 없앤다. 만약 게릴라들의 행동이 반복된다면, 적은 혁명 전사의 규칙들에 따라 놀이하는 법을 배울 것이다. 따라서 게릴라 진압군이 이미 브레이크가 걸린 대중적 창조성을 파괴하거나 적어도 저지할 우려가 있다.

◆◇

우두머리에게 노예처럼 복종하기를 거부하는 군대 안에서 어떻게 전투에 필요한 규율을 유지할 것인가? 어떻게 응집력의 부족을 피할 것인가? 대부분의 경우 혁명군은 명분에 대한 종속으로부터 쾌락의 경솔한 추구를 거치면서, 또는 그 반대 방향을 거치면서 늑대를 피하려다 호랑이를 만나게 된다.

희생과 포기에 대한 호소는 자유의 이름으로 미래의 노예제를 세운다. 반대로 너무 이른 축제와 분할된 쾌락의 추구는 항상 억압과 질서의 피비린내 나는 기간에 조금 앞서 나타난다. 쾌락의 원칙은 놀이에 응집력을 주고 규율을 잡아야 한다. 가장 큰 쾌락의 추구는 불쾌의 위험을 포함한다. 이것이 그것의 힘의 비밀이다. 열 번 후퇴해도 다시 열 번 전투를 시작하며 한 도시의 공격에 나서는 구체제의 난폭한 군인들은 그들의 열의를 어디에서 가져왔는가? 축제에 대한, 이 경우에는 약탈과 난교에 대한 열정적 기대에서 가져왔다. 그 쾌락은 천천히 만들어지기 때문에 더욱 생생하다. 가장 좋은 전술은 쾌락주의적 계산과 하나가 될 줄 안다. 삶의 거칠고 절제되지 않은 열정은 전사에게 가장 살인적인 비밀무기이다. 그런 무기는 자신을 위기에 빠뜨리는 사람들에게 맞선다. 즉, 병사는 자신의 목숨을 지키기 위해 상사들을 향해 총을 쏠 이유가 충분히 있다. 동일한 이유로 혁명군은 각각의 사람을 능란한 전술가와 자기 자신의 주인으로, 즉, 자신의 쾌락을 진지하게 건설할 줄 아는 사람으로 만들수록 나아진다.

다가올 투쟁에서, 강렬히 살고자 하는 의지가 약탈의 옛 동기들을 대체할 것이다. 쾌락의 추구가 이미 쾌락 자체라는 것이 진실인 한, 전술은 쾌락의 과학과 뒤섞일 것이다. 이 전술은 매일 습득된다. 무기들과의 놀이는 인간들이 일상생활의 순간마다 어느 정도 의식적으로 추구하는 자유인 놀이의 자유와 본질적으로 다르지 않다. 어떤 사람이 간단한 일상성 안에서 자신을 죽이는 것이 무엇인지와 자신을 자유로운 개인으로서 더 강하게 만드는 것이 무엇인지를 배우기를 소홀히 하지 않는다면 그는 천천히 전술가 자격증을 얻게 된다.

그렇지만 고립된 전술가는 없다. 낡은 사회를 파괴하고자 하는 의지는 일상생활 전술가들의 연합을 끌어들인다. 〈상황주의 인터내셔널〉이 지금부터 기술적으로 갖추자고 제안하는 것은 바로 이 유형의 연합이다. 전략은 개인적 일상생활의 전술 위에 혁명의 경사면을 집단적으로 건설한다.

◆◇

인간성이라는 모호한 개념은 때때로 자발적 혁명들 안에서 일정한 동요를 유발한다. 인간을 요구의 중심에 위치시키려는 욕망은 마비적인 인본주의에 너무나 자주 많은 몫을 준다. 얼마나 많이 혁명 정당은 자신에게 총을 쏜 자들을 살려줬는가? 그리고 얼마나 많이 기존 정당이 새로운 힘을 기를 수 있도록 휴전을 받아들였는가? 인간적인 것의 이데올로기는 반동을 위한 무기이다. 모든 비인간성을 합리화시키기 위해 사용되는 무기이다(스탠리빌에 투입된 벨기에 공수부대를 보라).

자유의 적과 가능한 화해란 없다. 인간의 억압자들을 위한 인간성이란 없다. 반혁명분자들을 절멸시키는 것은 관료화된 인본주의의 잔인함을 방지하는 유일한 인도적 행위이다.

마지막으로 자발적 봉기의 문제들 중의 하나는 **분할된** 행동들을 기반으로 권력을 **총체적으로** 파괴해야 한다는 역설에서 발견된다. 유일한 경제적 해방을 위한 투쟁은 모두에게 생존을 강요하면서 모두에게 생존을 가능하게 만들었다. 그런데 대중이 더 넓은 목적을 위해, 생활 조건의 전체적 변화를 위해 투쟁하는 것은 확실하다. 게다가 세상 전체를 단숨에 변화시키려는 의지는 마법적 생각에 속한다. 그래서 그것은 너무나 쉽게 밋밋한 개혁주의로 돌아선다. 묵시록적 전술과 단계적 요구의 전술은 언젠가는 화해된 적들의 결합 안에서 서로 합류한다. 거짓 혁명 정당들은 결국, 전술과 타협을 동일시하지 않았는가?

혁명의 경사면은 부분적 정복과 정면 공격에 대해서도 경계한다. 게릴라전은 전면전이다. 바로 이 길에 〈상황주의 인터내셔널〉이 참여한다. 이 운동은 모든 문화·정치·경제·사회 전선에서 계산된 공격에 참여한다. 일상생활의 영역은 전투의 통일을 보장한다.

c. 전용. 넓은 의미에서 전용은 전체적 **다시 놀기**이다. 그것은 유희적 통일이 위계화된 단편들의 질서 안에서 경직된 존재들과 사물들을 점령하는 행위이다.

나와 내 친구들은 어느 날 저녁 브뤼셀 법원에 침투한 적

야스거 요른(Asger Jorn, 1914~
1970). 덴마크의 화가. 상황주의 인
터내셔널의 창시자 중 한 명.

이 있다. 아래쪽에 빈민 지역을 둔 이 압
도적인 크기의 거대한 건물은 부유한 루
이즈 대로를 보호하고 있다. 우리는 그 거
리를 며칠 동안 열정적인 공터로 만들었
다. 복도들, 계단들, 한 줄로 늘어선 방들
로 된 미로 안을 흘러다니다 우리는 그
장소의 구획정리가 어떻게 가능할지를 계
산했다. 우리는 정복한 지역을 차지하고
상상력을 동원해 교수대 같은 장소를 환상적인 잔치 지역으
로, 쾌락의 궁전으로 변형했다. 그곳에서 가장 자극적인 모험
들이 진정으로 체험되는 특권을 누릴 것이었다. 결국, 전용은
창조성의 가장 기초적인 표현이다. 주체적 몽상은 세상을 전
용한다. 사람들은 주르댕 씨[24]가 산문을 쓰고 제임스 조이스
가 『율리시스』를 쓰는 것처럼 자발적으로, 그리고 많은 성찰
과 함께 전용한다.

1955년 드보르는 로트레아몽이 체계적으로 전용을 사용
한다는 것에 충격을 받아 그 기술의 풍요로움에 관심을 기울
였다. 그 기술에 대해 요른은 1960년에 다음과 같은 글을 남겼
다. "전용은 가치하락 능력에 기인한 놀이이다. 문화적 과거의
모든 요소들은 재투자되거나 사라져야 한다." 마침내 『상황주
의 인터내셔널』(n°3)에서 드보르는 그 질문으로 되돌아와서
이렇게 확실히 말한다. "전용의 두 가지 근본적 법칙이 있다.
하나는 각각의 전용된 자율적 요소가 자신의 첫 번째 의미를
잃어버리기까지 하면서 중요성을 상실하는 것이다. 그리고 동

시에 다른 하나는 각 요소에 새로운 역량을 부여하는 또 다른 의미 있는 전체를 조직하는 것이다." 현재의 역사적 조건들을 보면 성급한 판정을 내리는 것은 조심해야 할 것이다. 이제 다음과 같은 것들은 분명하다.

― 해체의 늪이 퍼지는 곳은 어디에서나 전용이 자발적으로 번성한다. 소비 가능한 가치들의 시대는 의미 있는 새로운 전체를 조직할 가능성을 특히 강화한다.

― 문화적 부문은 더는 특혜 받는 부문이 아니다. 전용의 기술은 일상생활을 통해 증명된 모든 거부들로 확장된다.

― 분할된 것의 독재는 전용을 총체성을 위해 봉사하는 유일한 기술로 만든다. 전용은 가장 일관적이고 가장 대중적이고 봉기적 실천에 가장 잘 적응한 혁명적 행위이다. 일종의 자연적 운동 ― 놀이의 열정 ― 를 통해 그것은 극단적 급진화로 이끈다.

◆◇

정신적이고 물질적인 행동들 전체에 영향을 미치는 해체 ― 소비사회의 명령들에 연결된 해체 ― 안에서 전용의 가치하락 단계는 역사적 조건들에 의해 담당되고 보장된다. 사실들의 현실 안에 박혀 있는 부정성은 이처럼 전용을 본질적으로 긍정적인 행위인 초월의 전술과 동일시하는 경향이 있다.

만약 소비재의 풍부함이 행복한 발전인 것처럼 사방에서 칭찬받는다면 이 재화들의 사회적 사용은 알다시피 그것들의 좋은 사용을 손상한다. 기발한 제품은 무엇보다 우선 자본주의와 관료 체제의 이익을 위한 평계이기 때문에 다른 목적들을 위해 사용되지 않을 의무가 있다. 소비재의 이데올로기는 제조의 잘못처럼 작용한다. 그것은 자신이 포장한 상품을 파손한다. 그것은 행복의 물질적 장비 안에 새로운 노예제를 도입한다. 이런 맥락에서 전용은 다른 사용양식을 대중화한다. 그것은 주체성이 자신에 맞서 조작되기 위해 판매된 것을 자신에게 유리하게 조작하는 더 뛰어난 **사용법**을 발명한다. 스펙터클의 위기는 거짓의 세력들을 체험된 진실의 진영에 집어넣을 것이다. 상업적 필요가 적에게 배포하도록 명령한 무기를 다시 적에게 겨누는 기술은 전술과 전략의 문제들 중 지배적 문제이다. 전용의 방법들을 더는 소비자가 되고 싶어 하지 않는 소비자의 가나다처럼 확산시켜야 한다.

예술 안에서 자신의 첫 번째 무기들을 만들었던 전용은 이제 모든 무기들의 조작 기술이 됐다. 1910~1925년대의 문화적 위기의 소용돌이 안에서 처음 나타난 전용은 점차 해체 때문에 영향을 받은 모든 부문들에 확장됐다. 그렇지만 예술 영역은 여전히 전용의 기술들에게 유효한 실험의 장을 제공했다. 그것의 과거에서 교훈을 얻을 줄 알아야 한다. 초현실주의자들은 불완전하게 0으로 환원된 다다이스트들의 반가치들 antivaleurs을 완벽히 유효한 맥락 안에 병합하면서 시기상조인 재투자 작전에 몰두했다. 그 작전은, 잘못 과소평가된 요소들에서 출발해 뭔가를 건설하려는 시도는 항상 사회조직의 지배적 메커니즘에 의한 회수에 이르게 된다는 것을 잘 보여 준다. 예술에 대한 현재 사이버네틱스 학자들의 "조합적"combinatoire 태도는 **전혀 과소평가되지** 않은 몇몇 요소들의 의미 없는 지독

한 축적에까지 이른다. 팝아트와 장-뤽 고다르[25]는 폐기물의
옹호론이다.

예술적 표현은 선전, 선동의 새로운 형태들을 모색하고 신
중하게 찾는 것도 허용한다. 이런 생각의 질서 안에서 1963년
미쉘 베른슈타인[26]의 〈보노 패거리의 승리〉, 〈파리 코뮌의 승
리〉, 〈부다페스트 노동평의회의 승리〉와 같은 작품들은 과거
안에 인위적으로 고착된 몇몇 사건들을 가장 나은 의미에서
교정하도록 부추기고, 노동운동의 역사를 다시 만들고 동시
에 예술을 실현하도록 부추긴다. 그런 선동은 아무리 제한되
더라도, 아무리 스펙터클하더라도 모두의 창조적 자발성을 향
한 길을 연다. 그것은 전용이 자신에 대한 비판을 자신 안에
담고 있는 유일한 언어, 유일한 행위라는 것을 특별히 위조된
부문에서 증명한다.

창조성은 한계가 없고 전용은 끝이 없다.

## 24장

# 중간세계와 새로운 순수

중간세계는 주체성의 공터이다. 권력과 그것의 침식 잔류물들이 삶의 의지와 서로 뒤섞이는 장소이다(1). 새로운 순수는 내재성의 괴물들을 해방한다. 그것은 중간세계의 혼란스러운 폭력을 그 폭력의 원인이 되는 사물들의 낡은 질서에 맞서 투사한다(2).

1

  권력의 병폐가 혼란스럽게 하고 갉아먹은 주체성의 가장자리가 존재한다. 그곳에는 불멸의 증오, 복수의 신들, 질투의 전제정치, 실망한 의지의 투덜거림들이 가득하다. 그것은 모든 부분을 위협하는 부수적인 부패이다. 그것은 중간세계이다.

  중간세계는 주체성의 공터이다. 그것은 본질적인 잔인함을 포함한다. 경찰의 잔인함과 봉기자의 잔인함, 억압의 잔인함과 혁명 시의 잔인함을 포함한다. 스펙터클한 회수와 봉기적 사용 사이의 중간에서 꿈꾸는 자의 초시공간은 개인적 의지의 규범들에 따라, 권력의 관점 안에서 무섭게 발전한다. 일상생활의 증가하는 빈곤화는 결국, 그 시공간을 모든 조사에 대해 열린 공공 영역으로 만들고 창조적 자발성과 그것의 부패 사이의 공개된 투쟁 장소로 만들었다. 정신의 좋은 탐험가로서 아르토는 이 의심스러운 전투를 완벽하게 설명한다. "무의식은 나에게 속하지 않는다. 꿈에서는 예외이다. 그리고 내가 그 안에서 보는 모든 것은 태어나기 위해 표시된 형태인가, 아니면 내가 거부한 더러운 것인가? 전의식은 나의 내재적 의지의 전제들로부터 누설된 것이다. 그러나 나는 그 안을 지배하고 있는 것을 잘 알지 못한다. 나는 그것은 내가 아니라 반대의지들의 흐름이라고 생각한다. 그 흐름은 이유는 모르겠지만 내 안에서 생각하고 나에게서, 내 몸 안에서, 나의 나 안에서 내 자리를 차지하는 것 외에는 다른 세상 걱정이나 다른 생각들을 전혀 갖지 않는다. 그러나 그것들의 유혹이 나를 몰아붙이는 전의식 안에서 나는 모든 나쁜 의지들은 다시 본다. 그러나 이번에는 모든 나의 의식으로 무장한 채 그것들을 다시 본다. 그것들이 나에게 맞서 밀려든다고 해도 나에게는 별로 중요하지 않다. 왜냐하면, 이제 나는 그곳에 있다고 느끼기 때문이다. … 따라서 나는 물결을 거슬러 올라가야 한다고 느낄 것이고 내가 진보하고 **욕망하는** 것을 볼 때까지 나의 전의식 안에서 느슨해져야 한다고 느낄 것이다." 그리고 아르토는 더 멀리 나간다. "페이요티[1]가 나를 그곳에 보내 줄 것이다."

로데[2]의 은둔자의 모험은 경고처럼 울려 퍼진다. 초현실주의 운동과 그의 결별은 의미심장하다. 그는 그 운동이 볼셰비즘에 합류한 것을 비난한다. 그리고 혁명이 그 운동을 위해 봉사하도록 하는 대신에 그 운동이 혁명 — 크론시타트의 총살된 사람들을 끌어들인 — 을 위해 봉사한 것을 비난한다. 아르토가 그 운동이 더 풍부하게 갖고 있던 것, 즉 주체성의 우위를 기반으로 그것의 일관성을 세우지 못했던 무능력함을 공격한 것은 백번 옳다. 그러나 초현실주의와의 결별이 완수되자마자 그는 유아론의 광기와 마법적 생각 안에서 길을 잃었다. 세상을 변형하면서 주체적 의지를 실현하는 것은 더는 관심사가 되지 않는다. 내재성을 사실 안에서 외면화하는 대신에 그는 반대로 그것을 신성화하고 유사함들로 경직된 세상에서 근본적 신화의 항구성을 발견한다. 무능력의 길만이 그 신화의 폭로에 도달한다. 자신들을 집어삼키는 불을 밖으로 집어 던지는 것을 주저하는 사람들은 소비재의 법칙에 따라 이데올로기들의 네수스의 튜닉[3] 안에서 불타고 소진될 수밖에 없다. 마약, 예술, 정신분석학, 접신론, 혁명 등 그것이 어떤 것의 이데올로기이든 그것들은 역사에서 아무것도 바꾸지 못한다.

◆◇

상상계는 가능한 해결책들의 정확한 과학이다. 그것은 외부 현실에서의 정신의 실패들을 보상하기 위해 정신에 남겨진 유사 세계가 아니다. 그것은 내재성과 외재성을 분리하는 도랑을 메우기 위해 마련된 힘이다. 활동 중단을 강요받은 **실천**이다.

강박관념들, 집착들, 증오의 불길들, 사디즘을 가진 중간세계는, 감금 상태에 처해 있어서 화가 난 야수들의 우리인 것처럼 보인다. 꿈, 마약, 술, 감각 이상의 도움으로 누구나 그 안에 들어가는 것은 자유롭다. 거기에는 해방되기만을 요구하는 폭력이 있다. 노먼 브라운이 디오니소스적 의식이라고 부른, 춤추고 죽이는 의식에 도달하기 위해서라고 하더라도 그 분위기 안으로 뛰어드는 것이 좋다.

2

폭동의 붉은 새벽은 밤의 끔찍한 창조물들을 해체하지 않는다. 그것은 빛과 불로 그것들을 장식하고 도시와 시골에 퍼뜨린다. 새로운 순수는 현실이 되는 사악한 꿈이다. 주체성은 그것의 장애물들을 절멸시키지 않고는 건설되지 않는다. 그것은 중간세계에서 그 목적을 위해 필요한 폭력을 퍼온다. 새로운 순수는 절멸의 명료한 건설이다.

가장 평화로운 인간은 피투성이의 몽상으로 뒤덮여 있다. 우리가 그 자리에서 쓰러뜨릴 수 없는 사람들을 애정을 갖고 다루기가 어렵듯이 힘으로 무장 해제시키는 것이 시의적절하지 않은 사람들을 친절하게 무장 해제시키는 것은 어렵다. 나를 통치하길 뻔했던 사람들에게 나는 많은 증오를 빚지고 있다. 증오의 원인을 제거하지 않고 어떻게 증오를 제거할 것인가? 폭동들의 잔인함, 광범위한 살육, 대중적인 야만스러운 짓, 부르주아 역사가들이 규탄하는 잔혹 행위들은 바로 공권력과 위계화된 억압의 차가운 잔혹성에 대비한 백신이다.

새로운 순수 안에서 중간세계는 갑자기 흘러넘치면서 억압적 구조들을 침수시킨다. 혁명적 놀이의 순수 폭력은 순수 폭력의 놀이를 포함하게 된다.

그런데 자유의 충격은 기적을 만든다. 그것에 저항하는 것은 아무것도 없다. 정신병도, 후회도, 죄의식도, 무능력감도, 권력의 환경이 창조하는 우둔화도 그것에 저항하지 못한다. 수로가 파블로프의 실험실에서 터졌을 때, 침수에서 살아남은 개는 자신의 긴 조건화의 흔적을 조금도 간직하지 않았다. 거대한 사회적 격변의 해일은 침수가 개들에게 끼친 것보다 더 적은 영향을 인간들에게 끼칠 것인가? 라이히는 감정적으로 막혀 있고 근육의 긴장이 과도하게 경직된 신경증 환자들에게 화를 폭발시킬 것을 권장한다. 이 유형의 신경증은 오늘날 특히 널리 퍼져 있는 것처럼 보인다. 그것은 생존의 고통이다. 그리고 화의 가장 일관적 폭발은 전체 국민의 봉기와 유사할 가능성이 높다.

3천 년의 암흑은 10일의 혁명적 폭력에 저항하지 못할 것이다. 사회적 재구성은 모두의 개인적 무의식을 동일하게 재구성할 것이다.

◆◇

일상생활의 혁명은 정의, 징벌, 형벌의 개념들을 제거할 것이다. 그 개념들은 교환과 단편에 종속된 것들이다. 우리는 심판자가 되고 싶은 것이 아니라 노예제의 폐지를 넘어 새로운 순수, 삶의 은총을 재발견하는, 노예 없는 주인이 되고 싶은 것이다. 적을 심판하는 것이 아니라 파괴하는 것이 관건이다. 그의 군대가 해방한 도시들에서 두루티는 농민들을 모아 놓고 파시스트들을 지목하라고 요구하고 그들을 그 자리에서 총살했다. 다음의 혁명은 동일한 길을 다시 갈 것이다. 차분하게. 우리는 우리를 평가할 사람은 아무도 없으리라는 것을 안다. 판사들은 영원히 없을 것이다. 왜냐하면, 우리가 그들을 먹어치울 것이기 때문이다.

항상 삶의 예술을 방해하기만 하고 오늘날 체험된 진정성으로부터 남는 것을 위협하는 사물들의 질서에 대한 파괴를 새로운 순수는 내포한다. 내가 나의 자유를 방어하는 데는 전혀 이유가 필요 없다. 매 순간 권력은 나를 정당방위 상태에 위치시킨다. 아나키스트 뒤발과 그를 체포할 임무를 맡은 경찰관 사이의 다음과 같은 짧은 대화 속에서 새로운 순수는 자신의 자생적 판례를 식별할 수 있다.

　ㅡ 뒤발, 나는 법의 이름으로 당신을 체포한다.

　ㅡ 그러면 나는 자유의 이름으로 너를 제거한다.

　물건들은 피를 흘리지 않는다. 사물들의 죽은 무게로 무거운 사람들은 사물들처럼 죽을 것이다. 라주모프스코에Razou-movskoé 4 약탈에서 혁명가들이 부서뜨리는 저 도자기들처럼 말이다. 사람들이 그들을 비난했을 때 그들은 이렇게 대답했다. 빅토르 세르주의 말이다. "우리는 삶을 변형하기 위해 세상의 모든 도자기들을 부서뜨릴 것이다. 당신들은 너무 사물들을 좋아하고 사람들을 별로 좋아하지 않는다…. 당신들은 사람들을 너무 사물들처럼 좋아한다. 그리고 인간을 별로 좋아하지 않는다." 파괴할 필요가 없는 것은 보존될 가치가 있다. 그것이 우리의 미래 형법의 가장 간략한 형태이다.

## 25장

# 당신들은 그리 오래
# 우리를 우습게 여기지 못할 거요
### "당신들은 우리를 우습게 여기는 거요?"의 후속
(1792년 12월 9일 혁명의회에 대한 무프타르 거리의 상퀼로트들의 청원문)

로스앤젤레스, 프라하, 스톡홀름, 스탠리빌, 토리노, 미에레스, 생 도맹그, 암스테르담 등 거부의 행위와 의식이 집단적 환상의 공장들에서 열정적인 작업 중단을 유발하는 곳곳에서 일상생활의 혁명은 진행 중이다. 비참이 보편화함에 따라 항의도 커진다. 기아, 구속, 지겨움, 병, 공포, 고독, 거짓말 등 오랫동안 특별한 충돌들의 이유였던 것이 오늘날 자신의 근본적 합리성, 텅 빈 감싸는 형태, 끔찍하게 억압적인 추상을 드러낸다. 아직 발명해야 할 것이지만 이미 존재하는 완전히 새로운 사회의 꿈틀거리는 힘들이 공격하는 것은 바로 위계화된 권력, 국가, 희생, 교환, 양적인 것의 세계 — 의지로서의, 세계의 재현으로서의 상품 — 이다. 혁명적 **실천**이 부정적인 것을 긍정적인 것으로 바꾸고 봉기의 불 속에서 지구의 숨겨진 얼굴을 밝히고 자신의 정복 지도를 세우면서 폭로자로서 활동하지 않는 지구의 지역은 더는 없다.

실제적 혁명적 실천만이 무기를 잡는 것에 대한 정확한 지침을 제공한다. 그런 정확한 지침 없이는 가장 좋은 제안들도

장-밥티스트 르쇠어·피에르-에티엔느 르쇠어, 〈무장한 상퀼로트들〉, 1793/4.
퀼로트는 귀족들이 입는 하의를 말한다. 긴 바지를 입은 평민들을 비하하여
상퀼로트(Sans-culotte, 퀼로트를 입지 않은 사람)라고 불렀으나,
프랑스 혁명의 추진력이 된 사회 계층인 그들은 불공평한 신분 제도에 반대하는 의미를 담아,
스스로를 자랑스럽게 상퀼로트라고 불렀다.

우발적이고 부분적인 것에 머문다. 그러나 동일한 **실천**이 또한
자신의 고유한 합리성 ― 더는 추상적이지 않고 구체적인 합리
성, 즉 상품의 텅 비고 보편적인 형태의 초월 ― 과 단절하자마자
현저하게 부패하기 쉽다는 것을 보여 준다. 실천의 고유한 합
리성만이 비소외적인 객체화를, 즉 개인적 체험 속에서의 예술
과 철학의 실현을 허용한다. 그런 합리성의 힘과 확장의 선은
긴장 상태의 두 극단의 우연이 아닌 만남에서 탄생한다. 그 선
은 모든 것이 되고자 하는 의지를 억압적 조건들의 전체주의
안에서 펴내는 주체성과, 역사에 의해 상품의 일반화된 체계
에 도달하는 쇠퇴 사이의 불꽃이다.

　　존재론적 투쟁들은 인간들 전체에 내재한 투쟁들과 질적
으로 다르지 않다. 그래서 인간들은 자신들의 개인적 역사를

동시에 통제하지 않는다면 자신들의 일반 역사를 지배하는 법칙들을 통제하기를 바랄 수 없다. 그들 자신에게서 멀어지면서 혁명에 다가서는 사람들 ― 모든 활동가들 ― 은 등을 돌리고 거꾸로 혁명을 하게 된다. 의지주의에 맞서, 역사적으로 치명적인 혁명 지상주의에 맞서, 즉각적인 주체적 요구들과 동시대의 객관적 조건들이 변증법적으로 결합하는 합리적인 동시에 열정적인 건설의 생각을, 접근 계획에 대한 생각을 퍼뜨려야 한다. **혁명의 경사면**은 부분과 총체성의 변증법 안에서, 상품 형태에 맞선 투쟁 속에서, 그 투쟁을 통해서 일상생활을 건설하려는 계획이다. 그 결과로 혁명의 각각의 개별 단계가 그것의 마지막 도달점을 나타내게 된다. 최대 프로그램도, 최소 프로그램도, 중간단계 프로그램도 아닌 파괴할 체계의 본질적 속성들에 기반을 둔 전체 전략이다. 최초 공격들은 그 본질적 속성들에 가해진다.

봉기의 순간에, 따라서 지금 당장부터 혁명 집단들은 상황의 다양성에 의해 강제된 문제들을 **전체적으로** 제기해야 할 것이다. 마찬가지로 프롤레타리아는 해체되면서 전체적으로 그 문제들을 해결할 것이다. 무엇보다도 다음과 같은 것들을 언급해 보자. 어떻게 노동, 노동분업, 노동과 여가의 대립을 구체적으로 극복할 것인가(사회생활의 모든 측면을 건드리는 열정적이고 의식적인 **실천**에 의한 인간관계들의 재건설 등의 문제)? 어떻게 교환을 구체적으로 극복할 것인가(위폐에 의한 전복을 포함한 화폐 가치 하락, 낡은 경제를 파괴하는 관계, 기생적 부문들의 제거 등의 문제)? 어떻게 국가와 소외시키는 모든 공동체 형태들을 구체적으로 극복할 것인가(모든 자유들을 보장하고 지체된 부문들의 제거를 허용하는 긍정적 권리, 노동자 자주 관리 총회, 상황 건설 등의 문제)? 어떻게 사방에 확립된 조건들 전체를 혁명시키기 위해 중심이 되는 지역에서 운동의 확장을 조직할 것인가(자기방어, 해방되지 않은 지역과의 관계, 무기 사용과 제작의 대중화 등)?

해체되는 낡은 사회와 조직해야 할 새로운 사회 사이에서 〈상황주의 인터내셔널〉은 혁명적 일관성을 추구하는 집단의 모범을 보여 준다. 시를 가진 모든 집단처럼 그것의 중요성은 바로 새로운 사회조직의 모델로 기능할 것이라는 점이다. 따라서 외적인 억압(위계질서, 관료화…)이 그 운동의 내부에서 재생산되는 것을 막아야 한다. 어떻게? 형이상학적 권리로서가 아니라 도달해야 할 규범으로서 모든 구성원들 사이의 실제적 평등이 유지되도록 구성원들이 참여하게 요구하면서이다. 바로 권위주의와 수동성(지도자들과 활동가들)을 피하기 위해 집단은 모든 이론적 수준의 저하, 모든 실천적 포기, 모든 타협을 주저 없이 징계해야 한다. 지배적 체제가 아주 잘 용인할 줄 알았던 사람들을 용인하는 것은 전혀 허용되지 않는다. 축출과 단절은 위험에 빠진 일관성에 대한 유일한 방어책이다.

마찬가지로 흩어진 시를 중앙집권화하려는 계획은 혁명적 자율 집단들을 식별하거나 유발하고 급진화하며 결코 방향을 설정하지 않고 연합하는 능력을 내포한다. 〈상황주의 인터내셔널〉의 기능은 축의 기능이다. 즉, 대중 선동이 돌아가도록 하고 대중 선동이 최초로 받아들인 운동을 증가시키면서 전파하는 축으로서 사방에 있는 것이다. 상황주의자들은 혁명적 일관성이라는 기준에 따라 자기편을 식별할 것이다.

긴 혁명은 우리를 지배적 사회에 상반된, 그 사회를 대체하는 중인 유사 사회의 건설을 향해 가게 한다. 더 낮게는 **일반화된** 자주 관리를 위해 투쟁 중인 게릴라들의 진정한 안식처, 동맹한 미시사회들의 구성을 향해 가게 한다. 실제적 급진성은 모든 변형들을 허용하고 모든 자유를 보장한다. 상황주의자들은 따라서 새로운 유형의 사회와 함께 세상에 직면하는 것이 아니다. 즉, '이것이 이상적 조직이다. 무릎을 꿇어라!'라고 말하지 않는다. 그들은 단지 그들 자신을 위해 싸우면서, 그리고 이 싸움에 대한 가장 높은 의식을 갖고서, 왜 사람들이 진정으로 싸우는지를, 그리고 왜 그런 전투에 대한 의식이 획득돼야 하는지를 보여 줄 뿐이다.

(1963~1965)

# 혁명적 노동자들에게 축배를

급진적 비판은 낡은 세상과 그것을 부정하는 것을 분석하게만 했다. 그것은 지금 혁명적 대중들의 실천 속에서 실현되거나 그것에 맞서 부정된다.

총체적 인간의 계획이 즉각적인 개인적 실현의 부재에 깃든 유령으로 머무는 한, 프롤레타리아가 그 자신의 운동을 그에게 가르쳐주는 사람들에게서 이론을 **사실상** 빼앗지 않는한, 급진성의 일 보 전진은 항상 이데올로기의 이 보 후퇴를 뒤따를 것이다.

일상적 체험과 비체험 들에서 가져온 이론을 탈취하도록 프롤레타리아를 자극하면서 『일상생활의 혁명』은 초월의 정당과 동시에 모든 위조의 위험을 감수한다. 『일상생활의 혁명』이 봉기의 상황에서 실행되는 것이 지연되면 『일상생활의 혁명』은 위조될 위험이 있다. 역사에 의해 갑자기 정지된 혁명 의식의 운동에서 급진 이론이 벗어나는 순간부터 급진 이론은 그 자신이면서 다른 것이 된다. 급진 이론은 유사한 운동에서, 반대방향의 운동에서, 분리된 생각과 스펙터클을 향한 퇴행에서 완전히 벗어나지 않는다. 급진 이론이 자신 안에 자기 자신에 대한 비판을 담고 있다는 것은 이데올로기적 기생충 — 주관주의에서부터 공동체주의와 비정치적 쾌락주의를 거쳐 허무주의에 이르는 이데올로기들 — 외에도 비판적 비판으로 부풀어 오른 개구리들을 감내해야 하는 위험에 노출시킬 뿐이다.

급진 노동운동의 지연은 급진 노동운동이 **처음부터** 전용할 수 있는 능력이 있는 생산과 소비의 영역들을 곧 개인적 열정과 욕구들을 위해 봉사하도록 할 것이다. 이 지연은 경제 메커니즘들에 대한 직접적인 영향력이 없는 프롤레타리아 분파가, 자신의 상승 단계에서 하나의 이론을 만들고 퍼뜨리는 데만 성공했다는 것을 보여 주었다. 프롤레타리아 분파는 그 이론을 스스로 실현하고 교정할 능력이 없기 때문에 자신의 패배 단계에서 지적인 퇴행으로 변형한다. 사용되지 않는 의식은 사용된 의식처럼 자신을 합리화할 수밖에 없다.

상황주의자 계획의 주체적 표현이 1968년 5월을 준비하고 새로운 착취에 대한 의식을 갖는 데 있어서 최선으로 제공할 수 있었던 것이 그 후 지식화된 독해 안에서 가장 나쁜 것이 됐다. 생산과 소비의 주요 부문을 책임지는 노동자들이 적어도 점유와 사보타주, 전용을 통해 파괴할 수 있었던 것을 파괴할 수 없는 수많은 사람들의 무능력은 그런 지식화된 독해를 받아들일 수밖에 없었다.

상황주의자 계획은 상업적 과정의 중심 동력들에 대한 장악력이 없는 프롤레타리아의 가장 진보된 실천적 생각이었기 때문에, 그리고 또한 항상 일반화된 **자주 관리를** 위해 생존의 **사회조직을 절멸시키는** 것을 유일한 임무로 삼았기 때문에, 그 계획은 언젠가 노동 환경 안에서 자신의 실제적 운동을 다시 시작할 수밖에 없다. 그것을 발견하거나 그것에 대한 주석을

〈상황주의 인터내셔널〉 컨퍼런스(1969년 베니스).
오른쪽부터 알랭 슈발리에(Alain Chevalier), 르네 리젤(René Riesel),
무스타파 카야티(Mustapha Khayati), 파올로 살바도리(Paolo Salvadori),
클라우디오 파반(Claudio Pavan), 기 드보르, 르네 비에네(René Viénet), 라울 바네겜,
J. V. 마르탕(J. V. Martin), 토니 베르란(Tony Verlaan)이다.

증가시키는 노력은 스펙터클과 그것의 비판적 추종자들에게
남겨 두고 말이다.

급진 이론은 그것을 더 좋은 것으로 만드는 사람에게 속
한다. 책에 맞서, 문화상품 — 너무 자주, 너무 오래 **노출돼** 있
는 — 에 맞서 급진 이론을 방어하는 것은 동일한 거부의 무장
해제된 의식으로 축소된 프롤레타리아에 맞서 노동 반대, 희
생 반대, 위계 반대의 노동자에게 호소하는 것이 아니다. 그것
은 생존의 사회에 맞선 통일된 투쟁의 기반에 있는 사람들에
게 그들이 가장 효율적으로 사용하는 표현 양식들에 의존하

라고, 그리고 모든 후퇴를 막기 위해 만들어진 조건들 속에서 그들의 언어를 창조하는 혁명적 행위들에 의존하라고 요구하는 것이다. 강제 노동의 사보타주, 상품의 생산과 재생산 과정의 파괴, 혁명가들을 위한, 그리고 열정적 끌림으로 혁명가들에 합류하는 모든 사람들을 위한 재고품과 생산력의 전용은 주지주의 노동자들과 노동자주의 지식인들로 이뤄진 관료적 저장고에뿐만 아니라 지식노동자들과 육체노동자들 사이의 분리에, 모든 분리에 종지부를 찍는다. 노동 분업과 보편적 공장에 맞서 비노동과 일반화된 자주 관리의 통일을 내세운다!

『일상생활의 혁명』의 주요 주장들의 증거는 이제 구체적 결과물의 형태로 그것의 반대자들의 손 안에 나타나야 한다. 학생 소요 안에서뿐만 아니라 총체적 혁명 안에서 나타나야 한다. 이론은 폭력을 담고 있어야 한다. 폭력 안에는 이미 폭력이 있다. 아스투리아스·랭부르·포즈난·리옹·디트로이트·체펠·레닌그라드·광저우·부에노스아이레스·요하네스버그·리버풀·키루나·코임브라의 노동자들이여, 매일 사랑에서, 구속들의 파괴에서, 열정들의 희열에서 가져온 쾌락을 자신을 위해, 그리고 모두를 위해 행해진 혁명의 쾌락으로 확장하는 권력을 모든 프롤레타리아에게 부여하는 것은 당신이 할 일이다.

무기들에 대한 비판이 없는 비판의 무기들은 자살의 무기들이다. 그것들이 테러리즘의 절망 안이나 항의의 비참함 안에 빠지지 않는다면 상당수의 프롤레타리아들은 노동계급의 구경꾼, 그들의 지연된 효율성의 관객이 된다. 혁명 없는 혁명가로서 형편없이 얼이 빠진 끝에, 대리로 혁명가가 되는 데 만족한 그들은 스펙터클을 부술 힘이 없는 자신들의 객관적 무능력의 이름으로 우두머리들처럼 행동하기 위해, 그리고 자신들의 매개를 유발하기 위해, 관료들의 권력이 줄어드는 추세가 빨라지기를 기다린다. 그래서 봉기한 노동자들의 조직 ─ 오늘날 필요한 단 하나의 조직 ─ 이 봉기한 노동자들 자신의 작품이 되는 것이 중요하다. 그 결과 그 조직이 일반화된 자주 관리를 위한 투쟁에서 모든 프롤레타리아에게 조직의 모델이 돼야 한다. 그 조직과 함께 억압적 조직들(국가, 정당, 조합, 위계화된 집단)과 그것들의 위험한 보충물 ─ 비생산자 프롤레타리아 안에서 창궐하는 조직적 물신주의 ─ 은 확정적으로 끝이 날 것이다. 그 조직은 의지주의와 사실주의의 모순을 즉각적 실천 안에서 교정할 것이다. 집단 안에서 이뤄지는 지배적 세계의 쉼 없는 재생산을 막기 위해 축출과 단절만을 사용할 수 있는 〈상황주의 인터내셔널〉(나는 1970년 11월 〈상황주의 인터내셔널〉을 탈퇴했고 그것의 양적 증가는 0이 됐다)은 그것의 한계를 보여 줬고 상호 주체적 합의와 대립을 화합시킬 수 없는 그것의 무능력을 증명했다. 마지막으로 그 조직은 생산수단을 전용하는 구체적 가능성과 분리된 프롤레타리아 분파는 조직이 필요한 것이 아니라 그들을 위해 활동하는 개인들이 필요하다는 것을 증명할 것이다. 개인들은 때에 따라 사보타주(억압적 네트워크들의 무력화, 라디오의 점령 등) 요원들로서 서로 연합하고 전술적이고 전략적인 효율성이 보장되는 시기와 장소에 개입하며 거리낌 없이 즐기겠다는, 그리고 **동시**에 노동 게릴라들의 불꽃들을 사방에 불러일으키겠다는 생각밖에는 갖질 않는다. 프롤레타리아의 밑바닥에서 나온 그 부정적이고 긍정적인 불은 프롤레타리아와 계급 사회를 제거하는 유일한 기반이기도 하다.

　노동자들에게 그들의 가능한 효율성의 일관성이 없다 해도, 적어도 그들은 모두를 위해 결정적 방식으로 그것을 획득하는 것을 자신한다. 왜냐하면, 자생적 파업과 폭동의 경험을 통해 평의회 집회의 재출현이 나타나기 때문이다. 코뮌의 회귀가 갑자기 나타난 것은 스펙터클한 현상 유지의 다양함 안에서 늙은 두더지[1]의 통일된 진보를 보지 못하는, 그리고 역사의 점유와 일상생활의 모든 조건들의 전체적 전복을 위한 프롤레타리아의 불법 투쟁을 보지 못하는 사람들만을 놀라게 할 것이다. 그리고 **대자적 역사**의 필요성은 또한 무장 해제된 프롤레타리아가 잘하면 도달하게 되는 부정적 일관성 안에서 그것의 아이러니를 드러낸다. 그 일관성은 내부적으로 노동의 급진성을 위협하는 것(의식에서 지식과 문화로의 퇴행을 보여주는 지식화; 통제되지 않은 매개자들과 그들의 위험한 관료주의; 기층 게릴라들의 유희적 경쟁심 안에서 역할들의 소멸보다는 역할들의 갱신에 더 신경을 쓰는, 특권에 대한 집착자들; 그리고 구체적 전복에 대한 포기; 영토의 혁명적 정복에 대한 포기; 분리, 희생, 강제 노동, 위계질서, 모든 형태의 상품의 종말을 향한 통일된 국제적 운동에 대한 포기)에 맞선 객관적 경계태세로서 사방에 존재하는 암시적 일관성이다.

　물화가 각자의 창조성에 던지는 도전은 더는 이론적인 "무엇을 할 것인가?"에 있지 않고 혁명적 사실의 실천 안에 있다.

모든 다른 열정들을 가능하게 하는 축이 되는 열정을 혁명 안에서 발견하지 못하는 사람은 쾌락의 그림자만을 가질 뿐이다. 이런 의미에서 『일상생활의 혁명』은 모두가 만든 역사 안에서 개인적 주체성이 자신의 실현을 향해 가는 가장 짧은 길이다. 긴 혁명의 시각에서 그것은 한 지점일 뿐이지만 일반화된 자주 관리의 코뮌주의 운동의 출발지점들 중 하나이다. 그것은 하나의 실마리일 뿐이지만 생존의 사회가 그 자신을 향해 발표하고 공장, 시골, 거리의 인터내셔널이 즉각 실행하는 사형 선고의 실마리이다.

획득할 희열의 세계를 위해 우리가 잃을 것은 지겨움뿐이다.

1972년 10월

라울 바네겜은 1934년 벨기에에서 철도노동자의 외아들로 태어났다. 브뤼셀 자유 대학에서 문헌학을 공부하고 브뤼셀 지역의 사범학교에서 교수 생활을 하기도 했다. 종교 제도에 반대하는 사회주의자였던 그의 아버지는 2차 세계대전 동안 나치의 유대인 강제 수송을 막기 위해 화물열차를 폭파하던 레지스탕스였다. 성직자로 대표되는 종교적 권위에 대한 조롱, 노동자의 권리에 대한 중시, 인간적인 것에 대한 애정 등 바네겜이 갖는 일련의 성향들은 아버지의 영향을 받은 것이라고도 볼 수 있다.

그는 1960년 앙리 르페브르Henri Lefevre의 『일상생활비판』을 읽고 르페브르에게 연락했다. 1961년 르페브르는 바네겜을 기 드보르Guy Debord에게 소개했다. 당시 드보르는 1957년 〈상황주의 인터내셔널〉을 설립하고 정치와 예술의 문제에 적극적으로 개입하고 있었다. 드보르와 바네겜의 만남은 〈상황주의 인터내셔널〉의 운동 성격과 방향성에 큰 영향을 미쳤다. 〈상황주의 인터내셔널〉은 초현실주의 이후의 급진 예술 운동의 하나로 출발했지만 정치활동가였던 바네겜이 가세하면서 운동의 축이 예술에서 정치로 넘어가게 됐기 때문이다.

〈상황주의 인터내셔널〉은 1962년 예술 지향적인 활동가들을 조직에서 축출하면서 급진 정치조직으로서의 정체성을 분명히 했고 외부 활동보다는 이론 작업에 매진하기 시작했다. 그 결과 1967년 〈상황주의 인터내셔널〉 운동의 사상과 실천 강령을 담은 두 권의 책이 출판됐다. 드보르의 『스펙터클의 사회』*La Société du spectacle*, 바네겜의 『일상생활의 혁명』(원제 : 젊은 세대를 위한 삶의 지침서*Traité de savoir-vivre à l'usage des jeunes générations*)가 그것이다. 두 책은 즉각 청년 학생들 사이에서 큰 반향을 불러일으켰고 1968년 5월 혁명을 이끄는 이론적 동력의 역할을 했다. 거리 곳곳의 벽에 휘갈겨 써진 구호들의 상당수가 상황주의자들의 주장들을 담고 있었다.

5월 혁명에서 상황주의자들은 일정한 성공과 실패를 맛본다. 상황주의자들은 학교와 공장, 거리에서 시위의 상당 부분을 주도했다. 사람들은 타율적 질서와 강요된 노동에서 벗어나 욕망이 이끄는 대로 삶을 주체적으로 체험하고 일상생활을 놀이와 열정, 축제의 장으로 만들었다. 상황주의자들이 원하는 대로 스펙터클의 질서를 거부한 것이다. 하지만 이것은 오래가지 못했고 다시 스펙터클이 일상의 삶을 지배하기 시작했다.

바네겜은 5월 혁명이 자기 생각과는 달리 노동자 중심의 자치 운동으로 발전하지 못하는 것을 지켜볼 수밖에 없었고 상황주의자 그룹 내에서 겉돌기 시작했다. 결국 1970년 바네겜은 드보르에게 〈상황주의 인터내셔널〉에서 탈퇴할 의사를 전달했다. 그 후 두 사람은 다시는 만나지 않았다. 1972년 〈상황주의 인터내셔널〉은 자발적으로 해체된다.

상황주의자들이 말하는 상황이란 물질적, 사회적, 정치적 조건들이 모인 상태가 아니다. 그들이 말하는 상황은 사람들이 집단적이고 의도적으로 만들어 내는 구체적인 삶의 순간이다. 그것은 기존의 물질적, 사회적, 정치적 조건들이 모인 상태를 깨뜨리면서 만들어지는 새로운 삶의 순간이다. 다시 말해 구속과 속박의 상태가 아니라 해방과 자유의 상태가 바로 상황이다. 상황주의자의 활동이란 바로 이 해방과 자유의 상태, 즉, 상황을 창조하는 활동이다. 이것은 주어진 물질적, 사회적, 정치적 조건들을 극복하고 초월하는 활동이라는 점에서 혁명적 활동이라 할 수 있다. 또한, 이런 조건들이 일상생활을 제약하는 조건들이란 점에서 상황을 창조하는 것은 '일상생활의 혁명'이다.

상황주의자의 모든 관심은 상황을 인지하고 평가하는 데 있는 것이 아니라 상황을 창조하는 데 있다. 그러므로 상황주의자들은 상황주의는 존재하지 않고 오직 상황주의자만 있을 뿐이라고 말한다. 왜냐하면 상황주의란 것은 하나의 지식체계로서 이미 존재하는 사실들을 발견하고 해석하는 작업의 결과물이기 때문이다. 상황주의자를 상황주의로 환원하는 것은 상황주의자에게서 창조성과 활동성을 제거하는 작업일 수 있기 때문에 상황주의는 반상황주의적 용어라는 것이다.

상황주의자에게 상황이란 존재하는 상태가 아니라 그가 만들고 창조하는 것이다. 따라서 상황주의자가 보기에 상황의 구축과 일상생활의 혁명은 같은 의미를 갖는다. 상황주의자가 일상생활의 혁명을 이야기하는 이유는 자본주의 사회에서 일상의 삶 자체가 상품으로 전환돼 교환됨에 따라 인간은 삶으로부터 분리, 소외되고 오직 스펙터클을 통해 매개된 방식으로만 존재하고 생존하게 됐기 때문이다. 사회를 지배하는 스펙터클의 논리는 인간을 파편화하고 일상생활을 단편적으로 쪼갬으로써 인간을 수동적이고 비참한 관객, 진정한 쾌락을 느끼지 못한 채 지겨움 속에서 죽어 가는 소비자로 전락시킨다. 따라서 삶의 풍요로움을 되찾아 직접 체험하는 총체적 인간이 되기 위해서는 상황을 창조해야 한다.

바네겜은 "제한이 없는 쾌락의 폭주는 일상생활의 혁명을 향한, 총체적 인간의 건설을 향한 가장 확실한 길"이라고 말했다. 자본주의 사회는 우리에게 시간과 공간을 분할해 합리적이고 계획적으로 사용할 것을 강요한다. 성공을 위해 쾌락은 절제되고 제약돼야 한다고 세뇌한다. 바네겜이 보기에 그것은 삶이 아니라 생존이다. 자본주의적 합리성이란 관점에서 보기에, 비합리적 열정으로 제한 없는 쾌락을 추구하는 것은 미친 짓이다. 자본주의는 통제되지 않은 모든 종류의 열정을 체제 위협적인 것으로 간주하며 철저히 억압하려 한다. 합리적 의사결정을 통한 화폐와 상품의 질서 있는 교환이 자본주의의 핵심이다. 바로 이런 이유로 자본주의는 포틀래치potlatch를 매우 위험하고 미친 짓으로 간주한다. 그것은 비합리적이고 무절제한 선물과 증여를 통해 파산에 이르는 자가 승리하는 사회적 관계 맺음의 방식이기 때문이다. 그것은 자본주의적 사회관계를 파괴하는 놀이이다.

자본주의의 온순한 노동자이자 수동적 소비자로 길든 우

리는 시간을 잘 분배해 일하고 잘 구획된 공간 속에서 이동하며 생활한다. 정해진 시간에 일어나 정해진 시간에 일을 시작하고 끝내며 주어진 시간 동안 논다. 정해진 방식대로 길과 통로를 이동하며 정해진 공간에서 놀고 자고 정해진 공간에서 일한다. 이런 정해진 시간과 공간의 배분을 어지럽히는 일은 위험하거나 '개념 없는 짓'으로 간주된다. 무질서를 위험하고 폭력적인 것으로 배척하면서 자본주의 사회는 질서와 평화를 찬양한다. 그런데 질서는 평화를 만들지만, 이 평화는 진정한 평화가 아니라 순종과 예속의 평화일 뿐이다.

질서가 만든 평화는 지겨움만을 줄 뿐, 진정한 쾌락을 만들어 내지 않는다. 혁명은 질서가 만든 평화를 깨는 일이다. 혁명은 무질서한 놀이를 통해 가능해진다. 처음에는 무질서한 놀이였더라도 놀이가 반복되는 순간, 놀이는 경직되고 창조적 힘을 잃는다. 바네겜은 "종종 봉기는 시작하자마자 눈부신 승리를 거두는데 그 이유는 봉기가 적에 의해 지켜지는 놀이의 규칙들을 깨뜨리고 새로운 놀이를 발명하며 각각의 투사들이 유희적 개발에 완전히 참여하기 때문이다. 그러나 창조성이 갱신되지 않으면, 그것이 반복되는 경향이 있으면, 혁명군이 정규군의 형태를 취하면, 우리는 점차 열의와 히스테리가 헛되이 전투적 취약함을 보충하고 옛 승리들에 대한 추억이 끔찍한 패배를 준비하는 것을 보게" 될 것이라 주장했다.

자동차들에만 허용된 도로를 사람들이 점거해 해방된 놀이 광장으로 만들면서 공간의 질서를 파괴했을 때 지배자들은 당황했고 혼란에 빠져 권력 일부를 내놓을 수밖에 없었다.

하지만 광장의 놀이가 반복된다면 놀이에서 질서와 규율이 강조되고 결국 놀이는 창조적, 파괴적 힘을 잃어버린다. 지배자들은 광장에 사람들이 모이는 것을 더는 두려워하지 않게 될 것이다. 광장에서의 놀이가 일상의 삶에서 분리된 채 미디어를 위한 스펙터클이 돼 버리기 때문이다. 광장의 질서가 끊임없이 깨져 나갈 때 우리는 진정한 쾌락과 창조의 열정 속에서 삶의 풍요로움을 만끽할 것이다.

나는 바네겜의 이 책을 2006년 시울 출판사를 통해 『일상생활의 혁명』이란 제목으로 번역 출간한 적이 있다. 나의 부족한 능력과 게으름 때문에 당시 책에는 거친 문장들과 잘못 번역된 문장들이 많았다. 이번에 갈무리 출판사의 도움을 얻어 잘못되고 거친 부분들을 바로잡을 기회를 얻게 돼 다행이라 생각한다. 많은 노력을 기울여 실수를 바로잡았지만 여전히 부족한 부분이 있을 것이다. 문제가 발견된다면 이후에도 수정할 기회를 가질 수 있기를 바란다.

2017년 11월
주형일

### 2판 서문 : 삶의 일상적 영원성

1. 이 책의 원제는 『젊은 세대를 위한 삶의 지침서』(*Traité de savoir-vivre à l'usage des jeunes générations*)이다. "일상생활의 혁명"은 영어판 제목이다. 1983년 라울 바네겜의 도움을 받아 이 책을 영어로 옮긴 도날드 니콜슨-스미스는 자신의 번역 본 제목을 원제에 충실하게 "처세술의 기초원리 : 최근 세상에 안주한 젊은이들을 위한 안내서"나 "젊은 독자들을 위한 삶의 진실"로 정하려 했으나 영어권 독자들에게는 이미 1975년 출판된 또 다른 영어판의 제목이 널리 알려져 있어 자신의 제목을 포기했다고 한다.

2. [지은이] 나는 1963년과 1965년 사이에 작성한 『일상생활의 혁명』의 원고를 13개의 출판사에 보냈지만 모두 거절당했다. 레이몽 크노(Raymond Queneau, 1903~1976, 프랑스 작가)와 루이-르네 데 포레(Louis-René Des Forêts, 1918~2000, 프랑스 작가)의 추천을 통해 원고를 받은 갈리마르 출판사의 원고검토위원회가 나에게 원고와 거절답변을 보내온 날은 『피가로 리테레르』지가 암스테르담의 히피들에 관한 기사에서 상황주의자들의 악영향을 비난한 날이었다. 그날 저녁 크노는 전보로 원고를 보내 달라고 요구했다. 나는 노동자위원회의 사회적 모델에 대한 마지막 결론 부분을 몇 페이지로 축소 정리했다. 이 책에 실린 두 번째 후기(「혁명적 노동자들에게 축배를!」)에 그 흔적이 남아 있다. 책은 1967년 11월 30일 출판됐다. 1968년 5월 혁명이 있기 6개월 전으로, 그 혁명의 가장 혁신적 내용이 아주 조금 모습을 드러내고 있을 때였다.

책이 나왔을 때 몇몇 독자들은 당시를 지배하던 경제적 안락함 자체가 생존에 대한 나의 분석을 부정하고 있다고 주장했다.

비슷한 회의론이 1979년 출판된 『쾌락의 책』에 가해졌다. 1979년은 일하고 돈을 버는 것이 다른 모든 것보다 중요해 보이던 시기였다. 『당신들을 지배하고 있는 죽음과 그것에서 벗어날 기회에 대해 살아 있는 사람들에게 고함』(1990)이라는 책도 마찬가지였다. 당시 사람들은 생존에 대한 비판을 비웃었을 뿐 아니라 "무엇보다도 우선 삶"이라는 원칙이 점점 명확히 표명되는 경향을 확언한 것에 대해서도 비웃었다.

1967년에 많은 사람들은 "삶의 질"이라는 개념이 모호하고 이해하기 어려운 것이라고 평가했다. 얼마 안 가 같은 명칭을 가진 정부 부처가 생긴 것을 보면 그들의 생각은 옳았다. 그렇지만 오늘날 개인과 공동체 들이 가진 큰 염려는 삶의 질의 실천을 분명히 하고 그것의 지배력을 확고히 하고자 하는 것이다. 투명성, 참여, 관점의 전복, 창조성 개념에 대해서도 동일한 사실을 확인할 수 있다. 이런 용어들은

"존재하지 않았기 때문에" 나는 그것들을 대체하는 개념을 사용해야만 했다.

3. 프랑스를 중심으로 한 라틴 계열 국가들에서는 11세기부터 코뮌(commune)이란 작은 도시 단위를 중심으로 군주, 봉건영주, 주교 등에게 저항하는 봉기들이 계속 일어났다.

### 서론

1. Comte de Lautréamont (1846~1870). 프랑스 시인으로, 초현실주의에 큰 영향을 미쳤다. 대표작으로 『말도로르의 노래』(*Les Chants de Maldoror*, 1869)가 있다.

### 1장 의미 있는 무의미함

1. Stephen Bosustow (1911~1981). 캐나다의 만화영화 제작자. 1944년 무렵 당시의 풀애니메이션 기법(1초당 24프레임에 해당되는 모든 동작을 각 프레임별로 그리는 방식)을 버리고, 1초당 약 1~12프레임이 들어가는 '리미티드'(limited) 기법을 계발했다. 본문에서 언급되는 것과 같은 '정지장면'은 리미티드 기법의 대표적인 특징이다.

2. 1789년 7월 14일은 프랑스 혁명에서 바스티유 감옥이 함락된 날이다.

3. Jean Meslier (1664~1729). 프랑스의 사제. 유물론자이기도 했던 그는 영주에게 억압받는 농민을 위해 투쟁했고 기독교의 허구를 신랄히 비판했다.

4. Sergueï Aleksandrovitch Essénine (1895~1925). 러시아 시인. 1773~75년의 농민 혁명을 노래한 서사시 『푸가체프』(*Pugachev*)로 명성을 얻은 예세닌은 볼셰비키 혁명을 옹호했으나 이후 당과 불화했다. 1922년 미국의 무용가 덩컨(Isadora Duncan)과 결혼해 소련을 떠났으나 1925년 이혼 후 소련에 돌아와 상트페테르부르크의 한 여관에서 자살했다.

5. Jules-François Dupuis. 로트레아몽이 살던 집의 관리자. 로트레아몽의 사망확인서에 서명했다. 바네겜은 이 이름을 필명으로 사용했다.

6. Robert Lacoste (1898~1989). 1956년에서 1958년까지 알제리 총독을 지내며 독립운동을 무력으로 탄압했던 프랑스의 정치인.

7. 스캔들(Scandale)사의 여성용 거들.

8. 1879년~1893년에 걸쳐 벌어진 파나마 운하 건설과 관련된 금융 비리 사건.

9. Pierre-François Lacenaire (1803~1836). 프랑스 시인. 사기와 살인으로 수감된 후 시와 자서전을 써 유명해졌다. 기요틴에 의한 참수형을 받았다.

10. Petrus Borel (1809~1859). 프랑스의 낭만주의 소설가.

11. Charles Lassailly (1806~1843). 프랑스 낭만주의 소설가이자 시인. 주로 중세고딕소설에 영향을 받아 환상적인 작품을 썼다.

12. Karl Georg Büchner (1813~1837). 독일 극작가.

13. Charles Pierre Baudelaire (1821~1867). 프랑스 시인.

14. Johann Christian Friedrich Hölderlin (1770~1843). 독일 시인.

2장 모욕

1. Jean-Jacques Rousseau (1712~1778). 프랑스 철학자.

2. Caraquemada (1918~1963). 본명은 라몬 빌라 캅데빌라(Ramon Vila Capdevila). 1945년부터 1963년 사살될 때까지 스페인의 프랑코 독재 정권에 맞서 게릴라 활동을 벌인 아나키스트.

3. Stéphane Mallarmé (1842~1898). 프랑스의 시인.

4. Procès des Trente. 1894년 파리에서 아나키즘 운동을 탄압하기 위하여 열린 재판.

5. Jules Bonnot (1876~1912). 프랑스 아나키스트. '보노 패거리'라는 조직을 결성하여 활동하던 중 1912년 경찰과의 총격전 끝에 사살되었다.

6. Hans Selye (1907~1982). 캐나다의 의학자. 1950년 현대인들의 스트레스와 불안, 그로 인한 생화학적·생리학적 반응들이 현대세계의 무질서와 관련이 있다는 '일반 스트레스 적응 증후군'이라는 학설을 발표했다.

7. 1789년 시작된 프랑스 혁명은 1793년 1월 루이 16세의 처형으로 군주제와 결별하였다. 하층민과 소부르주아지의 지지를 받는 로베스피에르를 중심으로 한 산악파가 혁명의 이상을 실현하기 위해 구체제 질서에 온건한 태도를 보이는 지롱드파 등 반혁명 세력을 숙청하는 공포 정치를 실시한다.

8. Aldous Leonard Huxley (1894~1963). 영국 작가.

9. George Orwell (1903~1950). 영국 작가.

10. Yves Touraine (1916~?). 프랑스 소설가. 작품으로 『다섯 번째 트럼펫 소리』 (Le Cinquième coup de trompette, 1954), 『신에 관한 새로운 개념에 대한 변명』 (Plaidoyer pour une nouvelle conception de Dieu, 1996) 등이 있다.

11. Allamvedelmi Osztaly. 헝가리 공산당 비밀경찰 조직. 1956년 헝가리에서 민주주의를 요구하는 민중봉기가 일어났을 때 이를 진압하기 위해 발포하여 사태를 악화시켰다.

12. 스탈린이 사망한 1953년부터 헝가리 공산당과 AVH(옛 AVO)는 정당성의 위기를 맞게 되었다. 1956년 10월 23일 30만 명가량의 헝가리 시민은 부다페스트를 점거하여 부다페스트 라디오 방송국을 통해 소련군 철수를 주정하려고 했다. 이 과정에서 AVH 요원들의 발포로 시민들 수십 명이 사망하였고, 이에 흥분한 시민들이 AVH 요원들을 부다페스트 거리의 나무에서 교수형에 처했다. 오늘날 '1956년 헝가리 혁명'이라고 불리는 이 사건은 유혈 진압되었다.

13. Franz Kafka (1883~1924). 체코 작가.

14. Sétif. 알제르 세티프주의 주도(州都). 1945년 이곳에서 프랑스의 식민지배에 저항하는 시위가 벌어져(세티프는 1838년부터 프랑스의 식민지였다) 알제리인 2천여 명, 이슬람교도 6천여 명이 프랑스 군대에 의해 살해되었다.

15. Aimé Césaire (1913~2008). 화산섬 마르티니크 태생의 시인. 파리 유학 시절 흑인들의 비참함을 몸소 느낀 뒤 1932년부터 아프리카 지식인들과 연대해 유럽

부르주아 문화에 동화되지 않는 흑인으로서의 문화적 자긍심과 정체성 자각을 주장한 '네그리튀드'(negritude) 개념을 창안해 이를 문화운동으로 발전시켰다.

16. Émile Pouget(1860~1931). 프랑스의 아나키스트. 1884년부터 1902년까지 아나키스트 잡지, 『르 페르 페나르』(Le Père peinard)를 발간했다. 1894년 대통령 암살사건에 연루되어 영국으로 망명했다. 1907년부터는 노동총동맹(CGT)의 기관지 『인민의 목소리』(La Voix du peuple)의 주필로 활약했다.

17. Claude-Anthime Corbon(1808~1891). 프랑스 정치인. 노동자 출신의 공화주의자로 1848년 제헌의회 의원이 되었고, 제2제국의 몰락 뒤에는 파리시장과 국민의회 의원을 역임하였다. 저서로 『인민의 비밀』(Secret du peuple de Paris, 1863)이 있다.

## 3장 고립

1. "Para no sentirme solo/Por los siglos de los siglos." 스페인 시인 이에로(José Hierro, 1922~2002)의 『시선집』(Antologia, 1953)에 수록된 「레뽀르따헤」(Reportaje)의 마지막 두 행.

2. Plotinus 또는 Plotin(205~270). 이집트 태생의 로마 철학자. "만물의 근원적 존재인 일자(一者)로부터 세계가 나오며 탈아(脫我)를 통해 이 일자와 합일해야 한다"고 주장했던 그의 사상은 수세기 동안 기독교 신비주의자들에게 큰 영향을 미쳤다.

3. Buenaventura Durruti Dumange(1896~1936). 스페인 아나키스트로 스페인 내전 때 아나키스트 부대를 이끌었다.

4. Jacques Vaché(1896~1918). 프랑스 작가. 23세에 자살을 할 때까지 책이나 작품을 전혀 남기지 않았지만 어떤 것에도 중요성을 두지 않는 절망의 유머를 보여 줌으로써 친구였던 초현실주의의 창시자 브르통에게 깊은 영향을 줬다.

5. Under the Volcano. 영국의 작가 말콤 라우리(Malcolm Lowry)가 1947년 발표한 자전적 소설. 인용문에서 말하는 영사(領事)는 이 소설의 주인공으로서 알코올중독자인 멕시코 주재 영국영사 제프리 퍼민(Geoffrey Firmin)을 말한다.

## 4장 고통

1. St. Charles Garnier(1606~1649). 프랑스의 예수회 신부. 1636년 당시 '새로운 프랑스'로 불리던 캐나다에서 선교활동을 펼쳤다.

2. Berthe Sylva(1885~1941). 1930~40년대에 활동한 프랑스 샹송 가수. 1928년 방송 데뷔를 하자마자 순식간에 인기를 획득했다. 1천여 곡이 넘는 레퍼토리 중 약 450곡을 레코드에 취입했다.

3. France-Soir. 프랑스의 대중 일간지.

4. Francisco Franco(1892~1975). 스페인의 독재자.

5. Fulgencio Batista(1901~1973). 쿠바의 독재자. 1959년 카스트로에 의해 축출된다.

6. Arthur Cravan (1887~?). 파리와 뉴욕을 오가며 활동했던 아방가르드 시인. 이름, 외모, 성격을 수시로 바꾸며 살다 1918년 멕시코에서 사라졌다.

7. Drieu La Rochelle (1893~1945). 프랑스 소설가. 나치에 동조한 혐의로 구인장을 발부받자 자살했다.

8. Jacques Rigaut (1898~1929). 프랑스의 초현실주의 시인. 다다의 일원이었다가 초현실주의 운동에 가담했던 리고는 자살을 주제로 한 작품을 즐겨 썼다. 그 영향 때문이었는지 1929년 11월 9일 31세의 젊은 나이로 직접 목숨을 끊었다.

5장 노동의 실추

1. Jean Fourastié (1907~1990). 프랑스의 유명한 경제학자. 2차 세계대전 종전부터 1차 오일쇼크까지의 기간(1947~73)이 프랑스의 '영광의 30년'(les trente glorieuses)이라고 주장하였다.

2. 프레드릭 테일러(Frederick W. Taylor, 1856~1915)의 과학적 노동 관리법. 노동자의 작업량과 작업 시간을 표준화하고 성과급을 지급하는 방식.

3. Henry Ford (1863~1947). 미국의 사업가. 포드 자동차회사의 설립자. 컨베이어 벨트를 이용한 노동의 분업화 시스템인 포드주의를 만들었다.

4. François Guizot (1787~1874). 프랑스 정치인, 정치학자, 역사학자. 1830년 7월 혁명을 주도한 후 루이 필립을 왕으로 선출하고 왕정하에서 장관, 수상을 역임, 1848년 학생과 노동자들이 봉기한 2월 혁명으로 실각했다.

6장 감압과 제3의 힘

1. David Lloyd George (1863~1945). 영국의 정치인. 국민보험법을 입안, 실행함으로써 영국을 복지국가로 만드는 기초를 마련했다는 평가를 받았다.

2. Krupp. 1810년 작은 철공소에서 시작한 독일 최대의 군수 철강 제조 가문으로, 가문의 이름을 딴 대기업을 운영 중이다.

3. Heinrich Heine (1797~1856). 독일의 시인.

4. Lächelnd scheidet der Despot/Denn er weiß, nach seinem Tod/Wechselt Willkür nur die Hände/Und die Knechtschaft hat kein Ende. 독일 시인 하이네가 1851년 발표한 마지막 시집 『로만체로』(Romanzero)의 1부("역사이야기")에 수록된 시 「다윗왕」(König David)의 첫 단락.

5. Batiouchka. 아버지를 친근하게 부르는 러시아 말로, 민중이 지도자를 친근하게 부르는 표현으로 쓰인다.

6. Youri Alexeïevitch Gagarine (1934~1968). 인류 최초(1961년)의 소련의 우주비행사.

7. Brigitte Bardot (1934~ ). 1960년대를 풍미한 프랑스 유명 여배우.

8. Johnny Hallyday (1943~ ). 프랑스 유명 가수. 1960년 데뷔하자마자 프랑스의 엘비스 프레슬리로 불리며 큰 인기를 얻었다.

9. Millénarisme. 메시아가 재림해 1천 년 동안 세상을 지배한 후 종말이 온다는 기독교의 신앙.

10. Bertolt Brecht (1898~1956). 독일의 극작가.

11. Frères du Libre-Esprit. 12세기에 나타나 14세기 라인 강 지역에서 번성했던 범신론 종파. 신과의 통일을 통해 완전한 자유에 도달하고자 했다.

12. 프랑스대혁명 당시 백만 명의 부가 2천5백만 명을 먹여 살린다는 주장에서 비롯된 정치 용어. 이후 민중을 억압하는 부유한 지배층을 지칭하는 부정적인 의미로 사용되게 된다.

13. François-Noël Babeuf (1760~1797). 프랑스 사상가. 프랑스 대혁명 당시 〈평민선언〉(Plebian Manifesto)으로 "모두가 생산한 것을 평등하게 분배하자"고 외치면서 정부 전복을 기도하다 단두대에서 처형됐다.

14. 파리 코뮌 (1871. 3. 18~5. 28). 프랑스 파리에서 민중들이 최초로 세운 프롤레타리아 자치 정부.

15. D.A.F de Sade 혹은 Marquis de Sade (1740~1814). 프랑스 사상가.

16. Max Stirner (1805~1856). 독일의 사상가. 흔히 '허무주의와 실존주의의 아버지'로 불리나 오늘날에는 『유일자와 그 소유』(Der Einzige und sein Eigentum, 1844)의 지은이로, 개인주의적 아나키즘의 선구자로 기억되고 있다.

17. Léon Léhautier (1974~1894). 프랑스의 아나키스트. 1893년 11월 13일 파리를 방문 중이던 세르비아의 수상을 습격했다가 실패, 프랑스령 기아나에 있는 유형지 릴주살뤼 섬에 수감되었다.

18. Auguste Vaillant (1861~1894). 프랑스 아나키스트. 1893년 12월 9일 프랑스 하원의 방청석에 폭탄을 투척한 뒤 체포되어 사형을 선고받았다. 당시 프랑스의 대통령 카르노가 사면을 제안했지만, 이를 거부하며 1894년 2월 3일 단두대에서 처형되었다.

19. Émile Henry (1872~1894). 프랑스 아나키스트. 1894년 2월 12일 파리에 '카페 테르미뉘스'에 폭탄을 투척한 후 체포되어 사형되었다.

20. Francisco (Pancho) Villa (1878~1923). 멕시코의 혁명가. 멕시코 혁명 (1911~20)의 지도부의 일원으로 혁명을 성공시켰으나 대지주 출신의 혁명지도자 카란사 (Venustiano Carranza, 1859~1920)와의 대립으로 북부 치와와주에서 게릴라전을 전개했다.

21. Emiliano Zapata (1879~1919). 멕시코의 혁명가. 사빠따는 비야와 더불어 카란사 정권에 맞서 싸우다가 1919년 4월 10일 반혁명군에 의해 살해되었다.

22. Nestor Makhno (1889~1934). 우크라이나의 아나키스트. 1917년 2월 혁명 직후 우크라이나 소비에트 의장으로 활동하며 볼셰비키의 적군에 맞섰다. 1920년 11월 26일 적군의 총공격을 피해 프랑스로 망명한 뒤 그곳에서 결핵으로 사망했다.

23. Kiel. 독일 북부 항구도시. 1918년 11월 항구노동자와 선원들의 봉기가 일어났

다. 독일 최초의 노동자와 군인 평의회를 결성, 자율권을 행사하였다. 함부르크, 브레멘, 뤼벡 등에서도 대규모 봉기와 평의회가 구성되었다.

24. Asturies. 스페인의 광산도시. 1934년 10월 5일부터 18일까지 노동자들의 봉기에 의해 자율적인 코뮌이 형성되었다.

## 7장 행복의 시대

1. Adam Smith(1723~1790). 영국의 철학자이자 정치경제학자. 『국부론』의 저자.

2. Jeremy Bentham(1748~1832). 영국의 철학자. 공리주의의 창시자. "최대다수의 최대행복"을 추구해야 한다고 주장했다.

3. Dwight David Eisenhower(1890~1969). 미국 34대 대통령(1953~1961).

4. Nikita Khrouchtchev(1894~1971). 소련의 정치인. 소련 공산당 서기장으로서 반스탈린 정책을 펴고 서구 국가와의 공존을 추구했다.

5. 리옹(Lyon)과 푸르미(Fourmies)는 프랑스의 도시들이다.

6. 미국 로스앤젤리스의 와츠(Watts) 지역에서 1965년에 흑인들의 대규모 봉기가 일어났다.

7. Peter Berger(1929~ ). 미국 사회학자. 사람들의 상호작용을 통해 현실이 구성된다는 사회적 구성주의 이론을 발전시켰다.

8. Louis Armand(1905~1971). 프랑스의 관료. 철도청 같은 공기업들의 사장을 역임했다.

9. Abraham Moles(1920~1992). 프랑스 커뮤니케이션학자. 사회심리학의 관점에서 커뮤니케이션에 접근했다. 1968년 혁명 당시 상황주의자 학생들의 공격 대상이었다.

10. 이 글은 1967년에 작성된 것이다.

11. la nuit du 4 août. 1789년 프랑스에서 일어난 대규모 민중 봉기에 당황한 국민의회가 민중을 달래기 위해 8월 4일 밤 봉건체제를 폐지한다는 법령을 공포했다. 이것을 8월 4일 법령이라 한다. 프랑스 대혁명이 얻은 최초의 가시적 성과이다.

12. Xanadu. 징기스칸의 손자 쿠빌라이 칸이 여름 휴가기간 동안 몽골제도의 수도로 사용했던 내몽고의 상도(上都)를 말한다. 여름궁전과 108개의 사원이 있다.

13. Dauphine. 프랑스의 르노 자동차회사가 1956년부터 1967년까지 생산한 자동차. 1957년부터 1961년 사이에 프랑스에서 가장 많이 팔린 자동차였다.

14. latifundium. 고대 로마의 사유농지.

15. Louis Antoine Saint-Just(1767~1794). 프랑스 대혁명 당시 공포정치의 지도자들 중 하나.

## 8장 교환과 증여

1. Nicolas Fouquet(1615~1680). 프랑스 루이 14세 왕권 당시 재무부 장관. 왕을 뛰어넘는 엄청난 부를 과시하며 사치스러운 생활을 즐겼다.

## 9장 기술, 그리고 기술의 매개된 사용

1. Marie-Jean-Antoine-Nicolas Caritat Marquis de Condorcet (1743~1794). 프랑스 수학자, 계몽사상가.
2. 그리스 신화에서 역사를 금의 시대, 은의 시대, 동의 시대, 철의 시대로 구분한 것.
3. *Présence africaine*. 1947년 "기존 역사서술에서 간과되어 왔던 아프리카의 현실을 알린다"는 취지로 파리에서 창간된 흑인 문화 잡지.

## 10장 양적인 것의 지배

1. *Die Ausnahme und die Regel*. 1930년 발표된 브레히트의 연극작품. 자신의 하인을 쏘아 죽인 오일 상인이 정당방위로 풀려나는 과정을 통해 계급의 차이가 어떤 결과를 가져오는지를 비판하는 내용이다.
2. Gilles de Rais (1404~1440). 프랑스 귀족. 백년전쟁 당시 잔다르크와 무공을 세웠으나 1435년부터 신비주의에 심취되어 수십 명의 유아를 재물로 바치기 위해 죽였다.
3. Durante Alighieri (1265~1321). 이탈리아의 시인.
4. Ivan Petrovich Pavlov (1849~1936). 러시아의 생리학자. 개를 이용한 조건반사 실험으로 유명하다.
5. Paul Joseph Goebbels (1897~1945). 독일 정치인. 1927년 나치의 선전지 『공격』 (*Der Angriff*)을 창간하여 나치당 선전 활동을 벌였다. 대중은 작은 거짓말보다 큰 거짓말에 더 잘 속아 넘어간다고 주장했다.
6. Patrice Émery Lumumba (1925~1961). 콩고의 초대 수상.
7. Mourenx. 프랑스 남서부에 있는 도시. 1958년 세 구역으로 나뉜 신도시로 개발됐다. 앙리 르페브르는 이 신도시를 국가자본주의에 의해 계획된 일상생활의 파편화 결과라고 봤다.

## 11장 매개된 추상화와 추상적 매개

1. 테세우스는 그리스 신화의 인물, 아테네의 왕자로, 크레타섬의 미궁에서 크레타 공주 아리아드네의 도움을 받아 반인반우의 괴물 미노타우로스를 죽이고 제물로 끌려간 아테네 사람들을 구한다.
2. Ubu. 알프레드 자리(Alfred Jarry, 1873~1907)가 1896년에 발표한 부조리극, 『위 뷔 왕』(*Ubu Roi*)의 주인공. 이 희곡은 인간의 불합리하고 사악한 성향을 묘사하였다.
3. Argus. 그리스 신화의 거인으로 1백 개의 눈을 갖고 있고 잘 때도 한 눈은 뜨고 있어 항상 주위를 감시한다.
4. Anselme Bellegarrigue (1820~?). 프랑스의 아나키스트. 프루동의 동지였고, 1850 년 『아나키, 질서의 신문』(*L'Anarchie, journal de l'ordre*)을 창간했다.
5. Humpty-Dumpty. 영어권에서 사용되는 아동용 노래의 주인공. 달걀의 형태를 가

진 인물이다.

6. Denis Diderot (1713~1784). 프랑스의 문인, 사상가. 21년에 걸쳐 방대한 백과사전을 편찬했다.

7. Jakob Böhme (1575~1624). 독일의 신비주의자. 1600년 환상적인 체험을 겪은 뒤 자신의 깨달음을 담은 『여명』을 집필, 교회와 대립했다. 그의 사상은 낭만주의 시기의 독일 관념론자들에게 큰 영향을 미쳤다.

8. Paul Brousse (1844~1912). 프랑스의 아나키스트. 바쿠닌(Mikhail Bakunin, 1814~1876)이 이끌던 〈쥐라연합〉(Fédération jurassienne)의 주요 활동가. 1902년 조레스(Jean Jaurès, 1859~1914)가 이끌던 프랑스 사회주의당에 가입해 노동 운동에 헌신했다.

9. Jean-Pierre Brisset (1837~1919). 프랑스의 문인. 단어들을 분해하고 재해석하는 난해한 글들을 통해 블랙 유머를 사용했다.

10. 1916년 스위스 취리히에서 다다(dada) 운동이 시작됐다.

## 12장 희생

1. *Internationale situationniste*. 1957년 프랑스에서 창간된 상황주의자들의 잡지.

2. Marcel Bigeard (1916~2010). 프랑스의 군인. 2차 세계대전, 인도차이나 전쟁, 알제리 전쟁에 장교로 참전했다.

3. Jivaro. 남아메리카 아마존강 유역에 사는 원주민 부족.

4. Jules Vallès (1832~1885). 프랑스의 저널리스트. 1871년 파리 코뮌의 지구위원으로 활동하다가 파리 코뮌이 진압된 후 런던으로 망명했고, 1880년에 사면되어 고국으로 돌아왔다. 풍자적인 문장으로 사회 체제를 비판하고, 프롤레타리아트의 대의를 옹호했다.

5. artichaut. 유럽에서 많이 먹는 채소의 하나.

6. Quintus Horatius Flaccus (B.C.65~B.C.8). 로마 시대의 시인.

7. Pierre de Ronsard (1524~1585). 프랑스 시인. 높은 서정성으로 프랑스 시의 개혁을 제창했던 '플레이아파'(La Pléiade)의 지도자로서 '프랑스 시의 왕자'라고 불린다.

8. François de Malherbe (1555~1628). 프랑스 시인. 1605년 앙리 4세의 궁정시인이 된 후 엄격한 형식과 정확한 문법으로 약 125편의 시를 연달아 발표하며 16세기의 프랑스어를 정리, 고전주의 미학의 선구자로 평가된다.

9. Bernard Buffet (1928~1999). 프랑스 화가. 1946년 자화상을 발표하며 등단한 뒤 1948년 약관 20세의 나이로 비평가 대상을 받아 유명해졌다.

10. Georges Mathieu (1921~2012). 프랑스 화가. 몸짓을 그대로 화폭에 옮기는 방법으로 즉흥성과 역동성이 돋보이는 추상화를 그려 비구상회화의 대표자가 되었다.

11. Alain Robbe-Grillet (1922~2008). 프랑스의 문인.

12. Yé-Yé. 1960년대 프랑스에서 유행했던 대중음악.

13. Georges Lapassade (1924~2008). 프랑스의 사회학자. 프랑스의 철학자이자 과학사가인 깡길렘(Georges Canguilhem, 1904~1995)의 동료로, 잡지 『논쟁』 (*Arguments*)을 함께 편집하며 정신분석학과 생물학에 근거해 사회학의 패러다임을 넓히는 데 주력했다.

### 13장 분리

1. Charles de Gaulle (1890~1970). 프랑스의 군인, 정치인. 2차 세계대전 당시 영국으로 망명, 임시정부 수상을 지냈다. 1958년 제5공화국을 수립하고 대통령이 됐다. 강력한 프랑스를 지향한 그의 정치사상은 드골주의로 불리며 프랑스 우파의 정신적 근간이 되고 있다.

2. 3세기 페르시아에서 발생한 종교. 교주인 마니의 이름을 따 마니교라 불린다. 선과 악, 빛과 어둠의 이원적 세계관이 특징이다.

3. 중세에 유행하던 기독교 교파로 이단으로 분류돼 13세기에 교회의 공격을 받아 사실상 소멸했다. 정신과 물질을 구분하는 이원론을 갖고 물질을 부정하는 철저한 금욕을 주장했다.

4. 15세기에 체코의 신학자인 얀 후스(Jan Hus)가 시작한 급진적 종교개혁운동. 사제가 없는 초기교회 같은 평등한 공동소유의 삶을 지향했다.

5. 프랑스의 신학자 장 칼뱅(Jean Calvin)에 의해 16세기에 시작된 종교개혁운동.

6. Jean de Meung (1250~1305). 프랑스의 시인. 라틴작가의 주요 작품을 프랑스어로 번역해 중세 설화문학의 전기를 마련한 인물로서, 역설적인 풍자시로도 유명하다.

7. Étienne de La Boétie (1530~1563). 프랑스의 작가. 1549년 오를레앙 대학에서 법학을 공부하며 『자발적 복종』(*Discours de la servitude volontaire*)을 집필했다. 시민불복종과 비폭력저항을 주장한 아나키즘의 선구자로 평가받고 있다.

8. Vanino Vanini (1585~1619). 이탈리아의 철학자. 철저한 무신론자로서 교회의 교리에 대항했다는 이유로 종교재판 후 화형당했다.

9. René Descartes (1596~1650). 프랑스의 철학자. 데카르트는 뇌에 있는 송과선이 영혼과 육체를 연결해 주는 기관이라고 생각했다.

10. Blaise Pascal (1623~1662). 프랑스의 철학자, 수학자.

11. 16세기 독일, 스위스 등지에서 발생한 개신교의 한 교파로 초기교회의 모습을 이어받아 유아세례를 부정하고 자각적인 신앙고백을 수반하는 세례를 인정한다. 재세례파라고도 한다.

12. 1524년부터 1525년까지 중부 유럽의 독일어권 지역에서 대규모 농민 봉기가 있었다. 독일 농민전쟁으로 불리는 이 봉기에서 10만여 명의 농민들이 귀족들에게 학살됐다.

13. Schlemihl. 독일의 시인 폰 샤미소(Adelbert von Chamisso, 1781~1838)가 1814년 발표한 소설 『페터 슐레밀의 신기한 이야기』(*Peter Schlemihls wundersame*

*Geschichte*)의 주인공. 그림자를 악마에게 판 뒤 불행해진다.

14. Joris-Karl Huysmans (1848~1907). 프랑스 작가. 자연주의 작가로 출발하여 이후에는 세기말적 심미안을 구사한 인공미(人工美)의 세계를 그려 호평을 받았다.

## 14장 겉모습의 조직

1. La Fronde (1648~1653). 1648~53년 프랑스의 귀족들이 부르봉 왕조(특히 루이 14세)의 왕권에 도전해 일으킨 최후의 저항. 귀족세력의 패배로 절대왕권이 확립된 계기가 됐다.

2. Herakleitos (기원전 6세기 초~?). 그리스의 철학자. 만물의 근원은 불이며, 모든 것은 대립과 투쟁 속에서 생성·변화한다고 주장했기 때문에 변증법의 창시자로 여겨진다.

3. Être suprême. 프랑스혁명 당시 로베스피에르(Maximilien Robespierre, 1758~1794)가 기독교의 신을 대체하는 새로운 시대의 절대자로 제시한 개념.

4. pataphysique. 『위뷔 왕』의 지은이가 자리가 창안한 상상의 학문. 1893년 4월 28일 『파리 문학계의 메아리』(*L'Écho de Paris littéraire illustré*)라는 잡지에 기고한 글 「기뇰」(Guignol)에서 처음 사용된 이 용어는 (자리 본인의 소개에 따르면) "사물의 본질이라고 설명되는 사물의 속성이, 사실은 그 사물의 외양에 존재한다고 상징적으로 설명하는 상상의 과학"이다. 존재하지도 않는 사물의 본질이란 것을 탐구하는 기존의 형이상학을 풍자하기 위해 만든 이 용어는 흔히 "모순과 예외의 진리에 근거한 난센스로 근대과학의 이론과 방법을 패러디하는 학문"으로 정의되기도 한다.

5. Molière (1622~1673). 프랑스의 극작가. 본명은 장 바티스트 포클랭(Jean-Baptiste Poquelin).

6. Louison Bobet (1925~1983). 프랑스의 자전거경주 선수. 역사와 권위를 자랑하는 장거리 자전거경주 투르 드 프랑스(Tour de France)를 연속으로 3연패하였다.

7. François Mauriac (1885~1970). 프랑스 소설가. 가톨릭의 감수성으로 인간의 죄의식을 탐구한 작품들을 통해 명성을 얻었다. 1952년 노벨 문학상을 받았다.

8. 1960년 9월 뉴욕에서 열린 유엔총회장에서 당시 소련 공산당 서기장이었던 흐루쇼프가 연설 도중 흥분해 구두를 벗어 단상을 두드렸다는 일화가 있다.

## 15장 역할

1. Françoise Sagan (1935~2004). 프랑스 소설가.

2. Bernard Buffet (1928~1999). 프랑스 화가.

3. Léopold Szondi (1893~1986). 헝가리의 정신분석가. 헝가리의 정신의학자. 심층심리학의 대가로서, 그의 이름이 붙은 쏜디 테스트는 '인성 반영테스트'(projective personality test)로 불리기도 한다.

4. Yevgeny Yevtushenko (1933~2017). 러시아의 시인.

5. Hanns Hörbiger (1860~1931). 오스트리아 공학자.

6. Edwin Walker (1909~1993). 미국의 군인. 미국의 반공주의와 인종차별주의를 대표했던 보수파로 1962년 골드워터의 지지 아래 텍사스 주지사에 출마했으나 떨어졌다.

7. Barry Morris Goldwater (1909~1998). 미국의 정치인. 미국 보수주의의 창시자로서 1949년 정계에 입문한 뒤부터 1950~60년대 공화당의 핵심 인물이었다.

8. Francisco Franco (1892~1975). 1936년부터 1975년까지 스페인을 통치한 독재자.

9. *Le Neveu de rameau*. 프랑스 계몽사상가 디드로(Denis Diderot)가 1762년 발표한 소설. 철학자인 '나'와 당대의 유명한 음악가 라모(Jean-Philippe Rameau, 1683~1764)의 조카인 '그'가 나누는 대화로 이루어져 있다.

10. Les Sœurs Papin. 1933년 2월 2일 프랑스 르망에서 자신들이 하녀로 일하던 집의 여주인과 딸을 잔혹하게 살해해 프랑스 전역을 경악시켰던 크리스틴(Christine Papin)과 그녀의 동생 레아(Léa Papin)를 말한다.

11. Camilo Cienfuegos (1932~1959). 쿠바의 혁명가. 카스트로·게바라와 쿠바혁명을 이끈 주역 중의 하나로서 1959년 10월 28일 비행 도중 의문의 죽음을 당했다.

12. Mireille Mathieu (1946~ ). 프랑스 가수.

13. Kostas Axelos (1924~2010). 그리스의 철학자. 2차 세계대전 당시 그리스 공산당의 주요 이론가로서 레지스탕스 활동을 하다가 1945년 프랑스로 이주, 하이데거와 맑스의 사유를 종합해 근대의 과학기술을 비판하는 저술들을 발표하였다.

14. Pétanque. 프랑스에서 인기가 있는 쇠공치기 놀이로 우리의 구슬치기와 비슷하다.

15. Albert Libertad (1875~1908). 프랑스의 아나키스트.

16. Lewis Carroll (1832~1898). Charles Lutwidge Dodgson의 필명. 『이상한 나라의 앨리스』의 작가.

17. Giorgio de Chirico (1888~1978). 이탈리아의 화가. 초현실주의에 영향을 준 형이상학 회화를 대표하는 인물이다.

18. Kazimir Severinovich Malevich (1878~1935). 러시아의 화가. 1900~10년 입체주의와 미래주의를 종합한 작품을 그리다가 1913년 사물을 기하적으로 극도로 간략화하고 직관적 감성을 중시하는 '절대주의'(Suprematism)라는 추상주의 화풍을 확립했다.

19. *Ulysses*. 제임스 조이스의 소설.

20. Elagabalus 또는 Heliogabalus (204~222). 로마의 황제. 본명은 Varius Avitus Bassianus.

21. Timur (1336~1405). 투르키스탄 출신의 정복자. 현지 이름은 타메를란. 칭기즈

칸의 제국을 재건설한다는 명분으로 중앙아시아 일대의 국가들을 공격해 티무르 제국을 건설함.

22. Tristan. 중세의 전설적인 기사.

23. Perceval. 12세기 후반에 크레티앵 드 트루아(Chrétien de Troyes)가 쓴 『페르스발 : 성배 이야기』(*Perceval ou le Conte du Graal*)의 주인공.

24. Pierre Solié (1930~1993). 프랑스의 의사, 정신분석학자.

25. Krakatoa. 1883년 대규모의 폭발을 일으킨 인도네시아의 화산.

## 16장 시간의 유혹

1. *Le Monde*. 프랑스의 권위 있는 일간지.

2. Antonin Artaud (1895~1948). 프랑스의 희곡작가이자 배우. 1927년 초현실주의자들과 교류하며 연극의 개혁을 주장했다. 합리주의에 물든 근대 유럽문명을 부정하는 자유로운 정신의 연극, 즉 '잔혹극'(théâtre de la cruauté)의 창시자다.

## 18장 불안정한 거부

1. Paolo Uccello (1397~1475). 이탈리아의 화가. 투시도법(透視圖法)의 대가로서, 투시도법에 따른 사물의 정확하고도 사실적인 묘사와 장식적인 화풍을 선보였다.

2. Wassily Kandinsky (1866~1944). 러시아의 화가.

3. Souabe. 독일어로 슈바벤(Schwaben). 독일과 스위스, 알자스 지방에 걸쳐 있는 지역.

4. Norman Cohn (1915~2007). 영국의 역사학자.

5. *Les Fanatiques de l'apocalypse*. 노먼 콘의 책, 『천년왕국의 추구』(*The Pursuit of the Millennium*)의 프랑스어판 제목.

6. 1864년 9월 28일 영국 런던에서 창립된 국제노동자연합. 당시 영국, 프랑스 등지에서 활동하던 노동조합 지도자들로 구성됐다. 맑스는 여기에서 총위원장으로 선임됐다.

7. Johann Hartmann (1561~1631). 천년왕국설(millenarism)을 주장한 독일의 신비론자.

8. Jean de Brünn (?~?). 천년왕국설을 믿는 14세기 베긴 교파의 한 일원. 의도적인 빈곤을 통한 고행으로 완벽한 복음에 도달하려 했다.

9. Les Pifles d'Arnold. 모든 교회는 일체의 재산을 포기하고 시 당국에 헌납해야 한다고 주장해 1139년 제2차 라테란공의회에서 이단으로 몰려 프랑스로 추방된 이탈리아 수도사 아르날도(Arnaldo da Brescia, 1090~1155)의 사상을 좇는 이들을 말한다. 아르날도는 프랑스에서 막대한 추종자들을 얻게 됐는데, 그들의 주장이 허황하다고 해 '헛소리(pifles)를 하는 사람들'이라고 부르던 데서 연유된 말이다.

10. Jean Pauwels. 벨기에의 아나키스트. 1894년 3월 15일 동료 아나키스트 앙리의 체포에 보복하기 위해 파리의 마들렌느 성당을 폭파하러 가던 중 주머니 속에

넣어둔 소형폭탄이 성당 입구에서 터져 사망했다.

11. Robert Burger (1945~ ). 뉴욕의 한 술집에서 만난 사제를 따라 그의 아파트에 갔다가 다툼 끝에 칼로 찔러 살해했다. 살해 동기는 정확히 밝혀지지 않았다. 2012년 아내를 죽인 혐의로 체포됐다.

12. Jacques Roux (1752~1794). 프랑스 사제. 프랑스 대혁명과 파리 코뮌에 참가했다.

13. Opus Dei. 1928년 설립된 기독교 내 성직자들의 자치단체.

14. Félix Eugène Chemalé. 프랑스의 아나키스트. 제1인터내셔널에 참가한 노동운동가. 프루동주의자.

15. Eugène Varlin (1839~1871). 프랑스의 아나키스트. 셰말레와 제1인터내셔널에서 활동하던 중 1871년 파리코뮌에 참가했다가 체포되어 총살됐다.

16. James Joyce (1882~1941). 아일랜드의 작가. 『젊은 예술가의 초상』, 『율리시스』, 『피네간의 경야』 등의 작품을 남겼다.

17. Raymond Poincaré (1860~1934). 프랑스의 정치인, 전직 대통령(1913~1920).

18. Franklin Delano Roosevelt (1882~1945). 미국의 정치인, 전직 대통령 (1933~1945).

19. Eamon De Valera (1882~1975). 아일랜드 정치인. 전직 대통령(1959~1973).

20. Locarno. 스위스의 도시. 1925년 프랑스, 영국, 독일, 이탈리아, 벨기에, 폴란드, 체코슬로바키아 사이에 로카르노 평화 협정이 맺어졌다.

21. Abyssinie. 현재 아프리카의 에티오피아 지역. 1935~1936년 이탈리아가 에티오피아를 병합하고자 하는 전쟁으로 국제적 관심을 받았다.

22. Albert Prince (1883~1934). 프랑스의 검사. 정치적 사건을 수사하던 중 행방불명되어 시체로 발견됐다. 그의 죽음이 자살이냐 타살이냐 하는 논란이 끊이지 않았다.

23. Violette Nozière (1915~1966). 프랑스의 노동계급 여성. 1933년 자신을 강간해온 아버지를 독살해 프랑스 전역을 떠들썩하게 만들었다. 이듬해인 1934년 사형선고를 받았으나 대통령의 사면으로 1945년 출옥하였다.

24. Leopold Bloom. 조이스의 『율리시스』의 주인공.

25. Asturias. 스페인 북부 지역.

26. Gustave Flaubert (1821~1880). 프랑스의 작가.

27. Maldoror. 프랑스 시인 로트레아몽의 시 「말도로르의 노래」(Les Chants de maldoror, 1867)의 주인공. 악의 화신으로 신에 대한 저주, 인류에 대한 사랑과 증오를 노래한다.

28. Vladimir Maiakovsky (1894~1930). 러시아의 시인, 희곡 작가. 러시아 미래파의 대표자.

29. Charles Maurras (1868~1952). 프랑스의 작가, 정치학자. 철저한 왕당파 반민주주의자로서 2차 세계대전 당시 비시 정부를 지지했다. 종전 후 무기징역을

선고받았다.

30. Bettina von Arnim (1785~1859). 독일 낭만주의 작가. 인용된 표현은 『이 책은 왕의 것이다』(*Dies Buch gehört dem Könige*)에 나오는 표현으로 막스 슈티르너(Max Stirner, 1806~1856)가 『유일자와 그의 소유』(*Der Einzige und sein Eigentum*)에서 인용해 유명해진 표현이다.

31. Jack the Ripper. 1888년 8월부터 석 달 동안 영국 런던을 공포에 휩싸이게 한 연쇄 살인범. 아직도 정체가 밝혀지지 않고 있다.

32. Victor Shklovsky (1893~1984). 러시아의 형식주의 작가, 문학평론가. 1916년 〈시언어연구협회〉(Obshchestvo izuchenija Poeticheskogo Jazyka, OPOJAZ)를 결성, 문학작품을 자립된 언어세계로 파악하며 언어학에 근거해 언어표현의 방법과 구조를 해명하는 형식주의를 창시했다.

33. George Grosz (1893~1959). 독일 출신의 미국 화가. 1918년 베를린에서 다다의 일원이었다.

19장 관점의 전복

1. détournement. 상황주의자들의 핵심 용어 중 하나. 상황주의자들은 '방향을 바꾸다' 또는 '우회하다'를 뜻하는 프랑스어의 명사형인 이 단어를 '기존 예술적 요소의 전용(détournement d'éléments esthétiques préfabriqués)의 축약으로 해석한다. 즉, 전용이란 잘 알려진 예술적 매체(회화, 문학, 광고 등)의 어떤 요소를 창조적으로 다시 사용해 원래와 전혀 다른 메시지를 갖는 새로운 작품을 탄생시키는 방법이다. 따라서 상황주의자들은 자신들의 예술원리를 이렇게 천명한다. "이런 점에서 상황주의 회화나 음악 같은 것은 존재할 수 없다. 다만 이런 매체들에 대한 상황주의식 사용이 있을 뿐이다."(Guy Debord, "Définitions", *Internationale Situationniste* n°1, Juin 1958).

20장 창조성, 자발성 그리고 시

1. Henri Rousseau (1844~1910). 프랑스의 화가. 실제 직업이 세관원이었기 때문에 일명 두아니네(세관원) 루소라 불린다.

2. Dewitt Peters (1901~1966). 미국의 화가. 1942년 아이티의 수도 포르토프랭스에 예술센터를 건립해 아이티의 예술가들을 후원했다.

3. Paul Klee (1879~1940). 독일의 화가. 추상회화의 초기 개척자.

4. Tristan Tzara (1896-1963). 루마니아 출신의 프랑스 문인. 다다 운동의 창시자들 중 한 명이었다. 1930년대에는 초현실주의 운동에 참여했으며, 2차 세계대전 중에는 레지스탕스로 활동했다.

5. action painting. 물감을 흩뿌리거나 던지는 방식으로 그려진 그림. 구체적 형태를 표현하는 것이 아니라 그림 그리는 행위 자체를 강조한 회화 양식.

6. Alfons Michael Dauer (1921~2010). 독일의 재즈 연구자. 1976년 오스트리아의 대

학 도시로 유명한 그라츠에 재즈연구소를 설립하여 아프리카 음악과 재즈의 접목을 연구했다.

7. Paul Claudel (1868~1955). 프랑스의 시인, 희곡작가, 외교가. 1882년 정치학을 공부하던 중 초자연적인 은총을 체험한 뒤 우주의 살아 있는 상징적 구조를 그린 작품들을 발표했다.

8. Jean de la Croix (1542~1591). 스페인의 성직자. 16세기를 대표하는 신비주의자.

9. Alexis Kagame (1912~1981). 르완다의 철학자, 언어학자, 역사학자, 시인.

10. Miguel de Unamuno (1864~1936). 스페인의 철학자. 라틴아메리카의 키르케고르라 불렸으며, 실존주의 철학의 선행자였다.

11. José Millan Astray (1879~1954). 스페인의 군인. 독재자 프랑코의 오른팔로 파시즘 체제의 건설을 주장했다.

12. Paracelsus (1493~1541). 스위스의 화학자, 의사. 본명은 Philippus Aureolus Theophrastus Bombastus von Hohenheim.

13. poien. '하다', '만들다'라는 뜻을 가진 그리스어 동사. 이 동사의 어간 '포이에'(poie-)에 활동, 직업을 뜻하는 '시스'(-sis)가 붙으면 '만들어 내는 일'을 뜻하는 '포이에시스(poiesis)가 된다. 이 말에서 시(詩)를 뜻하는 영어의 'poesy', 프랑스어의 'poésie'가 파생되었다.

14. François Villon (1431~1463). 프랑스의 시인. 1455년에 교회 신부를 죽이고 도망쳐 유랑 생활을 하며 자기 경험을 시로 썼다.

15. Titus Lucretius Carus (B.C. 98~B.C. 55). 로마의 시인. 인간의 영혼과 정신, 우주와 문명의 발생 등을 노래한 『사물의 본질에 대하여』(De Rerum Natura)를 지었고, 에피쿠로스의 유물론을 발전시켰다.

16. Hieronymus Bosch (1450?~1516). 네덜란드의 화가. 당대에는 주목받지 못했지만 아라공과 브르통 등에 의해 초현실주의의 선구자로 재평가되었다.

17. Hérodiade. 말라르메가 1871년 발표한 시편.

18. Ernest Cœurderoy (1825~1862). 프랑스의 아나키스트. 의사였는데 1848년 혁명을 겪으며 아나키스트가 되어 여러 급진 운동에 가담했다. 1852년 당국의 수사망을 피해 스위스로 이주해 활동하다가 자살로 생을 마감했다.


21장 노예 없는 주인들

1. Théognis. 기원전 6세기경에 활동한 그리스 시인. B.C. 540년 정치 분쟁에 휘말려 그리스를 떠난 후 귀족사회의 붕괴와 민중에 대한 증오를 드러내는 시들을 발표했다.

2. Eckhart von Hochheim (1260~1327). 독일의 신비주의자. 마이스터 에카르트 (Meister Eckhart)라고 불린다. 순수하게 신을 생각하고 자아를 초월하면 마침내 신이 항상 마음에 나타나게 되어 신과 자아의 합일이 이뤄진다고 주장했다.

3. Báthory Erzsébet (1560~1614). 헝가리 백작 부인. 수백 명의 여성들을 고문, 살해

했다.

4. Caligula (12~41). 로마의 황제. 잔인한 폭군으로 유명하다.

5. *Cent vingt journées de Sodome*. 사드가 1785년에 집필한 소설. 4명의 방탕한 귀족들이 24명의 소년, 소녀를 학대하며 희열의 즐거움을 주고받는 내용을 담고 있다.

6. Napoléon Bonaparte (1769~1821). 프랑스의 황제 나폴레옹 1세(1804~1815).

7. Louis Philippe (1773~1850). 프랑스의 왕(1830~1848).

8. Adolphe Thiers (1797~1877). 프랑스의 정치인. 입헌군주제의 옹호자로 루이 필립을 왕으로 추대하는 데 기여했다.

9. Alphonse XIII (1886~1941). 스페인의 왕(1886~1931).

10. Antonio de Oliveira Salazar (1889~1970). 포르투갈의 정치인.

11. Gamal Abdel Nasser (1918~1970). 이집트의 독재자.

12. Golem. 유대교의 괴물. 히브리어로 '형체가 없는 것'이라는 뜻의 이 괴물은 원래 하느님이 흙으로 아담을 만들기 전의 태아를 가리킨다.

13. John Keats (1795~1821). 영국의 낭만파 시인.

14. John of Ruysbroeck 혹은 Jan van Ruusbroec (1293~1381). 네덜란드의 신비주의자. 1349년 인간의 영혼은 자신 안에서 스스로 신을 찾는다고 주장하며 이 과정을 활동적 삶, 내면의 삶, 관조의 삶 세 단계에 걸쳐 달성해야 한다고 설파했다.

## 22장 체험의 시공간과 과거의 교정

1. Loth. 성경에 나오는 소돔의 주민. 두 천사의 도움을 받아 소돔을 탈출하지만 두 딸과 근친상간하게 되는 운명에 처한다.

2. Lumumbist. 1961년 콩고의 대통령이던 루뭄바가 암살된 후 발생한 민족주의 운동.

3. Simba. 사자를 의미하는 단어. 루뭄비스트 운동을 이끈 주요 집단으로 콩고에서 유럽인들을 축출하기 싸웠다.

4. Vance Packard (1914~1996). 미국의 저널리스트. 그의 저서 『숨겨진 설득자』(*The Hidden Persuaders*)는 미디어에 의한 대중 조작을 비판하고 있다.

5. Victor Serge (1890~1947). 프랑스, 러시아에서 활동한 아나키스트, 볼셰비키주의자. 『점령된 도시』(*Ville conquise*)는 빅토르 세르주의 작품으로 소련을 배경으로 한 역사 소설이다.

6. Jean-Baptiste Millière (1817-1871). 프랑스 법률가, 언론인. 밀리에르는 1871년 2월 파리 코뮌 당시 발행된 신문 『복수하는 자』(*Le Vengeur*)에 파리 시의원 쥘 파브르의 부정을 폭로하는 기사를 썼다. 그러자 파브르가 베르사유군에 명령을 내려 1871년 5월 26일 밀리에르를 팡테옹 계단에 무릎 꿇게 만든 뒤 사살했다. 밀리에르가 죽기 전에 마지막으로 한 말이 "인류 만세!"였다.

7. Arthur Arnould (1834~1895). 프랑스 언론인. 1871년 파리 코뮌의 '피의 일주일'(5

월 21일~28일)을 보낸 뒤 스위스로 이주하여 바쿠닌과 함께 활동했다. 『코뮌의 죽음들』(*Les Morts de la Commune*)은 아르노가 이듬해 발표한 팸플릿으로, 파리 코뮌의 역사를 다룬 최초의 역사서 중 하나다.

8. mulelist. 뮬렐리즘(mulelism)의 지지자들. 뮬렐리즘은 콩고의 정치 지도자 루뭄바의 영향을 받은 아프리카 혁명운동.

9. Lucrèce (B.C. 98~B.C. 55). 로마의 철학자.

10. *Schwester Katrei* (*Sister Catherine*). 14세기의 기독교 서적. 마이스터 에카르트 신학을 비롯한 신비론적 글들을 담고 있다.

11. *Pistis Sophia*. 3세기 콥트어로 된 영지주의(Gnosticism) 저서. '지혜 속의 믿음'이라는 뜻이다.

12. Louis-Pierre Anquetil (1723~1808). 프랑스 역사가. 자코뱅의 공포정치 기간에 집필해 1797~1807년에 걸쳐 세 권으로 출간된 『보편적 역사학 개론』(*Précis de l'histoire universelle*)을 유작으로 남겼다.

## 23장 통일된 삼위

1. Voltaire (1694~1778). 프랑스의 작가이자 철학자. 본명은 프랑수아-마리 아루에 (Francois-Marie Arouet). 전제정치와 교회 권력에 맞서 자유를 역설했다.

2. Condottiere. 중세 이탈리아 용병.

3. Tintin. 벨기에의 만화가 에르제(Hergé)가 창조한 만화 주인공. 유럽 만화 주인공 중 가장 유명한 캐릭터이다.

4. Sils-Maria. 스위스 산악 지역. 니체가 8년여를 거주하며 『차라투스트라는 이렇게 말했다』 등의 저서를 집필했던 곳이다.

5. 예수가 십자가에 못 박혀 죽은 곳으로 알려진 예루살렘 교외의 언덕.

6. Salvatore Giuliano (1922~1950). 이탈리아 시칠리아의 전설적인 마피아.

7. Billy the Kid (1859~1881). 미국 서부 개척시대의 무법자. 본명은 윌리엄 헨리 맥카티 주니어(William Henry McCarty, Jr.)이다.

8. James Thurber (1894~1961). 미국의 작가이자 만화가.

9. Walter Mitty. 제임스 써버가 창조한 캐릭터.

10. Serge Netchaïev (1847~1882). 러시아의 허무주의자, 혁명가.

11. *Les Roueries de trialph*. 1839년 출판된 라사이이의 소설.

12. Mikhaïl Aleksandrovitch Bakounine (1814~1876). 러시아의 아나키즘 철학자.

13. Guy Debord (1931~1994). 프랑스의 영화제작자, 사상가. 1957년 바네겜과 더불어 〈상황주의 인터내셔널〉을 창립했다. 1967년 『스펙타클의 사회』(*La Société du spectacle*)를 발표했다.

14. *La Philosophie dans le boudoir*. 사드의 소설. 생땅주 부인과 그녀의 친구인 돌망세, 그리고 생땅주의 동생인 '기사'가 요조숙녀인 으제니를 타락시킨다는 내용이다. 책 곳곳에 프랑스 혁명에 대한 작가 특유의 비판이 수록되어 있다.

15. Dolmancé, Eugénie, Madame de Saint-Ange. 『규방 철학』의 등장인물들.
16. Norman Oliver Brown (1913~2002). 미국의 철학자. 정신분석학과 맑스주의를 결합해 삶의 문제에 대한 해답을 제시하려 노력했다. 『에로스와 타나토스』는 그의 1959년 저서 『죽음에 맞서는 생명』(*Life against Death*)의 프랑스어판 제목이다.
17. Diogenes (B.C. 413~327). 그리스의 철학자.
18. Hugo Ball (1886~1927). 독일의 작가. 1차 세계대전 중인 1915년 취리히로 건너가서 이듬해 차라와 함께 다다 운동을 전개했다.
19. Marx Brothers. 1920~1950년대에 활동한 5인조 형제 희극배우.
20. Carl Philipp Gottfried von Clausewitz (1780~1831). 프로이센의 전쟁이론가. 『전쟁론』이라는 유명한 책을 남겼다.
21. Celaya. 멕시코의 도시.
22. Ciudad Juarez. 멕시코의 국경도시.
23. Álvaro Obregón Salido (1880~1928). 멕시코의 군인, 대통령(1920~1924).
24. Monsieur Jourdain. 몰리에르의 희곡, 『평민 귀족』(*Le Bourgeois Gentilhomme*)의 주인공.
25. Jean-Luc Godard (1930~ ). 프랑스의 영화감독.
26. Michèle Bernstein (1932~ ). 〈상황주의 인터내셔널〉의 창설자들 중 한 명.

## 24장 중간세계와 새로운 순수
1. Peyote. 멕시코산 선인장으로 환각제 성분을 추출하는 데 쓰인다.
2. Rodez. 프랑스의 도시. 아르토는 이곳 정신병원에서 전기충격치료를 받았다.
3. Tunic. 고대 그리스와 로마에서 입던 웃옷. 그리스 신화에서는 헤라클레스를 죽게 한 반인반수의 괴물 네수스의 피가 묻은 옷을 말한다.
4. 빅토르 세르주의 소설 『점령된 도시』에 나오는 에피소드.

## 25장 당신들은 그리 오래 우리를 우습게 여기지 못할 거요
1. vieille taupe. 땅속에 복잡한 굴을 파고 지상과 지하를 오가며 도처에서 출몰하는 두더지는 아나키스트들에게 저항의 알레고리로 기능한다.

## :: 라울 바네겜 저작 목록

1. 저서

*Adresse aux vivants sur la mort qui les gouverne et l'opportunité de s'en défaire* (Paris : Seghers, 1990).

*Avertissement aux écoliers et lycéens* (Paris : Mille et une nuits, 1995). Translated as *A Warning to Students of All Ages* by JML and NOT BORED! http://www.notbored. org/avertissement.html.

*De l'Amour* (Paris : Le Cherche Midi, 2010).

*De l'inhumanité de la religion* (Paris : Denoël, 2000). Only the "Foreword" has been translated : http://www.notbored.org/inhumanity-foreword.html.

*De la grève sauvage à l'autogestion généralisée* (Paris : Union générale d'éditions, 1974). Attributed to Ratgeb. Translated as *From Wildcat Strike to Total Self-Management* by Paul Sharkey and Ken Knabb. http://www.cddc.vt.edu/sionline/ postsi/ratpref.html.

*Déclaration des droits de l'être humain, De la souveraineté de la vie comme dépassement des droits de l'homme* (Paris : Le Cherche Midi, 2001).

*Dictionnaire de Citations pour servir au divertissement et à l'intelligence du temps* (Paris : Le Cherche Midi, 1998).

*Entre le deuil du monde et la joie de vivre : Les situationnistes et la mutation des comportements* (Paris : Gallimard, 2008).

*Histoire désinvolte du surrealism* (Paris : Éditions de l'Instant, 1977). Attributed to JulesFrançois Dupuis. Translated as *A Cavalier History of Surrealism* by Donald Nicholson-Smith (Oakland : AK Press, 1999). https://libcom.org/library/cavalier-history-surrealism-raoulvaneigem.

*Journal Imaginaire* (Paris : Le Cherche Midi, 2006).

*L'Ère des créateurs* (Brussels : Complexe, 2002).

*L'État n'est plus rien, soyons tout* (Paris : Rue des Cascades, 2010).

*La Résistance au christianisme, Les Hérésies des origines au XVIIIe. siècle* (Paris : Fayard, 1993). Translated as *The Resistance to Christianity* by NOT BORED! http:// www.notbored.org/resistance.html.

*Le Chevalier, la Dame, le Diable et la mort* (Paris : Le Cherche Midi, 2003).

*Le Livre des plaisirs* (Paris : Encre, 1979). Translated as *The Book of Pleasures* by John Fullerton (Pending Press, 1983). https://libcom.org/library/book-of-pleasures.

*Le Mouvement du Libre-Esprit; généralités et témoinages sur les affleurements de la vie à la surface du Moyen Age, de la Renaissance, et, incidemment, de notre époque* (Paris : Ramsay, 1986). Translated *The Movement of the Free Spirit* by Randall Cherry and Ian Patterson (New York : Zone Books, 1993).

*Les Controverses du christianisme* (Paris : Bordas, 1992). Attributed to Tristan Hannaniel.

*Les Cueilleurs de mots*, illustrated par Gabriel Lefebvre (Paris : Éditions du Renard Découvert, 2012).

*Les Hérésies* (Paris : P.U.F, 1994).

*Lettre à mes enfants et aux enfants du monde à venir* (Paris : Le Cherche Midi, 2012).

*Lettre de Staline à ses enfants réconciliés, de l'Est et de l'Ouest* (Levallois-Perret : Manya, 1992).

*Louis Scutenaire* (Paris : Seghers, 1991).

*Modestes propositions aux grévistes pour en finir avec ceux qui nous empêchent de vivre en escroquant le bien public* (Paris : Verticales, 2004).

*Ni Pardon Ni Talion* (Paris : La Découverte, 2009).

*Notes sans portée* (Brussels : La Pierre d'Alun, 1997).

*Nous qui désirons sans fin* (Paris : Le Cherche Midi, 1996).

*Pour l'abolition de la société marchande. Pour une société vivante* (Paris : Payots & Rivages, 2002).

*Pour une internationale du genre humain* (Paris : Le Cherche Midi, 1999).

*Rien n'est fini, tout commence*, with Gérard Berréby (Paris : Allia, 2014). Translated as *Raoul Vaneigem : Self-Portraits and Caricatures* by NOT BORED! http://www.notbored.org/caricatures.pdf.

*Rien n'est sacré. Tout peut se dire. Réflexions sur la liberté d'expression* (Paris : La Découverte, 2003).

*Salut à Rabelais ! Une lecture au présent* (Brussels : Complexe, 2003).

*Sur les pas des écrivains en Hainaut* (Brussels : L'Octogone, 1999). Attributed to Robert Desessarts.

*Traité de savoir-vivre à l'usage des jeunes générations* (Paris : Gallimard, 1967). Translated as *The Revolution of Everyday Life* by Donald Nicholson-Smith (PM Press, 2012). [한국어판 : 라울 바네겜, 『일상생활의 혁명』, 주형일 옮김, 갈무리, 2017].

*Voyage à Oarystis* (Blandain : Éditions de l'Estuaire, 2005).

## 2. 작사

"La Vie s'écoule, la vie s'en fuit," *Pour en finir avec le travail, Chansons du prolétariat révolutionnaire* [1974] (Paris : EPM, 1998), CD. Translated as "Life goes by, life escapes" by NOT BORED! http://www.notbored.org/la-vie.html.

## 3. 논문 및 서문

"Appel d'un partisan de l'autonomie individuelle et collective," 2 November 2006. Web only.

"Corps à corps," *Rencontre et décélages* (Brussels : La Lettre volée — Compagnie Mossou-Bonté, 2002), pp. 39-42.

"Cosmogonies. La peinture d'Anita de Caro," *Synthèses, Revue Internationale*, 183 (1961), pp. 392-393.

"Coup d'œil sur la Peinture d'Osborne," *Synthèses, Revue Internationale*, 165 (1960), pp. 286-288.

"De la souveraineté et du mépris de l'amour," in André Le Chapelain, *Comment maintenir l'amour* (Paris : Payot & Rivages, 2004), pp. 7-21.

"De la tyrannie du symbole," *Cahiers internationaux de symbolisme, "Apocalypse now. Et depuis le 11 septembre 2001? Qu'est-ce qui a changé dans le rapport de l'imaginaire avec le réel et le symbolisme?"* 101-103 (Mons : Ciephum, 2002), pp. 97-100.

"Déclaration des droits et devoirs de la personne" in A. Bercoff, *Lettre ouverte à ceux qui ne sont rien et qui veulent être tout* (Paris : Albin Michel, 1992).

"Des Lignes de fuite," preface to reprint of *Le Mouvement du Libre-Esprit; généralités et témoinages sur les affleurements de la vie à la surface du Moyen Age, de la Renaissance, et, incidemment, de notre époque* (Paris : L'Or des fous editeur, 2005). Translated as "Lines of Flight" by NOT BORED! http://www.notbored.org/lines-of-flight.html.

"Éloge de la paresse affinée" in *Les Péchés capitaux, I : La Paresse* (Paris : Éditions du Centre Pompidou, 1996). Translated as "In Praise of Refined Laziness" by NOT BORED! http://www.notbored.org/laziness.html.

"En deçà du langage," in L. Bloy, *Sur J. K. Huysmans* (Brussels : Complexe, 1986), pp. 7-20.

"Fragments pour une Poétique," excerpts in Gérard Berréby, *Rien n'est fini, tout commence* (Paris : Allia, 2014).

"Hommage à André Aubry," *La Jornada*, 2 janvier 2008. Web only.

"Il n'y a d'obscène que l'exploitation lucrative de l'homme," *Ah!*, 1 (2005), pp. 71-72.

"Incliner l'univers en sa faveur," *La Magazine Littéraire*, 436 (2004), pp. 63-64.

"Ils ont de pauvres mots plein le gueule, mais leur coeur est à cent mille milles de là ⋯ " in M. Pianzola, *Thomas Munzer ou La Guerre des paysans* (Paris : Ludd,

1997), pp. 7-13.

"Isidore Ducasse dans la clarté du jour," *Cahiers Lautréamont 2e semestre 2004, Livraisons LXXI et LXXII* (2004), pp. 305-306.

"Isidore Ducasse et le Comte de Lautréamont dans les 'Poésies,'" *Synthèses, Revue Internationale*, 151 (1958), pp. 243-249. Translated as "Isidore Ducasse and the Count of Lautréamont in the *Poésies*" by NOT BORED! http://www.notbored. org/ducasse.pdf.

"Grèce, berceau d'un autre monde," 20 February 2012. Written with Y. Youlountas. *L'altermondialiste*. Date unknown. Translated as "Greece : the Cradle of Another World" by NOT BORED! http://www.notbored.org/greece.html.

"L'Avenir est un pari sur le présent," *Art & Culture*, 4 (1999).

"L'Ordure et le jardin" in C. De Silguy, *La Saga des ordures du moyen âge à nos jours* (Paris : Éditions de l'Instant, 1989), pp. 189-192.

"La création est le jeu de la vie," *Magazine Littéraire*, 432 (June 2004), pp. 101-102.

"La Poésie, La poésie française de 1945 à nos jours" in *Les Cahiers de l'EDMA*, 71 (Lausanne : Éditions Rencontre, 1971). Unattributed.

"La section des piques du surréalisme" in *Culture pour tous* (Paris : Bérénice, 2002), pp. 24-39.

"Le 25 Avril de l'an XXX," *Sapriphage*, 34 (1998).

"Le désir d'une vie autre est déjà cette vie-là," *Cahiers internationaux de symbolism*, 119-121 (2008), pp. 193-194.

"Le programme d'un abstentionniste," *Siné Hebdo* Number 80 (March 17, 2010).

"Le Retour à Nobodyland (1973)" in C. Janicot, *Anthologie du cinéma invisible, Cent scénarios pour cent ans de cinéma* (Paris : Jean-Michel Place, 1995).

"Le Retour des Elfes," in M. La Garde, *Récits de l'Ardenne* (Brussels : Labor, 1992). Attributed to Michel Thorgal.

"Lecture," in J.-L. Outers, *L'Ordre du jour* (Brussels : Labor, 1996), pp. 251-256.

"Lecture" in M. Bourdouxhe, *La Femme de Gilles* (Brussels : Labor, 1985). Attributed to Michel Thorgal.

"Lentillac du Coeur" in F. Petitjean and B. Kathleen, *Jour d'été à Lentillac. 8 Août 1999.*

*Portrait photographiques d'un petit village du causse de Gramat à l'aube du XXIe. siècle à travers 153 photographies de ses habitants dans leurs activités quotidiennes* (Pradines : Éditions Quercy.net, 1999).

"Les Dieux s'éteignent où s'attise le feu de la vie," *Ah!*, 3 (2006), pp. 247-250.

"Les Plaisirs et les ombres," in *Carte blanche à Raoul Vaneigem, "Les Plaisirs et les ombres," Dérives d'ambiances* (Brussels : Fondation pour l'Architecture, 1996), pp.

4-5.

"Les statues rêvent aussi," *Vu d'ici. Revue trimestrielle du Ministère de la Communauté française de Belgique* (Montreuil : L'Insomniaque, 2003), p. 55.

"Les vérités qui se cherchent sont multiples," in S. Ghirardi, *Nous n'avons pas peur des ruines : Les Situationnistes et notre temps* (Montreuil : L'Insomniaque, 2003), pp. 3-4.

"Lettre au piteux Slatkine" (24 Feb 1983). Published in Noël Godin, *Anthologie de la subversion carabinée* (Lausanne : L'Âge d'Homme, 1996), pp. 716-717.

"Ni frontières, ni papières," *No Border Camp*, 7 Sept 2010. Web only. http://www.noborderbxl.eu.org/spip.php?article247&lang=fr.

"NON à la société marchande, OUI à la société vivante," *Ah!*, 9 (2009), pp. 55-60.

"Notes préliminaires au projet de construction d'Oarystis. La Ville des désirs," *www.bon-a-tirer, Revue littéraire en ligne*, 4 (15 Feb 2002). Translated as "Preliminary Notes on a Project for the Construction of Oarystis, the City of Desire" by NOT BORED! http://www.notbored.org/oarystis.html.

"Observations sur le 'Manifeste,'" postface to Karl Marx and Friedrich Engels, *Manifeste du Parti Communiste* (Paris : Mille et une nuits, 1994), pp. 65-71. Translated as "Observations on The Communist Manifesto" by Alastair Hemmens : http://www.marblepunk.com/2013/10/observations-on-communist-manifesto-by.html.

"Où l'argent est tout, l'homme n'est rien. Contre le fétichisme de l'argent," *L'Argent, valeur & valeurs ... Revue de l'Université de Bruxelles* (2002/2003), pp. 95-102.

"Par-delà l'impossible," *L'Impossible*, 2 (April 2012). Translated as "Beyond the Impossible" by NOT BORED! http://www.notbored.org/beyond-the-impossible.html.

"Pol Bury ou l'Humour rétractile," *Synthèses, Revue Internationale*, 179 (1961), pp. 298-299.

"Postface" in A. Mamou-Mani, *Au-delà du profit, Comment réconcilier Woodstock et Wall Street* (Paris : Albin Michel, 1995).

"Postface," in G. Du Maurier, *Peter Ibbetson* (Nyons : L'Or des fous, 2005).

"Postface," in *Insupportable! : Chronique d'un licenciement bien mérité* (Paris : Editions Générales First, 2010).

"Pour inaugurer l'ère du vivant," in *Quatuor pour une autre vie* (Avin/Hannut : Luce Wilquin, 2004), pp. 7-45.

"Pourquoi je ne parle pas aux médias," *Le Nouvel Observateur*, 1816 (26 Aug-1 Sept 1999), pp. 63-64.

"Préface" in G. Eekhoud, *Les Libertins d'Anvers* (Éditions Aden, 2009).

"Préface" in *L'Art de ne croire en rien suivi de Livre des trois imposteurs* (Paris : Payot &

Rivages, 2002), pp. 7-32.

"Préface" in M. Boudouxhe, *La Femme de Gilles* (Paris : Éditions Ramsay, 1999).

"Préface" in P. Godard, *Au Travail les enfants !* (Éditions Homnisphères, 2007).

"Préface" in P. Godard, *Contre le travail des enfants* (Strasbourg : Desmaret, 2001).

"Présentation" in J. Swift, *Modeste proposition : suivi de Voyage chez des Houyhnhnms, chap. XII* (Éditions Le Passager Clandestin, 2010).

"Que le cri du peuple soit celui de la vie," in *Hôtel Oasis, Pour Louise Michel* (Paris : La Passe du vent, 2005).

"Rendre aux mots le sens de la vie," *Balises*, 7-8 (2005), pp. 37-40.

"Rien ne manque au confort de l'ennui" (October 1967). Promotional poster for *Internationale situationniste* 11. Illustrated by Gérard Joannès.

"S'identifier à ce que l'on a de plus vivant dispense de toute identification," *Cahiers internationaux de symbolisme*, 104-106 (Mons : Ciephum, 2003), pp. 63-65.

"Terrorisme ou révolution. Notes Sur les conditions présentes et préliminaires à la lecture de Coeurduroy," in E. Coeurduroy, *Pour la révolution* (Paris : Champs Libre, 1972), pp. 7-44. Translated as "Terrorism or Revolution" and published by Black Rose, 1975.

"Texte," in Sans état d'âme, *Lettres ouvertes sur centres fermés* (Cuesme : Éditions du Cerisier, 2003).

"Un leurre," in *Et si l'herbe était verte, ici, aussi* (Brussels : CFC-Éditions, 1995).

"Une œuvre au future," in C. Fourier, *Des Harmonies polygames en amour* (Paris : Payot & Rivages, 2003), pp. 7-36.

"Valeur d'usage contre valeur d'échange," in *L'Auteur et son libraire* (Brussels : Difier Devillez, 2006), pp. 135-142.

"Vive la Commune!" in G. Lapierre, *La Commune d'Oaxaca, Chroniques et considérations* (Paris : Rue des Cascades, 2008).

"Vous qui entrez, laissez tout désespoir," in I. Ducasse, *Poésies* (Paris : Mille et une nuits, 1995), pp. 51-57.

## 4. 인터뷰

"In conversation with Raoul Vaniegem," Hans Obrist (Manuella, 2009). Translated by Eric Angles. http://www.e-flux.com/journal/in-conversation-with-raoul-vaniegem/.

"L'Affinement : Entretien écrit avec Raoul Vaneigem," *Mayak* 4 (2009), pp. 14-18.

"L'insurrection de la vie," Gilles Anquetil et François Armanet, *Le Nouvel Observateur* n° 2266, 10 April 2008.

"La gratuité est l'arme absolue," Jean-Pierre Bouyxou, *Siné Mensuel* , 24 November

2011. Translated as "What's Free is the Absolute Weapon" by NOT BORED!
http://www.notbored.org/sine-mensuel.html.

La vie a tous les droits, la prédation n'en a aucun, *Article 11*, 14 October 2008.

"La Vie ne se marchande pas," Elisabeth Barillé, *Le Figaro Magazine*, 24 May 2008,
pp. 114-115.

"Raoul Vaneigem, refus et passions," François Bott, *Le Monde*, 12 September 2003.
Translated as "Raoul Vaneigem, Refusals and Passions" by NOT BORED! http://
www.notbored.org/vaneigem-interview.html.

"Un changement radical est à notre portée," Javier Urdanibia, *La Felguera*, #12, 2007.
Translated as "A Radical Change is at Our Door" by NOT BORED! http://www.
notbored.org/six-questions.html.


## 5. 상황주의 인터내셔널

"Attention! Trois provocateurs" (22 January 1967). Tract. Also signed by M. Bern-
stein, G. Debord, M. Khayati, J. Martin, D. Nicholson-Smith and R. Viénet.

"Aux poubelles de l'histoire" (21 February 1963). Tract. Also signed by M. Bernstein,
G. Debord, A. Kotányi, J. V. Martin, J. Strijbosch and A. Trocchi. Reprinted in
*Internationale Situationniste* 12 (September 1969).

"Avis aux civilisés relativement à l'autogestion généralisée," *Internationale situation-
niste*, 12 (September 1969), pp. 74-79. Translated as "Notice to the Civilized Con-
cerning Generalized Self-Management" by Ken Knabb, *Situationist International
Anthology* (Berkeley : Bureau of Public Secrets, 2007).

"Avoir pour but la vérité pratique," *Internationale situationniste*, 11 (October 1967),
pp. 37-39. Translated as "Aiming for Practical Truth" by Ken Knabb, *Situationist
International Anthology* (Berkeley : Bureau of Public Secrets, 2007).

"Banalités de Base," *Internationale situationniste*, 7 (April 1962), pp. 32-41. Trans-
lated as "Basic Banalities I" by Ken Knabb, *Situationist International Anthology*
(Berkeley : Bureau of Public Secrets, 2007).

"Banalités de Base (II)," *Internationale situationniste*, 8 (January 1963), 34-37.
Translated as "Basic Banalities II" by Ken Knabb, *Situationist International An-
thology* (Berkeley : Bureau of Public Secrets, 2007).

"Boykot mod Galerie Moderne" (1 February 1963). Tract. Also signed by Laugesen,
Merved, Benstein, G. Debord, A. Kotányi, J. Martin, Lausen, Strijbosch and A.
Trocchi.

"Commentaires contre l'urbanisme," *Internationale situationniste*, 6 (August 1961),
pp. 33-37. Translated as "Comments Against Urbanism" by Paul Hammond, in Li-
bero Andreotti and Xavier Costa (eds.), *Theory of the Dérive and Other Situationist*

*Writings on the City* (Barcelona : Museu d'Art Contemporani de Barcelona, 1996).

"Das Unbehagen in der Kulture" (16 July 1962) Tract. Also signed by G. Debord.

"Déclaration sur le procès contre l'Internationale situationniste en Allemagne fé-
dérale" (25 June 1962), co-signed by Bernstein, J. V. Martin and A. Trocchi. *Der
Deutsche Gedanke*, 1 (April 1963).

"De quelques questions théoriques sans questionnement ni problématique," *Inter-
nationale Situationniste* #10 (Paris, March 1966), pp. 41-42. Translated as "Some
Theoretical Topics That Need to be Dealt With Without Academic Debate or Idle
Speculation" by Ken Knabb, *Situationist International Anthology* (Berkeley : Bu-
reau of Public Secrets, 2007).

"Flugblatt" (1961). Tract. Also signed by the Spur group and the SI.

"Lettre à l'Union des érivains" (June 1968) *Internationale situationniste* 12 (Septem-
ber 1969), p.91.

"Nicht Hinauslehnen" (10 February 1962). Tract. Co-signed by G. Debord, A. Kotányi
and U. Lausen.

"Note de synthèse pour la réunion du 19 mai 1970" (19 May 1970). *Documents situ-
ationnistes 1969-1979*. Translated as "Notes of synthesis for meeting of 19 May
1970" by NOT BORED! http://www.notbored.org/orientation19.html.

"Notes sur l'orientation de l'I.S" (March 1970), *Documents situationnistes 1969-1979*.
Translated as "Notes on the SI's Direction" by Reuben Keehan. http://www.cddc.
vt.edu/sionline/si/direction.html.

"Pas de dialogue avec les suspects, pas de dialogue avec les cons" (27 February 1963).
Tract. Co-signed by J. Strijbosch. Translated as "No dialogue with people who are
suspect No dialogue with cunts," by NOT BORED! http://www.notbored.org/no-
dialogue.html.

"Proclamation from l'Internationale situationniste!" (18 March 1962). Tract co-
signed by G. Debord, U. Lausen and A. Kotányi.

"Programme élémentaire du bureau d'urbanisme unitaire," *Internationale situation-
niste*, 6 (1961), 16-19. Co-signed by A. Kotányi. Translated as "Basic Program of
the Bureau of Unitary Urbanism" by Ken Knabb, *Situationist International An-
thology* (Berkeley : Bureau of Public Secrets, 2007).

"Quelques précisions" (21 April 1970). *Documents situationnistes 1969-1979*. Trans-
lated as "Several precise points" by NOT BORED! http://www.notbored.org/
orientation11.html.

Letter of resignation (9 November 1970). *La Véritable Scission dans L'Internationale*
(Paris : Champ Libre 1972). Translated as *The Real Split in the International* by
John McHale (London : Pluto Press, 2003).

"Sur l'exclusion d'Attila Kotányi" (December 1963). Tract. Co-signed by the SI. Translated as "The Exclusion of Attila Kotanyi" by Anthony Hayes and NOT BORED! http://www.notbored.org/kotanyi-exclusion.html.

"Sur la Commune" (10 March 1962). Co-signed by G. Debord and A. Kotányi.

"Thèses de Hambourg" (1961). Co-conceived with G. Debord, A. Kotányi and A. Trocchi.

"Vient de paraître" (December 1967). Written with G. Debord.

# ∷ 용어 찾아보기